Über die Autorin:

Brigitte Hamann-Manderscheid unterrichtete romanische Sprachen. Ihr Interesse galt schon sehr früh der Psychologie und der Frage, warum Menschen tun, was sie tun, und was das wahre Ziel ist, das sie damit verfolgen. Aus diesem Grund setzte sie sich intensiv mit verschiedenen psychologischen Richtungen auseinander. Auf ihren zahlreichen und ausgedehnten Reisen durch Europa, Amerika und den asiatischen Raum entstand die Faszination für die Mythen der Völker, östliche Philosophie und Kultur, insbesondere für Buddhismus und Taoismus.

1982 trat die Astrologie in ihr Leben, die sie bei Nicolaus Klein, Liz Greene, Howard Sasportas und Michael Roscher erlernte. Seit 1987 arbeitet sie hauptberuflich als unterrichtende und beratende Astrologin. Von 1990–2001 leitete sie gemeinsam mit Michael Roscher die Schule für Transpersonale Astrologie in Nürnberg. Zusammen mit Harald Krüger gründete sie 2002 die Akademie für Entwicklungsorientierte Astrologie EOA® in Köln.

Brigitte Hamann

Die zwölf Archetypen

Tierkreiszeichen und Persönlichkeitsstruktur

Mit zahlreichen Abbildungen

Für Susanne

Besuchen Sie uns im Internet: www.droemer-knaur.de
Alle Titel aus dem Bereich MensSana finden Sie im Internet unter
www.knaur-mens-sana.de

Aktualisierte und erweiterte Originalausgabe Januar 2005
Dieser Titel erschien in einer früheren Fassung im
Knaur Taschenbuch Verlag unter der Bandnummer 87124.
Copyright © 1991 by Knaur Taschenbuch.
Ein Unternehmen der Droemerschen Verlagsanstalt
Th. Knaur Nachf. GmbH & Co. KG, München.
Alle Rechte vorbehalten. Das Werk darf – auch teilweise – nur mit
Genehmigung des Verlages wiedergegeben werden.
Redaktion: Stefanie Hess
Umschlaggestaltung: ZERO Werbeagentur, München
Satz: Pinkuin Satz und Datentechnik, Berlin
Druck und Bindung: Clausen & Bosse, Leck
Printed in Germany
ISBN 3-426-87231-5

2 4 5 3 1

Inhalt

Vorwort *von Michael Roscher* 13
Astrologie – Wie sie entstand und wie sie wirkt 15
Gedanken zum Lebensthema 28
Wichtig zu wissen 33
Definition des Horoskops 35

WIDDER

Erstes Zeichen des Tierkreises, 0°–30 43

*Thema 44 – Motivation 46 – Psychologie 48 – Lernaufgabe
50 – Lebensziel 53*

Das Widder-Symbol 55
Das Mars-Symbol 56
Zur Mythologie des Widders 58
Ein Widder-Märchen: *Der Königssohn, der
sich vor nichts fürchtet* 59
Analogieketten 66
Wie wirken Widder und Mars in meinem
Horoskop, was sagen sie aus? 69
Zitate zum Widder-Prinzip 69

STIER

Zweites Zeichen des Tierkreises, 30°–60° 73

*Thema 74 – Motivation 77 – Psychologie 78 – Lernaufgabe
80 – Lebensziel 82*

Das Stier-Symbol 84
Das Venus-Symbol 85
Zur Mythologie des Stiers 86

Ein Stier-Märchen:

Von dem Fischer un syner Fru 89

Analogieketten 94

Wie wirken der Stier und die Stier-Venus in

meinem Horoskop, was sagen sie aus? 97

Zitate zum Stier-Prinzip 97

ZWILLINGE

Drittes Zeichen des Tierkreises, 60°–90° 101

Thema 102 – Motivation 105 – Psychologie 106 – Lernaufgabe 108 – Lebensziel 110

Das Zwillinge-Symbol 111

Das Merkur-Symbol 113

Zur Mythologie der Zwillinge 114

Ein Zwillinge-Märchen: *Das tapfere Schneider-*

lein 118

Analogieketten 124

Wie wirken die Zwillinge und der

Zwillinge-Merkur in meinem Horoskop,

was sagen sie aus? 127

Zitate zum Zwillinge-Prinzip 127

KREBS

Viertes Zeichen des Tierkreises, 90°–120° 131

Thema 132 – Motivation 135 – Psychologie 136 – Lernaufgabe 142 – Lebensziel 144

Das Krebs-Symbol 146

Das Mond-Symbol 148

Zur Mythologie des Krebses 151

Ein Krebs-Märchen: *Der süße Brei* 159

Analogieketten 163
Wie wirken der Krebs und der Mond in
    meinem Horoskop, was sagen sie aus? 166
Zitate zum Krebs-Prinzip 167

LÖWE
Fünftes Zeichen des Tierkreises, 120°–150° 171

Thema 172 – Motivation 175 – Psychologie 176 – Lernaufgabe 178 – Lebensziel 179

Das Löwe-Symbol 180
Das Sonne-Symbol 182
Zur Mythologie des Löwen 183
Ein Löwe-Märchen: *Der stolze König* 189
Analogieketten 194
Wie wirken der Löwe und die Sonne in
    meinem Horoskop, was sagen sie aus? 196
Zitate zum Löwe-Prinzip 197

JUNGFRAU
Sechstes Zeichen des Tierkreises, 150°–180° 201

Thema 202 – Motivation 205 – Psychologie 207 – Lernaufgabe 208 – Lebensziel 211

Das Jungfrau-Symbol 214
    (Das Merkur-Symbol: siehe Kapitel
    »Zwillinge«)
Zur Mythologie der Jungfrau 215
Ein Jungfrau-Märchen: *Die Prinzessin auf der
Erbse* 217
Analogieketten 220

Wie wirken die Jungfrau und der
Jungfrau-Merkur in meinem Horoskop,
was sagen sie aus? 223
Zitate zum Jungfrau-Prinzip 223

WAAGE
Siebtes Zeichen des Tierkreises, 180°–210° 227

*Thema 228 – Motivation 231 – Psychologie 232 – Lern-
aufgabe 235 – Lebensziel 237*

Das Waage-Symbol 239
   (Das Venus-Symbol: siehe Kapitel »Stier«)
Zur Mythologie der Waage 241
Ein Waage-Märchen: *Allerleirauh* 245
Analogieketten 250
Wie wirken die Waage und die Waage-Venus
   in meinem Horoskop, was sagen sie aus? 252
Zitate zum Waage-Prinzip 253

SKORPION
Achtes Zeichen des Tierkreises, 210°–240° 257

*Thema 258 – Motivation 263 – Psychologie 265 – Lern-
aufgabe 270 – Lebensziel 271*

Das Skorpion-Symbol 273
Das Pluto-Symbol 276
Zur Mythologie des Skorpions 278
Ein Skorpion-Märchen: *Die Nachtigall* 281
Analogieketten 287
Wie wirken der Skorpion und Pluto (Mars)
   in meinem Horoskop, was sagen sie aus? 290
Zitate zum Skorpion-Prinzip 291

SCHÜTZE
Neuntes Zeichen des Tierkreises, 240°–270° 295

Thema 297 – Motivation 299 – Psychologie 301 – Lernaufgabe 304 – Lebensziel 307

Das Schütze-Symbol 309
Das Jupiter-Symbol 311
Zur Mythologie des Schützen 314
Ein Schütze-Märchen: *Die Verheißung wird sich*
   erfüllen 317
Analogieketten 322
Wie wirken der Schütze und Jupiter in
   meinem Horoskop, was sagen sie aus? 324
Zitate zum Schütze-Prinzip 325

STEINBOCK
Zehntes Zeichen des Tierkreises, 270°–300° 329

Thema 331 – Motivation 334 – Psychologie 335 – Lernaufgabe 337 – Lebensziel 340

Das Steinbock-Symbol 342
Das Saturn-Symbol 343
Zur Mythologie des Steinbocks 347
Ein Steinbock-Märchen: *Der Froschkönig oder*
   Der eiserne Heinrich 349
Analogieketten 355
Wie wirken der Steinbock und Saturn in
   meinem Horoskop, was sagen sie aus? 358
Zitate zum Steinbock-Prinzip 360

WASSERMANN
Elftes Zeichen des Tierkreises, 300°–330° 363

Thema 365 – Motivation 366 – Psychologie 368 – Lern-aufgabe 373 – Lebensziel 375

Das Wassermann-Symbol 377
Das Uranus-Symbol 378
Zur Mythologie des Wassermanns 381
Ein Wassermann-Märchen: *Rapunzel* 384
Analogieketten 389
Wie wirken der Wassermann und Uranus
   in meinem Horoskop, was sagen sie aus? 392
Zitate zum Wassermann-Prinzip 393

FISCHE
Zwölftes Zeichen des Tierkreises, 330°–360° 397

Thema 399 – Motivation 403 – Psychologie 405 – Lern-aufgabe 407 – Lebensziel 412

Das Fische-Symbol 415
Das Neptun-Symbol 417
Zur Mythologie der Fische 420
Ein Fische-Märchen: *Die kleine Seejungfrau* 424
Analogieketten 430
Wie wirken die Fische und Neptun in
   meinem Horoskop, was sagen sie aus? 432
Zitate zum Fische-Prinzip 434

Die Berechnung des Aszendenten 437
Bibliografie 454
Bildnachweis 456

Wie an dem Tag, der dich der Welt verliehen,
die Sonne stand zum Gruße der Planeten,
bist also bald und fort und fort gediehen
nach dem Gesetz, womit du angetreten.
So musst du sein, dir kannst du nicht entfliehen,
so sagten schon Sibyllen, so Propheten;
und keine Zeit und keine Macht zerstückelt
geprägte Form, die lebend sich entwickelt.

Johann Wolfgang von Goethe,
Orphische Urworte

Vorwort

Es gibt sehr viele Astrologiebücher, allerdings nur wenig gute. Ich befürchte, dass die Esoterik, und mit ihr die Astrologie, der literarische Bereich ist, in dem am meisten Unsinn unter die Leute gebracht wird. Andererseits steigt das Interesse an der Astrologie nach wie vor, und das Informationsbedürfnis ist enorm: Anfang dieses Jahrhunderts kannte kaum jemand sein »Sternzeichen« (d. h. die Tierkreiszeichenposition der Sonne), heute weiß es jedes Kind. Mittlerweile hat auch der »Normalbürger« eine verschwommene Vorstellung davon, was ein Aszendent ist, und die Hoffnung scheint nicht zu hoch gegriffen, dass in mittelbarer Zukunft Astrologie an Schulen und Universitäten unterrichtet wird.* Selbst von Seiten der etablierten Wissenschaften wird das ursprünglich verschämte Interesse an der ach so mittelalterlichen und abergläubischen Astrologie immer offener gezeigt. Desto notwendiger wird eine Veröffentlichung, welche die durchaus komplizierten Zusammenhänge in der Astrologie einem größeren Publikum leicht verständlich und eingängig, jedoch ohne Abstriche an der Qualität der Aussagen nahe bringt. Dies gilt umso mehr, als die Astrologie einen Ruf zu verteidigen oder, besser gesagt, wieder neu zu erwerben hat.

Es gibt keine allgemein anerkannten Prüfungen oder Titel, jeder darf sich Astrologe nennen und Bücher publizieren.

---

* In der Tat weiß ich, dass Schüler von mir Astrologie als freiwilliges Unterrichtsfach an Schulen und teilweise auch an Universitäten unterrichten. Dies ist freilich noch die seltene Ausnahme, die der Toleranz der Behörden bedarf.

In der Qualitätsprüfung sind die Verlage häufig überfordert. Unter anderem auch deshalb, weil es keine allgemeinverbindlichen Kriterien für die Beurteilung gibt.

So muss es als Glücksfall gelten, dass Brigitte Hamann, eine besondere Könnerin ihres Faches, dem Drängen von Kursteilnehmern, Kunden und Freunden nachgab und ihre zahlreichen Kursunterlagen zu einem Manuskript verdichtete und veröffentlichte. In diesem Buch werden die Grundlagen seriöser Astrologie einfühlsam, leicht verständlich und kompetent beschrieben. Der Tierkreis ist das A und O der Astrologie, sein Verständnis unverzichtbar für die Arbeit mit Horoskopen. Er ähnelt einem Zifferblatt, das von zehn Zeigern, den Planeten, umkreist wird. Planeten und Tierkreiszeichen vermischen sich nun – vergleichbar den Ölfarben eines Malers – zu neuen Qualitäten.

Jedes Tierkreiszeichen wird unter einer Vielzahl von Gesichtspunkten beschrieben, von denen hier nur einige genannt werden können: Lernaufgabe und Lebensziel, psychologische Entsprechungen, Symbole und Mythologie, die Beziehung zu Tarot und I Ging, Sagen und Märchen, Farben, Pflanzen, Mineralien und Landschaften.

Gerade die Vielschichtigkeit der Gesichtspunkte, unter denen die Tierkreiszeichen behandelt werden, macht den Reiz dieses virtuos geschriebenen Werkes aus. Durch die zahlreichen, liebevoll ausgesuchten Illustrationen entstand nicht nur ein lehrreiches und nützliches, sondern auch ein schönes Buch. Die schier unerschöpfliche Vielzahl von Entsprechungen macht diese – ursprünglich für Anfänger gedachte – Arbeit zu einem Muss für jeden Astrologie interessierten.

Bergheim, im Mai 1990

Michael Roscher, Schule für Transpersonale Astrologie

Astrologie – Wie sie entstand und wie sie wirkt

Astrologie ist eine uralte Wissenschaft. Ihre Ursprünge reichen zurück in prähistorische Zeiten, und ihre Form war zahlreichen kulturellen und zeitgeschichtlichen Wandlungen unterworfen.

Der Mensch der Vorzeit sah die Sternbilder am Nachthimmel, und ihre Formen riefen Eindrücke und Assoziationen in ihm wach, die er, entsprechend seinem magischen Weltbild, mit diesen Sternbildern in Verbindung brachte. Voll Ehrfurcht betrachtete er die glitzernden Lichter am Himmel und begann, sie als Gottheiten zu verehren.

Da er sich aber den Naturgewalten und Naturereignissen so völlig ausgeliefert fühlte, versuchte er, die Gesetzmäßigkeiten zu erforschen, die hinter diesen Phänomenen am Himmel standen: Einkerbungen auf Tierknochen aus der Steinzeit (ca. 15000 v. Chr.) beweisen z. B., dass man damals bereits die Mondphasen kannte. Die Bedeutung der Sonne als Licht- und Wärmequelle war auch für die Menschen jener Zeit unübersehbar und vor allem in der Zeit, in der sich die ersten Ackerbausysteme entwickelten (10000 bis 5000 v. Chr.), erkannte man die Abhängigkeit des Ackerbaus von ihrem Jahreslauf. Deshalb versuchten die Menschen herauszufinden, welche Zusammenhänge hinter Regen- und Dürreperioden standen, wann heißes Wetter oder Kälte eintreten würden, um die richtige Zeit für ihre Anpflanzungen festzulegen. Dieses Gedankengut findet sich noch heute in den alten Bauernregeln wieder, die Wetterverhältnisse voraussagen.

Schon damals fand man die Zusammenhänge zwischen

den Phasen des Mondes und Ebbe und Flut. Die Beobachtung des Himmels ermöglichte eine Zeiteinteilung, die zu unserem heutigen Kalender führte.

Auf Ziegeln und Steintafeln wurden einfache astronomische Phänomene aufgeschrieben wie Mondfinsternisse und bestimmte Planetenbewegungen, die zusammen mit anderen Omen als Zeichen für drohende Kriege, Hungersnöte und Katastrophen, aber auch für Friedenszeiten und Wohlstand betrachtet wurden.

Alle frühen Kulturen befassten sich mit Astrologie, die damals weitgehend eine Einheit mit der Astronomie bildete. Die alten Ägypter, die Babylonier, Sumerer, Inder und Chinesen, die Inka und Maya, die mexikanischen Kulturen – alle nutzten die Beobachtung des Himmels, um genauere Kenntnisse über Lebensgesetze zu erlangen.

Lange Zeit, etwa bis zum 17. Jahrhundert, waren die Begriffe »Astrologie« und »Astronomie« weitgehend austauschbar, obwohl beide Disziplinen unterschiedliche Schwerpunkte hatten: Astronomie wurde eher mathematisch gesehen und Astrologie eher philosophisch. Aber im Allgemeinen war derjenige, der Astronomie betrieb, gleichzeitig auch Astrologe.

In *Wallensteins Tod* von Schiller findet folgendes Gespräch zwischen Wallenstein und Seni, seinem Hofastrologen und -astronomen, statt, das diese Verbindung beider Disziplinen beschreibt (Wallenstein und Seni befinden sich in einem Zimmer, das für astrologische und astronomische Arbeiten eingerichtet ist):

WALLENSTEIN: Lass es jetzt gut sein, Seni. Komm herab. Der Tag bricht an, und Mars regiert die Stunde. Es ist nicht mehr gut operieren. Komm! Wir wissen genug.

SENI: Nur noch die Venus lass mich betrachten, Hoheit. Eben geht sie auf. Wie eine Sonne glänzt sie in dem Osten.

WALLENSTEIN: Ja, sie ist jetzt in ihrer Erdennäh'
Und wirkt herab mit allen ihren Stärken.
Glückseliger Aspekt! So stellt sich endlich
Die große Drei verhängnisvoll zusammen,
Und beide Segenssterne, Jupiter und Venus,
Nehmen den verderblichen, Den tückischen
Mars in ihre Mitte, zwingen den alten Scha-
denstifter, mir zu dienen.

Bis zu dem Zeitpunkt, an dem Nikolaus Kopernikus das neue Weltbild begründete, in dem die Sonne und nicht die Erde im Mittelpunkt unseres Planetensystems steht, das war ca. 1500, galt das Weltbild des Ptolemäus, der im 2. Jahrhundert n. Chr. gelebt hatte (er war Geograph, Mathematiker, Astronom und Astrologe). Sein Weltbild, in dem sich alle Planeten einschließlich der Sonne um die Erde drehen, ist das symbolische Bild, mit dem die Astrologie arbeitet.

Ein großer Teil der Anfeindungen, die die Astrologie über sich ergehen lassen musste, liegt in dieser Tatsache begründet. Für die meisten Astronomen und die Anhänger rein wissenschaftlichen Denkens scheint es eindeutig klar, dass ein System, das mit einem wissenschaftlich falschen Weltbild arbeitet, niemals funktionieren kann. Diese Meinung ist korrekt, solange man nur vom rein Messbaren ausgeht. Um die Astrologie verstehen zu können, muss man sich jedoch darauf besinnen, wie sie entstanden ist: aus der Anschauung des Himmels, so wie er sich von der Erde aus darstellt.

Zum Zeitpunkt der Geburt eines Menschen sind von seinem Geburtsort aus bestimmte Verhältnisse am Himmel sichtbar, die in symbolhafter Weise die gerade aktuelle Zeitqualität widerspiegeln. Sie repräsentieren ein Bild des »Gesetzes, unter dem er angetreten«, wie Goethe es formuliert.

Was heißt Astrologie, und worin liegt ihre Aussage? Das Wort »Astrologie« setzt sich zusammen aus *ástron* = »Stern« und *lógos* = »Wort, Kunde, Wissenschaft, höheres Verständnis«. In der Astrologie geht es also um ein höheres Verständnis der Sterne.

Die Sterne und ihre Bewegungen, die der Astrologe am Himmel betrachtet, stehen als Symbol für eine Reihe von Urprinzipien, nach denen der Mensch das Leben und alles, was existiert, ordnen und verstehen kann. Astrologie ist ein Ausdruck für das Urwissen, dass der Mensch, seine Schöpfungen und die Natur bestimmten Gesetzmäßigkeiten unterliegen, die durch die astrologischen Symbole beschrieben werden können.

Das Horoskop bildet (symbolisch verschlüsselt) die Gesetzmäßigkeiten ab, unter denen ein Mensch, ein Tier, eine Nation, eine Firma, ein Ereignis oder auch eine Frage geboren werden. Für alles, wofür ein genauer Anfangszeitpunkt bekannt ist, kann ein Horoskop erstellt werden.

Mit uns werden unendlich viele Dinge gleichzeitig geboren oder ereignen sich – unser Horoskop gehört uns nicht allein. Doch alles, was zum gleichen Augenblick am gleichen Ort wie wir geboren wird, unterliegt den gleichen Grundprinzipien, die je nach Geburtsort und Art des Entstandenen unterschiedliche konkrete Formen annehmen. Vereinfacht ausgedrückt, könnte man sagen, wenn zu einem bestimmten Zeitpunkt das Prinzip Fülle und Üppigkeit vorherrscht, wird auch etwas Entsprechendes entstehen: ein fülliger oder besonders optimistischer Mensch oder eine Firma, die stark expandieren und florieren wird. Treten andere Faktoren hinzu, kann als Ereignis eine Überschwemmung ausgelöst werden. Gleich worum es sich handelt, das Grundthema der Fülle und Ausweitung ist immer in irgendeiner Form vorhanden. Anders ausgedrückt gibt es im Kosmos an einem bestimmten Ort zu einem bestimmten Zeitpunkt eine Bewegungs- und Veränderungstendenz in eine bestimmte Richtung, die entsprechende konkrete Formen hervorbringt.

Der Begriff »Horoskop« kommt aus dem Griechischen und Lateinischen: *hora* = »die Stunde« und *skopein* = »schauen«. Horoskop heißt also Stundenschau. (Das Wort »Stundenschau« stammt noch aus einer Zeit, in der die Messung des Horoskops weniger genau war.) Wer sich mit dem Horoskop beschäftigt, »schaut also in die Stunde«. Er versucht zu ergründen, welche Manifestationstendenzen bestehen, und überträgt diese auf den Menschen, die Sache oder das Ereignis, das er untersucht. Genau betrachtet zeigt das Horoskop kein festgelegtes »Muss«, keine Ausschließlichkeit dessen, was entstehen kann, sondern einen Rahmen für das, was möglich ist. Stellen Sie sich ein Fußballfeld vor: Es hat eine bestimmte Größe und eine bestimmte Anzahl von Spielern, die bestimmte Funktionen haben. Darüber hinaus hat jeder Spieler zu Beginn des Spieles eine bestimmte Verfassung. Diese Faktoren stellen die Ausgangsbedingungen für das Spiel dar. Wie das Spiel aber verlaufen wird, ist ungewiss. Es können Eigentore geschossen werden, im letzten Augenblick kann noch der entscheidende Ball fallen usw.

Im astronomischen Sinn ist ein Horoskop eine grafische Darstellung des Himmels zu einem bestimmten Zeitpunkt, der Geburtszeit, von einem bestimmten Punkt der Erde aus gesehen – dem Ort, an dem die Geburt stattfindet.

Es handelt sich also um eine Momentaufnahme der Himmelssituation, ein Diagramm auf der Grundlage astronomischer Berechnungen. Der Blickwinkel des Horoskops entspricht dem Blickwinkel des Menschen von der Erde aus, wenn er ins Weltall blickt: Von der Erde aus betrachtet ziehen die Sonne und die Planeten ihre Bahn um die Erde. Diese Bahn der Sonne nennen wir die Ekliptik, und auf ihr werden alle Planetenpositionen gemessen. Sie ist die Grundlage aller Betrachtungen.

Astrologie ist keine Wissenschaft wie Physik oder Astronomie. Sie verkörpert ein Wissenssystem, eine alte, auf Grund jahrtausendelanger Beobachtung empirisch gewachsene Lehre, die sich der Himmelsperspektive bedient.

Obwohl Astrologie astronomisch-mathematisches Wissen benutzt, ist ihre Aussage rein symbolisch, d.h., alle Faktoren eines Horoskops stellen bildhaft bestimmte Zusammenhänge dar. Astrologie spricht eine eigene Bildersprache, die wir erlernen können.

Der Astrologe Ernst von Xylander erläutert in seinem Lehrbuch, dass die Astrologie sich auf die Sicht des Menschen bezieht. Auf die Frage, wieso die Astrologie nach wie vor die Erde in den Mittelpunkt unseres Planetensystems stellt, geht er folgendermaßen ein: »Das bedeutet, dass sie (die Astrologie) die Welt auch so sehen muss, wie der Mensch sie sieht. Sie kann sich nur nach dem so genannten ptolemäischen Weltbild orientieren, nicht nach dem kopernikanischen. Darum behält Kopernikus zwar doch Recht, soweit er nämlich bei seinem Thema bleibt: der Erklärung der Planeten-Mechanik. Nach dieser aber ist in der Astrologie nicht gefragt.«

Tatsächlich fragt die Astrologie nach der »Planeten-Mechanik« für ihre Berechnungen. Sie benötigt astronomische Grundlagen, um das Himmelsbild grafisch auf Papier übertragen und die Bewegungen der Planeten in der Vergangenheit und der Zukunft berechnen zu können. Wonach sie aber vor allem fragt, ist der bildhafte Gehalt der Himmelssituation und das, was wir an Erkenntnissen daraus ziehen können.

Im *Corpus Hermeticum*, einer Sammlung von Schriften aus dem Griechenland des 3. Jahrhunderts über Astrologie, Astronomie, Alchemie und Mystik, findet sich folgendes Analogiegesetz, das ein Axiom darstellt:

Wie oben, so unten.

Diese Gleichung stellt die gängige Verkürzung des folgenden Satzes der *Tabula smaragdina** dar: »Dasjenige, welches unten ist, ist gleich demjenigen, welches oben ist; und dasjenige, welches oben ist, ist gleich demjenigen, welches unten ist, um zu vollbringen die Wunderwerke eines einzigen Dinges.«

Wir Menschen sind begrenzt in unserer Fähigkeit, wahrzunehmen und zu verstehen. Unser Verstand kann bestimmte Zusammenhänge nur über adäquate Hilfsmittel und Systeme begreifen. Thorwald Dethlefsen schreibt dazu in seinem Buch *Schicksal als Chance***: »Der geniale Schlüssel ›Wie oben, so unten‹ hilft uns weiter. Denn dieser Satz erlaubt uns, unsere Betrachtungen und Erforschungen der Gesetze auf den uns zugänglichen Bereich zu beschränken, um dann die gemachten Erfahrungen auf die anderen, uns unzugänglichen Ebenen analog zu übertragen. Dieses Analogiedenken gestattet es dem Menschen, das gesamte Universum ohne Grenzen begreifen zu lernen.«

Astrologie lehrt uns also analoges, bildhaftes Denken.

---

* »Smaragdtafel«: Die Quintessenz des *Corpus Hermeticum* in fünfzehn Thesen, laut Überlieferung geschrieben von dem ägyptischen Priester und Eingeweihten Hermes Trismegistos.

** Thorwald Dethlefsen: *Schicksal als Chance*, Goldmann Verlag, 2000.

Gleichzeitig verlangt die astrologische Symbolik Logik und Folgerichtigkeit, damit die Bilder sinnvoll in unsere Sprache und in unsere Art des Verstehens übertragen werden können.

Astronomie und Astrologie haben heute verschiedene Ansatzpunkte und Ziele, obwohl es in den Naturwissenschaften Tendenzen gibt, die auf eine Annäherung beider Ansätze hinweisen. Die Astronomie misst und beobachtet Gegebenheiten, Abläufe, Bewegungen und Quantitäten. Der Mathematiker und Physiker findet die Gesetzmäßigkeiten in dem, was er misst und beobachtet, und häufig werden sogar Gesetzmäßigkeiten errechnet, bevor die Astronomie diese durch Beobachtung bestätigt, da die Technik nicht immer mit der Fähigkeit des menschlichen Gehirns, Abläufe zu erkennen und rein rechnerisch darzustellen, mithalten kann. Astronomie ist eine exakte Wissenschaft auf mathematischer Grundlage. Jedoch selbst wenn sie irgendeine Theorie über die Entstehung und das Schicksal des Weltalls zweifelsfrei beweisen könnte – wie z.B. die Urknalltheorie oder die Theorie, dass das Universum sich unendlich ausdehnt, um schließlich zu erkalten, oder irgendeine andere Theorie –, sie könnte diesen Erkenntnissen niemals eine Bedeutung, einen Sinn unterlegen.

In dem Augenblick, in dem wir die Frage nach dem Sinn stellen, braucht jede Wissenschaft die Philosophie. Wenn wir uns also fragen: »Was ist Astrologie?«, so lautet die eigentliche Frage: »Was ist der Sinn und Inhalt dessen, was wir sehen, erfahren, berechnen?«

Rein wissenschaftliches Denken ist rational, logisch, auf das exakte Erfassen detaillierter Fakten gerichtet, die beweisbar im messbaren Sinn sein sollen. Es geht um Ursache und Wirkung. Wissenschaftliches Denken entspricht der Tätigkeit unserer linken Gehirnhälfte, die sich mit dem

Erfassen von Regeln und logisch aufgebauten Zusammenhängen befasst. Sie kann sich nur schlecht damit abfinden,
dass es mitunter kein logisch aufgebautes System zu erkennen gibt oder dass Dinge nicht im gängigen Sinn beweisbar sind.

Esoterisches Denken und damit auch astrologisches Denken ist analog, intuitiv und ganzheitlich. Hier geht es um
den dahinter liegenden Sinn und die analoge Verbindung
von Dingen. Es entspricht der Tätigkeit unserer rechten Gehirnhälfte, die sich mit dem Aufspüren von Beziehungen
befasst, die nicht offensichtlich sind und die eine andere Art von logischen Verknüpfungen bildet in Form von
Assoziationen, Bildern und Empfindungen. Sie zeigt, dass
wir »mehr erleben, als wir begreifen«, wie es der Physiker
Hans-Peter Dürr in dem gleichnamigen Buch formuliert.*
Dort plädiert er für die Wichtigkeit beider Denkformen und
wendet sich gegen die Verabsolutierung des wissenschaftlichen Denkens.

Zum vollständigen Begreifen sind *beide Gehirnfunktionen*
unerlässlich. Wir müssen einerseits in der Lage sein, Ge-
nauigkeit und Detailarbeit zu leisten, aber wir müssen auch
unsere Aufmerksamkeit der ganzheitlichen Sicht der Dinge
zuwenden, wenn wir nicht Gefahr laufen wollen, im Leben
orientierungslos zu werden, und wenn wir wieder ein Gefühl für einen Sinn im Leben entwickeln wollen.

Die Suche nach dem Sinn hinter den Dingen ist, wie der
Psychologe Viktor Frankl postulierte, ein Grundbedürf-
nis des Menschen. Er sucht nach Ordnung und Struktur,
nach sinnvollen Beziehungen und Zusammenhängen. Astrologie ist ein Weg, solche für den Menschen begreifbare

---

* Hans-Peter Dürr/Marianne Oesterreicher: *Wir erleben mehr, als wir*
  begreifen. Herder Verlag, 2001.

Zusammenhänge herzustellen, seine Welt zu ordnen und ihm Richtlinien für sein Leben zu geben. Dieser Weg zeigt ihm jedoch auch seine Wahlmöglichkeiten, die viel größer sind, als er glaubt, so, wie die Spieler auf dem Fußballfeld gleichzeitig determiniert und frei sind.

Die Astrologie nennt die »Fußballspieler« Sonne, Mond, Merkur, Venus, Mars, Jupiter, Saturn, Uranus, Neptun und Pluto. Die eigentlichen Planeten und eine physikalisch messbare »Wirkung« auf die Erde und den Menschen sind aber nicht gemeint. Saturn bewirkt nicht, dass uns heute dieses oder jenes widerfährt, sein Bild am Himmel zeigt vielmehr etwas an – in einem symbolischen, übertragenen, bildhaften Sinn. Thorwald Dethlefsen vergleicht das Horoskop mit einer Uhr: Eine Uhr zeigt zwar an, dass es jetzt z.B. 10 Uhr ist, doch sie *macht* die Zeit nicht, sie *bewirkt* nicht die Zeit.

Anstelle der Astrologie könnte man genauso eine andere Beobachtungsebene nehmen, und früher tat man das auch. Es gab die Eingeweideschau, die Beobachtung des Vogelfluges, das Betrachten der Anordnung bestimmter Knochenmuster usw. Alle diese Methoden sind jedoch relativ grob gerastert, sie bieten nicht die differenzierte Feinheit und Aussagevielfalt der Astrologie. Alle Weissagungssysteme haben im Grunde ihre Berechtigung, doch keines ist so komplex und doch für uns so relativ leicht erlernbar wie die Astrologie. Ihr am nächsten stehen der Tarot und das I Ging.

Wenn ein Mensch geboren wird, kann der Himmel als Beobachtungsebene, als Bild genommen werden, um die Struktur seines Wesens zu erfassen. Astrologie geht jedoch noch einen Schritt weiter. Sie sagt, dass es einen inneren Zusammenhang zwischen diesem Bild und der Tatsache gibt, dass man genau unter diesem Bild geboren wird. Sie geht nämlich davon aus, dass der Mensch nur dann geboren werden kann, wenn die Konstellation der Planeten seinem Wesen, seiner Lernaufgabe und seinem Lebensziel entspricht.

An dieser Stelle möchte ich einen kleinen Exkurs machen. Astrologie ist eng verbunden mit dem umfangreichen Wissensgebiet, das wir als Esoterik bezeichnen. Deshalb wird man bei der Beschäftigung mit Astrologie immer wieder an Bereiche dieses Themenkreises stoßen. Als Beispiel könnte man sich die Frage stellen: Ist es ein Zufall, dass wir an einem bestimmten Zeitpunkt geboren werden? Es gibt viele Menschen, die davon überzeugt sind, dass es kein Zufall ist, sondern dass eine bewusste Entscheidung dahinter steht. Damit stoßen wir an einen Teilbereich der Esoterik, die Reinkarnationstheorie. Sie besagt, dass sehr wohl ein bestimmter Zeitpunkt ausgewählt wird, um in der Kette der Wiedergeburten die anstehende Lebensproblematik einer Lösung näher zu bringen. Viele Astrologen verstehen das Horoskop als das Ergebnis des aus früheren Leben angesammelten Karmas.

Hier möchte ich noch auf ein weiteres esoterisches Gesetz eingehen. Es besagt: Jeder Anfang trägt das Ende in sich. Gemeint ist, dass im Anfang (dem Geburtszeitpunkt) der Verlauf (der Lebensweg) enthalten ist. Dies ist allerdings nicht deterministisch im Sinne eines festgelegten, unabänderlichen Schicksals zu verstehen. Wir verfügen über Bewusstsein und sind mit der Fähigkeit zur Bewusstwerdung ausgestattet, wir können lernen. Wir können unser Schicksal auf verschiedenen Ebenen leben. Wir werden jedoch unserem Grundthema nicht entkommen. Wir müssen das erfüllen, was die Reinkarnation als »Karma« bezeichnet, wir haben ein Lebensthema zu lernen.

Unser Lebensziel hat immer mit der Erlösung von Anlagen

in uns zu tun, die noch in einer Art »Dornröschenschlaf«
liegen. Alles ist schon vorhanden – potenziell –, und doch
sind wir erst auf dem Weg zu einem vollständigen Menschen. In uns liegen Kräfte, deren wir uns nicht bewusst
sind, wir gebrauchen sie nicht oder in einer unvollständi-
gen Weise, die uns häufig Kummer bereitet.

Das Wort *karma* heißt im Sanskrit »tun, wirken«. Das Kar-
ma-Gesetz, das Konzept von Ursache und Wirkung, besagt,
dass unsere gegenwärtigen Lebensumstände die Auswirkungen des in einem früheren Leben angesammelten Karmas sind. Wer tugendhaft lebt, baut gutes Karma auf, das
für die spirituelle Weiterentwicklung ausschlaggebend ist.
Nach der hinduistischen Vorstellung erlebt man in end-
loser Folge Geburt, Tod und Wiedergeburt (Rad der Wiedergeburten, Samsara), bis man die spirituellen Lektionen
des Lebens begriffen, sich selbst verwirklicht und Befreiung (Moksha) erlangt hat. Wer dieses Stadium erreicht hat,
braucht sich nicht mehr zu reinkarnieren. Ob wir nun tatsächlich in einer Abfolge von Wiedergeburten stehen oder
ob andere Gesetzmäßigkeiten uns auf unseren Lebensweg
bringen, die Astrologie kann eine Hilfe auf dem Weg des
Erkennens dieser Zusammenhänge in unserem Leben sein.
Dies gilt für die angenehmen wie auch für die unangenehmen Folgen unseres Tuns. Darüber hinaus erleben wir
Karma jeden Tag: Jede unserer Handlungen erzeugt Wir-
kungen, die auf uns zurückwirken.

Trotz dieses hohen Anspruchs bleibt zu bedenken: Wir alle
sind Menschen und damit irdischen Beschränkungen unterworfen. Einer meiner Lehrer sagte einmal: »Wir müssen im
Angesicht des Horoskops demütig bleiben. Das Horoskop
ist immer größer als der Astrologe.« (Johan Kirsebom)
Unsere Fähigkeit des Erkennens und des Verstehens hat
ihre Grenzen. Auch unser Lebensthema ist größer, als wir

es jemals durch intellektuelles Verständnis vorwegnehmen könnten. Und doch finden wir im Horoskop eine Richtschnur, einen roten Faden, der sich durch unser Leben zieht.

Gedanken zum Lebensthema

Keine Vergangenheit.
Keine Zukunft.
Offener Geist.
Offenes Herz.
Vollständige Aufmerksamkeit.
Keine Vorbehalte.
Das ist alles.

Scott Morrison

Wir treten unter bestimmten Voraussetzungen in das Leben ein. Wir bringen Prägungen, Vorstellungsbilder und Erwartungshaltungen mit, die in unserem Horoskop abgebildet sind. Wir kommen nicht als »unbeschriebenes Blatt« auf die Welt, das völlig den Prägungen seiner Umwelt ausgeliefert ist, sondern sind, um mit Goethe zu sprechen, eine »... geprägte Form, die lebend sich entwickelt«.

Wenn wir geboren werden, haben wir eine Art »Innenbild«, was das Thema Mutter oder Vater, Durchsetzung oder Hingabe, Liebe und Sicherheit usw. für uns bedeuten. Zwei Kinder werden auf dieselbe Mutter unterschiedlich reagieren – je nach ihrer mitgebrachten Anlage, die ihre Neigung, die Dinge wahrzunehmen und zu interpretieren, in bestimmte Bahnen lenkt.

Diese Art »persönlicher Brille« führt zu einer selektiven Wahrnehmung: Wir werden vor allem die Informationen von unserer Mutter aufnehmen und im Gedächtnis behalten, die unserer angeborenen Erwartungshaltung entsprechen. Ihre anderen Seiten werden wir weniger oder gar nicht wahrnehmen. Im realen Leben wird sie Eigenschaften aufweisen, die sie zu einem guten »Aufhänger« für unsere Vorstellungen machen, und wir werden ebendiese Eigenschaften in ihr aktivieren.

In jedem Fall aber werden wir sie unter diesem Blickwinkel erleben und es schließt sich der Kreislauf zwischen Erwartung, Bestätigung und neuerlicher, bestätigter Erwartung. So ist es mit allen Themen unseres Lebens, und in diesem Sinne wird Charakter Schicksal (gemeint ist hier die grundsätzliche Vorstellung über das Leben, mit der wir geboren werden). Astrologie weist uns somit auch einen hohen Anteil an Eigenverantwortung zu für alles, was uns geschieht. Und zwar nicht nur hinsichtlich der Tatsache, dass wir durch Karma eine bestimmte Ausgangsposition bzw. Erwartungshaltung für unser Leben erworben haben, sondern auch unter Berücksichtigung unseres freien Willens und unserer Lernfähigkeit. Was wir erwarten und was wir bekommen, sagt uns unser Horoskop in Form von Symbolen. Es sagt uns aber auch, was wir stattdessen bekommen könnten.

Astrologie wertet nicht. Es gibt keine guten oder schlechten Horoskope, nur Aufgaben, die wir gemäß unserer Veranlagung leichter erfüllen können, und solche, die uns schwerer fallen. Der Maßstab der Bewertung liegt in uns selbst und unserer eigenen, subjektiven Sicht der Dinge. Was für den einen leicht ist, mag für den anderen ein schier unüberwindliches Hindernis darstellen.

Was wir bekommen – die Umwelt, in die wir hineingestellt werden, das Schicksal, das uns begegnet –, hat einen Sinn: Hinter allem, was in unserem Leben wirksam ist, liegt eine Idee, eine Art Bauplan dessen, was nötig ist, um uns unsere Aufgabe erfüllen zu lassen.

Um zu erläutern, was damit gemeint ist, möchte ich auf

eine Geschichte zurückgreifen, die Peter Orban in seinem Buch *Tanz der Schatten** erzählt:

»Als Michelangelo eines Tages gefragt wurde, wie es käme, dass er aus einem rohen Steinklotz so wunderschöne Figuren schaffen könne, antwortete er, dass die Figur längst im Block enthalten sei und er nur das Überflüssige wegschlage. Die Idee des Menschen ist im Menschen enthalten. Es ist halt noch viel Überflüssiges da.

Damit der Mensch nicht in seiner jetzigen empirischen Form als roher Klotz verharrt, muss es nun freilich ebensolche Hammerschläge (wie von der Hand Michelangelos) geben, die ihm eine immer feinere Form verleihen ... Es bedarf keines Bildhauers, das Gesetz wirkt in sich.«

Dies ist eine Form, Schicksal zu verstehen. Was immer uns in unserem Leben begegnet, sei es nun die Hürde, der »Hammerschlag« oder das glückliche Ereignis, sie alle sollen uns etwas lehren, uns freiwillig oder gezwungenermaßen auf einen Weg bringen und dort halten. Da wir alle einer gewissen Trägheit unterliegen, zwingen uns häufig eher die »Hammerschläge«, *etwas* zu verändern, *uns* zu verändern, und wecken den Wunsch, mehr zu begreifen und in unserem Bewusstsein zu wachsen. Oft ist unsere bewusste, aktive Seite durchaus veränderungswillig, wir erkennen kraft unseres Verstandes die Notwendigkeit, Dinge hinter uns zu lassen oder zumindest zu verändern. Unsere gefühlsmäßige Seite jedoch hält nicht Schritt. Etwas, das dem Bewusstsein erstrebenswert erscheint, kann der passiven, empfänglichen, gefühlsorientierten Seite in uns höchst zuwider sein. Umgekehrt können unsere tiefsten Gefühle heftig nach Veränderung und Erlösung verlangen, aber der Verstand gestattet diesem Teil in uns nicht, lebendig zu werden.

---

* Peter Orban: *Tanz der Schatten*, Hugendubel Verlag, 1986.

Wo auch immer unser Problem liegt, wir lernen entweder freiwillig, oder wir erfahren in irgendeiner Form das, was der Astrologe Wolfgang Döbereiner als Schicksalskorrektur bezeichnet hat.

Schicksalskorrektur zu erleben bedeutet, die Zeichen der Zeit nicht zu erkennen. Die Aufgaben, die wir in unserem Leben verstanden haben, die Problemkreise, die uns bewusst geworden sind, müssen uns nicht mehr als Schicksal entgegenkommen. Was wir nicht begriffen haben, muss uns hingegen immer und immer wieder begegnen, denn das Leben strebt unablässig nach Entwicklung.

»Entwicklung« ist das Gegenteil von »Verwicklung«, und hier finden wir bereits in den beiden Worten ausgedrückt, dass wir in eine Vielzahl von Dingen und Umständen »verwickelt« sind, die nach Verstehen, nach Klärung, nach Integration verlangen. Dazu dürfen wir uns nicht fragen: »Warum passiert mir das immer?«, sondern sollen auf unser tiefstes Inneres hören, das uns sagt, dass wir die Dinge freiwillig auf uns ziehen, was immer sie sein mögen.

Unser Lebensthema ist etwas, das wir ganz allein zu erfüllen haben. Es ist sicherlich mit anderen Menschen verwoben, und doch geht es bei seiner Erfüllung immer nur um uns selbst.

Im Grunde geht es wohl nicht einmal darum, ein ganz bestimmtes, konkretes Ziel zu erreichen. Sicher haben manche unter Ihnen ähnlich wie ich schon öfter im Leben gedacht: Wenn ich nur dieses oder jenes Ziel erreiche, dann ist »alles« geschafft. Eine Hoffnung, die stets enttäuscht wird.

Der Weg ist das Ziel: Wir sind ein Leben lang unterwegs, und es geht um das Erleben bestimmter Lebenssituationen, in denen wir uns bewähren und an denen wir wachsen können. Es geht darum, einen bestimmten Ausschnitt des

Lebens besonders intensiv kennen zu lernen, daran zu arbeiten und auf neue Weise damit umgehen zu können.

Die Bibel sagt: »Im Anfang war das Wort.« Zu allem, was existiert, hat es erst einmal eine Idee gegeben. Der Maler, der ein Bild malen will, hat nicht zuerst das Bild und dann die Idee. Die Idee, der Geist, das Wort steht am Anfang aller Dinge. Geist herrscht über Materie. Die Idee, die es für einen bestimmten Menschen in Form eines seelischen Inhaltes gibt, führt zu seiner Inkarnation, d. h. zu seiner Verkörperung und Geburt. Doch wir kommen nicht als perfekte Entsprechung der Idee zur Welt. Wir sind wie der Steinklotz, in dem die Form schon enthalten und erahnbar ist.

Trotz der Tatsache, dass das Leben als ein oft schmerzhafter Lernprozess begriffen wird, beinhaltet gerade diese Anschauung ein eher positives Weltbild: Entgegen deterministischer Denkmodelle, die Schicksal als etwas unausweichlich Vorgezeichnetes betrachten, wird hier die Bedeutung der persönlichen Entscheidung und des freien Willens hervorgehoben.

Grenzen gehören zum menschlichen Leben und allgemein zum Dasein in der materiellen Welt. Vereinfacht ausgedrückt, heißt das, aus einem Vogel wird kein Tiger werden, aus einem kleinen Menschen kein großer usw. Es gibt einen Rahmen, innerhalb dessen wir uns entfalten können, dies lehrt uns auch der Tierkreis. Wir können durchaus mitentscheiden, ob wir frustriert und »als Verlierer«, wie die Transaktionsanalyse es ausdrückt, durchs Leben gehen wollen oder ob wir den vorgegebenen Rahmen akzeptieren und alles aus ihm herausholen wollen, was nur möglich ist. Das ist es, was einen »Gewinner« auszeichnet, und dahin will uns seriöse Astrologie führen.

Wichtig zu wissen

Die meisten Menschen kennen Astrologie aus Zeitschriften, Magazinen und Tageszeitungen. Sie wissen, dass sie ein »Stier«, eine »Jungfrau« oder ein »Wassermann« sind, und finden in den entsprechenden Rubriken ein paar Allgemeinplätze nach dem Motto: »Nächste Woche erhalten Sie einen Besuch ...«, was unschwer zutreffen kann. Ausgefeiltere astrologische Rubriken beziehen noch den Mond mit ein. Trotzdem muss das Ganze zwangsläufig vage, unpräzis und letztlich unzutreffend bleiben: Ein Horoskop besteht aus zahlreichen verschiedenen Faktoren, die sich auf der Grundlage einer möglichst genauen Geburtszeit zu etwas zusammenfügen, das ganz spezifisch auf diesen einen Menschen zutrifft.

Wer sagt, er sei ein Wassermann, meint damit nichts anderes, als dass an dem Tag, an dem er geboren wurde, die *Sonne* im Zeichen Wassermann stand, das immerhin, wie alle Tierkreiszeichen, dreißig Grad und damit dreißig Tage umfasst. Selbst wenn man sich auf einen bestimmten Tag bezieht, ohne jedoch die Uhrzeit zu kennen, hat man keine genaueren Informationen als die, die für *alle* Menschen gelten, die an diesem Tag geboren sind.

Wenn wir also verstehen wollen, was Astrologie wirklich beinhaltet, müssen wir uns der Vielzahl verschiedener Faktoren bewusst werden, die ein individuelles Horoskop umfasst. Die Aszendententabellen am Schluss dieses Buches ermöglichen einen Schritt in diese Richtung. Dort können Sie, wenn Sie die Stunde und Minute Ihrer Geburt kennen, unter Ihrem Geburtsort den Aszendenten nachschlagen.

Dieser stellt einen mindestens ebenso wichtigen Faktor des Horoskops dar wie der Sonnenstand.

Zu betonen ist, dass es sich bei den Beschreibungen der Tierkreiszeichen um *Grundprinzipien* handelt, die einen bestimmten Menschentypus beschreiben. Zwangsläufig werden daher die Charakterisierungen als individuell unterschiedlich zutreffend empfunden. Was unsere Individualität ausmacht, ist das Mischungsverhältnis aller Prinzipien, das letztlich nur durch die Erstellung eines exakten Horoskops herausgefunden werden kann.

Definition des Horoskops

DER TIERKREIS

Astrologie geht von der Anschauung des Himmels aus. Sie beschreibt die subjektive Welt, in der ein Mensch lebt und für die, wie weiter oben ausgeführt, der Himmel ein symbolisches Bild liefert. Daher arbeitet sie mit einem Weltbild, das den Standort des Menschen auf der Erde berücksichtigt und das, was er am Himmel zum Zeitpunkt seiner Geburt sehen könnte. Von der Erde aus gesehen scheint sich die Sonne um die Erde zu drehen. Sie beschreibt eine Bahn, die wir uns als feststehendes Band rund um die Erde herum vorstellen können. Dieses Band bezeichnen wir als die *Ekliptik*. Die Ekliptik enthält den Tierkreis, d.h., sie ist in 12 Abschnitte unterteilt, die die Namen der Tierkreiszeichen tragen. Jeder dieser Abschnitte umfasst 30° (12 × 30° = 360°).

Die Tierkreiszeichenabschnitte haben, trotz Namensgleichheit, nichts mit den Sternbildern gleichen Namens zu tun! Die Sternbilder sind unendlich weit entfernt, während sich die Ekliptik, an dieser Entfernung gemessen, relativ nah an der Erde befindet. Darüber hinaus sind die Sternbilder unterschiedlich groß und überlappen sich zum Teil, während die Tierkreiszeichen durch symmetrische Kreisteilung alle gleich groß sind. Aus diesem Grund ist die Bezeichnung »Sternzeichen« zwar gängig, aber sachlich nicht korrekt. Die Tierkreiszeichen hätten auch jeden anderen beliebigen Namen erhalten können. Da jedoch zu der Zeit, als die Grundlagen der heutigen Form der Astrologie entstanden, von der Erde aus gesehen eine ungefähre optische Deckung von Ekliptikabschnitten und Sternbildern bestand (das war vor rund 2000 Jahren), wählte man die entsprechenden Benennungen, die gleichzeitig auf sehr sinnvollen Assoziationen und Bezügen zu alten Symbolen und Bildern der Menschheit basierten.

Der »Beginn« des Kreises wurde zeitlich auf den Frühlingspunkt, die Frühlingstagundnachtgleiche (21.3., bei einem Schaltjahr 20.3.) festgelegt. Somit beginnt der Tierkreis am 21. März bei 0 Grad Widder, dem ersten Abschnitt der Ekliptik.

Die Planeten bewegen sich mit unterschiedlicher Geschwindigkeit um die Sonne, was auch von der Erde aus sichtbar ist. Sämtliche Planetenpositionen werden nun, da die Astrologie geozentrisch arbeitet (also vom Blickwinkel der Erde aus), auf dem Band der Ekliptik in ihrem Jahresablauf gemessen. Sie brauchen, je nach ihrer Fortbewegungsgeschwindigkeit, unterschiedlich lange, um die Ekliptik einmal zu umrunden. Dies gilt auch für die Sonne, deren optischer Weg ja die Grundlage der Ekliptik darstellt. Daher sagt man in der Astrologie, »die Sonne steht im Widder«, »der Mond steht im Wassermann«, »die Venus steht in den Fischen« usw.

Die Sonne bewegt sich pro Tag etwas weniger als ein Grad auf der Ekliptik fort, d.h., in 365 Tagen hat sie die 360° des Tierkreises durchlaufen. Somit steht die Sonne etwa 30 Tage in einem Tierkreiszeichen. Wenn wir sagen: »Ich bin Löwe«, dann meinen wir damit, dass die Sonne zum Zeitpunkt unserer Geburt auf einem der 30 Grade des Kreisabschnittes Löwe stand. Damit ist noch nichts über den Stand all der anderen Planeten im Horoskop ausgesagt und auch nichts über die Position der so genannten Häuser, die nur berechnet werden können, wenn die genaue Geburtszeit und der Geburtsort bekannt sind.

DIE HÄUSER

Die Erde dreht sich einmal am Tag um sich selbst, und zwar von Westen nach Osten. Diese Bewegung ergibt die »Häuser«. Wir können uns bildlich die sich drehende Erdkugel mit dem feststehenden Band der Ekliptik darum herum vorstellen. Durch die Erddrehung sehen wir ständig unterschiedliche Abschnitte der Ekliptik am Ost- und Westhorizont (= Aszendent bzw. AC und Deszendent bzw. DC). Wenn im Osten das Zeichen Widder aufgeht, sich also über den Horizont erhebt, geht im Westen das gegenüberliegende Zeichen Waage unter, d.h., es verschwindet unterhalb des Horizonts. Ebenso sehen wir unterschiedliche Zeichen direkt über unserem Kopf (woraus sich das MC = Medium Coeli, die so genannte Himmelsmitte, ergibt), und wir können uns das diesem Zeichen gegenüberliegende Zeichen auf der anderen Seite der Erdkugel vorstellen (die so genannte Himmelstiefe, das IC = Imum Coeli). Ein Steinbock-MC hätte dann einen Krebs-IC zur Folge. Beide Linien, sowohl die Horizontlinie als auch die senkrechte Linie zwischen Himmelsmitte und Himmelstiefe, bilden eine Gerade und ergeben miteinander ein Kreuz.

Für die Berechnung der Häuser wird mittels eines Berechnungsverfahrens nun die Ekliptik, basierend auf der Erdbewegung, in weitere 12 Abschnitte geteilt, die im Gegensatz zu den Abschnitten der Tierkreiszeichen meist unterschiedlich groß sind. Als Grundlage der Berechnung dienen der Zeitpunkt der Geburt und die Ortskoordinaten des Geburtsortes. So entsteht ein individuelles Horoskop, das individuelle Aussagen erlaubt. Die Häuser stimmen in ihrer Grundbedeutung mit den Bedeutungen der Tierkreiszeichen, denen sie zugeordnet sind, überein (also Haus 1 = Widder, Haus 2 = Stier etc.), da ihre Zuordnung auf das

Urhoroskop, das als Grundformel für alle Horoskope gilt, zurückgeht. Dort sind die Häuser und die Tierkreiszeichen deckungsgleich und umfassen jeweils 30°. Viele Horoskopabbildungen in Büchern und Zeitschriften zeigen dieses Urhoroskop, das als das Grundhoroskop aller Menschen und Dinge aufgefasst werden kann. Im persönlichen Horoskop verschiebt sich der Ring der Häuser jedoch mehr oder weniger stark gegenüber den Tierkreiszeichen, sodass das 1. Haus z. B. nicht im Widder, sondern im Steinbock stehen kann. In der Interpretation ist dann das Thema Steinbock mit dem Thema 1. Haus (Widderthema) zu kombinieren. Aus dieser Verschiebung ergeben sich Kombinationen der Urprinzipien, die der Vielfalt und Komplexität des Lebens gerecht werden.

Während die Tierkreiszeichen mehr über die Art und Weise aussagen, in der etwas vor sich geht, beschreiben die Häuser die Verwirklichungsebenen, d. h. was in welchem Lebensbereich vor sich geht. Die Planeten stellen Bewegungsenergien dar, die in dem Lebensbereich, also in dem Haus, in dem sie stehen, aktiv werden. Alle Faktoren zusammengenommen können durch bestimmte Berechnungsmethoden in die Zukunft umgerechnet werden und erlauben einen Blick auf anstehende Themen und Aufgaben, was nicht gleichbedeutend mit einer exakten Vorhersage ist.

DIE QUADRANTEN

Das Horoskop enthält vier Quadranten, die durch die Achsen AC-DC und MC-IC entstehen. Der *erste Quadrant* beginnt mit dem Aszendenten bzw. dem 1. Haus und repräsentiert den *Körper*. Der *zweite Quadrant* beginnt mit dem IC bzw. dem 4. Haus und bezieht sich auf die *Seele* und das *Gefühl*. Der *dritte Quadrant* beginnt mit dem Deszendenten bzw. dem 7. Haus und korrespondiert mit der *Begegnung* und unserem *Denken* im Sinne von Vorstellungsinhalten. Der *vierte Quadrant* beginnt mit dem MC bzw. dem 10. Haus und bezieht sich auf die *Gesellschaft* und das *Schicksal*.

Jeder Quadrant besteht aus drei Tierkreiszeichen, die auf unterschiedliche Weise das Thema des betreffenden Quadranten bearbeiten.

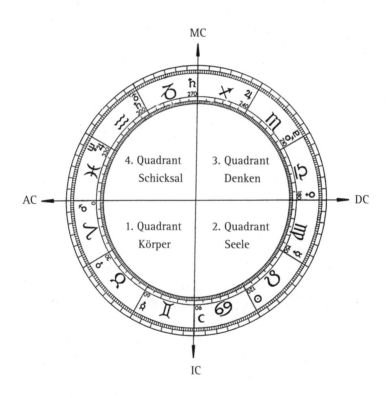

DIE PLANETEN

Die Planeten wandern je nach der ihnen eigenen Umlauf-
geschwindigkeit schneller (z. B. der Mond) oder langsamer
(z. B. Pluto) durch den Tierkreis. Einmal am Tag durchlaufen sie alle Häuser.
Die Positionen der Planeten im Augenblick der Geburt spielen in der Astrologie eine ausschlaggebende Rolle, besonders Sonne und Mond haben einen bedeutenden Einfluss
auf die Interpretation des Horoskops. Neben ihrer Stellung im Tierkreis und im Häusersystem werden auch die
Winkelbeziehungen, die die Planeten untereinander bilden – die Aspekte –, zur Horoskopdeutung herangezogen.
Sonne und Mond können ebenfalls als Planeten bezeichnet
werden, da der Begriff »Wandelstern« bedeutet (nach dem
griechischen Begriff *planetes* = »Wandelstern«; eigentlich
»Umherschweifender, Wanderer«).

DAS URHOROSKOP

Alle Erläuterungen zum Horoskop und zu den Tierkreiszeichen in diesem Buch beziehen sich auf das so genannte
»Urhoroskop«. Damit ist das Horoskop gemeint, bei dem der
Aszendent genau bei 0° Widder liegt und alle Häuser exakt
30° groß sind, also ebenso groß wie die Tierkreiszeichen.
Im Urhoroskop sind die Tierkreiszeichen und die sinngemäß
zu ihnen gehörenden Häuser deckungsgleich, d. h., das Zeichen Widder deckt sich mit dem 1. Haus, das Zeichen Stier
mit dem 2. Haus usw. Das Zeichen und sein entsprechendes
Haus drücken die gleiche Grundthematik aus.
Für die Berechnung der Häuser des individuellen Horoskops gibt es unterschiedliche Berechnungssysteme, von

denen das Häusersystem des Placidus eines der bekanntesten darstellt. Die AC/DC-Achse und die IC/MC-Achse stimmen jedoch in allen Berechnungssystemen überein. Unterschiede ergeben sich nur bei den so genannten »Zwischenhäusern«.

Mit Hilfe des Urhoroskops und seiner individuell berechneten Ableitungen kann das gesamte uns bekannte Universum beschrieben werden. Auf den Menschen bezogen stellt es eine Typologie von zwölf Menschentypen und ihren Anlagen, ihren Wünschen, Sehnsüchten und Lebensaufgaben dar. In diesem Zusammenhang sei nochmals erwähnt, dass es sich bei den folgenden Beschreibungen der Tierkreiszeichen um die Schilderung von jeweils einem von zwölf Urprinzipien handelt, das in seiner reinen Form für einen Menschen niemals gelten kann. So charakteristisch ein bestimmtes Tierkreiszeichen auch für eine bestimmte Person sein mag, seine tatsächliche Natur besteht immer aus einem nur für ihn spezifischen Mischungsverhältnis *sämtlicher* Urprinzipien.

WIDDER
Erstes Zeichen des Tierkreises, 0°–30°

Symbol:
Zwei Halbkreise symbolisieren die Hörner des Widders. In einer anderen Überlieferung wird das Widder-Symbol von der Man-Rune abgeleitet (siehe Kapitel »Das Widder-Symbol«), die das Bild eines mit erhobenen Armen dastehenden Menschen darstellt.

Jahreszeit:
Frühlingsanfang (21. März bis 20. April).

Qualität:
Männlich-aktiv, Yang. Element: Feuer. Kardinales (bewegendes, in Gang setzendes) Zeichen.

Herrscher:
♂ Mars. Nebenherrscher: Pluto.

Häuserzuordnung:
1. Haus (kardinales Haus)

Auf dem Tierkreis gegenüberliegendes Zeichen:
Waage.

Botschaft/Schlüsselsatz:
Ich bin./Ich will.

Schlüsselwort:
Aktion.

Charakteristika:
Aktivität, Tatendrang, Energie, Einsatz, Lebenskraft, Vi-

talität, Willensstärke, Dynamik, Triebkraft, Impulsivität; Initiative, Tatkraft, Entscheidungskraft, Entschlusskraft; Leistung; sportlicher Wettkampf, Messen der Kräfte, Suche nach Herausforderung, Rivalität; Kampfbereitschaft, Angriffslust, Eroberungslust; Abenteuerlust; Fairness, Geradlinigkeit, Direktheit, Aufrichtigkeit; Freiheitsdrang; Spontaneität, Impulsivität, Begeisterungsfähigkeit; Unbekümmertheit, Offenheit, Optimismus; die Fähigkeit, andere zu motivieren; Mut, Zuversicht; Kameradschaft; Ritterlichkeit, Stolz; – Ungeduld, Hitzigkeit, Zorn, Wut, Aggressivität; Rücksichtslosigkeit; Unüberlegtheit, »mit dem Kopf durch die Wand«, Konfliktorientierung, Widerstandsorientierung; Eroberungsdrang, Rastlosigkeit; Triebbestimmtheit, das Denken steht hinter dem spontanen Handeln zurück. – Höhere Entwicklung: Die Entwicklung verfeinerter motivierender Kräfte; bewusstes Aktivitätspotenzial; Selbstbehauptung, die den anderen berücksichtigt.

Thema

Durchsetzung – Selbstbehauptung – Aggression – Überlebenskampf – Angriffs- und Verteidigungsmechanismen – Impulsives Handeln – Instinktbereich – Triebhaftigkeit –Libido – Aufbruchsstimmung – Zukunftsorientierung

Mit dem Widder beginnt der Tierkreis. Er steht am Beginn des Lebens, am Ursprung der Dinge, soweit die Auffassung des Lebens als eine kreisförmige Bewegung diese Definition zulässt: Tatsächlich beginnt mit dem Frühjahr ein neuer Lebenszyklus, der im Herbst und Winter sein Ende findet; dieses Ende mündet jedoch nur wiederum in ein neues »Frühlingserwachen« ein.
Auf das menschliche Leben übertragen, entspricht der

Widder der Phase des Neugeborenen, das völlig aus seinem Instinkt- und Triebbereich heraus lebt und dessen einziges Ziel – und dies unbewusst, instinktmäßig – ist, der Welt zu zeigen: Ich bin da, ich nehme hier einen Platz ein.

In diesem ersten Abschnitt des Tierkreises geht es also vorrangig darum, »in der Welt zu erscheinen« und sich einen Platz in ihr zu erobern. Dies geschieht instinktiv und automatisch ohne vorheriges Hinterfragen. Traditionell wird dieser Vorgang mit dem Erscheinen der Frühjahrsblumen verglichen: Sie durchstoßen die vom Winter festgebackene und harte Erde und *sind da.*

Auf die Entwicklung der Menschheit bezogen, entspricht das Zeichen Widder der Zeit der Jäger und Nomaden, die ständig umherwanderten, also immer in Bewegung waren, und für die es notwendig war, Mut, Risikobereitschaft und die Fähigkeit zu beweisen, sich schnell auf neue, auch gefährliche Situationen einstellen zu können. Ihr Tag war von einem ständigen Überlebenskampf geprägt. Da es hier um die schnelle Aktivierung der Angriffs- oder Verteidigungskräfte ging, gehört zum Widder auch die Ausschüttung von Adrenalin ins Blut, das den Menschen in Kampfbereitschaft versetzt. Diese Entsprechungen finden sich – übertragen auf die aktuelle Zeit – im widderbetonten Menschen wieder. Wo immer das Widder-Prinzip auftaucht, geht es um Selbstbehauptung, um Durchsetzung und Wettbewerb. In seiner reinen Form symbolisiert es geballte Kraft, Energie, Aktivität, die vor nichts zurückscheut, sondern »die Hörner senkt«, um das Ziel im Sturmschritt zu nehmen.

Sowohl das Bildsymbol des Widders wie auch dasjenige seines Herrschers, Mars, deuten eine Vorwärts- oder auch Aufwärtsbewegung an. Die innere Orientierung ist auf die Zukunft ausgerichtet – wie könnte es anders sein, da der Widder noch nicht auf etwas zurückblicken kann, zumindest nicht auf etwas Eigenes. Als Zeichen des Aufbruchs und des Beginns besitzt er weder Vergangenheit noch Geschichte.

Alles in ihm drängt nach vorn, sein Thema könnte mit dem Titel »Der Aufbruch des Helden« beschrieben werden. Folgerichtig fürchtet der Widder nichts mehr als Stillstand und Rückschritt. Mäßigung, Sanftheit, Ausgleich – Eigenschaften seines Oppositionszeichens Waage – bedeuten für ihn bereits einen Schritt in diese Richtung. Sein hohes Energiepotenzial verlangt nach Ausleben und Verwirklichung. Er handelt spontan, direkt, impulsiv, ganz im Sinne seines instinktiven Selbstbehauptungstriebs.

Der Urantrieb des Widder-Prinzips kann mit dem von Sigmund Freud eingeführten Begriff der »Libido« umschrieben werden. Nach Freuds Definition bezieht sich das Wort, das aus dem Lateinischen kommt und »Begierde« heißt, auf die sexuellen Antriebe im Menschen im Sinne einer Vitalenergie. Libido ist eine konstruktive, auf Lebenserhaltung gerichtete Energiequelle, die als Trieb bewusste und unbewusste Prozesse steuert. Spätere Definitionen aus der Psychoanalyse erweiterten den Begriff von der rein sexuellen Antriebskraft auf den Lebenstrieb des Menschen schlechthin.

Motivation

HANDELN AUS FREUDE AN AKTIVITÄT UND BEWEGUNG – INTENSITÄT UND DER WILLE ZUR SELBSTDURCHSETZUNG – DER PIONIER – DIE LUST AM EROBERN – ANSPORN DURCH KONKURRENZ UND WETTBEWERB – INGANGKOMMEN DURCH INSTINKTIV BEGEHRTE ZIELE

Der Widder ist ein *Feuerzeichen*, und als solches hat er mit Intensität, Bewegung und Hitzeentwicklung zu tun. Wo

Widder und Mars sich manifestieren, ist es niemals lauwarm, ruhig oder beschaulich. Immer entsteht Reibungshitze, denn anders als die Waage kann der Widder nicht geschmeidig, diplomatisch und auf das Wohlbefinden anderer bedacht durchs Leben gehen. In der Regel hinterlässt er dort, wo er war, eine Spur, die zumindest diejenigen wahrnehmen, die nach ihm kommen.

Dem Widder-Prinzip geht es darum, unbekanntes Terrain zu erobern. Dies kann sich ebenso auf ein Stück Land, eine Frau (bzw. einen Mann) oder auf neue Absatzmärkte beziehen. »Meine Taten, meine Aktivitäten geben meinem Leben einen Sinn«, signalisiert der Widder – und: »Es gibt viel zu tun, packen wir es an.« Solange er unterwegs sein kann, fließt seine Motivation. Das Erreichen eines Zieles interessiert ihn weniger als der Weg dorthin und die damit verbundene Herausforderung.

Tief in ihm verwurzelt ist der Kampfgeist seiner Vorfahren, oder, anders ausgedrückt, der Widder symbolisiert Kampfgeist in Reinkultur. Ein Leben ohne Konkurrenz und Wettbewerbssituationen, in denen er diesen erproben und unter Beweis stellen kann, ist für ihn ein sinnloses Leben. Dabei geht es ihm jedoch um Fairness. Der Widder ist nicht der Untergrundkämpfer, der bedeckt auftritt; diese Eigenschaft ist eher dem Skorpion zuzuordnen, der ebenfalls von Mars regiert wird und der dessen dunklere Seiten symbolisiert. Geradlinigkeit, Direktheit und der offene Kampf Mann gegen Mann ohne Tricks und doppelten Boden, bei dem jeder eine faire Chance hat – das ist die Grundidee dieses Zeichens. Der Bessere soll siegen.

Wenn wir uns vorstellen wollen, wie die Antriebskraft des Widder-Prinzips wirkt, können wir das Bild eines Kindes zu Hilfe nehmen, das ein begehrtes Spielzeug auf dem Tisch liegen sieht: Ohne viel nachzudenken, wird es die

Hand ausstrecken und danach langen. Diese Kraft wirkt mehr oder weniger stark in allen Menschen, und ihre Ausdrucksform ist im Wesentlichen von Kindheitsprägungen abhängig.

Wer stets erlebt hat, dass das Hinlangen mit Strafe – z.B. einem Schlag auf die Hand – geahndet wurde, wird diesen Reflex unterdrücken. Daraus entstehende Muskelverkrampfungen werden in Therapien wie etwa dem Rebirthing oder beim Rolfing wieder lebendig: Der Körper enthält eine Art Ja-Nein-Botschaft, die den Energiefluss hemmt.

Das Urprinzip Widder kennt diese Blockade nicht. Wären alle Tierkreiszeichen in einem Raum versammelt, in dem ein Tisch mit verschiedenen attraktiven Dingen steht, von denen sich jedes etwas aussuchen kann, der Widder wäre als Erster am Tisch. Er hätte sofort erspäht, was er will, und bevor andere Zeichen recht zum Überlegen kämen, hätte er es sich genommen!

Psychologie

Will man noch tiefer in den Charakter des Widders eindringen, ist es sinnvoll, sich die Eigenschaften seines Elementes, des Feuers, vor Augen zu führen. Neben der Hitze und Helligkeit, die das Feuer ausstrahlt, ist sein wichtigstes Charakteristikum, dass es immer etwas braucht, das es verbrennen kann. Feuer kann nicht aus sich selbst heraus existieren. Es verändert ständig seine Form, lodert einmal auf, um dann wieder schwächer zu brennen, und es ist unmöglich, es festzuhalten.

Darüber hinaus bringt das Feuer Licht in die Dunkelheit, was an den Mythos des Prometheus erinnert: Er bringt den Menschen das Feuer und damit symbolisch das Licht der Erkenntnis.

Widderbetonte Menschen sind wie ihr Element: Sie brauchen immer etwas, auf das sie ihren Tatendrang richten können, es muss immer Ziele, Zukunftsperspektiven und Herausforderungen geben, die zu bestehen sind und durch die sie sich angefeuert fühlen. Dabei verbrauchen sie viel Energie, die aber oft eine Art Strohfeuerenergie, ein kurzes, heftiges Aufleuchten ist. Das bedeutet eine hohe Schubkraft, wenn ein Ziel motivierend ist, aber wenig Beständigkeit und Ausdauer.

Schwierig wird es auch, wenn die Welt dem Widder zu festgelegt zu sein scheint. Fest vorgegebene Tagespläne, Alltagsroutine, Tradition und eine überschaubare Zukunft vermitteln ihm schnell das Gefühl, keine Luft zu bekommen. Er mag dann am Fenster sitzen und betrübt darüber philosophieren, dass er wohl noch in zwanzig Jahren an diesem Fenster sitzen und philosophieren wird ... eine Aussicht, die einen Stier durchaus begeistern kann. Der Widder aber braucht das Gefühl, dass die Welt noch tausend unentdeckte Möglichkeiten bietet und dass das nächste Abenteuer schon um die Ecke wartet. Er lebt in der Zukunft, sie ist seine Realität.

Der Widder handelt stets nach der Devise: »Die kürzeste Verbindung zwischen zwei Punkten ist eine Gerade.« Umwege, Tüfteln, Detailarbeit liegen ihm nicht besonders. Seine stärksten Motive liegen in seinem Lebensdrang und in dem Wunsch, sich irgendwie vorwärts zu bewegen. Deshalb stellt ihn die Aufforderung, stehen zu bleiben und über sich selbst nachzudenken, auf eine harte Probe. Tut er es doch, so zeigt sich, dass hinter seiner schwungvollen Selbstdurchsetzung wenig echte Selbstsicherheit steht. Die muss er sich erst erarbeiten, indem er Erfahrungen macht und sich beweist, wer er ist.

Lernaufgabe

DER RICHTIGE EINSATZ DES AGGRESSIONSPOTENZIALS – MÄSSI-
GUNG UND DIE FÄHIGKEIT ABZUWÄGEN – GEDULD UND RÜCKSICHT-
NAHME – BEWUSSTES, PLANVOLLES HANDELN – KOORDINATION
VON DENKEN UND HANDELN – BESTÄNDIGKEIT UND AUSDAUER

Wie alles im Leben, so hat auch der im Prinzip faire Widder
seine Schattenseiten. Diese liegen in der Art und Weise,
wie er mit seinem Aggressionspotenzial umgeht.

Um in einen Apfel beißen zu können, benötigen wir bereits Aggression. Dem Widder-Prinzip unterstehen jedoch
auch Waffen, Kriege und jede Art von Auseinandersetzung. Wie bei Ares/Mars, dem Kriegsgott, liegt die Kehrseite in der Lust am Streit und der Suche nach Widerständen und Kampfsituationen einfach um des Kampfes
willen. Harmonische Verhältnisse, Geduld und Verständnis für andere werden dann als Zeichen von Schwäche
ausgelegt.

Da der Widder das Leben nach dem Aktivitätsprinzip lebt,
besteht die Gefahr, dass er Tätigkeit an sich schon als sinnvolles Handeln betrachtet. Die Tendenz, immer unterwegs,
immer mit etwas beschäftigt zu sein, geht mit einer man-
gelnden Verinnerlichung und Erdung einher: Fordert man
den Widder auf, sich seinem Inneren zuzuwenden, so entsteht bei ihm schnell das Gefühl, er würde sich damit vom
Handeln abwenden, das nun einmal seine ursprünglichste
Natur ist. Das vierte Zeichen des Tierkreises, der Krebs,
der die Verinnerlichung symbolisiert, steht im Quadrat
– also in einem starken Spannungsverhältnis – zum Widder. Wirkliche Handlung im Gegensatz zu zielloser Bewegung bringt Bedeutung und Sinn in unser Leben. Solches
Handeln entsteht aus der Fähigkeit zu Reflexion und zum

Abwägen, die der impulsive, spontane Widder erst lernen muss.

Für das Urprinzip stellt sich diese Frage nicht – ihm geht es ausschließlich um Durchsetzung, Selbstbehauptung und Aktivität. Ein Mensch, der diese Eigenschaften ungefiltert lebt, muss zwangsläufig Konfliktsituationen heraufbeschwören, die sein Leben wenig glücklich verlaufen lassen.

Als Feuerzeichen besitzt der Widder die Gabe der Intuition. Die intuitive Weisheit des Körpers, die uns in Form von plötzlichen Eingebungen und Warnungen führt und lenkt, hilft ihm in vielen prekären Situationen. Die Karte 0 des Tarot, »Der Narr«, spiegelt dies wider: Der Narr, der sich spontan und unbekümmert auf den Weg hinaus in die Welt macht, ist frei und offen, alle Erfahrungen liegen noch vor ihm. Seine Unbesorgtheit bringt ihn in allerlei Gefahren – wie in der Abbildung auf dem Weg, der an einem Abgrund endet. Doch sein Instinkt, symbolisiert durch die Katze, warnt ihn vor dem letzten Schritt.

Wenn der Widder jedoch ungestüm vorwärts drängt, mag selbst diese Instinktsicherheit überfordert sein. Wir müssen über unser Leben nachdenken, wenn wir es verstehen wollen, und der Mut des Widders kann uns dazu verhelfen, auch unliebsamen Wahrheiten ins Auge zu sehen.

Das alte chinesische Weisheits- und Orakelbuch I Ging*
enthält ein Hexagramm – Nummer 52, »Das Stillehalten,
der Berg« (GEN) –, das auf die Problematik des Widders,
seine Unrast und Zukunftsbezogenheit antwortet:

»Das Bild des Zeichens ist der Berg, der jüngste Sohn von
Himmel und Erde. Das Männliche ist oben, wohin es sei-
ner Natur nach strebt, das Weibliche unten, wohin seine
Bewegungsrichtung führt. So ist Ruhe vorhanden, da die
Bewegung ihr normales Ende erreicht hat.

Auf den Menschen angewandt, ist das Problem gezeigt, die
Ruhe des Herzens zu erlangen. Das Herz ist sehr schwer
zur Ruhe zu bringen. Während der Buddhismus die Ruhe
erstrebt durch Abklingen jeglicher Bewegung im Nirwana,
ist der Standpunkt des Buchs der Wandlungen, dass Ruhe
nur ein polarer Zustand ist, der als seine Ergänzung dauernd die Bewegung hat ...

Die wahre Ruhe ist die, dass man stille hält, wenn die Zeit
gekommen ist, stille zu halten, und dass man vorangeht,
wenn die Zeit gekommen ist, voranzugehen. Auf diese
Weise sind Ruhe und Bewegung in Übereinstimmung mit
den Erfordernissen der Zeit, und dadurch gibt es das Licht
des Lebens ... Das Herz denkt dauernd. Das lässt sich nicht
ändern. Aber es sollen die Bewegungen des Herzens, d.h.
die Gedanken, sich auf die gegenwärtige Lebenslage beschränken. Alles Darüberhinausdenken macht das Herz nur
wund.«

---

* Die Übersetzung und Erläuterung ist dem Buch von Richard Wilhelm:
  I Ging. Das Buch der Wandlungen, Diederichs Verlag, 1956, entnommen.

Lebensziel

INITIATIVKRAFT – DURCHSETZUNG DER EIGENEN PERSON – SEINEN PLATZ IN DER WELT EROBERN – EROBERN NEUER POSITIONEN – BEWEGUNGSFREIHEIT UND UNGEBUNDENHEIT – MESSEN DER KRÄFTE

Von allen drei Feuerzeichen – Widder, Löwe, Schütze – hat der Widder die meiste Energie, die stärkste Initiativkraft und den intensivsten Willen, sich durchzusetzen und zu handeln. Er ist kardinales Feuer, d.h., dass zwei aktive Prinzipien zusammenkommen.
Daraus ergibt sich, dass der Widder in seiner reinen Form zwar in die Welt hinausgehen und sich dort durch Eroberung beweisen will, dass er dann aber mit dem, was einmal erobert ist, wenig im Sinn hat.
Das Feld bestellen wird erst das ihm nachfolgende Zeichen Stier. Unabhängigkeit und Ungebundenheit gehören zu seinem Prinzip wie das Salz zur Suppe. Da der Widder das Zeichen des Anfangs ist, widerstrebt es ihm zutiefst, eine Auswahl zu treffen und sich festzulegen. Erst muss er eine persönliche Geschichte erlangen und ein Gefühl von Identität entwickeln, sodass aus dem »Ich bin« ein »Das bin ich« wird. Wichtigste Lektion auf dem Weg dahin ist das Messen der Kräfte.
Rachel Pollacks Beschreibung zu den Tarotkarten Stäbe 5 und Stäbe 7 illustriert die Qualitäten

des Feuers (und damit des Widders) auf treffende Weise.* Zu der Karte Stäbe 5 schreibt sie: »Auch hier finden wir den Konflikt, jedoch auf einer leichteren Ebene. Es liegt in der Natur der Stäbe, das Leben als Kampf zu betrachten. Im besten Sinne wird der Kampf jedoch zur aufregenden Kraftprobe, die man voller Eifer sucht. Im Allgemeinen symbolisieren die Fünfen Schwierigkeiten oder Verlust, doch das Element Feuer formt Probleme in Wettstreit um, der als eine Kommunikationsmöglichkeit der Menschen untereinander und mit der Gesellschaft angesehen wird. Die jungen Menschen kämpfen miteinander, doch nicht, um sich zu verletzen. Wie Kinder, die Ritter spielen, schlagen sie ihre Stöcke aneinander, ohne sich wirklich zu treffen. Sie wollen nicht zerstören, sondern ihre Kräfte aus reiner Freude an der Bewegung messen.«

Zur Karte Stäbe 7 sagt sie: »Dank ihrer natürlichen Stärke und ihrer positiven Einstellung haben die Stäbe die Erwartung, immer zu gewinnen, und meistens haben sie damit Recht ... Solange der Kampf andauert, geht es uns gut. Menschen, die unter dem Einfluss der Stäbe stehen, müssen sich immer vergewissern, dass sie lebendig sind; sie brauchen diesen Adrenalinstoß, um zu spüren, dass das Feuer noch immer in ihnen brennt.«

---

* Vgl. Rachel Pollack: *Tarot – 78 Stufen der Weisheit*, Knaur Verlag, 1985.

DAS WIDDER-SYMBOL

♈ Das Symbol für den Widder stellt eine Abwandlung der Man-Rune ᛦ dar: Sie zeigt einen Menschen, der mit erhobenen Armen dasteht. Die Bedeutung der Man-Rune ist: »Mensch«, »aufsteigendes Leben«, »geboren werden«, auch »Osten«, »Frühling«.

Widder als erstes Zeichen des Tierkreises und als Zeichen des Frühlingsanfangs enthält sinngemäß die obigen Bedeutungen. Im Urhoroskop entspricht Widder auch dem im Osten aufsteigenden Tierkreiszeichen, d. h. dem Zeichen des Aszendenten (lat. *ascendere* = »aufsteigen«).

Die Hörner des Widders galten schon von alters her als Symbol für Stärke, Mut und Macht. Sie sind auch ein Zeichen der phallischen Kraft, der Kraft des Eroberns und des Kämpfens. Der Widder ist ein Symbol für die Kraft des Männlichen.

In den verschiedenen Kulturen wurden Götter, denen diese Attribute zugeschrieben wurden, mit Hörnern oder gehörnten Tieren dargestellt:

Der ursprünglich ägyptische Gott Amun (auch Amun-Re) wurde bei den Griechen und Römern zu dem höchsten Gott ihres Pantheons, zu dem widderköpfigen Zeus bzw. Jupiter. Die ägyptische Göttin Isis trägt auf dem Kopf die Sonnenscheibe zwischen Hörnern zum Zeichen, dass sie mit Mut identifiziert wurde. Der indische Feuergott Agni wird auf einem Widder reitend dargestellt. Shiva, der Zerstörer, hat oft ein gehörntes Tier bei sich.

In der griechischen Argonautensage finden wir das Bild des Widders, der, geopfert und von einem Feuer speienden Drachen bewacht, in einem heiligen Hain aufgehängt wird, wo er sich in das Goldene Vlies verwandelt. Jason und die Argonauten suchen dieses Vlies auf gefahrvollen und abenteuerlichen Wegen. Die Suche nach dem Goldenen Vlies wird als die Suche nach der Wahrheit gedeutet, welche hinter den sichtbaren Dingen steht, nach dem, was die Alchemie als den Stein der Weisen bezeichnet. C. G. Jung sah in dem Vlies ein Symbol für innerseelische Ziele, die allen Widerständen und dem Urteil des bloßen Denkens zum Trotz doch erreicht werden. Das Zeichen Widder impliziert diesen Gedanken des Aufbruchs, des Beginns der Heldenreise durch die verschiedenen Stationen des Lebens, die die nachfolgenden Tierkreiszeichen verkörpern, bis hin zum angestrebten Ziel (bzw., auf den Tierkreis bezogen, bis hin zu den Fischen als letzte Station).

Darüber hinaus wird das Widder-Symbol auch als Brunnen des Lebens, das Hervorbrechen der Natur nach der Kälte und Starre des Winters verstanden.

DAS MARS-SYMBOL

Mars wird meist als ein Mann in Rüstung, der ein Schwert in der Hand hält, oder als Kriegsgott dargestellt. Dies sagt etwas über sein astrologisches Symbol aus: Aus dem Kreis des Geistes kommt der Pfeil der Auseinandersetzung hervor. Der Pfeil symbolisiert auch die Energie, die Aktivität, die dem marsischen Prinzip zugrunde liegt. Etwas will voller Kraft nach draußen, will sich durchsetzen, will sich abheben und unterscheiden von der Einheit des Kreises, der auch die Einheit aller Dinge darstellt.

Da der Pfeil aus dem Kreuz (Materie) entstanden ist, kann das Mars-Symbol auch folgendermaßen definiert werden: Geist (der Kreis) liefert Schubkraft für Materie (das Kreuz bzw. der Pfeil).

Entsprechend ist das dem Mars zugeordnete Metall das Eisen. Eisen ist ein altes Sinnbild für Kraft, Dauer, Unbeugsamkeit, und aus Eisen werden die Werkzeuge und Waffen hergestellt, die in der marsischen Welt des Kampfes unverzichtbar sind.

Mars sieht die Welt als den Schauplatz ständiger Auseinandersetzungen und immer neuer Eroberungen und damit der Möglichkeit zu Sieg und Triumph.

Mars stellt das Energiezentrum des Kosmos dar. Er ist ein Bild für das Wollen und die Triebhaftigkeit des Menschen. In seinem Symbol ist auch der Gedanke enthalten, dass das Kreuz der Materie (abgewandelt zum Pfeil) auf dem Kreis des Geistes lastet; d.h., durch die Triebkraft des Mars-Prinzips in uns sind wir dem Körper und der Welt der Materie verhaftet.

Mars wirkt gleichermaßen schöpferisch, aktivierend, handelnd, und veranlasst uns, hervorzutreten und eine Sache in Angriff zu nehmen, wie er auch destruktiv, zerstörerisch und gewalttätig sein kann.

Seine Definition bewegt sich zwischen den Polen der gesunden, zum Überleben notwendigen Aggressivität, die uns hilft, unsere Rechte zu wahren und im Überlebenskampf auf den verschiedenen Ebenen zu bestehen – und der Aggressivität um der Gewalt und Zerstörung willen, die sich z.B. in Kriegen, aber auch im persönlichen Leben äußern kann. Mars symbolisiert körperliche Anspannung, die geballte Kraft vor dem »großen Sprung«, inneres Angetriebensein und Aktionsdrang. Der im Mars enthaltene *Antrieb* tritt nach außen als *Durchsetzungskraft* in Erscheinung.

Mars sagt im Horoskop etwas darüber aus,

1. wie unsere Durchsetzungskraft beschaffen ist,
2. wie stark wir unsere Antriebe erleben und auf welche Weise wir sie umsetzen,

3. (allgemein, zusammen mit Venus) wie wir unser Verhältnis von Geben und Nehmen zu unserer Umwelt gestalten.

ZUR MYTHOLOGIE DES WIDDERS

Der griechische Name des Kriegsgottes Mars ist Ares. Zeus, der Göttervater, und seine Frau Hera sind seine Eltern. Bei Homer steht der Name Ares für Kampf, Totschlag und Krieg schlechthin. Er wurde aus Wut und Rachegedanken heraus gezeugt: Hera ist zutiefst empört über einen neuerlichen Seitensprung des Zeus und empfängt Ares ohne männlichen Samen.

Ares ist hitzig, ungezügelt und wild, und weder die anderen Götter noch seine Eltern lieben ihn. Seine rohe, ungeschliffene Art und seine Leidenschaft für Kampf und Blutvergießen machen ihn allen verhasst. Die *Ilias* des Homer beschreibt ihn als gewalttätig und prahlerisch, trotzdem zählt Ares zu den zwölf großen Göttern des Olymp.

Außer seinen beiden Kindern – Deimos, die Furcht, und Phobos, der Schrecken – sind ihm nur noch seine Schwester Eris, die Zwietrachtsäende, und Hades, der Gott der Unterwelt, wohlgesinnt.

So unerfreulich, wie seine Charaktereigenschaften beschrieben sind, so attraktiv ist Ares von Gestalt. Er ist groß, muskulös und wirkt sehr anziehend auf das weibliche Geschlecht, was zu zahlreichen Liebschaften führt. Vor allem zu Aphrodite, der Göttin der Schönheit und der Liebe (römisch: Venus), hat er eine intensive Beziehung, die aber ein plötzliches Ende findet, als der Sonnengott Helios die beiden entdeckt und dem Gatten der Aphrodite, Hephaistos, mitteilt, was sich hinter seinem Rücken abspielt.

Hephaistos, der lahme Schmied, wirkt ein feines, unsichtbares und unzerreißbares Netz, das er über dem Lager der beiden befestigt. Bei ihrem nächsten Zusammensein fällt das Netz herab und hält sie gefangen. Daraufhin ruft Hephaistos alle Götter zum Zeugen ihrer Schande herbei.

Aus der Verbindung zwischen Ares und Aphrodite entsteht die Tochter Harmonia, die, wie ihr Name sagt, das harmonische Gleichgewicht zwischen Liebe (Venus) und Streit (Mars) verkörpert.

Ares und Aphrodite sind die Bilder für die aggressiven Instinkte und den Wunsch nach Schönheit, Hingabe und Ausgleich im Menschen. Wie hoch auch immer die Ideale sein mögen, die wir anstreben und die Aphrodite/Venus verkörpert, unsere triebhafte Natur begleitet uns ebenso auf jeder Station unseres Lebensweges. Um diesen Konflikt zu lösen, müssen wir einen Reifeprozess durchlaufen, der zu jener Ausgeglichenheit und Heiterkeit führen kann, die die von Ares und Aphrodite gezeugte Harmonia symbolisiert.

EIN WIDDER-MÄRCHEN:

Der Königssohn, der sich vor nichts fürchtet

Es war einmal ein Königssohn, dem gefiel's nicht mehr daheim in seines Vaters Haus, und weil er vor nichts Furcht hatte, so dachte er: »Ich will in die weite Welt gehen, da wird mir Zeit und Weil' nicht lang, und ich werde wunderliche Dinge genug sehen.« Also nahm er von seinen Eltern Abschied und ging fort, immer vom Morgen bis zum Abend, und es war ihm einerlei, wohinaus ihn der Weg führte.

Eines Tages kam er vor das Haus eines Riesen, wo er sich ein wenig ausruhte. Dabei entdeckte er das Spielzeug des Riesen, ein paar mächtige Kugeln und Kegel, so groß wie ein Mensch, und bekam Lust zu spielen. Er ließ die Kugeln rollen und schrie und rief, wenn die Kegel fielen, und war guter Dinge. Der Riese hörte den Lärm, streckte den Kopf zum Fenster heraus und sah einen Menschen, nicht größer als andere, und der doch mit seinen Kegeln spielte. »Würmchen«, rief er, »was kegelst du mit meinen Kegeln? Wer hat dir die Stärke dazu gegeben?«

Der Königssohn ließ sich aber nicht einschüchtern und meinte, nicht nur der Riese habe starke Arme. Der Riese sah ihn verwundert an und sagte, wenn er so stark sei, so solle er doch einen Apfel vom Baum des Lebens holen. Der Königssohn wollte wissen, wofür der Riese den Apfel brau-

che; und dieser erklärte ihm, seine Braut verlange danach, er selbst sei weit in der Welt herumgegangen, ohne den Baum finden zu können.

»Ich will ihn schon finden«, sagte der Königssohn, »und ich weiß nicht, was mich abhalten soll, den Apfel herunterzuholen.«

Der Riese erklärte ihm, dass der Garten, in dem der Baum stehe, von einem eisernen Gitter umgeben sei, vor dem wilde Tiere liegen, die Wache halten und keinen Menschen hineinlassen. Der Königssohn hatte keine Sorge, dass er in den Garten gelangen werde, aber der Riese fuhr fort: »Ja, gelangst du auch in den Garten und siehst den Apfel am Baum hängen, so ist er doch nicht dein: Es hängt ein Ring davor, durch den muss einer die Hand stecken, wenn er den Apfel erreichen und abbrechen will, und das ist noch keinem geglückt.«

Zuversichtlich nahm der Königssohn Abschied von dem Riesen und wanderte hinaus in die Welt, bis er endlich den Wundergarten fand. Die Tiere lagen ringsum und schliefen. Sie erwachten auch nicht, als er herankam, und er stieg über sie und das Gitter hinweg und kam glücklich in den Garten. Da stand mittendrin der Baum des Lebens, und die roten Äpfel leuchteten an den Ästen. Er kletterte an dem Stamm in die Höhe, musste aber seine Hand durch einen Ring stecken, um ihn zu erreichen. Der Ring schloss sich fest um seinen Arm, und er fühlte, wie auf einmal eine gewaltige Kraft durch seine Adern drang.

Diesmal wollte er nicht über das Gitter klettern, sondern fasste das große Tor, und er brauchte nur einmal daran zu schütteln, so sprang es mit Krachen auf. Da ging er hinaus, und der Löwe, der davor gelegen hatte, war wach geworden und sprang ihm nach, aber nicht in Wut und Wildheit, sondern er folgte ihm demütig als seinem Herrn.

Der Königssohn brachte dem Riesen den versprochenen Apfel, und der gab ihn seiner Braut, einer schönen und klugen Jungfrau. Da sie den Ring nicht an seinem Arm sah, wollte sie ihm erst glauben, dass er den Apfel geholt habe, wenn er den Ring vorweisen könne. Der Riese sagte, er werde ihn von zu Hause holen, weil er meinte, es sei ein leichtes, ihn dem schwachen Menschen mit Gewalt wegzunehmen. Der Königssohn war aber nicht bereit, den Ring herzugeben, und sie rangen lange Zeit miteinander. Da sann der Riese auf eine List und schlug vor, da es ihm warm geworden sei vom Kampf, sie sollten im Flusse baden und sich abkühlen.

Der Königssohn, der von Falschheit nichts wusste, streifte am Wasser seine Kleider und auch den Ring ab und sprang in den Fluss. Schnell packte der Riese den Ring und lief fort, aber der Löwe, der den Diebstahl bemerkt hatte, setzte ihm nach und entriss ihm den Ring. Da stellte sich der Riese hinter einen Baum, und als der Königssohn dabei war, seine Kleider wieder anzuziehen, überfiel er ihn und stach ihm beide Augen aus.

Da stand der Königssohn, war blind und wusste sich nicht zu helfen. Wieder kam der Riese, tat, als ob er ihn führen wollte, und brachte ihn auf die Spitze eines hohen Felsens, wo er ihn stehen ließ, damit er sich zu Tode stürzte. Der getreue Löwe aber hielt seinen Herrn an den Kleidern fest und zog ihn allmählich wieder zurück. Als der Riese kam, um den Toten zu berauben, war er zornig, dass sein Plan missglückt war, und führte den Königssohn nochmals an den Abgrund. Auch diesmal war der Löwe zur Stelle, er stieß den Riesen, dass er hinabstürzte und zerschmettert auf den Boden fiel.

Das treue Tier führte seinen Herrn zu einem Baum, an dem ein klarer Bach floss. Es spritzte mit seinen Tatzen Wasser auf dessen Augenhöhlen, worauf er wieder sehen konnte. Er bemerkte ein Vöglein, das sich im Vorbeifliegen an einem Baumstamm stieß und das daraufhin im Wasser badete. Als es danach weiterflog, war es so sicher, als hätte es sein Gesicht wieder bekommen. Der Königssohn erkannte den Wink, badete sein Gesicht im Wasser, und nun waren seine Augen so hell und rein wie nie zuvor.

Da dankte er Gott für seine Gnade und zog mit seinem Löwen weiter in der Welt herum, bis er an ein Schloss kam, welches verwünscht war. Im Tor stand eine wunderschöne Jungfrau, die aber ganz schwarz war. Sie bat ihn, sie doch von dem bösen Zauber zu erlösen, der über sie geworfen sei, und sagte, er müsse drei Nächte in dem großen Saal des verwünschten Schlosses zubringen, ohne dass Furcht in sein Herz käme. Er dürfe keinen Laut von sich geben, gleich, was geschähe, das Leben könne ihm nicht genommen werden.

Der Königssohn ging fröhlich in das Schloss, denn er kannte keine Furcht. Um Mitternacht fing ein großer Lärm an, und aus allen Ecken kamen kleine Teufel herbei, die taten, als ob sie ihn nicht sähen, aber viele schlimme Worte über einen möglichen Störenfried im Saal verloren. Schließlich fielen sie über ihn her und zwickten und schlugen und quälten ihn, aber er gab keinen Laut von sich. Gegen Morgen verschwanden sie, und die Jungfrau pflegte den völlig ermatteten Königssohn mit dem Wasser des Lebens, bis er wieder frische Kraft in seinen Adern fühlte. Als sie wegging, bemerkte er, dass ihre Füße weiß geworden waren.

In der folgenden Nacht kamen die Teufel wieder und schlugen ihn viel härter, sodass sein Leib voll Wunden war. Doch da er alles still ertrug, mussten sie schließlich von ihm lassen. Wieder heilte ihn die Jungfrau mit Lebenswasser; und als sie wegging, sah er mit Freuden, dass sie schon weiß geworden war bis zu den Fingerspitzen. Eine Nacht hatte er nun noch auszuhalten, aber die war die schlimmste. Der Teufelsspuk kam wieder, und sie schrieen, sie wollten ihn peinigen, bis ihm der Atem stehen bliebe. Auch diesmal duldete er alles, ohne einen Laut von sich zu geben. Endlich verschwanden die Teufel, er aber lag ohnmächtig da. Er konnte die Augen nicht öffnen, als die Jungfrau kam und ihn mit dem Wasser des Lebens begoss. Auf einmal war er wieder von seinen Schmerzen befreit und fühlte sich frisch und gesund. Die Jungfrau aber war schneeweiß und schön wie der helle Tag. »Steh auf«, sprach sie, »und schwing dein Schwert drei Mal über der Treppe, dann ist alles erlöst.« Und als er das getan hatte, da war das ganze Schloss von dem Zauber befreit, und die Jungfrau war eine reiche Königstochter. Sie setzten sich nieder und aßen und tranken, und abends wurde in großen Freuden die Hochzeit gefeiert.*

Das Märchen vom Königssohn schildert in seinen Bildern den Entwicklungs- und Reifeweg des Widders: Ein Königssohn, der sich vor nichts fürchtet, beschließt, in die weite Welt zu ziehen, um Abenteuer zu erleben. Wie könnte er auch Furcht haben, da ihm in seinem bisherigen Leben offensichtlich noch nichts geschehen ist, was dazu Anlass gegeben hätte! So wandert er hinaus, um seine Kraft zu erproben.

Die Art, wie er mit den Kegeln des Riesen und mit dem Riesen selbst umgeht, hat etwas Naiv-Direktes. Er überlegt

---

* Nach *Kinder- und Hausmärchen gesammelt durch die Brüder Grimm*, Insel Verlag, 1977.

nicht lang und spricht mit dem Riesen, als sei er seinesgleichen. Dieser denkt sich freilich mehr bei dem Ganzen und spannt den Königssohn für seine Zwecke ein, der, abenteuerlustig und voll Tatendrang, wie er ist, sich auf den Weg macht.

Seine Furchtlosigkeit ebnet ihm den Weg, was symbolisiert, dass wir auch bekommen, was wir erwarten. Hätte er es als weniger selbstverständlich angesehen, dass er schon in den Garten kommen werde – wer weiß, was geschehen wäre.

Diese unbewusste innere Haltung des »Veni, vidi, vici« (lat. »Ich kam, sah und siegte«) ist charakteristisch für den vom Leben noch nicht geprägten Widder. Seine arglose Natur hat noch nicht die Erfahrung von List und Tücke gemacht, die er bitter erleben muss. Er kennt nur den »Kampf von Mann gegen Mann«, ein Wettbewerb, in dem er sich mutig bewährt.

Aber seine Tapferkeit und Aufrichtigkeit werden auch belohnt: In dem Löwen hat er einen treuen Weggefährten, der ihm zur Seite steht. Der Löwe steht symbolisch auch für die Instinkte des Menschen (siehe Löwe-Kapitel), er symbolisiert die Intuition, die den Königssohn leitet und bewahrt, da er noch nicht auf Erfahrungen zurückgreifen kann, mit deren Hilfe er die Situation bewerten könnte.

Als er schließlich, wieder sehend geworden, zu einem verwünschten Schloss kommt, erfüllt sich ein weiteres Bedürfnis des Widders: dasjenige, sich heldenhaft für eine Sache einzusetzen, für sie zu kämpfen und, wenn möglich, eine Schöne zu retten. Am Ende der Geschichte weiß man zwar nicht, ob er »aus Schaden klug geworden« ist, aber nun kann er einen Erfahrungsschatz sein Eigen nennen, eine persönliche Geschichte, die ihm das Gefühl gibt: Das bin ich, und das habe ich getan.

ANALOGIEKETTEN

Entsprechungen des Prinzips »Widder«
auf den verschiedenen Ebenen

Farben:
Alle leuchtenden, feurigen Farben, vor allem Rot (Rot wirkt stark aktivierend, weckt Energie und Sexualität, fördert die Entschlossenheit und kraftvolles Streben sowie die Aggressivität; Rot als Farbe des Feuers kennzeichnet ebenso wie Mars das hitzige, cholerische Temperament).

Geruch:
Intensiv, scharf, beißend, ätzend, brenzlig, durchdringend; alles, was zu Husten oder Tränen reizt.

Geschmack:
Alle scharfen, auf der Zunge beißenden Geschmacksrichtungen.

Signatur (Form und Gestalt):
Scharf, spitz, scharfkantig, lanzettförmig, klein, aber kräftig (z.B. Messer, Nadel, Nagel, Meißel, Hobel, Skalpell, Hacke, Bügeleisen).

Pflanzen allgemein:
Alle schnellkeimenden Pflanzen; Pflanzen, die auf der Haut brennen, stechen, jucken oder Blasen ziehen; grellfarbige Pflanzen, Distel, Brennnessel, Zwiebel, Radieschen, Tabak).

Bäume, Sträucher:
Schnellwachsende wie z.B. Akazie, Zypresse, Fichte, Berberitze, Stachelbeere.

Gemüse, Obst:
Scharfe Paprika (Peperoni), Chili, Rettich, Meerrettich, Knoblauch, Senf, Zwiebel, Lauch, Kakteenfrüchte, Stachelbeere.

Blumen:
Roter Mohn (Klatschmohn), Arnika, rote Geranie, alle Blumen mit leuchtenden Farben; Blumen mit Dornen (Rose).

Gewürze:
Pfeffer, scharfer Curry, Paprika, Chilipulver, Cayennepfeffer.

Heilpflanzen:
Brennnessel, Eisenhut, Arnika, Silberdistel, Knoblauch, Weißdorn. Eisenkraut.

Tiere:
Allgemein eher Greiftiere bzw. angreifende, jagende Tiere, z.B. Wolf, Jagdhund, Tiger, Panther, Hai, Schwertfisch, Hecht, Barsch, Stachelrochen. Raubvögel: Habicht, Falke, Bussard. Aggressive Insektenarten: Wespen, Hornissen, Mücken.

Materialien:
Metalle, Eisen.

Mineralien:
Eisen, Magneteisenerz, Feuerstein, Nickel, Schwefel (alles Feurige, Rötliche, Schweflige); Hämatit, Rubin, Industriediamant, roter Turmalin, Limonit, Siderit, Blutstein.

Landschaften:
Heiße und trockene Landschaften, dürre Steppe, Wüste, dorniges Buschwerk, raues Klima, steinige Hänge (z.B. Big Sur an der Westküste der USA); Landschaften, die einen Überlebenskampf fordern.

Berufe:
Alle Berufe, die Durchsetzungskraft und/oder Schnelligkeit erfordern, bei denen Wettbewerbssituationen im Vordergrund stehen, die mit Hitze oder Angriff- und Verteidigungssituationen zu tun haben: Sportler, Rennfahrer, Boxer, Fechtlehrer, Dompteur, Jäger; Mediziner (besonders Chirurg und Zahnarzt), Physiker; Polizist, Militär, Sicher-

heitsbediensteter (Verteidigung); Politiker; Waffenhersteller, Schmied; Maschinenbauer (Schneide-, Bohr- und Fräswerkzeuge), Maschinenhändler, allgemein Technikerberufe; Graveur, Bildhauer, Handwerker, Heizer, Schweißer, Feuerwehrmann, Brauer, Schnapsbrenner, Metzger.

Hobbys, Sportarten:
Bodybuilding, Wrestling, Catchen, K I, Jagen; Judo, Aikido, Karate, Schießen (Kampfkünste); Wettrennen, Autorennen, Boxen, Gymnastik; Squash, Surfen; Cowboyspiele; Holzschnitzerei, Bildhauerei; Kunstschmieden, Gravieren; Trommeln, rhythmische Musik; Training und Fitness.

Verkehrsmittel:
Jeep, Geländemotorrad, Rennrad, Sportwagen, Düsenjet, Rakete.

Wohnstil:
Einrichtung eher praktisch als ästhetisch, viel Holz, eher improvisiert als durchdacht.

Wochentag:
Dienstag (frz. *mardi*, Tag des Mars).

Gesellschaftsform:
Jäger- und Nomadenvölker; Militärdiktaturen; Rittertum.

Entsprechungen auf der Ebene des menschlichen Körpers:
Kopf, Zähne, Nägel, Haare, Gallensteine, die Kraft-Muskulatur (im Unterschied zur Ausdauermuskulatur).

Krankheiten allgemein:
Akute und heftig verlaufende Erkrankungen (besonders Entzündungen), Fieber, Verletzungen, Krankheiten mit aggressivem Ausdruck (Keuchhusten), Kopfschmerzen, Gehirnhautentzündung, Augenerkrankungen, Gesichtsneuralgien (Trigeminusnerv), Zahnschmerzen, Gallenblasenleiden.

WIE WIRKEN WIDDER UND MARS IN MEINEM HOROSKOP, WAS SAGEN SIE AUS?

1. Wie reagiere ich spontan? Wie verhalte ich mich in überraschenden Situationen? Wie in plötzlicher Gefahr?
2. Auf welche Weise trete ich in Aktion, wie nehme ich die Dinge in Angriff?
3. Wie durchsetzungsfähig bin ich? Fällt es mir leicht, mich durchzusetzen, oder schwer? Fühle ich mich machtlos oder stark?
4. Wie leicht fällt es mir, die Dinge zu nehmen, die ich mir wünsche? Was tue ich, um meine Bedürfnisse und Wünsche zu befriedigen?
5. Welche Situationen machen mich aufgeregt, ängstlich, aggressiv? Wann habe ich das Bedürfnis, mich zu verteidigen oder davonzulaufen? Gibt es einen inneren Zusammenhang zwischen diesen Situationen?
6. Welche Art, zu kämpfen und mich zu wehren, fällt mir leicht? Durch Worte, indem ich mich entziehe, oder physisch?
7. Welche Gefühle löst das Wort »Aggression« in mir aus (Augen schließen und nach innen hören)?
8. Was tue ich und wie tue ich es, um mir das zu nehmen, was ich haben will?

ZITATE ZUM WIDDER-PRINZIP

Was hilft aller Sonnenaufgang, wenn wir nicht aufstehen.

Georg Christoph Lichtenberg

Wenn der gerade Weg zu sehen ist, mach keinen Umweg.

Sprichwort aus Russland

Die Zukunft hat viele Namen. Für die Schwachen ist sie das Unerreichbare. Für die Furchtsamen ist sie das Unbekannte. Für die Tapferen ist sie die Chance. *Victor Hugo*

Leben heißt innerlich brennen. *Norman O. Brown*

Man kann niemanden überholen, wenn man in seine Fußstapfen tritt. *François Truffaut*

Um große Erfolge zu erzielen, muss etwas gewagt werden. *Helmuth Graf von Moltke*

Man ist erst besiegt, wenn man aufgibt. *Sprichwort*

Mut heißt die Kraft, das Bekannte und Sichere loszulassen. *Rollo May*

Ein Egoist ist ein unfeiner Mensch, der für sich mehr Interesse hat als für mich. *Ambrose Bierce*

Das Geheimnis des Glücks ist die Freiheit, deren Geheimnis aber ist der Mut. *Perikles*

Willenskraft Wege schafft. *Sprichwort*

Nicht weil die Dinge schwierig sind, wagen wir sie nicht, sondern weil wir sie nicht wagen, sind sie schwierig. *Seneca*

Entweder bin ich das Leitpferd des Gespanns oder keines. *John Fletcher*

Wo kämen wir hin, wenn jeder sagte, wo kämen wir hin und keiner ginge, um zu sehen, wohin wir kämen, wenn wir gingen.

Kurt Marti

Wer die Freiheit aufgibt, um Sicherheit zu gewinnen, wird am Ende beides verlieren.

Benjamin Franklin

Wenn du eine Entscheidung treffen musst, und du trifft sie nicht, ist das auch eine Entscheidung.

William James

Der eine wartet, dass die Zeit sich wandelt, der andere packt sie kräftig an – und handelt.

Dante Alighieri

STIER
Zweites Zeichen des Tierkreises, 30°–60°

Symbol:
Ein Kreis, auf dem ein Halbkreis ruht: Über dem geistigen Prinzip, das der Kreis darstellt (Sonne), steht das gefühlsmäßig-seelische Prinzip, wie es die geöffnete, empfangende Schale des Halbkreises (Mond) darstellt. Auch: die Hörner des Stiers, der Stier als Symbol der Zeugungskraft und Fruchtbarkeit.

Jahreszeit:
Hochfrühling (21. April bis 21. Mai), »Wonnemonat Mai«.

Qualität:
Weiblich-rezeptiv, Yin. Element: Erde. Fixes (festes) Zeichen (ein Zeichen, das konsolidiert, konkretisiert und verwendet).

Herrscher:
♀ Venus.

Häuserzuordnung:
2. Haus (fixes Haus).

Auf dem Tierkreis gegenüberliegendes Zeichen:
Skorpion.

Botschaft/Schlüsselsatz:
Ich habe.

Schlüsselworte:
Sicherheit, Stabilität, Produktion.

Charakteristika:

Pragmatisch, realistisch, praktisch, gründlich, sachlich, beständig, solide, stabil, standfest, bewahrend, ausdauernd, geduldig, langmütig, statisch, beharrlich, zäh, eigenwillig; zuverlässig, vernünftig, organisiert, nüchtern, sicherheitsorientiert, bodenständig, sesshaft, produktiv, fruchtbar, strebsam, tüchtig, leistungsfähig, sinnlich (sehen, hören, riechen, schmecken, tasten), begehrlich, besitzergreifend, einverleibend, genussfreudig; körperbewusst, körperorientiert; musisch, musikalisch, künstlerisch, ästhetisch; natürlich, erdhaft, naturliebend, schlicht, friedlich, heiter, vergnügt, ruhig, sicher, gelassen, versöhnlich, warmherzig, gesellig; sentimental; konventionell, traditionell, traditionsgebunden, qualitätsbewusst. – Naiv, einfach strukturiert, »Schwarzweißdenken«; selbstzufrieden, undifferenziert; träge, bequem, schwerfällig; stur, halsstarrig, unduldsam, festgefahren, einseitig, voreingenommen, unbeweglich, reizbar; opportunistisch, materialistisch; vergnügungssüchtig, nachlässig.

Thema

KONSOLIDIERUNG – SICHERHEIT – SESSHAFTIGKEIT – INTEGRATION IN EINE GRUPPE – PHYSISCHE GEBORGENHEIT – KÖRPERORIENTIERUNG – GENUSSFÄHIGKEIT – VERWERTUNG – PRODUKTIVITÄT

Nach der Aufbruchs- und Eroberungsphase, die von Abenteuerlust, Pioniergeist und Tatendrang, aber auch von Rastlosigkeit, Kampfstimmung und dem Gefühl, in einer bedrohlichen Umwelt überleben zu müssen, gekennzeichnet war (Widder), geht es im zweiten Abschnitt des Tierkreises um Konsolidierung und Absicherung.

Aus Jägern und Nomaden wurden Ackerbauern und Viehzüchter. Der Mensch begann, Land dauerhaft zu besiedeln und durch Abgrenzung zu seinem Besitz zu machen: Verschiedene Formen von Grenzen zeigten, was persönliches Eigentum oder das der Sippe bzw. des Landes war.

In seinem Buch *Der Mond** schreibt Michael Roscher im Kapitel »Der Mond im Stier«: »Aus dem Lebensgefühl ›Da bin ich, und dort sind die anderen (einer gegen alle)‹ wurde die Haltung ›Da sind wir, und dort sind die anderen (gemeinsam sind wir stark)‹. Sobald die Sozialverbände größer wurden, war es notwendig, zu unterscheiden, wer zu ›uns‹ und wer zu den ›anderen‹ gehörte.«

Der Widder ist seiner Natur nach ein Einzelkämpfer, der sich bewegen muss, um ein Gefühl von Sicherheit zu haben. Der Stier möchte dieses Umherziehen – gleich auf welcher Ebene der heutige Widder dies ausleben mag – zu Gunsten von Sesshaftigkeit und Stabilität aufgeben. Er fühlt sich sicher und geborgen durch die Zugehörigkeit zu einer Gruppe, die ihm Schutz und Wärme gibt, aber im Gegenzug auch Einordnung und Anpassung verlangt – Verhaltensweisen, die dem Widder-Prinzip, das ausschließlich auf Selbstdurchsetzung gerichtet ist, zutiefst zuwider sind.

Um ein Tierkreiszeichen besser verstehen zu können, ist es oft hilfreich, das reale Tier, dessen Namen es trägt, zu betrachten. Der Stier ist ein Herdentier, für den das Schlimmste der Ausschluss aus der Herde darstellt. Dieses Empfinden gilt auch für Menschen mit Stier-Betonung: Ihr Wohlbefinden hängt im Wesentlichen davon ab, inwieweit sie sich zu einer Gruppe zugehörig fühlen können oder nicht. Je nach individueller Ausprägung des Horoskops kann diese Gruppe die eigene Familie bzw. Sippe sein, eine Wohngemeinschaft oder auch eine geistige Gemeinschaft, der man sich

---

* Michael Roscher: *Der Mond*, Hugendubel Verlag, 1986.

zugehörig fühlt. Immer aber geht es darum, »zusammenzu-rücken« und die Nähe und Wärme der anderen Gruppen-mitglieder zu spüren: »Gemeinsam sind wir stark!«

Das Grundprinzip des Stiers ist auf das Körperlich-Stoffli-che gerichtet: physische Nähe, materielle Sicherheit, greif-bare, anfassbare Dinge, das Gefühl von Verwurzelung in der Welt, fester Boden unter den Füßen. Das Kleinkind, das sich seiner körperlichen Bedürfnisse bewusst wird, durch-läuft diese Phase. Dazu gehören auch körperliche Lust- und Unlustgefühle, alles, was wir durch die Sinne wahrnehmen. Wer immer unterwegs ist und mit seinen Gedanken und Gefühlen in der Zukunft weilt (Widder), hat wenig Zu-gang zu dieser Art des Genießens. Hören, Sehen, Riechen, Schmecken, Tasten, alle diese Sinnesfunktionen bedingen, dass wir ein gutes Körpergefühl besitzen und uns nicht, wie Liz Greene über den Widder schreibt, »in unseren Kör-per gesteckt fühlen wie die Wurst in die Pelle«.

Der Stier ist ein produktives Zeichen, was nicht zwangsläufig etwas mit Kreativität zu tun hat. Er ist auf besondere Weise in der Lage, die Dinge so zu hegen und zu pflegen, dass sie erblühen und einen Wertzuwachs erhalten. Seine Bereit-schaft, sich niederzulassen, zu bleiben und sich einer Gruppe unterzuordnen, ist eine wichtige Voraussetzung dafür. Er ist es, der die zahlreichen angefangenen Projekte des Widders fortführt und dessen Eroberungen verwaltet und pflegt.

So gegensätzlich diese beiden Prinzipien sind, so sehr ergänzen sie einander. Die kardinalen Zeichen (Widder, Krebs, Waage, Steinbock) drücken eine intensive Dynamik, ein Aktivitätspotenzial und eine gedankliche Fülle aus, wenn auch jedes auf einer anderen Ebene und in unter-schiedlicher Form. Ihnen folgen die so genannten fixen Zeichen – der Stier dem Widder, der Löwe dem Krebs, der Skorpion der Waage und der Wassermann dem Steinbock.

Diese fixen Zeichen übernehmen jeweils die Aufgabe, das, was die kardinalen Zeichen in Gang gesetzt haben, zu konsolidieren und zu konkretisieren. Die intensive, aber eher ziellose Energie des Widders muss im Stier eingegrenzt und stabilisiert werden, damit sie nicht wie ein Strohfeuer verpufft, sondern Früchte trägt. Daraus wird schon deutlich, wie interessant es ist, in einem Horoskop das Verhältnis dieser Prinzipien untereinander zu vergleichen.

Motivation

PRAKTISCHER REALISMUS – MATERIELLE ABSICHERUNG – SCHUTZ IN EINER GEMEINSCHAFT – STABILITÄT, SUBSTANZ UND WERTBESTÄNDIGKEIT – DAS ERHALTEN UND GENIESSEN DES ERREICHTEN – ERFAHRUNG DER SINNE – IM KÖRPER LEBEN – BESITZ

Der Stier ist dem Element Erde zugeordnet, dessen hervorstechendstes Kennzeichen praktische Vernunft oder auch das ist, was man allgemein als »gesunden Menschenverstand« bezeichnet. Da es dem Stier so sehr um Sicherheit geht, hat er wenig übrig für Spekulationen, Zukunftsträume und unklare Verhältnisse.

Sein Denken ist außerordentlich qualitätsorientiert. Alles, was den Eindruck von Substanz und Wertbeständigkeit vermittelt, hat gute Aussichten, von ihm akzeptiert zu werden. Mehr als das Erforschen neuer Gebiete, das Ausprobieren und Sichfortbewegen interessiert es ihn, das, was er erworben und geschaffen hat, zu bewahren und zu genießen. Genießen aber kann er vor allem im Kreis von Menschen, denen er sich zugehörig fühlt. Ein Fisch mag sich voll wehmütiger Zufriedenheit mit dem Zen-Spruch »Ich sitze hier so ganz allein auf einem Stein ...« identifizieren, nicht so der Stier.

Wie bereits gesagt wurde, hat der Stier einen besonderen Bezug zu sinnlichen Erfahrungen: gutes Essen, der Geruch von Heu oder einer Frühlingswiese, Massage, Musik, Sexualität. Mehr als in seinem Geist möchte der Stier in seinem Körper leben. Wichtig dabei ist, dass er das, was ihm Genuss verschafft und was er für wertvoll erachtet, auch *haben will*. Traditionell ist das dem Stier zugeordnete 2. Haus das Haus des Besitzes. Besitz zieht Verpflichtungen und Verbindlichkeiten nach sich – was der Widder fürchtet, der Stier jedoch schätzt. Gerade dadurch, dass er etwas hat, das seines beharrlichen Einsatzes bedarf und das sich dadurch auch noch verbessern und vermehren kann, entwickelt er das Gefühl von Sinnhaftigkeit im Leben. Wiederum kann sich dieses Prinzip – psychologisch gesehen – auch auf die Pflege geistiger Interessen oder auf Menschen beziehen, dem Urprinzip Stier geht es jedoch ausschließlich um Körperlich-Materielles.

Psychologie

Die Erde ist der Boden unter unseren Füßen, wir können sie anfassen. Sie ist das Symbol der sichtbaren Welt, die wir mit unseren Sinnen *begreifen* und erfassen können.

Von den drei Erdzeichen (Stier, Jungfrau, Steinbock) hat der Stier den eindeutigsten Bezug zu diesen Eigenschaften des Elements. Er ist mit der realen, sichtbaren Welt befasst. Philosophisch-spekulative Fragen liegen ihm nicht besonders. (Wenn dies im Einzelfall anders ist, empfiehlt es sich, das Horoskop nach anderen Einflüssen zu untersuchen.) Was den Stier interessiert, muss tatsächlich vorhanden sein und die Aussicht auf greifbare Ergebnisse bieten. Wie man seinen Lebensunterhalt verdient, braucht man ihm in aller Regel nicht beizubringen – er hat ein angeborenes Talent dafür, materielle Fragen zu lösen und Strategien zu entwickeln, wie er seine Bedürfnisse befriedigt.

Pieter Bruegels Bauernbilder, z. B. der »Bauerntanz« und die »Bauernhochzeit«, lassen im Betrachter eine für den Stier typische Stimmung entstehen – warme, bräunliche Töne, Erdfarben, rundliche, satte Körper, es wird getanzt und gegessen. Die Menschen sitzen nah beieinander, es herrscht eine Atmosphäre der Vertrautheit und Nähe. Was wir nicht in diesen Bildern finden – und wohl auch nicht finden sollen –, ist Inspiration, Leichtigkeit, Extravaganz. Keiner der Beteiligten auf den Bildern fällt durch Kleidung, Äußeres oder Verhalten aus dem Rahmen. Die Gruppe ist in sich geschlossen.

Aus der Rolle fallen, den Außenseiter spielen, das mag ein Wassermann tun, seinen Inspirationen und Eingebungen folgen ist eher charakteristisch für den Schützen oder auch die Fische und den Krebs. Der Stier will ganz genau wissen, womit er es zu tun hat. Der Sparstrumpf im Schrank ist ihm lieber als das Konto auf der Bank. Dafür zählt er aber auch zu denen, die ein gegebenes Versprechen halten, schon deshalb, weil er, vorsichtig und solide, wie er ist, vorher gründlich darüber nachgedacht hat.

Während es dem Fisch liegt, sich in Schwärmereien »an die ferne Geliebte« zu ergehen, braucht der Stier die physische Nähe des Partners. Was ihm manchmal entgeht, ist, dass der andere zwar körperlich anwesend, im Geist aber ziemlich weit entfernt ist.

Der Stier wird von Venus regiert, dem Symbol für Schönheit, Ästhetik, Genuss, Hingabe. Ihre Eigenschaften finden sich bei ihm in Form von gutem Geschmack und der Freude an »Wein, Weib und Gesang«. Viele Stiere sind musikalisch. Auf ungewohnte Situationen stellt er sich nur langsam ein, und es wird eine Weile dauern, bis er sich entschließt, etwas Neues in Angriff zu nehmen. Ist er aber einmal in Gang gekommen, kann ihn kaum noch etwas aufhalten.

Die schlimmste Strafe für einen Stier ist zweifellos, ihm etwas wegzunehmen, das er aufgebaut hat. Sein ganzes Selbstwertgefühl beruht darauf; mit hoher Wahrscheinlichkeit wird er sich lange Zeit nicht davon erholen. Da ihm seine Wurzeln so wichtig sind, fühlt er sich dann wie abgeschnitten, ein Ersatz erscheint ihm wenig attraktiv. Verlustsituationen sind eine Gelegenheit, die cholerische Seite des friedliebenden Stiers kennen zu lernen. Von ihm schnelles Reagieren zu erwarten ist eine andere. Wer aber seine bedächtige, gründliche, solide Art zu schätzen weiß, hat an ihm einen verlässlichen Freund und Partner. Eines wird mit ihm kaum passieren: dass er sich von einem Augenblick zum anderen dafür entscheidet, »Zigaretten holen« zu gehen und nicht wiederzukommen ...

Lernaufgabe

DAS GLEICHGEWICHT ZWISCHEN BEHALTEN UND LOSLASSEN – SELBSTWERTGEFÜHL UND WORAUF ES GRÜNDET – DAS PERSÖNLICHE WERTESYSTEM – ÜBERWINDUNG STARRER GEWOHNHEITENBEREITSCHAFT ZUR VERÄNDERUNG DES STATUS QUO – DER UNSICHERHEITSFAKTOR DER ZUKUNFT

Da für den Stier alles, was ihm das Gefühl von Sicherheit vermittelt, sein Selbstwertgefühl stärkt oder seine Bedürfnisse befriedigt, einen ungeheuren Wert besitzt, will er diese Dinge oder Menschen auch unbedingt *haben* und, so irgend möglich, nicht mehr hergeben. Oft beweist er diese Eigenschaft des Festhaltens auch bei Themen und Sachen, die für ihn eigentlich nicht mehr brauchbar und sinnvoll sind.

Tief in sich spürt er einfach den Drang zu besitzen, und das in möglichst handfester Form. Erich Fromm fasste dieses Problem in dem Buchtitel *Haben oder Sein** zusammen: »Die problematische Seite des Stieres gipfelt darin, dass er Kinder *hat*, ohne Vater zu *sein*, dass er Bilder *sammelt*, ohne Kunstliebhaber zu *sein*, bestenfalls weil diese Bilder einen soliden Wertzuwachs versprechen.«

Das Haben befriedigt mehrere Seiten in ihm: Besitz – gleich welcher Art – stärkt sein Selbstwertgefühl, zeigt, dass er in der Lage war, »etwas auf die Beine zu stellen«, beweist der Welt seinen Wert; so glaubt er zumindest. Darüber hinaus verlangt Besitz Pflege und vermittelt ihm somit das Gefühl, nützlich zu sein. Deshalb bedeutet die Entscheidung, wie viel er sinnvollerweise behalten kann und was er loslassen sollte, für jeden stierbetonten Menschen eine Gratwanderung.

Um diese Entscheidung fällen zu können, muss er sich auf die Suche nach seinem persönlichen Wertesystem begeben. Dies ist eine schwierige Aufgabe für ihn, da über seinen grundlegenden Sammel- und Sicherungstrieb hinaus das Wertesystem seiner Gruppe so bestimmend für ihn ist. Oft hält er einfach an etwas fest, das mit seinem Selbstwertgefühl zusammenhängt – nicht nur an Gegenständen und Menschen, sondern auch an Argumenten und Meinungen. Auch die Gabe der Ausdauer und Beständigkeit hat ihre Kehrseiten. »Mehr vom selben ist nicht immer besser«, formuliert Paul Watzlawick in seinem Buch *Vom Schlechten des Guten***. Der Stier, der mehr Beständigkeit hat als jedes andere Tierkreiszeichen, fürchtet sich eben deswegen vor Veränderung, vor Ungewohntem und vor Ungewissheit. Er

---

* Erich Fromm: *Haben oder Sein*, dtv, 1979.
** Paul Watzlawick: *Vom Schlechten des Guten und Hekates Lösungen*, Piper Verlag, 1986.

neigt dazu, sich an den Status quo zu klammern oder überlebte Gewohnheiten und Traditionen endlos fortzusetzen, er kann nicht loslassen. (Auf der körperlichen Ebene kann sich dies in Ausscheidungsproblemen manifestieren, was die Problematik verdeutlicht.) Das Geringste, was dadurch entsteht, ist der Eindruck, er sei etwas phantasie- und einfallslos. Er kann aber auch ein Bollwerk gegen das Eindringen des Lebens errichten, eine Eigenschaft, die er mit seinem Gegenzeichen Skorpion teilt, nur dass der Skorpion auf diese Weise seine fixen Ideen verteidigt, während es dem Stier um realen Besitz geht.

In diesem Festhalten liegt eine freiwillig-unfreiwillige Selbstbeschränkung, die die Schaffenskraft des Stiers untergräbt, anstatt, wie er glaubt, sie zu fördern und unter Beweis zu stellen.

Lebensziel

SOZIALE ORDNUNG UND STABILE VERHÄLTNISSE DURCH GRUPPENZUSAMMENHALT – KULTURELLE ODER ETHNISCHE ZUSAMMENGEHÖRIGKEIT – DAS ABGEGRENZTE REVIER – DAS BEWAHREN DER TRADITION – FORTBESTAND, DAUER UND BESTÄNDIGKEIT – FRUCHTBARKEIT

In der Regel bildet sich eine Gemeinschaft mit dem Ziel, ihren Mitgliedern Schutz, Ordnung und stabile Verhältnisse zu gewähren, Willkür und Chaos werden auf das mögliche Mindestmaß reduziert, das Leben und sein Ablauf werden beständiger und damit berechenbarer.

In der Zugehörigkeit zu einer Gruppe liegt auch eine Art persönlicher Legitimation: Weil man zu einem bestimmten Familienclan gehört, kann man z. B. bestimmte Rechte und Ressourcen in Anspruch nehmen.

Wiederum findet sich hier das Prinzip des »Gemeinsam sind wir stark«. Anders als im Steinbock, bei dem sich Menschen zusammenfinden, die aus der gleichen Gesellschaftsschicht kommen oder die gleiche Maßstäbe und Spielregeln anwenden, vereint das Stier-Prinzip Menschen, die von ihrem physischen Ursprung her – durch Rasse, Sippe usw. – verbunden sind. Diese Verbindung fußt dann auf einer Tradition, die von Generation zu Generation weitergegeben wird. Gerade ethnische Minderheiten haben die Eigenart, durch traditionelle Gepflogenheiten ihre Existenz und ihren Wert, vor allem aber ihr Zusammengehörigkeitsgefühl unter Beweis zu stellen.

Innerhalb jeder Gruppe bilden sich Verhaltensweisen und Kennzeichen aus, die signalisieren, wohin man gehört. Damit ist das eigene »Revier« abgegrenzt und die Möglichkeit geschaffen, Fremde, Nichtzugehörige sofort zu erkennen und gegebenenfalls aus der Gruppe auszuschließen.

Diese Gruppenmerkmale können deutlich ausgeprägt sein – wie bei den Punkern, den Hippies oder den Anhängern der folkloristischen Tradition einer bestimmten Region – oder auch eher versteckt. In jedem Fall besitzt derjenige, der nicht dazugehört, so etwas wie einen »Geruch«, der ihn als anders und damit potenziell als Eindringling klassifiziert. Neben der persönlichen Absicherung bietet die Gemeinschaft noch die Möglichkeit zu erhöhter Produktivität. Arbeitsteilung und die Bereitschaft, an einem Strang zu ziehen, lassen die sprichwörtliche Fruchtbarkeit des Stiers erblühen, dessen wichtigstes Ziel es ist, etwas Sichtbares, Greifbares in der Welt zu schaffen.

DAS STIER-SYMBOL

♉ Das Symbol des Stiers stellt die instinktive, fühlende Seite der Venus dar, wie sie der Stier-Venus entspricht (im Gegensatz zu der Waage-Venus, bei der das geistige Element stärker ausgeprägt ist): Über dem Kreis des Geistes steht der Halbkreis, der die Seele repräsentiert. Der Halbkreis, der auch das Symbol des Mondes ist, gleicht einer geöffneten, aufnehmenden, empfangenden Schale. Das Passiv-Rezeptive, das Weiblich-Aufnehmende ist im Stier erhöht.

Man könnte versucht sein, dieses Zeichen statt Stier Kuh zu nennen – und tatsächlich findet sich in vielen alten Darstellungen statt des Stiers eine Kuh: Da ist die ägyptische Weltenmutter Isis, die mit einem Kuhkopf bzw. Stierhörnern abgebildet wurde; in der germanischen Edda finden wir die Himmelskuh Audhumla, die Mutter der Götter; Hathor, die ägyptische Himmelsgöttin und allumfassende Muttergottheit, wurde unter anderem auch als Kuh dargestellt. Die Kuh als milchgebendes Muttertier war den alten Völkern ein Symbol für die lebendige Mutter Erde, die alles nährt und hegt.

Der Stier symbolisiert also die gute Erde, die gütige Mutter, die uns durch ihre Fruchtbarkeit nährt und uns das Gefühl der Verwurzelung und Sicherheit im Leben vermittelt. Er ist somit ein weibliches Zeichen. Trotzdem hat der Stier seinen Namen nicht zufällig erhalten. Die Wahl des männlichen Tieres zeigt, dass wir die passiven, empfangenden Seiten dieses Zeichens nicht überschätzen dürfen. Im Stier sind auch eine zweckgerichtete Entschlossenheit, eine geradezu sture Beständigkeit (stur, starr – Stier), zähe Ausdauer und eine enorme Macht enthalten. Darüber hinaus ist der Stier seit jeher das Symbol für Zeugungskraft.

DAS VENUS-SYMBOL

♀ Das Symbol der Venus ist ein Kreis über einem Kreuz: Der Geist steht über der Materie. Das Venus-Prinzip stellt eine harmonische Verbindung zwischen den verschiedenen Ebenen dar, hier im Symbol eine harmonische Verbindung zwischen den geistigen (Kreis) und den materiellen (Kreuz) Antrieben im Menschen. Harmonisches Vereinen der Gegensätze ist das Ziel dieses Prinzips, ein Ausgleich zwischen Männlichem und Weiblichem, innen und außen, Geistigem und Physischem.

Venus regiert den Stier und die Waage. Im Stier ist die gesuchte harmonische Verbindung noch mehr instinktiver Natur, sie erfolgt über sinnliche Eindrücke (Stier ist ein Erdzeichen). In der Waage ist die gesuchte harmonische Verbindung mehr geistig-ästhetischer Natur (Waage ist ein Luftzeichen). Befriedigung im physischen Sinne entspricht also der Stier-Venus: Sie symbolisiert den Körper mit seinen Bedürfnissen nach Sicherheit, Verwurzelung und Genuss. Die Waage-Venus sucht Befriedigung im Kontakt zu anderen Menschen, sie entspricht unserem Begegnungspotenzial.

Venus ist ein selektives Prinzip, d. h., durch Venus versuchen wir einerseits, Harmonie und Übereinstimmung in unserem Leben zu bekommen, andererseits aber wählen wir nach bestimmten, rein subjektiven Kriterien das aus, was uns gefühlsmäßig am meisten liegt. Insofern hat Venus auch mit der Frage des persönlichen Geschmacks zu tun. Venus und Mars stellen die Grundprinzipien unseres Beziehungsverhaltens dar.

Im Horoskop sagt Venus etwas darüber aus,

1. welcher Typ Mensch uns liegt und welchen wir ablehnen,

2. wofür wir offen sind,
3. was wir schön finden und was uns anzieht,
4. auf welche Menschen, Dinge und Situation wir besonders ansprechen, was unsere Aufmerksamkeit im Guten wie im Schlechten auf sich zieht,
5. auf welche Weise wir Beziehungen eingehen und was wir von ihnen (bewusst oder unbewusst) erwarten,
6. welche Dinge wir wertschätzen und was wir brauchen, um ein Selbstwertgefühl zu haben, also allgemein etwas über das, was in unserem Leben Wert besitzt,
7. welche Dinge uns das Gefühl persönlicher Sicherheit geben,
8. was uns ein Gefühl von Freude und Erfüllung verleiht,
9. wie unser Harmoniebedürfnis beschaffen ist: ob wir mehr nach harmonischer Übereinstimmung im Leben verlangen oder ob wir mehr auf Unabhängigkeit oder Herausforderung bedacht sind,
10. wie unsere Fähigkeit, anderen Menschen zu begegnen und auf sie zuzugehen, beschaffen ist und inwieweit wir Hingabe, Verständnis und Achtung für den anderen aufbringen bzw. entgegennehmen können.

ZUR MYTHOLOGIE DES STIERS

Minos war der reiche und mächtige König von Kreta. In seiner Jugend stritt er sich mit seinen beiden Brüdern um den Thron und bat Poseidon, den Gott der Meere und der Erdbeben, darum, einen schönen weißen Stier aus dem Meer aufsteigen zu lassen – als Zeichen, dass Minos der rechtmäßige Herrscher von Kreta sei. Als Gegenleistung gelobte Minos, den Stier dem Gott Poseidon zu opfern und ihm zu dienen.

Poseidon, der selbst ebenfalls in Stiergestalt dargestellt wird, erhörte seinen Wunsch, und als der Stier erschienen war, wurde Minos zum König von Kreta ausgerufen.

König Minos war jedoch so fasziniert von der Schönheit des Tieres, dass er es nicht hergeben wollte. Er betrog Poseidon, indem er an dessen Altar einen anderen schönen, weißen Stier opferte, in der Hoffnung, Poseidon würde dies nicht bemerken.

Poseidon war jedoch sehr erzürnt über den Betrug und rächte sich, indem er die Liebesgöttin Aphrodite überredete, in der Frau des Minos, Pasiphae, eine verzehrende Leidenschaft für den Stier zu erwecken.

Um dem Stier nahe zu kommen, veranlasste Pasiphae den Künstler und Baumeister Daidalos, ihr eine Kuh aus Holz anzufertigen, in die Pasiphae schlüpfte, um sich so mit dem Stier zu vereinigen. Aus der Vereinigung der Königin mit dem Stier wurde der Minotaurus geboren, ein schreckliches Geschöpf mit dem Kopf eines Stiers und dem Körper eines Menschen. Der Minotaurus ernährte sich von Menschenfleisch und war lebendes Zeugnis von der Schande des Königs Minos.

Minos, der seine Schande verstecken wollte, beauftragte Daidalos, ein großes Steinlabyrinth zu bauen, in dem er den Minotaurus verstecken konnte und wo ihm Jünglinge und Jungfrauen zum Opfer vorgeworfen werden sollten.

Von da an befand sich das Königreich des Minos in einer unlösbaren Lage, denn im Innern des scheinbar nach außen so blühenden Königreiches lauerte ein schreckliches Ungeheuer, das den König an seinen Betrug gemahnte.

Schließlich gelang es dem Helden Theseus mit Hilfe von Minos' Tochter Ariadne, den Minotaurus zu erschlagen. Das erzürnte aber den Meeresgott Poseidon, und er sandte Stürme und Erdbeben, die das Labyrinth dem Erdboden gleichmachten. König Minos und der Leichnam des Minotaurus wurden unter den Trümmern begraben.

Minos ist ein Bild der Besitzgier und des Nicht-loslassen-Könnens, das die Schattenseite des Stier-Prinzips darstellt (vgl. auch die Tarotkarte »Münzen 4«). Minos will haben und behalten, und das stürzt ihn letztlich ins Unglück. Minos symbolisiert auch das Festhalten an einer schönen Fassade (der hässliche Minotaurus wird im Labyrinth verborgen), an Werten und Einstellungen im Leben, die uns, wie wir glauben, die Wertschätzung und Akzeptanz unserer Umgebung eintragen.

Die Fähigkeit des Minos, Macht und irdische Güter anzuhäufen, ist eine Gabe des Zeichens Stier. Das Dilemma ergibt sich aber aus der Frage, welchen Göttern er damit dient, nur sich selbst und seinen persönlichen Wünschen oder auch einer größeren Sache, wie hier dem Gott Poseidon.

Die Fähigkeit des Stiers zu Stabilität und Bewahrenkönnen ist ein wichtiger Baustein des Lebens; was er lernen soll, ist, die feine Grenzlinie einzuhalten, die Nicht-loslassen-Können und Besitzgier von Bewahren und Behalten trennt. Wie König Minos neigt der Stier dazu festzuhalten, doch dieses Festhalten betrifft nicht nur Materielles, sondern ebenso Seelisch-Geistiges, Situationen oder Menschen.

Minos wird zum Symbol der Fragen: Wie viel muss ich behalten, und wie viel kann oder muss ich hergeben und weitergeben? Welches sind die unabdingbaren Grundwerte meines Lebens, und welcher Art sind sie?

Die andere Seite des Stier-Prinzips wird am klarsten durch *Buddha* dargestellt, dessen Sonne im Stier stand. Sein zentrales Motiv war die Frage des Wertesystems. Seiner Auffassung nach ist der Mensch über seine Bindung an die materielle Seite des Lebens auch an das Rad der Wiedergeburten gebunden, und darin sah er die Ursache der menschlichen Probleme. Seine Lehre ist eine Aufforderung, sich nicht mehr mit der bloßen irdischen Existenz zu identifizieren. Es ging ihm um die Erkenntnis, dass es noch eine andere Wahrheit und andere Werte als die rein materiellen und physischen gibt.

Wo auch immer ein Mensch seine persönlichen Werte ansiedelt und damit das, was für ihn wertvoll und behaltenswert ist – das Stier-Prinzip verlangt, wie wir es an der Geschichte des Minos sehen, eine Ausgewogenheit und die Integration der Fähigkeit loszulassen, wenn es an der Zeit ist, aber auch zu bewahren und festzuhalten, wenn es an der Zeit ist.

Es geht hier nicht darum, die Figur des Minos moralisch zu bewerten, sondern sich die Lektion zu vergegenwärtigen: dass nicht einer alles haben kann und dass bei einem Handel beide Seiten zufrieden gestellt sein wollen. Also muss er scheitern. Das ist seine »Schicksalskorrektur«, die ihm ermöglicht – wenn wir beim Bild der Wiedergeburt bleiben wollen –, im nächsten Leben anders mit der Frage des Besitzes umzugehen.

EIN STIER-MÄRCHEN:

Von dem Fischer un syner Frau

Das Märchen vom »Fischer und seiner Frau« beschreibt zwei menschliche Verhaltensweisen, die als die beiden Pole des Stier-Prinzips betrachtet werden können: Da ist der Fischer, ein Mann, der zufrieden mit sich und seiner Welt jeden Tag angelt, obwohl er mit seiner Frau in einem »Pisspott« (also sehr ärmlich) lebt. Und da ist seine Frau, die Ilsebill, die, als sie einmal die Möglichkeit erkannt hat, immer mehr haben und sein zu können, nicht mehr genug bekommen kann:

Es waren einmal ein Fischer und seine Frau, die lebten zusammen in einem Pisspott, dicht an der See, und der Fischer ging alle Tage hin und angelte und angelte. Einmal ging die Angel ganz auf den Grund, und als er sie herauszog, hing ein großer Butt daran. Der Butt fing an zu reden und bat um sein Leben, er sei ein verwunschener Prinz, sagte er.

Der Fischer war nun gar nicht erstaunt über den sprechenden Fisch, er meinte nur, der Butt brauche nicht so viele Worte zu machen, einen Butt, der sprechen kann, würde er wohl schwimmen lassen. Mit diesen Worten setzte er ihn wieder in das klare Wasser.

Er ging nach Hause, und als die Frau ihn fragte, ob er etwas geangelt hätte, erzählte er ihr von dem Butt. »Hast du dir denn nichts gewünscht?«, fragte sie, und er meinte nur: »Nee, was soll ich mir wünschen?« Seine Frau war ganz entsetzt, dass er in einem alten, ekligen und stinkenden Pisspott wohnen mochte und nichts zu wünschen hatte. Und sie schickte ihn zurück zum Meer.

Widerwillig trottete der Fischer zurück, da er nun mal seiner Frau nicht widersprechen wollte. Und als er ans Meer kam, war es grün und gelb und gar nicht mehr so blank. Er stellte sich ans Ufer und rief:

> »Manntje, Manntje, Timpe Te,
> Buttje, Buttje in der See,
> myne Fru de Ilsebill
> will nich so, as ik wol will.«

Da kam der Butt angeschwommen und fragte: »Na, was will sie denn?« – »Eine Hütte will die Ilsebill.« Und der Butt sagte zu dem Fischer, er solle nur nach Hause gehen, seine Frau sei schon drin in der Hütte.

Als er heimkam, war seine Frau ganz zufrieden, und der Fischer meinte, nun könnten sie zusammen vergnügt in der Hütte leben. Die Frau aber wollte das nochmals überdenken, und sie gingen zu Bett.

Schon nach zwei Wochen war es der Ilsebill nicht mehr genug, jetzt wollte sie ein Schloss haben, und sosehr der Fischer sich sträubte und einwand, der Butt könne vielleicht ärgerlich werden, er musste zurück zum Meer, und die ganze Geschichte fing von vorn an.

Auch jetzt meinte sie, sie wolle noch überlegen, ob das Schloss genug sei, und schließlich fiel ihr ein, sie wolle König werden. Als sie das war, wollte sie Kaiser sein und schließlich Papst. Jedes Mal wenn der Fischer ans Ufer kam, war die See schwärzer und bedrohlicher, und in ihren Tiefen gärte es.

Doch auch als Papst war die Ilsebill nicht zufrieden. Die ganze Nacht lang konnte sie nicht schlafen und musste immer darüber nachdenken, was sie wohl noch werden könne, aber es fiel ihr nichts ein. Als am anderen Morgen die Sonne aufging und sie das Morgenrot sah, ärgerte sie sich, dass sie nicht auch die Sonne und den Mond aufgehen lassen konnte; und sie stieß ihrem Mann die Ellbogen in die Rippen und sagte: »Mann, wach auf, geh zum Butt und sag ihm, ich will werden wie der liebe Gott.« Der Fischer glaubte erst, er hätte sich verhört. Vor Schreck fiel er aus dem Bett und bat sie inständig, doch Papst zu bleiben. Was immer er auch sagte, es fruchtete nichts. Die Ilsebill meinte, es nicht aushalten zu können, wenn die Sonne und der Mond nicht ihren Befehlen gehorchten, und sie wurde furchtbar böse.

Zitternd ging der Fischer zum Meer, dort heulte und brauste der Sturm, der Himmel war pechschwarz, es donnerte und blitzte, und die Wellen waren so hoch wie ein Kirchturm. Und er schrie nach dem Butt und trug ihm den Wunsch seiner Frau vor: »Sie will werden wie der liebe Gott.« Da antwortet der Butt: »Geh nur hin, sie sitzt schon wieder in ihrem Pisspott.*«

Beide, der Fischer wie auch seine Frau, symbolisieren das Dilemma der fixen Zeichen – Stier, Löwe, Skorpion, Wassermann –, wobei die Ilsebill am deutlichsten auch Merkmale eines »entgleisten« Wassermann-Prinzips spiegelt.

Der Fischer lebt zufrieden in seiner Welt, er weiß, was er hat, mehr will er gar nicht. Er repräsentiert die Einstellung »Besser der Spatz in der Hand als die Taube auf dem Dach«. Als er die Möglichkeit hat, sein Leben zu verändern, ergreift er diese Chance nicht von sich aus. Man kann ihn aus zweierlei Perspektiven betrachten: einmal aus der, dass er beharrlich am Sicheren, am Status quo festhält, oder auch von der Seite, dass er wirkliche Zufriedenheit und freiwillige Genügsamkeit lebt – beides Charakteristika des Stiers.

Aber er erzählt seiner Frau von der Geschichte. Irgendet-

---

* Nach *Kinder- und Hausmärchen gesammelt durch die Brüder Grimm*, Insel Verlag, 1974.

was in ihm muss gewusst haben, wie sie reagieren würde, gibt es doch einen versteckten Wunsch nach Veränderung und Verbesserung der Lage in ihm? Die Ilsebill fängt ganz bescheiden mit dem Wünschen an. Schließlich ist es die Kraft des Wünschens, die dem Menschen die Fähigkeit gibt, Neuland zu erschließen und zu wachsen, mehr zu werden, als er bereits ist.

Das Problem liegt darin, dass sie, einmal »in Fahrt« gekommen, nicht mehr aufhören kann. Ihre Wünsche entwickeln eine Eigendynamik, die auch für alle fixen Zeichen typisch ist: Gibt es einmal ein Ziel, etwas, das ein fixes Zeichen wünscht, dann wird es zu etwas so heiß Ersehntem, unumgänglich Notwendigem, dass man nicht mehr davon ablassen zu können glaubt.

Auch die Durchsetzungskraft der Ilsebill ist eine Eigenschaft des Stiers. Wenn er sich einmal entschlossen hat, wird es kaum etwas geben, was ihn noch bremsen kann. Schließlich entwickelt sich die Geschichte mehr in Richtung der Zeichen Löwe, Skorpion und Wassermann, wobei der Skorpion als Gegenzeichen des Stiers das ist, was man im Jung'schen Sinne seinen Schatten nennen könnte: Die Ilsebill will König, Kaiser und Papst werden (Löwe), der Wunsch danach, mehr und mehr zu sein, wird zur fixen Idee (Skorpion).

Durchgängig findet sich in diesem Märchen das Thema der Hybris, die vor allem für das Wassermann-Prinzip charakteristisch ist: »Ich will werden wie der liebe Gott«, sagt die Ilsebill und beweist damit ihre Vermessenheit, die das negative Ende des Wassermanns darstellt mit seiner Vision vom gottähnlichen Menschen, der sich über das irdische Dasein hinwegsetzt.

Jeder von uns hat die fixen Zeichen in seinem Horoskop. Sie schenken uns die Kraft, beständig zu sein, bei einer

Sache zu bleiben, Ausdauer, Zielbewusstsein und Opferbereitschaft, Energie und Enthusiasmus zu entwickeln. Sie
entsprechen auch dem Thema der »göttlichen Unzufriedenheit« im Menschen, jenem Drang, der uns bewegt, uns über
uns selbst hinaus zu entfalten. Für den Stier heißt das ganz
konkret: bewahren, aber auch loslassen und verändern.

ANALOGIEKETTEN

Entsprechungen des Prinzips »Stier«
auf den verschiedenen Ebenen

Farben:
Alle erdigen, bräunlichen Farben, Terrakotta, warmes Grün,
Weinrot, das Sinnlichkeit ausstrahlt als Entsprechung des
Planeten Venus.
Geruch:
Schwer-süßlich, blumig, erdig, angenehm.
Geschmack:
Kräftig, deftig, voll, fettig.
Signatur (Form und Gestalt):
Rund, bauchig, stämmig, untersetzt, fest, prall, geschlos-
sen, in sich ruhend; wohlproportioniert, üppig, symmet-
risch (z.B. Korb, Sack, Hügel, Ball).
Pflanzen allgemein:
Buschförmig wachsende, üppige, oft fruchtbeladene Pflan-
zen, starke Wurzeln oder Knollen.
Bäume, Sträucher:
Ulme, Eiche, Linde; Apfelbaum, Birnbaum, Flieder.
Gemüse, Obst:
Kartoffel, Rote Rübe, Blumenkohl, Rosenkohl, Apfel, Birne,
Pflaume.

Blumen:
Rose (auch Waage), Dahlie, Dotterblume, Maiglöckchen, Hortensien.
Gewürze:
Zimt, Salbei.
Heilpflanzen:
Ginseng, Haselwurz, Hirtentäschel, Salbei.
Tiere:
Allgemein eher Haustiere, Pflanzenfresser; Tiere, die in der Herde leben, sich gut dressieren lassen und gern gehorchen; Hund (Bernhardiner), Kuh, Rind, Schwein, Auerhahn; auf der Erde krabbelnde, rundliche Insekten, besonders nicht-fliegende Käfer; Hummel, Maikäfer, Marienkäfer, Maden.
Materialien:
Ton, Lehm, Kupfer, Erde.
Mineralien:
Kupfer, Koralle, Smaragd, grüner Turmalin, Karneol.
Landschaften:
Kultiviertes Hügelland, Äcker, fruchtbarer, lehmiger Boden, Weiden, saftige, blumenübersäte Wiesen, fruchtbares, wohl temperiertes Klima.
Berufe:
Generell alle Berufe, die Durchsetzungskraft und/oder Schnelligkeit erfordern, bei denen Wettbewerbssituationen im Vordergrund stehen, die mit Hitze oder Angriffs- und Verteidigungssituationen zu tun haben. Alle Berufe, die eine feste Grundlage und Möglichkeiten zum Ausbau bieten sowie eine vorausschaubare, Sicherheit bietende Zukunft: Bankangestellter, Immobilienhändler, Bauunternehmer; Finanzmakler, Börsenmakler; Finanzbeamter; Gastronom, Lebensmittelhändler oder -produzent, Bäcker; Koch; Bau-er, Gärtner, Landwirt; Antiquitätenhändler, Kunstsammler; Angestellter in Museen, Bibliotheken; Archäologe; Kunst-

historiker; Dekorateur, Kunsthandwerker, Mode- und Textilbranche, Kosmetik.

Hobbys, Sportarten:
Schönes, Wertvolles sammeln; Töpfern, Malen, Schmuckherstellung; Volksmusik, Volkstänze; Theaterbesuch, Musizieren/Gesang, Bauernmalerei; Kegeln, Gewichtheben, Kugelstoßen, Fingerhakeln, Fußball.

Verkehrsmittel:
Droschke, Kutsche, Bus.

Wohnstil:
Das Eigenheim auf eigenem Grund und Boden mit Garten; rustikale, eher massive Möbel; üppige Ausstattung mit Dekorationsgegenständen, Antiquitäten.

Wochentag:
Freitag (Tag der Freyja, der nordischen Venus).

Gesellschaftsform:
Agrargesellschaft, Bauernstand (Sesshaftwerdung), Dorfgemeinschaft.

Entsprechungen auf der Ebene des menschlichen Körpers:
Hals- und Nackenregion, Kehlkopf, Mandeln, Speiseröhre, Speicheldrüsen, Halswirbel.

Krankheiten allgemein:
Störungen im Gleichgewicht zwischen Aufnahme und Abgabe, Störungen im Fettstoffwechsel; Übergewicht, Zuckerkrankheit, Störungen der Fruchtbarkeit; Halsschmerzen, Heiserkeit, Angina. Störungen in der Zellbildung: Sichelzellenanämie, Leukämie. »Zu dickes Blut«.

WIE WIRKEN DER STIER UND DIE STIER-VENUS IN MEINEM HOROSKOP, WAS SAGEN SIE AUS?

1. Welche Dinge oder Vorstellungen sind für mich von besonderem Wert? Worauf möchte ich am wenigsten verzichten? Was möchte ich in jedem Fall besitzen?
2. Was muss ich haben – worüber muss ich verfügen –, damit ich mich selbstsicher und wertvoll fühle? Der Verlust welcher Dinge in meinem Leben würde mir meine Selbstsicherheit und mein Selbstwertgefühl nehmen?
3. Was gibt mir ganz konkret das Gefühl von Sicherheit und Schutz im Leben? Welche Dinge machen meine persönliche Sicherheit im Leben aus?
4. Was wünsche ich mir zutiefst? Was möchte ich noch bekommen?
5. Was gibt mir das Gefühl tiefer, sinnlicher Erfüllung?
6. Über welchen Kanal (Augen, Ohren, Nase, Geschmacks- oder Tastsinn) erhalte ich die meisten und die intensivsten Sinneseindrücke?

ZITATE ZUM STIER-PRINZIP

Habt ihr nicht von dem Manne vernommen, der im Erdboden nach Wurzeln grub und dabei einen Schatz entdeckte?

Khalil Gibran

Das wichtigste Anliegen des Menschen besteht darin, etwas von Wert zu schaffen und dies zu erhalten.

Lewis Mumford

Glück: Ein gutes Bankkonto, ein guter Koch und eine gute
Verdauung.   *Jean-Jacques Rousseau*

Wer hohe Türme bauen will, muss lange beim Fundament
verweilen.   *Anton Bruckner*

Man soll dem Leib etwas Gutes bieten, damit die Seele Lust
hat, darin zu wohnen.   *Winston Churchill*

Sicherheit ist eine Einladung zur Trägheit.
                                                     Rod McKuen

Mama may have, Papa may have – but God bless the child
that got his own.   *Billie Holiday*

Mut ist die Kraft, das Vertraute und Sichere aufzugeben.
                                                       Rollo May

Wer die Freiheit aufgibt, um Sicherheit zu gewinnen, wird
am Ende beides verlieren.   *Benjamin Franklin*

Ein Augenblick der Geduld kann vor großem Unheil bewahren, ein Augenblick der Ungeduld ein ganzes Leben
zerstören.   *Chinesisches Sprichwort*

Die Blumen des eigenen Gartens duften nicht so stark wie
die wilden Blumen, dafür halten sie länger.
                                         Chinesisches Sprichwort

Wer auf seinen Zehen steht, steht nicht lange.   *Laotse*

Der Hunger lässt sich nur schwer mit gemalten Kuchen
stillen.   *Chinesisches Sprichwort*

Das Wort »Geduld« ist ein Schatz im Haus.

Chinesisches Sprichwort

Ich lebe von guter Suppe und nicht von schöner Rede.

Jean Baptiste Molière

Im Hafen sind Schiffe am besten aufgehoben, aber dafür hat man sie nicht gebaut.

Unbekannt

Die am sichersten verschlossene Tür ist die, die offen gelassen werden könnte.

Chinesisches Sprichwort

Geld allein macht nicht glücklich. Es gehören auch noch Aktien, Beteiligungen, Gold und Grundstücke dazu.

Dany Kaye

Das wahre Vaterland ist das Land, wo man die meisten Menschen trifft, die einem gleichen.

Stendhal

Wer sichere Schritte tun will, muss sie langsam tun.

Johann Wolfgang von Goethe

♊

ZWILLINGE
Drittes Zeichen des Tierkreises, 60°–90°

Symbol:
Zwei Säulen, die die Dualität des menschlichen Bewusstseins symbolisieren. Sie können als die Darstellung zweier Kinder, der Zwillinge, als Bild der Aufspaltung der Einheit in die Zwei – dem sich ergänzenden Gegensatzpaar – betrachtet werden.

Jahreszeit:
Spätfrühling, Übergang zum Sommer (22. Mai bis 21. Juni).

Qualität:
Männlich-aktiv, Yang. Element: Luft. Bewegliches (veränderliches) Zeichen (d. h. ein Zeichen, das vermittelt, weitergibt und Übergänge schafft).

Herrscher:
☿ Merkur.

Häuserzuordnung:
3. Haus (Bewegliches/veränderliches Haus).

Auf dem Tierkreis gegenüberliegendes Zeichen:
Schütze.

Botschaft/Schlüsselsatz:
Ich denke.

Schlüsselworte:
Intellekt, Vielfalt.

Charakteristika:

Beweglich, veränderlich, flexibel, anpassungsfähig; feinnervig; geistig regsam und körperlich agil; sprach- und redegewandt, geschickt in Wort und Schrift; schlagfertig, wendig, quecksilbrig, lebhaft; rührig, geschäftig, aktiv, unternehmungslustig; vielseitig, geistreich, einfallsreich, findig, geschickt; wortgewandt, gesprächig, mitteilsam, unterhaltsam; kontaktfreudig; offen, aufgeschlossen; wissensdurstig, neugierig, vielseitig interessiert; rasche Auffassungsgabe; immer interessiert am Aktuellen; locker, leicht, unbekümmert, beschwingt; freiheitsliebend; reiselustig; unverbindlich, immer unterwegs, unverwurzelt; kameradschaftlich; zweckmäßig denkend, logisch, rational; systematisierend, kategorisierend; neutral, relativierend, objektiv; unsentimental, klarsichtig, unbeeindruckbar; vielfältige, oft divergierende Interessen, dabei oft wenig Tiefgang oder mangelnde Verinnerlichung der Themen; unstet, flatterhaft, flüchtig, zerstreut, unruhig, nervös, rastlos, sprunghaft, zappelig; unschlüssig, zwiespältig, zweifelnd, zögernd, zaudernd; bindungsunfähig; geschwätzig, altklug, sophistisch; listig, täuschend, trickreich; opportunistisch, standpunktlos, unzuverlässig; merkantil, berechnend; oberflächlich; theoretisierend, intellektuell, zergliedernd; überrational, unemotional, gefühlsarm.

Thema

AUSWEITUNG DER ERLEBNISSPHÄRE – WISSENSDRANG – ENTWICKLUNG DES INTELLEKTS – LOGIK – SPRACHE – KOMMUNIKATION – BEGINN DES ERKENNENS VON GEGENSÄTZEN

Der Tierkreis stellt zum einen eine Abfolge verschiedener Entwicklungsstufen dar, von denen jede auf der vorhergehenden aufbaut und deren Ende wiederum in den Anfang überleitet. Zum anderen ist er ein Bild für den rhythmischen Wechsel polarer Gegensätze: Aus Introversion wird Extraversion, aus Chaos Struktur, aus Tradition Umbruch und umgekehrt.

Das chinesische Weisheits- und Orakelbuch *I Ging – Das Buch der Wandlungen** beruht auf den gleichen Gedanken:

Sein vorletztes Hexagramm, Nummer 63, trägt den Titel »Nach der Vollendung« (GI DSI), während das letzte, Hexagramm 64, »Vor der Vollendung« (WE DSI) heißt, wodurch die Vorstellung einer kreisförmigen Bewegung ausgedrückt wird. Das Hexagramm 64 geht wiederum in das Hexagramm 1 über. Untereinander bilden die Hexagramme einen thematischen Wechsel vom Aktiv-Schöpferischen zum Passiv-Aufnehmenden, von Fülle zu Niedergang, von Beschränkung zu Ausweitung usw.

Auf das Prinzip der Zwillinge übertragen, bedeutet das, dass nach der Phase der Konsolidierung, der Sesshaftigkeit und Beständigkeit – damit aber auch der Ausgrenzung artfremder Inhalte (Stier) – wieder ein Abschnitt folgen muss, der neue Eindrücke aufzunehmen gewillt ist und in dem Offenheit herrscht.

Die Zwillinge sind ein Luftzeichen und damit dem Intellekt zugeordnet. Wie die Luft selbst möchten sie überallhin kommen, alles erleben, jedoch ohne sich festzulegen und Verbindlichkeiten einzugehen, wie dies der Stier getan hat. Innerhalb der Entwicklung eines Kleinkindes entspricht dieses Prinzip der Zeit, in der es seinen Aktionsradius erweitert: Es fängt an zu krabbeln, dann zu laufen. Alle in

---

* Richard Wilhelm: *I Ging. Das Buch der Wandlungen*, Diederichs Verlag, 1956.

Reichweite befindlichen Dinge werden neugierig, unvoreingenommen und ohne wirklich bleibendes Interesse untersucht. Der Astrologe Wolfgang Döbereiner bezeichnet diese Phase als die der »Raumergreifung«.

Neben diesem Wechsel von Sesshaftigkeit zu einem Hinausgehen in die Welt (häufig werden die Zwillinge auch mit der Mentalität des Wanderburschen oder des Pfadfinders assoziiert) ergibt sich eine Fortentwicklung. Der Stier war empfindungsorientiert, es ging grundsätzlich um die Befriedigung physischer Bedürfnisse und um alle Empfindungen, die sich im Körperlichen äußern (erstes Erdzeichen). Im ersten Luftzeichen des Tierkreises entwickelt sich der Intellekt und damit die rationalen Fähigkeiten des Menschen. Die Welt wird nun nicht mehr primär über die Sinne erfahren, sondern mit Hilfe des Denkens analysiert. Aus dem Versuch heraus, für das Gesehene und Erlebte klare Definitionen und Formulierungen zu finden, entsteht die Sprache als Ausdrucks- und Kommunikationsmittel.

Rationales Begreifen verlangt die Fähigkeiten der Reflexion und Abstraktion. Da die Zwillinge als erstes Luftzeichen noch auf keine intellektuelle »Entwicklungsgeschichte« zurückblicken, die sie beeinflusst und prägt, sind sie völlig neutral, offen und wertfrei. Sie symbolisieren somit den Beginn der Erkenntnis der Gegensätze. Die Welt der Polarität tut sich auf, Licht und Schatten, das Oben und das Unten, Gut und Böse treten als sich ergänzende Gegensätze in Erscheinung.

Das Urprinzip Zwillinge hat damit keine Mühe. Die Dinge sind, wie sie sind, und damit nicht zu bewerten. Der Mensch jedoch hat jetzt sozusagen vom »Baum der Erkenntnis« gegessen und verliert das Paradies. Von nun an beginnt die Einteilung in Ich und Nicht-Ich auf der Ebene des Bewusstseins, die im Abschnitt Stier rein instinktiver Natur war.

Motivation

WISSBEGIER – VIELFALT – UNVERBINDLICHKEIT – AM PULSSCHLAG DER ZEIT SEIN – DIE WELT MIT HILFE DES INTELLEKTS BEGREIFBAR MACHEN – KATEGORISIEREN UND SYSTEMATISIEREN – SICHERHEIT DURCH INFORMATION – ÜBER DINGE REDEN

Kein anderes Zeichen ist so neugierig und wissbegierig wie die Zwillinge. »Ich möchte möglichst viele verschiedene Dinge kennen lernen und wissen, ohne mich zu beschränken oder festzulegen«, scheinen sie zu sagen. »Ich möchte immer Neues und Aktuelles entdecken und mich mit anderen Menschen darüber unterhalten. Ich möchte meine Wissbegier stillen. Ich möchte das, was ich erfahre, in Worte fassen und mitteilen. Ich möchte eine Verständigung zwischen gegensätzlichen Ansichten und Meinungen herbeiführen.«

Für die Zwillinge hat Aktualität Vorrang. Wenn der traditionsbewusste Stier und der in der Vergangenheit wurzelnde Krebs lebhaftes Interesse an Geschichte bekunden, so interessiert den Zwilling die Tagesschau. Statt im Geschichtsbuch blättert er in der Zeitung und hört stündlich Nachrichten.

Da Wissen in jeder Form für ihn wichtig ist, mag er sich auch für Historisches interessieren, aber je stärker der Bezug zur Gegenwart ist, desto mehr fühlt er sich zu Hause. Die Wissenschaften und ihr neuester Stand, Technik und Informatik können ihn begeistern, aber auch alles andere, was ihm begegnet, wird er zumindest vorübergehend mitnehmen. Der Grund dafür liegt nicht nur in seinem breit gefächerten Interesse. Je mehr er weiß, desto sicherer fühlt er sich. Der Widder zieht das Gefühl von Sicherheit aus ständiger Aktivität und Bewegung, der Stier aus physischer Geborgenheit. Der Zwilling aber ist in einer verwirrenden Vielfalt von Eindrücken und Informationen unterwegs, die er nur dann bewältigen kann, wenn er sie mit Hilfe seines hervorstechendsten Merkmals, des Intellekts, untersucht, benennt und kategorisiert. Da die Sprache sein wichtigstes Ausdrucksmittel ist, drängt es ihn danach, für alle Dinge einen Namen zu haben, eine Art »Sesam, öffne dich!«, einen Schlüssel zur Welt. Hat er den passenden Begriff gefunden, findet er auch eine Schublade, in die dieser Begriff passt. Wenn er dem wilden Tier, das ihm in freier Wildbahn begegnet, den Namen »Löwe« gegeben hat und es damit in die Kategorie »Tiere« einreihen kann, erscheint ihm das Ganze schon weniger bedrohlich. Alte Lehren kennen diesen Gedanken in Form der Vorstellung, dass man Macht über etwas besitzt, dessen Namen man aussprechen kann – man denke nur an das kleine, böse Rumpelstilzchen ...

Psychologie

Wenn es etwas gibt, das den Zwilling treibt, dann ist es sein Wunsch, über alles unterrichtet zu sein. Er hat von allem schon einmal etwas gehört, er kann überall mitreden, wortgewandt, informiert, geistreich. Andere Zeichen sind bass erstaunt, wie klar er argumentieren, wie scharfsinnig er analysieren kann.

Zwillinge sind geborene Dolmetscher. Der Umgang mit dem Wort befriedigt sie zutiefst. Weniger glücklich sind sie, wenn es um Gefühle geht, da diese nur die Klarheit ihrer Vorstellungen trüben – wenn schon Gefühle, dann wenigstens verbal.

Man stelle sich einen Fisch und einen Zwilling abends, bei Sonnenuntergang, auf einer Parkbank vor. Der Fisch wird träumerisch auf den Horizont blicken, ganz gefangen in seinen Gefühlen und Stimmungen. Was macht der Zwilling? Wir hören ihn darüber sprechen, wie schön doch die Farben der Abenddämmerung sind, wie lau die Luft, und darüber, dass solch eindrucksvolle Sonnenuntergänge nur dann vorkommen, wenn ... er hat einfach Angst vor Rührseligkeit. Immer ist der Verstand des Zwillings mit etwas beschäftigt. Seine Aufmerksamkeit ist schnell von irgendetwas in Anspruch genommen, ein bisschen flüchtig zwar, aber wenigstens einen Moment lang voll konzentriert. Gern möchte er alles einmal ausprobieren – möglichst ohne sich festzulegen.

Dieser ausgeglichene, freundliche, heitere Zwilling ist jedoch ein innerlich gespaltenes Wesen. Auch sein Betätigungsdrang hat nicht zuletzt damit zu tun, dass es physische und emotionale Bedürfnisse in ihm gibt, die ihn erschrecken. Deshalb ist er ungeachtet seines exakt arbeitenden Verstandes von Stimmungen abhängig, was seine Mitmenschen nur nicht so leicht mitbekommen.

Eherne Prinzipien und fest vorgezeichnete Wege mag er nicht besonders. Flexibilität und geschicktes Taktieren sind seine Stärken, mit denen er auch Schwierigkeiten geschickt zu umgehen weiß. Selten wird man einen Zwilling direkt zum Kampf blasen sehen. Der Herrscher seines Zeichens ist Hermes/Merkur, der Trickster.

Auch im Liebesleben zeigt sich seine Tendenz, »freibleibend« sein zu wollen. Flirts sind so ganz nach seinem Geschmack. Ist eine endgültige Wahl angesagt, ist kaum ein anderes Zeichen so unschlüssig wie er. Schließlich sagt ihm sein Verstand, dass für alles etwas spricht (und für jede/jeden), aber auch ebenso gut dagegen.

Die schönsten Liebesbriefe werden wir von ihm bekommen, sicher nicht von dem stummen Fisch, der auf wortloses Verständnis hofft. Und wer einen Zwilling so richtig glücklich machen will, der sollte mit ihm reden, über alles und jedes.

Lernaufgabe

BEGRENZUNG DER INTERESSEN UND TIEFGANG – DAS VERHÄLTNIS VON INTELLEKT UND GEFÜHL – »DIE STIMME DES HERZENS« – KONFRONTATION MIT DEM ANDEREN ZWILLING

Welches sind nun die weniger erfreulichen Auswirkungen der zunächst bewundernswerten Objektivität, Neutralität und Offenheit der Zwillinge? Häufig sehen sie vor lauter Bäumen den Wald nicht, oder, anders ausgedrückt, sie finden so viele Dinge spannend, interessant und beachtenswert, dass sie von allem etwas, aber von nichts richtig wissen. Ihre Interessen sind so breit gefächert, dass Vertiefung nicht mehr möglich ist.

In gewisser Weise ist das ein kaum lösbarer Konflikt. An Ort und Stelle zu bleiben und eine Sache näher zu untersuchen bedeutet, sich festzulegen und den Wunsch nach luftig-leichter Ungebundenheit einzuschränken. Das ist besonders schwierig, wenn das eigene Naturell eine gefühlsmäßige Wahl ausschließt. Gelegentlich mögen rationale Erwägungen eine Entscheidung herbeiführen, mit dem Herzen dahinter stehen kann man kaum.

Die Tarotkarte VI, »Die Liebenden«

oder auch »Der Liebende«, beschreibt eine Situation, in der zwischen zwei Wegen zu wählen ist, die auf der Karte des Marseille-Tarot (siehe Abbildung) durch zwei Frauen dargestellt sind. Entscheidend ist, dass diese Wahl nicht über den Verstand oder die Vernunft erfolgen kann, sondern nur durch die »Stimme des Herzens«.[*]

Charakteristisch für die Art der Zwillinge, mit der Welt umzugehen, ist die Neigung, Erkenntnisse a priori, also unabhängig von praktischer Erfahrung, zu ziehen.

Praktische Erfahrung heißt sich einlassen, sich in etwas vertiefen. Viele Zwillinge aber lieben die Gedanken »auf dem Reißbrett«.

Genau diese intensive rationale Orientierung veranlasst den Zwilling, seinen »Bruder« abzuspalten und zu übersehen. Sein Verstand ist auf Begreifbares, Logisches ausgerichtet, und er fürchtet sich zutiefst vor der irrationalen Welt der Gefühle, vor dem Verlust der Kontrolle und davor, unkultiviert zu erscheinen.

Die andere Seite des Zwillings weiß jedoch sehr genau von der Existenz archaisch-primitiver Seiten im Menschen, von Dingen wie Verfall und Tod, von nichtkontrollierbaren Gefühlen. Seine Herausforderung, die ihn lebenslänglich begleitet, ist die Integration seiner beiden Seiten, wie sie auch Goethe im Faust beschrieb:

> Du bist dir nur des einen Triebs bewusst,
> O lerne nie den andern kennen!
> Zwei Seelen wohnen, ach! in meiner Brust,
> Die eine will sich von der andern trennen;
> Die eine hält in derber Liebeslust

---

[*] Vgl. Günter A. Hager: *Tarot – Wege zum Leben. Handbuch zum Arcus Arcanum Tarot*, Urania Verlag, 1988.

Sich an die Welt mit klammernden Organen;
Die andre hebt gewaltsam sich vom Dust
Zu den Gefilden hoher Ahnen.

Lebensziel

BREIT GEFÄCHERTE EINDRUCKSAUFNAHME – LERNEN, BENENNEN,
UNTERSCHEIDEN – DIE FÄHIGKEIT ZU ABSTRAHIEREN – NEUTRA-
LITÄT, OBJEKTIVITÄT UND TOLERANZ – ZWISCHEN GEGENSÄTZEN
VERMITTELN – FREIHEIT VON FESTLEGUNG UND BINDUNG – HER-
STELLEN VON KOMMUNIKATIONSWEGEN UND -MITTELN

Die Zwillinge repräsentieren die Qualität im Menschen, die
ihn befähigt, eine Vielfalt von Informationen und Eindrücken aufzunehmen, jedoch ohne die Neigung zu gefühls-
mäßiger Identifikation, wie sie der Krebs hat, ohne den
Absolutheitsanspruch des Skorpions und ohne den missio-
narischen Eifer ihres Gegenzeichens Schütze. Ihre Tendenz,
Dingen völlig neutral und objektiv gegenüberzutreten,
lässt sie anderen Zeichen gelegentlich etwas oberflächlich erscheinen. Emotionale Begeisterung für eine Sache
oder gar Intensität sollte man von ihnen auch nicht gerade erwarten. Ihre Stimmungslage – wie übrigens die aller
Luftzeichen – geht eher dahin, gedanklich einen Schritt
zurückzutreten und sich nicht involvieren zu lassen. Den
Wasserzeichen – Krebs, Skorpion, Fische – wird diese Art
etwas herzlos vorkommen, zumal es ihnen ohnehin schwer
fällt, ihre Gefühle zu analysieren.
Die Zwillinge aber wollen vor allem vermitteln, besonders
zwischen Gegensätzen. Ihr Ziel ist, Konfrontationen und
Härten zu vermeiden und stattdessen einer bunten Vielfalt
Raum zu geben, in der die Dinge nebeneinander bestehen.
Gerade weil sie nicht den Drang verspüren, überall Partei

zu ergreifen, können sie mit den unterschiedlichsten Menschen und Themen zurechtkommen. Da Kommunikation ein essenzielles Thema der Zwillinge ist, gehört das Erstellen von Verbindungswegen zu diesem Zeichen: Straßen, Verkehrswege und alle Kommunikationssysteme. Merkur, der Herrscher der Zwillinge, stellt in Form der Nervenleitbahnen auch die Verbindung im Körper her und regelt den Austausch mit der Umwelt über die Atmung.

Was immer die Zwillinge anstreben, es hat Bezug zur Außenwelt und untersteht dem Prinzip der Vermittlung. Das ihnen zugeordnete 3. Haus ist ein bewegliches Haus, d.h., es schafft einen Übergang zum nächsten Quadranten und damit zum nächsten großen Thema des Horoskops.

DAS ZWILLINGE-SYMBOL

Die Sonne steht etwa vom 22. Mai bis zum 21. Juni im Zeichen Zwillinge. Diese Zeit entspricht dem letzten Frühlingsmonat, der in die Sommersonnenwende mündet, es ist also eine Übergangszeit. Der nahende Sommer kündigt sich in der Natur durch wachsende Vielfalt, Verzweigung und Verästelung an.

Das Symbol der Zwillinge wurde im alten Ägypten durch zwei Pflanzen dargestellt und wurde später zum heutigen Zwillingszeichen stilisiert, das an eine römische Zwei erinnert. Auf manchen Darstellungen findet sich das Zeichen Zwillinge auch als ein Tempeltor dargestellt, das eine helle und eine dunkle Säule besitzt, also eine Tag- und eine Nachtseite.

Die Zwillinge sind das Symbol der inneren Dualität des Menschen, seiner inneren Gegensätze. Hier wird die ursprüngliche Einheit aufgespalten in Licht und Dunkelheit,

Gut und Böse, Männliches und Weibliches, Himmel und Erde.

Das menschliche Bewusstsein orientiert sich an polaren Gegensätzen. Wir erkennen, dass es Tag ist, weil wir die Nacht dazu in Gegensatz stellen können. Wir finden etwas schön, weil wir gleichzeitig eine Vorstellung davon haben, was für uns hässlich ist. Wir erleben gute Zeiten, weil wir die Erfahrung von Zeiten gemacht haben, die für uns schlecht, schwierig und unerfreulich waren. Diese Dualität, die Aufspaltung in zwei Pole, wirkt jedoch nicht nur gegensätzlich, sondern auch ergänzend (z. B. hoch und tief als Gegensatz, Berg und Tal als Ergänzung). In der Mythologie finden wir sowohl gegensätzliche oder sogar feindliche Bruderpaare wie Kain und Abel als auch sich ergänzende wie die griechischen Zwillinge Castor und Pollux (»Licht« und »Dunkel«) sowie die Brüder Prometheus und Epimetheus (»Vorbedacht« und »Nachbedacht«).

Der Abschnitt Zwillinge des Tierkreises symbolisiert die Entwicklung des intellektuellen Bewusstseins. Während der Widder mit dem instinktiven Bewusstsein in Verbindung steht (triebbestimmte Reaktionsmuster, die rein instinktiv auf Außenreize erfolgen; das Baby nach der Geburt) und sich im Stier das emotionale Bewusstsein herausbildet (grundlegende Empfindungen wie Lust, Freude, Wut, die ebenfalls nicht durch den Willen kontrolliert werden können), entsteht in den Zwillingen die Fähigkeit, von rein instinktiven oder emotionalen Antrieben zu abstrahieren und diese dem Willen und dem Geist unterzuordnen.

Auf Java wurde das Tierkreiszeichen Zwillinge durch einen Schmetterling dargestellt. Die schwebende Leichtigkeit, das Gleiten von Ort zu Ort, einmal hier, einmal da, charakterisiert die vielseitig interessierte, bewegliche Unverbindlichkeit des Zeichens.

Das uns überlieferte Zwillings-Symbol, das man auch als die Darstellung zweier Kinder betrachten kann, weist jedoch den Weg zum Grundthema des Zeichens: der Kampf zwischen zwei Seiten (oder, nach Goethe, »Seelen«) im Menschen mit dem Versuch, den Geist und den Intellekt über die Instinktnatur siegen zu lassen und andererseits auch, sich die Welt mit Hilfe des Intellekts untertan oder zumindest begreifbar zu machen.

DAS MERKUR-SYMBOL

Das Symbol des Merkur ist das einzige Planetensymbol, das sowohl den Kreis als auch den Halbkreis und das Kreuz aufweist. Es verbindet also Geist (Kreis), Seele (Halbkreis) und den Körper (Kreuz, die Materie) miteinander oder, astrologisch ausgedrückt, Sonne (Geist, Bewusstsein), Mond (Seele, Gefühl) und Erde (Materie).

Es stellt somit die drei elementaren Ebenen der menschlichen Existenz dar: Körper, Seele, Geist. Das Merkur-Symbol weist auf die Möglichkeit der Verbindung dieser Gegensätze hin sowie auf den Austausch zwischen diesen Ebenen. Merkur ist der neutrale Vermittler zwischen allen Gegensätzen.

Merkur regiert die *Zwillinge* und die *Jungfrau*. Die Zwillinge sind ein Luftzeichen, und Merkur ist hier ein Ausdruck der beweglichen, geistigen Seite des Symbols; das »Kreuz der Materie« erhält erst in der Jungfrau, einem Erdzeichen, Gewicht. Im Zwillinge-Merkur zeigt sich die für alles offene, kontaktfreudige, ungebundene und neutrale Seite des Menschen, die, ohne zu werten oder sich festzulegen, überall einmal »hineinschmeckt«. Später, in der Jungfrau, wird Merkur diese beschwingte, unverbindliche Art aufgeben

113

und seine praktisch denkende, mit den Anforderungen des materiellen Lebens befasste Seite sowie auch Kritikfähigkeit und Nüchternheit entwickeln.

Im Horoskop sagt Merkur etwas darüber aus,

1. auf welche Weise wir denken und sprechen (logisch, rational, bildhaft, verschwommen, schnell, gründlich, bedächtig etc.),
2. wie wir lernen (leicht, schwer etc.) und was das Thema »Wissen« für uns bedeutet,
3. in welchem Maße wir abstrakt und somit auch wie objektiv und neutral wir denken können,
4. wie beweglich und anpassungsfähig wir den Situationen des Lebens gegenüber reagieren,
5. auf welche Weise wir die Eindrücke und Erfahrungen verarbeiten, mit denen wir in Kontakt kommen. Diese Aussage liefert der Jungfrau-Merkur, da die Jungfrau dem Prinzip der adäquaten Verarbeitung von Umwelteindrücken entspricht.

ZUR MYTHOLOGIE DER ZWILLINGE

Den Zwillingen ist der Planet Merkur zugeordnet, dessen Name vom lateinischen Mercurius abgeleitet ist. In der griechischen Mythologie trägt Merkur den Namen *Hermes*. Etymologisch geht der Name Hermes zurück auf das griechische *hermaion* (= »Steinhaufen«). Steinhaufen dienten zur Orientierung der Wanderer und vergrößerten sich dadurch, dass vorübergehende Reisende einen neuen Stein dazulegten.

Hermes/Merkur ist der Sohn des Göttervaters Zeus und der Nymphe Maia. Eines Nachts schlich sich Zeus von der

Seite seiner Gattin Hera fort und besuchte Maia in ihrer Höhle auf dem Berg Mykene. Dort wurde Hermes gezeugt und heimlich geboren: Er ist also ein »unehelicher« Sohn, und damit ist bereits seine Zeugung mit dem Gedanken des nicht völlig Legalen, »Ertricksten« verbunden.

Hermes ist von Anfang an unabhängig; schon am ersten Tag seines Lebens reift er zum Knaben heran, schlüpft aus seinen Windeln und macht sich daran, die Welt zu erkunden. Er findet eine Schildkröte, packt sie und nimmt ihr den Panzer weg. Aus diesem Panzer fertigt er geschickt eine Leier an, auf der er auch sofort ganz wunderbar spielen kann (auf den Tierkreisbildern der Antike trägt einer der Zwillinge immer ein Musikinstrument, besonders eine Leier).

Etwas später, auf der Suche nach weiteren Abenteuern, entdeckt er die Rinderherde seines Halbbruders Apollon (Sohn des Zeus und der Leto) und denkt sich eine List aus, um die Herde zu stehlen: Er lässt die Tiere rückwärts gehen, und für sich selbst fertigt er Schuhe aus Zweigen und Gras, sodass alle Spuren verwischt sind. Er treibt die Tiere rückwärts in eine Höhle und schlachtet dort zwei von ihnen, genauso wie es die Opferbräuche verlangen, teilt sie in zwölf Teile und bringt sie so den Göttern dar.

Dann geht er nach Hause und rollt sich in seiner Wiege ganz unschuldig zusammen. Apollon entdeckt jedoch sehr schnell die Tat und den Täter und verlangt seine Rinder von Hermes zurück. Dieser leugnet geschickt, indem er darauf hinweist, doch noch ein Kind zu sein. Doch Apollon bringt ihn vor Zeus, wo sich Hermes wiederum so listig verteidigt, dass Zeus ihm nicht recht böse sein kann.

Gleichzeitig benutzt Hermes die Gelegenheit, um seinen Platz unter den Göttern des Olymp zu fordern, und erwähnt, dass er zwei der Tiere den zwölf Göttern geopfert habe. Auf die Frage der Götter, wer denn der zwölfte Gott sei, sie seien doch nur elf, versichert er glaubhaft, er habe den zwölften Teil der Opfertiere gegessen, jedoch keinen Bissen mehr, als ihm zustünde. Zeus lächelt über den listigen Knaben, und später erhebt er ihn auch in allen Ehren in den Stand der olympischen Götter.

Als Hermes dann Apollon zu der gestohlenen Herde geführt hat und dieser sie wieder mitnehmen will, schließt er noch raffiniert einen günstigen Handel ab, indem er Apollon mit seinem Spiel auf der Leier so bezaubert, dass dieser ihm im Tausch gegen die Leier die ganze Rinderherde überlässt. Apollon setzt ihn zum Herrn über die Viehherden ein und lehrt ihn alles, was er dazu wissen muss.

Gewitzt durch diesen Erfolg, fertigt Merkur noch eine Flöte an, auf der er wiederum so wunderbar spielt, dass er Apollon im Tausch gegen die Flöte noch die Gabe der Weissagung sowie seinen goldenen Stab, der dem Gott der Hirten und Viehherden zusteht, abhandeln kann.

Zeus freute sich über den einfallsreichen, redegewandten und überzeugenden kleinen Gott, und Hermes bittet ihn, ihn zum Boten zu machen. Er verspricht als Gegenleistung für die Sicherheit des Besitzes der Götter zu sorgen und niemals mehr zu lügen. Dass er allerdings immer die *ganze* Wahrheit sagen wird, das kann er nicht versprechen.

So wird Hermes zum Götterboten ernannt, und als Zeichen seines Amtes bekommt er einen geflügelten Helm und geflügelte goldene Sandalen, die ihn in Windeseile überallhin tragen. Von Hades, dem Gott der Unterwelt, erhält er die Tarnkappe, sodass er überall ungesehen erscheinen kann. Zu seinen Aufgaben gehört es, den Willen der Götter an die Menschen zu übermitteln und die Bitten der Menschen an die Götter weiterzugeben. Ihm unterstehen auch der Handel, das Schließen von Verträgen und alle Straßen und Wege, und zwar die geraden ebenso wie die krummen. Listig, wie er ist, findet er für alles den »passenden« Weg. Und er ist ebenso der Gott der Kaufleute, Händler und der Reisenden, wie er der Gott der Diebe, Wegelagerer und der Betrüger ist. Man nennt ihn Hermes, den Trickster.

Hermes wendet nie Gewalt an, sondern immer seine Redegewandtheit, seine Überzeugungsgabe, eine List, einen guten Einfall oder einen Zauber. Diese Gaben, die er schon am Tag nach seiner Geburt bewies, machen ihn auch zum Gott der Sprache und des geschriebenen Wortes.

Er ist der Vermittler zwischen den Gegensätzen, zwischen Himmel und Erde. Sein Zeichen, der Hermes-Stab, deutet dies an. Dieser Stab, der ursprünglich ein Zauberstab war, weist zwei Schlangen auf, die sich um das obere Teil mit einander zugewandten Köpfen winden. In der Alchemie galt er als Symbol der Verbindung gegensätzlicher Kräfte. Der Äskulap-Stab, der dem Gott der Heilkunst Asklepios gehörte, bestand ebenfalls aus einem Stab und einer Schlange, deren Gift heilbringende Wirkung zugeschrieben

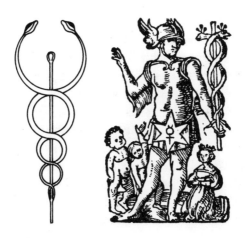

wird und die ein Symbol der Lebenserneuerung ist. Aus den Bildern dieser beiden Stäbe entstand das Zeichen der Ärzte und Apotheken, das wir heute noch überall vorfinden.

EIN ZWILLINGE-MÄRCHEN:

Das tapfere Schneiderlein

An einem Sommermorgen saß ein Schneiderlein auf seinem Tisch am Fenster, war guter Dinge und nähte aus Leibeskräften. Da kam eine Bauersfrau die Straße herab und rief: »Gut Mus feil! Gut Mus feil!« Das klang dem Schneiderlein lieblich in die Ohren, und gleich rief er die Frau, ließ sich von dem Mus geben und strich sich ein Brot davon.
Bevor er aber zu schmausen beginnen wollte, sollte noch der Wams, an dem er gerade nähte, fertig werden. Während er so nähte, stieg der Geruch des Muses hinauf zu den Fliegen an der Wand, die sich scharenweise darauf niederließen. »Ei, wer hat euch eingeladen?«, sprach das Schneiderlein.

Da sich die ungebetenen Gäste jedoch nicht verjagen ließen, wurde es ihm schließlich zu dumm, er langte nach einem Tuchlappen und schlug auf das Brot und die Fliegen. Als er es abzog und zählte, so lagen nicht weniger als sieben vor ihm tot und streckten die Beine. »Bist du so ein Kerl?«, sprach er und musste selbst seine Tapferkeit bewundern. »Das soll die ganze Stadt erfahren.« Schnell nähte er sich einen Gürtel, darauf stand: »Sieben auf einen Streich!« Und sein Herz wackelte wie ein Lämmerschwänzchen, als er daran dachte, dass die ganze Welt es erfahren sollte.
Er sah sich im Haus um, fand noch einen alten Käse und

steckte ihn ein. Vor dem Tor entdeckte er einen Vogel, der sich im Gebüsch gefangen hatte, der musste zu dem Käse in die Tasche. So zog er hinaus in die Welt und traf dort bald auf einen gewaltigen Riesen, der dasaß und sich gemächlich umschaute. Das Schneiderlein sprach ihn an, aber der Riese wollte ihn so gar nicht ernst nehmen. Da zeigte ihm das Schneiderlein seinen Gürtel: »Da kannst du lesen, was ich für ein Mann bin.«

Der Riese, der meinte, die sieben seien Menschen gewesen, kriegte ein wenig Respekt vor dem kleinen Kerl. Um ihn aber zu prüfen, nahm er einen Stein und drückte ihn zusammen, dass das Wasser herauslief. Das Schneiderlein ließ sich nicht einschüchtern und meinte, das könne er auch. Er griff in seine Tasche, holte den weichen Käse heraus und drückte ihn, bis der Saft herauslief. Da hob der Riese einen Stein auf und warf ihn so hoch, dass man ihn mit den Augen kaum noch sehen konnte. Doch das Schneiderlein sagte, das sei zwar ein guter Wurf gewesen, er aber wolle einen Stein so werfen, dass er gar nicht wiederkäme. Und er griff in die Tasche, holte den Vogel heraus und warf ihn in die Luft. Froh über seine Freiheit, stieg der Vogel auf und verschwand.

Der Riese war noch nicht zufrieden. »Werfen kannst du

wohl«, sagte er, »wir wollen sehen, ob du auch tragen kannst.« Er führte das Schneiderlein zu einem mächtigen Eichbaum, der gefällt am Boden lag. Das Schneiderlein aber meinte, es wolle das schwere Ende mit der Baumkrone tragen, der Riese solle nur den Stamm nehmen. Der Riese nahm den Stamm auf die Schulter, das Schneiderlein sprang behände hinten auf und pfiff ein Lied, während der Riese, der sich nicht umsehen konnte, prustend die schwere Last schleppte und das Schneiderlein noch obendrein. Schließlich musste er den Baum fallen lassen. Das Schneiderlein sprang herab, fasste den Baum mit beiden Armen, als wenn er ihn getragen hätte, und tat sehr erstaunt darüber, dass der Riese nicht einmal einen Baum tragen konnte.

Noch ein weiteres Mal besiegte das listige Schneiderlein den Riesen, der ihn schließlich einlud, mit in seine Höhle zu kommen und dort zu übernachten. In der Höhle saßen noch andere Riesen beim Feuer, und jeder hatte ein gebratenes Schaf und aß davon. Der Riese wies ihm ein Bett an, aber dem Schneiderlein war das viel zu groß, er kroch in eine Ecke und legte sich dort schlafen. Um Mitternacht, als der Riese meinte, das Schneiderlein läge in tiefem Schlafe, stand er auf, nahm eine große Eisenstange und schlug das Bett mittendurch. Am nächsten Morgen gingen die Riesen in den Wald und hatten das Schneiderlein ganz vergessen; da kam es auf einmal ganz lustig und verwegen dahergeschritten. Die Riesen erschraken, fürchteten, es schlüge sie alle tot, und liefen davon.

Das Schneiderlein zog weiter, immer seiner spitzen Nase nach. Schließlich kam es in den Hof des königlichen Palastes, wo es müde wurde und sich schlafen legte. Während es dalag, kamen die Leute und lasen, was auf seinem Gürtel geschrieben stand. Das beeindruckte sie sehr, und sie meldeten dem König, dass ein wichtiger und nützlicher

Mann hier sei – es könne ja einmal ein Krieg ausbrechen. Der König ließ das Schneiderlein holen und empfing es ehrenvoll.

Die Kriegsleute aber waren dem Schneiderlein aufgesessen und meinten, wenn sie sich einmal mit ihm zanken würden, so hätten sie keine Aussichten zu gewinnen, da, wenn er einmal zuschlüge, immer gleich sieben auf einen Streich fallen würden. Sie gingen zum König und baten um ihren Abschied. Der war traurig, dass er um des einen willen alle seine treuen Diener verlieren sollte, und wünschte, dass er das Schneiderlein nie gesehen hätte. Da er sich nicht getraute, ihm den Abschied zu geben, sann er lange hin und her, und endlich fand er einen Rat.

Er schickte nach dem Schneiderlein und sagte ihm, wenn er die beiden Riesen töten könne, die im Wald hausten und die mit Rauben, Morden und Sengen großen Schaden stifteten, so wolle er ihm seine Tochter zur Frau und das halbe Königreich zur Ehesteuer geben. Das Schneiderlein sagte dies sorglos zu und wollte auch die angebotenen hundert Reiter nicht mitnehmen.

Im Wald angekommen, fand er die Riesen schlafend unter einem Baum. Das Schneiderlein sammelte die Taschen voller Steine, stieg auf den Baum und warf die Steine so geschickt, dass der eine Riese meinte, der andere hätte ihn geschlagen – und so fort, bis beide so in Wut gerieten, dass sie sich gegenseitig erschlugen.

Darauf verlangte das Schneiderlein vom König seine Belohnung; den aber reute sein Versprechen, und er sann aufs Neue, wie er sich den Helden vom Hals schaffen könne. Bevor er dem Schneiderlein die Tochter und das halbe Reich geben wollte, solle es noch ein Einhorn einfangen, das großen Schaden anrichtete. Wieder ging das Schneiderlein in den Wald und nahm niemanden mit. Er brauchte nicht lange zu suchen, bald kam das Einhorn daher, sprang auf ihn los und wollte ihn aufspießen. Das Schneiderlein ließ das Tier seelenruhig ganz nahe herankommen und sprang dann behände hinter einen Baum, worauf das Tier sein Horn so fest in den Baum bohrte, dass es nicht genug Kraft hatte, es wieder herauszuziehen. So konnte das Einhorn gefangen werden, und damit war auch diese Aufgabe erfüllt.

Der König wollte dem Schneiderlein wiederum den verheißenen Lohn nicht gewähren und stellte eine dritte Forderung. Vor der Hochzeit war noch ein Wildschwein zu fangen, das im Wald großen Schaden tat. »Gerne«, sprach der Schneider, »das ist ein Kinderspiel.« Allein ging er in den Wald, und bald lief auch das Wildschwein mit schäumendem Mund und wetzenden Zähnen auf ihn zu. Das Schneiderlein aber sprang in eine Kapelle und zum Fenster wieder hinaus. Das Wildschwein war hinter ihm hergelaufen, und geschwind schlug er die Tür hinter ihm zu; da war das wütende Tier gefangen, das viel zu schwer und ungelenk war, um zum Fenster herauszuspringen.

Nun musste der König sein Versprechen halten, und die Hochzeit wurde mit großer Pracht gefeiert. Nach einiger Zeit hörte die junge Königin den Schneider im Schlaf sprechen: »Junge, mach mir den Wams, und flick mir die Hosen, oder ich will dir die Elle über die Ohren schlagen.« Da merkte sie, in welcher Gasse der junge Herr geboren war, und beklagte sich bei ihrem Vater. Der tröstete sie und sagte, sie solle die Tür zum Schlafgemach in der nächsten Nacht offen stehen lassen. Wenn der Schneider eingeschlafen war, würden die Diener ihn binden und auf ein Schiff tragen, das ihn weit fort bringen würde.

Des Königs Waffenträger aber, der alles mit angehört hatte und der dem Schneiderlein gewogen war, hinterbrachte ihm die ganze Sache. In der Nacht stellte sich das Schneiderlein nur, als ob es schliefe. Als seine Frau die Tür öffnete, fing es an, mit heller Stimme zu rufen: »Junge, mach mir den Wams, und flick mir die Hosen, oder ich will dir die Elle über die Ohren schlagen! Ich habe sieben mit einem Streich getroffen, zwei Riesen getötet, ein Einhorn fortgeführt und ein Wildschwein gefangen und sollte mich vor denen fürchten, die da draußen vor der Kammer stehen!« Als diese den Schneider also sprechen hörten, überkam sie eine große Furcht, und keiner wollte sich mehr an ihn wagen. Also war und blieb das Schneiderlein sein Lebtag ein König.*

In allen Situationen, in die es gerät, beweist das Schneiderlein den trickreichen Verstand des Hermes/Merkur, des Tricksters. Nachdem es einmal eine gewaltige Bestätigung erhalten hat – was für seine Naivität und Unvoreingenommenheit, aber auch Unerfahrenheit spricht –, zieht es selbstbewusst hinaus in die Welt und meistert Aufgaben, an denen es nach menschlichem Ermessen scheitern müsste. Das Schneiderlein aber ist völlig offen, es weiß, dass ihm schon etwas einfallen wird, und es verlässt sich ganz auf seinen wendigen Verstand.

Märchen lassen sich selten ausschließlich auf ein einziges Prinzip festlegen. Auch das »tapfere Schneiderlein« impliziert weitere Themen: Da ist die Fähigkeit der Jungfrau, sich schnell und optimal auf Umweltbedingungen einzustellen und sie zum Besten zu nutzen; und da ist die naive Selbstherrlichkeit des Löwen, der ohne großes Hinterfragen voraussetzt, dass er zu Großem berufen sei.

---

* Nach *Kinder- und Hausmärchen gesammelt durch die Brüder Grimm*, Insel Verlag, 1974.

Bei der Beschreibung von Tierkreiszeichen mit Hilfe von Märchen und Mythen sollte immer bedacht werden, dass Geschichten Inhalte häufig in Form einer mehr oder weniger freundlichen Karikatur darstellen. So sind die Zwillinge natürlich nicht nur klug und listig, die Jungfrau ist nicht nur darauf bedacht, das für sie Günstigste herauszuholen, und der Löwe ist nicht nur autokratisch. Jedes Zeichen entfaltet sich entlang einer Schiene, die auf der einen Seite einen Minus- und auf der anderen Seite einen Pluspol enthält.

ANALOGIEKETTEN

Entsprechungen des Prinzips »Zwillinge«
auf den verschiedenen Ebenen

Farben:
Gelb, Blaugrün, Himmelblau, Farbmischungen.
Geruch:
Leichter, flüchtiger Duft; eine Mischung aus mehreren Geruchsnuancen.
Geschmack:
Nicht sehr intensiv, ungewürzt.
Signatur (Form und Gestalt):
Feingliedrig, filigran, verästelt, verzweigt; beweglich, locker, elastisch, biegsam; angedeutete Konturen, expandierend und stark von Zweck und Umweltbedingungen abhängig.
Pflanzen allgemein:
Häufig schnellwachsende, verzweigte Pflanzen mit mehr Blattgrün als Blüten; Stauden, Sträucher; Gräser, Farne.
Bäume, Sträucher:
Pappel, Ahorn; Vogelbeerbaum; Birke; Holunder, Forsythie; Linde.

Gemüse, Obst:
Karotten, Johannisbeeren.
Blumen:
Margeriten, Gräser.
Gewürze:
Petersilie, Dill, Majoran, Melisse.
Heilpflanzen:
Holunder, Huflattich, Petersilie, Spitzwegerich, Tausend-
güldenkraut, Linde, Gänsefingerkraut, Pimpernelle, Hasel-
staude.
Tiere:
Allgemein Lufttiere und fliegende Insekten: Mücken, Flie-
gen; besonders Singvögel wie Stieglitz, Amsel, Drossel,
Lerche, Nachtigall, Zeisig und Buchfink; Elster; bewe-
gungsfreudige, emsige Tiere: Ameisen; alle (angeblich)
schlauen, anpassungsfähigen Tiere: Hunde, Affen, Füchse,
Wiesel; Huhn; Hasen, Hyänen.
Materialien:
Papier, Pergament.
Mineralien, Metalle:
Quecksilber, Messing, Blech, Wismut; Goldtopas, Beryll,
weißer Achat.
Landschaften:
Heide; windige Dünen; verkehrsnetzreiche Gebiete, Städte,
Straßenlandschaften, Wege; alle Kommunikationsstätten,
Marktplätze.
Berufe:
Alle Berufe, die nicht an einen festen Arbeitsplatz gebun-
den sind; Berufe, die Überraschungen bieten, die Mobilität,
einen scharfen Intellekt und Redegewandtheit erfordern:
Journalist, Redakteur, Reporter, Berichterstatter, Überset-
zer, Verleger, Buchhändler, Kritiker, Sprachlehrer; Wander-
verkäufer; Kaufmann, Händler, Handelsreisender, Vertreter,

Verkäufer, Propagandist; Postangestellter, Briefträger; Telefonist; Conférencier, Show-Master, Kabarettist; Schriftsteller, Dichter; Spediteur; Sekretär; Fotograf.

Hobbys, Sportarten:
Wandern, Radfahren, Pfadfinder, Fotografieren; Zeitungen, Zeitschriften und Kurzgeschichten lesen; Sport-, Politik und Wirtschaftssendungen oder Reportagen im Fernsehen; Tennis, Handball, Gymnastik, Turnen; Briefmarken und Telefone sammeln, Amateurfunker.

Verkehrsmittel:
Fahrrad, Zug, Tandem, Hubschrauber.

Wohnstil:
Eher zweckmäßige Einrichtung, praktisch, nicht so viel Dekoration, pflegeleicht; leicht abbaubare Einrichtungsgegenstände, die häufige Umzüge erleichtern; schlichter, nordischer Stil.

Wochentag:
Mittwoch (Tag der Mitte, frz. *mercredi* [Merkur, der Mittler]).

Gesellschaftsform:
Handelsgesellschaften, die »Seidenstraße«, Karawanenstraßen; Entstehung von Städten an verkehrstechnisch günstigen Orten.

Entsprechungen auf der Ebene des menschlichen Körpers:
Luftröhre, Bronchien, Lungen (Atmungsorgane); Sprach- und Hörorgane; Stimmbänder, Nerven; die Finger, der Bewegungsapparat, Knorpel, Bindegewebe und Gelenke.

Krankheiten allgemein:
Erkrankungen der Atemwege und der Leitsysteme des Körpers: Nerven; Knorpel, Bindegewebe und Gelenke.

WIE WIRKEN DIE ZWILLINGE UND DER ZWILLINGE-MERKUR IN MEINEM HOROSKOP, WAS SAGEN SIE AUS?

1. Welche Art des Denkens fällt mir besonders leicht oder besonders schwer (bildhafte[s] Denken/Vorstellung, logisches Denken, Assoziationen, grafische Vorstellung, praktisches Denken etc.)?
2. Auf welche Art drücke ich mich aus? Welche Worte kommen besonders häufig in meinem Wortschatz vor (Worte, die mit Gefühlen zu tun haben; Worte, die mit praktischen Handlungen zu tun haben; Worte, die auf zukünftige Pläne und Ideen hinweisen)? Welche Themen kann ich besonders leicht beschreiben, und bei welchen muss ich eher nach Worten suchen?
3. Welche Wissensgebiete interessieren mich besonders? Möchte ich eine Vielfalt an Interessen verfolgen oder mich lieber spezialisieren?
4. Fällt es mir leicht, neue Dinge aufzunehmen und zu lernen, oder brauche ich Zeit, um sie zu verarbeiten?
5. Auf welchen Gebieten bin ich offen, aufnahmebereit und tolerant, und wo fällt es mir schwerer, Andersartiges oder Neues zu akzeptieren?
6. Liegt mir eine neutrale, objektive und weniger gefühlsbetonte Betrachtungsweise der Dinge oder mehr eine emotionale oder subjektive?

ZITATE ZUM ZWILLINGE-PRINZIP

Das Streben nach Wissen ist eine natürliche Veranlagung aller Menschen.   *Aristoteles*

I fought my twin, the enemy within. Till both of us fell by
the road ...
Bob Dylan

Unterhaltung sollte alles berühren, sich aber auf nichts
konzentrieren.
Oscar Wilde

So manches Mal habe ich mir gewünscht, mit dem Reden
aufzuhören und herauszufinden, was ich wirklich glaubte.
Walter Lippmann

Verwechseln wir nie Wissen mit Weisheit.
Sandra Carey

Wissen ist Macht.
Francis Bacon

Denn eben wo Begriffe fehlen,
Da stellt ein Wort zur rechten Zeit sich ein.
Johann Wolfgang von Goethe

Lerne zuzuhören, günstige Gelegenheiten klopfen manchmal nur sehr leise an deine Tür!
Life's little instruction book

Wissen ist ein Schatz, der seinen Besitzer überallhin begleitet.
Aus China

Alles, was wir denken, ist entweder Zuneigung oder Abnei-
gung.
Robert Musil

Es ist nicht genug zu wissen, man muss es auch anwenden.
Johann Wolfgang von Goethe

Im Leben lernt der Mensch zuerst gehen und sprechen. Später lernt er dann, still zu sitzen und den Mund zu halten.

Marcel Pagnol

Vielwisserei lehrt nicht, verständig zu sein.

Heraklit

Die Sprache ist äußeres Denken, das Denken innere Sprache.

Antoine Rivarol

Das Leben, ob glücklich oder unglücklich, ob erfolgreich oder erfolglos, ist ungewöhnlich interessant.

George Bernard Shaw

Es ist wichtiger, Menschen zu studieren als Bücher.

François de la Rochefoucauld

Lernen heißt sich selbst beschenken.

Aus den USA

Jeder, der aufhört zu lernen, ist alt, mag er zwanzig oder achtzig Jahre zählen. Jeder, der weiterlernt, ist jung, mag er zwanzig oder achtzig Jahre zählen.

Henry Ford

Schweigen ist eines der am schwierigsten zu widerlegenden Argumente.

Ambrose Bierce

Die Befriedigung der eigenen Neugier ist eine der größten Quellen von Glück im Leben.

Linus Pauling

Schlechte Argumente bekämpft man am besten, indem man ihre Darlegung nicht stört.

Sir Alec Guinness

KREBS
Viertes Zeichen des Tierkreises, 90°–120°

Symbol:
Die Scheren des Krebses oder auch zwei Spiralen, die die auf- und absteigende Sonne symbolisieren; der Ursprung des Zeichens ist nicht eindeutig geklärt.

Jahreszeit:
Sommeranfang (ca. 22. Juni bis 22. Juli).

Qualität:
Weiblich-rezeptiv, Yin (Yin heißt auch »Stille, Innenschau«). Element: Wasser. Kardinales (in Gang setzendes) Zeichen.

Herrscher:
☽ Mond.

Häuserzuordnung:
4. Haus (kardinales Haus).

Auf dem Tierkreis gegenüberliegendes Zeichen:
Steinbock.

Botschaft/Schlüsselsatz:
Ich fühle.

Schlüsselworte:
Beeindruckbarkeit, bewahren.

Charakteristika:
Empfindsam, sensibel, empfindlich, verletzlich, weich, empfänglich, anpassungsfähig; gefühlvoll, leicht gerührt, anhänglich, kindlich, phantasievoll, verträumt, roman-

tisch, starke Vorstellungs- und Einbildungskraft, Einfühlungsvermögen, intuitiv, beeindruckbar; musikalisch, künstlerisch, kreativ, vorsichtig, zurückhaltend, diplomatisch. »Zwei Schritte vor, einen zurück.« Schüchtern, passiv; großes Sicherheitsbedürfnis, sucht Geborgenheit und Schutz, Hang zu Häuslichkeit, zum Heim und zur Familie, Familiensinn: »My home is my castle.« Stark muttergebunden, oft lebenslange Bindung an die Kindheit und Erinnerungen; schwankend in den Stimmungen, launenhaft (lunatisch), verträumt. – Entweder vom Phantastischen und Exotischen fasziniert, Bindung an die Heimat bei gleichzeitigem Fernweh, eher wurzellos, schrullig, launenhaft, ein Sonderling – oder sesshaft, beschaulich, ruhig, häuslich und versöhnlich, gefügig, im Alltag verwurzelt. – Ausgezeichnetes Gedächtnis, an die Vergangenheit gebunden, Sinn fürs Historische, Traditionelle. – Launisch, unbeständig, explodiert bei jeder Kleinigkeit, leicht erregbar, unberechenbar, missmutig, verdrießlich, grüblerisch, resigniert, melancholisch, egozentrisch, eigenbrötlerisch, abergläubisch, unselbstständig, unerwachsen, unentschlossen, Anklammern an Eltern und Kindheit; überempfindlich, kindisch, schmollend, vergisst schwer, trägt leicht nach; träge, inaktiv, unrealistisch, Rückzug in eine Scheinwelt, sentimental, chaotische, verschwommene Empfindungen, Stimmungen, Launen.

Thema

DIE ENTWICKLUNG DES GEFÜHLS – GEFÜHLE, EMPFINDUNGEN, KREATIVITÄT, PHANTASIE – DAS SEELISCHE URCHAOS – DAS GEBÄRENDE, SCHÖPFERISCHE

Der Krebs entspricht der gefühlsmäßigen Beeindruckbarkeit im Gegensatz zu der logisch-analytischen Betrachtungsweise der Dinge, die den vorhergehenden Abschnitt Zwillinge charakterisiert. Im Krebs werden die zahlreichen Erfahrungen und Eindrücke, die im Zeichen Zwillinge gemacht wurden, verinnerlicht, »verdaut«. Zusammenhänge, die der Verstand nicht erkennen kann, werden intuitiv erahnt. Erkenntnisse entstehen hier über Gefühl und Intuition, nicht über rationales Denken.

Wie ein Schwamm, der sich voll Wasser saugt, so verlangt das Zeichen Krebs nach Reizen von außen, was ebenso zu seelischem Reichtum wie zu einer Überforderung führen kann. Bei der Umsetzung all dieser Eindrücke spielt das Vorstellungsvermögen, die Phantasie, eine wichtige Rolle.

Wie kein anderes Tierkreiszeichen besitzt der Krebs die Gabe der Identifikation mit der Außenwelt. Er ist ein Wasserzeichen und wird vom Mond regiert. Sowohl das Wasser wie auch der Mond ändern ständig ihre Gestalt und Form. Wasser passt sich jedem Gefäß nahtlos an, in das man es gießt. Der Mond reflektiert das Sonnenlicht und ist damit eine Widerspiegelung der äußeren Gegebenheiten zu einem bestimmten Zeitpunkt. Ebenso repräsentiert der Krebs das stetig fließende, stetig sich wandelnde, chaotische und unstrukturierte Gefühl, das auf Eindrücke und Impulse von außen reagiert, diese verinnerlicht und sie widerspiegelt. Das Prinzip Krebs bedeutet in seiner reinen Form, im Augenblick zu leben. Es symbolisiert Zeit- und Formlosigkeit, Fließen und Weichheit. Da besonders das Gefühl von Zeitlosigkeit charakteristisch für Kinder ist, wird der Krebs mit dem Kind und der Kindheit assoziiert. Das ihm gegenüberliegende Zeichen Steinbock bildet den nötigen Gegenpol: Struktur, Form, Zeitgefühl bzw. Gebundenheit an die Zeit, Festigkeit, Beschränkung. Zum Steinbock gehört der Gedanke des Alterns.

Für den Krebs bedeutet die Verinnerlichung der Eindrücke einen kreativen Prozess: Durch die Vermengung von Außenreizen mit seelischen Zuständen entsteht eine Art »schöpferischer Ursuppe«, aus der Ideen und Bilder aufsteigen, die im nachfolgenden Zeichen Löwe nach realem Ausdruck verlangen.

Man hat den Löwen immer als schöpferisch bezeichnet, doch ist dies ein Irrtum. Der Löwe bringt nur sichtbar hervor, was der Krebs vor ihm an kreativem Potenzial ermöglicht hat. Er ist es, der die Kraft des Umsetzens und Handelns hat, während die Kreativität des Krebses etwas ist, was verborgen im Inneren ruht. So bedingen sich die beiden Prinzipien, da der Löwe nichts zu verwirklichen hätte, wenn der Krebs ihm nicht das Material lieferte, und die Kreativität des Krebses ohne die Fähigkeit des Löwen zu konkretem Handeln eingekapselt und ungenutzt bliebe. In unserem Horoskop wird diese Wechselwirkung durch die zu den beiden Zeichen gehörigen Lichter Sonne und Mond beschrieben.

Wenn man die Abfolge der Tierkreiszeichen auf die Entwicklung des Menschen überträgt, so entspricht der Widder dem gerade geborenen Baby, das ganz dem Instinkt und primären Antrieben folgt. Die nächste Phase, in der das Kind sich seiner physischen Bedürfnisse bewusst wird und sie zu befriedigen sucht, in der Körperfunktionen und die Beschäftigung damit Bedeutung erlangen, korrespondiert mit dem Abschnitt Stier. Im Zwilling erfolgt die Einbeziehung der – näheren – Umwelt: Das Kind fängt an zu krabbeln und zu laufen und erkundet die Umgebung, neutral, neugierig, offen, ohne innere Beteiligung, die eine weitere Entwicklung voraussetzt: die des Gefühls. Im Krebs, der am Beginn des zweiten Quadranten – dem Quadranten der Seele – steht, entwickelt sich dieses Gefühl, das durch

Identifikation und »Sich-hineinfühlen-Können« einen neuen, tieferen Bezug zur Umwelt darstellt, aus dem gleichzeitig der eigentliche kreative Prozess resultiert.

Motivation

So viele Eindrücke wie möglich aufnehmen und sie in Gefühl umsetzen – »Die Welt empfinden« – Seelische Sicherheit und Geborgenheit – Schutz – Mütterliches Hegen und Nähren

Der Krebs ist das Zeichen der Empfängnis. Seine Wahrnehmung der Welt ist vergleichbar einer Eizelle, die auf Befruchtung wartet: Als weibliches – und damit von der Grundorientierung her passives – Zeichen verlangt er nach Stimuli, die ihm die Fähigkeit verleihen, aktiv zu werden, denn der Krebs entspricht zwar dem Yin-Prinzip, aber er ist auch ein kardinales, d. h. in Gang setzendes Zeichen. Durch das Aufnehmen von Eindrücken entsteht in ihm ein kreativer Prozess, etwas beginnt sich zu regen und zu entfalten, das dann ausgetragen wird wie das Kind im Mutterleib. Dieser schöpferische Vorgang bezieht sich ursprünglich lediglich auf die verschiedenen Gefühle und Empfindungen, auf das Wahrnehmen ihrer Schattierungen und ihrer unterschiedlichen Intensität. Auf diesem Nährboden entsteht jedoch etwas Neues, das sich auf den unterschiedlichsten Ebenen manifestieren kann: ein Gemälde, eine musikalische Komposition oder auch die mit Gefühl und Einfallsreichtum zusammengestellte Mahlzeit. Immer geht es um die Hingabe an etwas, das im Entstehen begriffen ist, und darum, etwas wachsen und gedeihen zu sehen.
Die starke Gefühlsbetontheit des Krebses veranlasst ihn, nach Sicherheit zu suchen. Doch Sicherheit bezieht sich hier nicht so sehr auf das Physisch-Materielle wie beim

Stier, sondern auf seelische Geborgenheit. Deshalb sind ihm, wie allen Wasserzeichen, Beziehungen wichtiger als alles andere. Die Art, wie Gefühle zwischen ihm und anderen Menschen ausgetauscht werden, bestimmt im Wesentlichen, ob das Lebensgrundgefühl des Krebses positiv oder negativ ist. Im Gegensatz zum Zwilling widerstrebt es ihm jedoch, seine Beziehungen rational zu analysieren und sie in klare Worte zu fassen.

Krebs bedeutet Introversion, Rückbesinnung, »Nabelschau«, eine Verinnerlichung, ein Insichruhen nach dem lockerleichten Hinausgehen in die Welt, in der alles Bezug zur Sprache und zur Bewegung hat (Zwillinge). Er symbolisiert den Übergang von der intellektuellen Informationsaufnahme zu der Fähigkeit, Gefühlen in Form von Handlung Ausdruck zu verleihen (Löwe).

Psychologie

Traditionell wird der Krebs als passiv, empfindsam, leicht verletzlich, schüchtern, eher wehrlos und als sehr empfänglich für Eindrücke beschrieben, die intensivste Auswirkungen auf seine Gefühlslage haben.

Alle diese Charakterisierungen sind treffend und erfassen seine sensible, phlegmatische Seite, die wie eine weit geöffnete Schale alles hereinlässt und tief in sich aufnimmt, was an Stimuli vorhanden ist.

Der Krebs ist aber ein kardinales Wasserzeichen, was bedeutet, dass Passivität und Inaktivität ihre Grenzen haben und sich vornehmlich dann äußern, wenn es um die Frage direkten, spontanen und durchsetzungskräftigen Handelns geht. Wenn wir uns jedoch die Eigenschaften des Wassers, das ja Gefühl symbolisiert, vor Augen führen, so zeigt sich, dass Wasser zwar weich und formlos ist und sich dem Gefäß, in das man es gießt, anpasst, dass es aber auch eine unglaublich beharrliche Kraft besitzt: Es bahnt sich seinen Weg durch geduldiges Anpassen an die vorgegebene Form (z. B. ein Flussbett), die es umspült, sanft durchdringt und langsam erodiert.

Auch der Krebs setzt sich mittels Nachgeben durch: »Steter Tropfen höhlt den Stein« scheint seine Devise zu sein. Er ist nicht logisch-rational orientiert (eine Ausnahme bilden hier Krebs-Aszendenten), er verlässt sich ganz auf sein Gefühl und seine Intuition. Er hat ein erstaunliches Gespür dafür, wie man andere mit Gefühlen manipulieren kann. Da ihm die direkte Durchsetzung seiner Ziele widerstrebt oder er sich dafür einfach nicht stark genug fühlt – Krebse haben im Allgemeinen ein niedriges Energieniveau –, weicht er aus auf quengelige Unzufriedenheit, umgarnende Fürsorge, oder er operiert mit Schuldgefühlen.

Alle diese Eigenschaften entspringen aber letztlich dem grundlegenden Bedürfnis nach Sicherheit und seelischer Geborgenheit. Menschen, die einem Krebs dieses Gefühl vermitteln – gleich, ob zu Recht oder Unrecht –, werden für sein seelisches Gleichgewicht ähnlich unersetzlich wie die Dinge und Personen, die der Stier als unabdingbar für sein physisches Wohlbefinden empfindet.

Die Gegenpole Veränderlichkeit und Bewahren bilden ein wichtiges Grundmotiv im Leben krebsbetonter Menschen. Ihre starke Beeindruckbarkeit und Sensibilität erschwert ihnen zweifellos jeden Versuch der Abgrenzung und Ichbehauptung, die eben eher auf Umwegen und durch Ausweichmanöver geschehen können. Das Lebensgrundgefühl wird bestimmt durch Gefühle, Stimmungen, Launen, Phantasien und Tagträume, Wünsche, Ängste und Ahnungen. Das englische Wort lunatic – »lunatisch, mondhaft, wechselnd, launenhaft« – umschreibt anschaulich eine sich ständig verändernde Gefühlslage, die durchaus auch psychosomatische Auswirkungen haben kann, häufig im Magen-Darm-Trakt.

Wer in einer unbeständigen, chaotischen, damit aber auch sehr ursprünglichen, von keiner Struktur zurechtgebogenen Welt lebt und dazu noch eine reichhaltige Phantasie besitzt, wird eher Ängste entwickeln als der Typ des Draufgängers (Widder) oder des nüchternen Realisten (Steinbock).

Angela Sommer-Bodenburg beschreibt die psychologische Situation des Krebses sehr einfühlsam in einem Kindergedicht*:

> Mein Zimmer hat vier Ecken
> In denen Geister stecken
> Doch es hat auch eine Tür
> und die führt zu dir ...

Auf der dazugehörigen Zeichnung macht sich ein kleiner Junge, seine Decke im Schlepptau, auf den Weg zu Mutters Bett.

Hier wird nicht nur die allgemeine Bezogenheit des Kindes auf seine Mutter illustriert, sondern vor allem die des Krebs-Kindes, das voller Phantasien und Ängste im Bett liegt und nicht einschlafen kann. Seine starke Ansprechbarkeit auf kleinste Eindrücke und die Fähigkeit, diese in seiner Vorstellung zu einem überdimensionalen Ereignis werden zu lassen, bedingen, dass die Mutter und die Geborgenheit, die sie symbolisiert – bzw. symbolisieren sollte –, eine ungeheure Bedeutung im Leben eines solchen Kindes einnehmen. Tatsächlich haben die Kindheit und das Erle-

---

* Angela Sommer-Bodenburg: *Ich lieb' dich trotzdem immer*, dtv, 1985.

ben der Mutter einen besonders nachhaltigen und prägenden Einfluss auf das Leben krebsbetonter Menschen, und zwar im Guten wie im Schlechten. Das Erleben der Welt als sicherer, wohlmeinender Ort oder als Kampfplatz zähen Ringens wird hier in besonderem Maße durch die frühe Kindheit geprägt. Die Sehnsucht nach der Übermutter, die alles versteht, alles verzeiht, die wortlos begreift und endlos annehmende Liebe spenden kann, wird zur mehr oder weniger bewussten Vision, die im Alltag auf verschiedenste Personen, Umstände und Institutionen übertragen werden kann. Eine Befreiung von dieser Sehnsucht kann in der Projektion liegen: Das Bedürfnis nach uneingeschränkter Akzeptanz und Zuwendung wird zum bestimmenden Faktor für die persönliche Rolle. Man versucht, diese Übermutter, die nicht bewertet und alles annimmt, ins eigene Verhalten zu integrieren. Besonders gut eignen sich dafür therapeutische oder beratende, aber auch tatsächlich mütterlich-pflegende Berufe.

Da Sicherheit ein so elementares Thema für den Krebs ist – wir leben nun einmal in der Welt der Materie mit einem physischen Körper –, bedeutet auch materielle Sicherheit dem Krebs sehr viel, wenn auch weniger als seelische Geborgenheit. Existenzielle Ängste sind ihm durchaus geläufig. Das unentwegte Auf und Ab seiner Stimmungen und häufig auch seiner körperlichen Verfassung, seine Sensibilität und Ängste werden ausbalanciert durch einen festen Rückhalt in der materiellen Welt, auf den er sich immer stützen kann: Selbst wenn ein Krebs über seine finanzielle Situation jammert, wird man bei näherer Betrachtung feststellen, dass das Sparkonto noch einen beruhigenden »Notgroschen« aufweist ...

Sicherheit in der materiellen Welt bedeutet für den Krebs auch zu wissen, woher er kommt (um dann sicher sein zu können, wohin er geht). Damit hat er einen starken Bezug zur Vergangenheit, die für ihn fast so präsent ist wie die Gegenwart. Sein Leben besteht zu einem großen Teil in einer Art Ablösungsritus von Menschen, Ereignissen und Dingen, die sein früheres Leben bestimmten. Immer wieder geht es darum, die Wurzeln der eigenen Herkunft und damit die Familie, in der er aufgewachsen ist, zu erfassen: Die Auseinandersetzung mit dieser Zeit und eine eventuelle Versöhnung mit ihr spielen eine wichtige Rolle in der Entwicklung seiner Persönlichkeit.

Materielle Sicherheit ist ein Aspekt, der den Krebs über die Härten des Lebens hinwegtrösten kann. Seelische Geborgenheit in bestehenden Beziehungen ist ein anderer. Mindestens ebenso wichtig ist der Bezug zu Erinnerungen und zu Dingen, die mit diesen Erinnerungen verknüpft sind. Deshalb sammelt der Krebs so gern: Ein Andenken, ein Brief, eine Postkarte, ein Kleid, das zu einem bestimmten Anlass getragen wurde, das Brautsträußchen von damals können ihn in eine wehmütige Stimmung versetzen. Auf der weniger konkreten Ebene hängt er an Gewohnheiten, am Vertrauten, Sicheren, am Status quo, an der Tradition oder an Familienritualen. Der Schriftsteller Marcel Proust illustriert das Krebs-Prinzip in »Reinkultur«. In seinem mehrbändigen Romanzyklus mit dem Titel Auf *der Suche nach der verlorenen Zeit* beschreibt er minuziös Ereignisse, Bilder, Gerüche, Geräusche, Menschen seiner Vergangenheit. In seinem Horoskop stehen Sonne, Merkur, Jupiter und Uranus im Krebs im 4. Haus.

Die Vergangenheit und vor allem die Kindheit stellen für den krebsbetonten Menschen eine Art Quelle dar, die sowohl klar und lebendig sprudeln als auch eine undurchsichtige, trübe Brühe absondern kann. Das Hexagramm Nummer 48, »Der Brunnen« (DSING), des chinesischen

Weisheits- und Orakelbuchs I *Ging** (in der Übersetzung von Richard Wilhelm) beschreibt die Situation folgendermaßen: »Man mag die Stadt wechseln, aber kann nicht den Brunnen wechseln. Er nimmt nicht ab und nimmt nicht zu. Sie kommen und gehen und schöpfen aus dem Brunnen. Wenn man beinahe das Brunnenwasser erreicht hat, aber noch nicht mit dem Seil drunten ist oder seinen Krug zerbricht, so bringt das Unheil.«

Dieses Empfinden erstreckt sich nicht nur auf das frühere Leben. Tief in sich fühlt der Krebs eine Quelle, ein Zentrum, zu dem er Verbindung haben muss, um im Leben bestehen zu können.

Diese Rückbesinnung auf sich selbst ermöglicht den Ablösungs- und Reifeprozess, den der Krebs in besonderem Maße durchlaufen muss. Häufig wird er jedoch durch das Bedürfnis, sich nicht durchsetzen zu müssen, Selbstverantwortung abzugeben und mit einem geliebten Menschen symbiotisch zu verschmelzen, verhindert oder verzögert. Immer spielt die tief innerliche Identifikation mit der Umwelt und vor allem mit denen, die der Krebs liebt, eine tragende Rolle.

Die andere Seite des Krebses tritt in Erscheinung, wenn er nicht die erträumte Antwort völliger Hingabe, des Einsseins mit dem anderen und der absoluten Sicherheit erhält und auch irgendwie spürt, dass er das Leben eines anderen lebt statt des eigenen, nur um sicher zu sein, dass einem der Partner nicht entgeht. Dann finden wir einen Krebs, der mit sich und der Welt im Unreinen lebt und der mit der Kehrseite seiner Gefühlsbetontheit zu kämpfen hat: Grübeln, Unzufriedenheit, Groll, alles schrecklich

---

* Richard Wilhelm: *I Ging. Das Buch der Wandlungen*, Diederichs Verlag, 1956.

ernst zu nehmen und sich zu nichts wirklich aufraffen zu können.

Die Stärke des Zeichens Krebs liegt in seiner ungewöhnlichen Gefühlstiefe, die auch durch die Kontrolle des Verstandes nur gemaßregelt, aber nicht zerstört werden kann, in seiner untrüglichen Intuition und in seiner Phantasie. Häufig besitzen krebsbetonte Menschen kreative musische Fähigkeiten, die, da Handeln nicht so ihr Metier ist und die vorhandene Energie sich schon im »Brötchenverdienen« erschöpft, oft brachliegen: Musische, künstlerische, bildnerische Talente sind nicht selten.

Lernaufgabe

SELBSTSTÄNDIGKEIT UND HANDELN – OFFENE DURCHSETZUNG – DIE TRENNUNG VON DER MUTTER BZW. VON MUTTERSYMBOLEN – AKZEPTIEREN ÄUSSERER ORDNUNG UND VON REGELN

Aktivität und Handeln sind die beiden Themen, die dem Krebs die meisten Schwierigkeiten bereiten. Er stellt das Prinzip des Urweiblichen, Vegetativen, Mütterlichen dar, das passiv bleiben und in Ruhe, Hingabe und Aufnahmebereitschaft verharren möchte. In seiner Urform symbolisiert er die Kraft der Mutter Natur, die empfängt, gebärt, wachsen und reifen lässt und im Tod wieder alles in ihren Schoß zurücknimmt – ohne Veränderung des Status quo, ohne Weiterentwicklung, ein ewiger Kreislauf von Geburt und Tod.

Zu dieser Kraft muss sich jedoch die Polarität des Männlichen und damit der bewussten Handlung (Sonne, Löwe-Prinzip) gesellen, damit die schöpferischen Fähigkeiten, die im Krebs liegen, sichtbar werden. Es bedarf des Ausdrucks all dieser Empfindungen, Bilder, Phantasien, Ideen in Form von konkretem Handeln, es bedarf eines zielstrebigen Bewusstseins und der Bereitschaft, Vertrautes, Sicherheit Bietendes aufzugeben und ein Stück vom sicheren Panzer zu lüften.

Die große Verletzlichkeit dieses Zeichens sowie sein Hang zur Inaktivität ziehen häufig eine Weigerung nach sich, ins Leben hinauszugehen und Verantwortung für die eigenen Handlungen zu übernehmen. Im Innersten suchen viele Krebse nach dem Mutterschoß, der ihnen die Last des Lebens erspart. Diese Suche kann auf sehr versteckte Weise vor sich gehen, und die Trennung von der Mutter ist ein Prozess, der sich im Leben von krebsbetonten Menschen immer wieder auf den verschiedensten Ebenen wiederholt. Über die tatsächliche Mutter hinaus gibt es in ihrem Leben stets andere Menschen oder auch Institutionen – z.B. die Kirche, eine Firma, ein Verein –, die die Geborgenheit des Mutterschoßes in gewissem Umfang symbolisieren und ersetzen. Zugehörigkeit zu bestimmten Menschen und Identifikation mit solchen Institutionen ermöglichen es dann, Eigenverantwortung abzugeben und die Notwendigkeit der eigenen Entschlussfassung zu delegieren.

Die Sehnsucht nach Zugehörigkeit und wortlosem Verständnis, gepaart mit dem intensiven Bedürfnis nach Sicherheit, macht es dem Krebs schwer, Ärger und Wut offen auszudrücken. Seine eher passive Natur trägt wenig bei, wenn es um die direkte, eindeutige Durchsetzung von Eigeninteressen geht, die ihm der Widder par excellence vorlebt (Widder steht im Quadrat, also in einem Spannungsverhältnis, zum Krebs). Die Lösung heißt für den Krebs oft subtile Manipulation. Wie alle Wasserzeichen versteht er es, seine Umwelt freundlich, unmerklich und bevor es jemand merkt, dahin zu bugsieren, wo er den anderen gerne hätte. Die weniger freundliche Variante davon ist Quengelei, Nörgeln und indirekte Kritik, die den anderen mürbe macht.

Je abhängiger ein Krebs sich von äußeren Gegebenheiten fühlt, desto mehr werden vor allem letztere Seiten an ihm auftreten, da er irgendwie seine Unfreiheit spürt. Der Krebs, der aktives Handeln und Selbstverantwortlichkeit gelernt hat, wird jedoch zu einer Quelle schöpferischer Inspiration, die die Welt auf beeindruckende Weise bereichern kann. Um dies zu erreichen, muss er ein gewisses Maß an Selbstdisziplin entwickeln und die Bereitschaft, sich einer äußeren Ordnung, sei sie nun von ihm selbst erstellt oder durch andere Rahmenbedingungen gegeben, zu unterwerfen, sodass seine freie fließende Energie Form und Gestalt erhält.

Lebensziel

DIE VERSCHIEDENARTIGKEIT, REICHHALTIGKEIT UND VERÄNDERLICHKEIT DER WELT DER GEFÜHLE ERFAHREN – SEELISCHES GLEICHGEWICHT INMITTEN ALL DER VERSCHIEDENEN STIMMUNGEN ERREICHEN – DIE ENTWICKLUNG DES MITGEFÜHLS – DIE PERSÖNLICHE ZEITLINIE

Was immer in der Welt existieren oder sich ereignen mag, für den Krebs hat es einen Bezug zum Gefühl, denn das ist es, was in diesem Abschnitt des Tierkreises erfahren werden soll: alles, was im Bereich des Emotionalen möglich ist. Dazu gehören auch die Wandelbarkeit und damit die Instabilität, die die Gefühlswelt charakterisieren.

Näher betrachtet sind Gefühle das, was am wenigsten zuverlässig zu sein scheint. Sie sind heute da, morgen nicht oder auch nur weniger, sie lassen sich nicht mit dem Verstand erzeugen und weigern sich hartnäckig, auf Befehl herbeizukommen. Ein wenig erinnert das Ganze an die Geschichte vom Mond, dem ein freundlicher Schneider einen Mantel anmessen wollte, doch als der Mantel fertig war, erwies er sich als zu groß. Der Schneider machte ihn enger, doch dann war er zu eng und so fort ... Gefühlsbetonte Menschen erleben immer wieder, dass nichts so ist, wie es vor kurzem noch war.

Das dem Krebs gegenüberliegende Zeichen Steinbock verlangt Dauer, Beständigkeit und setzt Maßstäbe und Regeln über das, was Gefühl eigentlich ist: immer im Fluss. Es ist der Anteil in uns, der Gefühle diszipliniert. Auch der Krebs selbst ist auf der Suche nach Beständigkeit in seinen Gefühlen. Dies bedingt allein das ihm innewohnende Bedürfnis nach Geborgenheit und Sicherheit. Aber für ihn heißt dieses Ziel, eine Dauer zu erreichen, ohne seinen Gefühlen untreu zu werden und ohne sie in ein Korsett zu zwängen. Darum geht es hier mehr um seelisches Gleichgewicht als um festgeschriebene Form. Die Beständigkeit des Krebses ist ein Balanceakt zwischen seinen ständig wechselnden Stimmungen und dem Bedürfnis, dauerhafte Gefühlsbeziehungen zu anderen Menschen einzugehen und Ziele ausdauernd zu verfolgen.

Sowohl der Krebs als auch der Steinbock haben, jeder auf seine Weise, einen besonderen Bezug zur Zeit. Der Krebs lebt eigentlich in der Zeitlosigkeit und damit in einer Art Chaos, in dem der feste Bezugsrahmen für die Bewältigung des Alltags fehlt, während der Steinbock eine eher zu feste Struktur besitzt, die aber mühelos Planung und Organisation ermöglicht.

Gemäß dem Krebs-Prinzip heißt Zeitlosigkeit jedoch nicht – zumindest wenn dies auf die Situation des erwachsenen Menschen übertragen wird –, dass Vergangenheit, Gegenwart und Zukunft ineinander verschmelzen, sozusagen nicht existieren. Dies würde nur für den Fötus und das Neugeborene gelten. Das Besondere am Verhältnis des Krebses zur Zeit ist die eindringliche Präsenz, die Ereignisse und Menschen aus der Vergangenheit besitzen. Würde man versuchen, die Zeitlinie des Krebs-Prinzips darzustellen, so müssten sich alle Ereignisse aus der Gegenwart eines Menschen wie auf einer durchsichtigen Folie direkt vor seinem Gesicht befinden. Alle Ereignisse aus der Vergangenheit kämen genau hinter den gegenwärtigen zu stehen und wären durch diese hindurch ständig sichtbar und mit ihnen optisch vermischt. Auf diese Weise erreicht der Krebs ein Gefühl von Fortdauer in seinem Leben: Dadurch, dass er weiß, woher er kommt, glaubt er, auch zu wissen, wohin er geht.

Ein weiteres wesentliches Ziel des Krebs-Prinzips ist die Entwicklung der Fähigkeit, mit der Welt »draußen« mitzufühlen, und zwar mit Hilfe seiner Tendenz zur Identifikation. Das Kind, das völlig offen, wertfrei, aber auch »gefühllos« einem Insekt die Beine ausreißt, um zu studieren, was nun geschieht, hat noch nicht gelernt, sich mit Dingen außerhalb seiner selbst zu identifizieren, sich in sie hineinzuversetzen. Im Krebs – und noch intensiver im letzten Wasserzeichen Fische – entwickelt sich ein Mitfühlen, das es dem Betreffenden schwer macht, so zu handeln: Es ist, als geschähe ihm dies selbst.

DAS KREBS-SYMBOL

Die Sonne hat am 22. Juni ihren höchsten Stand erreicht, verlässt nun das Zeichen Zwillinge und tritt in den Krebs, das Zeichen der Sommersonnenwende, ein. Der Krebs ist ein kardinales (in Gang setzendes, bewegendes) Zeichen und der Übergang der Sonne in dieses Tierkreiszeichen ist ein besonderer Zeitpunkt in der Sonnenbewegung. Bis jetzt war die Sonnenbahn im Ansteigen begriffen, doch bevor sie sich endgültig wieder auf ihre absteigende Bahn begibt, erweckt sie von der Erde aus gesehen den Eindruck, als ob sie Halt oder sogar eine leichte Rückwärtsbewegung macht.

Während die Sonne das Zeichen Zwillinge durchlief, war sie noch im Aufsteigen begriffen, ihrem höchsten Punkt zu. Jetzt findet die Gegenbewegung statt. Der längste Tag und die kürzeste Nacht fallen zusammen; dann nehmen die Tage allmählich wieder in ihrer Länge ab. Die bis dahin ständige Ausweitung des Lebensrahmens kommt zum Stillstand, und es findet eine Eingrenzung und Verinnerlichung statt; die Offenheit der Zwillinge für die äußere Welt verwandelt sich nun in eine Offenheit für die Gefühle und Empfindungen im eigenen Inneren.

Das Krebssymbol wird heute als die Darstellung der Scheren des Krebses gedeutet. Eine ältere Deutung besagt, dass die beiden Spiralen die aufsteigende und absteigende Sonnenbahn symbolisieren.

Das Tier Krebs weist in seinem Verhalten und in seinem Äußeren Ähnlichkeiten zu den beschriebenen Gegebenheiten auf. Es bewegt sich langsam, vorsichtig, weicht vor Hindernissen zurück, und es lebt im Wasser, dem Element, dem es auch astrologisch zugeordnet ist und das die Welt der Gefühle, der Seelentiefe und der Verinnerlichung symbolisiert.

Um wachsen zu können, muss der Krebs seinen Panzer, ohne den er völlig schutzlos ist, mehrmals abwerfen. Wachsen bedeutet für ihn, sich der Schutzlosigkeit und Lebensbedrohung auszusetzen.

Ellynor Barz schreibt dazu in ihrem Buch *Götter und Planeten**: »Es mag merkwürdig erscheinen, dass man den

---

* Ellynor Barz: *Götter und Planeten*, Kreuz Verlag, 1988.

Sonnenhöchststand nicht mit dem Symbol der Sonne, sondern gerade mit dem des Mondes in Verbindung brachte. Aber der Kardinalpunkt der Sonnenwende ist nicht nur Höhepunkt, sondern zugleich Anfang des Abstiegs in die Tiefe, Anfang eines ›Sterbens‹ zugleich. Es geht hier um Wandel, um Zu- und Wiederabnahme, um Umkehr. Und dieser Wandel wird im Mond exemplarisch erlebt.«

DAS MOND-SYMBOL

Das Symbol für den Mond ist ganz konkret dem Bild am Himmel entnommen: Es ist die Sichel des zunehmenden Mondes, die gleichzeitig als Halbkreis die Seele und den Gefühlsbereich darstellt. Der Mond spielt in den magischen und religiösen Vorstellungen der meisten Völker eine große Rolle. Seine Bedeutung erklärt sich vor allem daraus, dass er ein lebendes Wesen zu sein scheint, da er sich ständig in Form und Gestalt ändert und man sogar ein Gesicht in ihm zu erkennen glaubt. Besonders im Osten wurde er oft als wichtiger denn die Sonne angesehen.

Offensichtlich war sein Zusammenhang mit wichtigen Lebensrhythmen auf der Erde: seine Verbindung zu Ebbe und Flut, die durch seine Anziehungskraft auf die Erdoberfläche hervorgerufen werden, aber ganz allgemein mit allen Vorgängen, die ein zyklisches Werden und Vergehen aufweisen. Die Phasen des Mondes, sein Zunehmen, Wachsen, Werden und Vergehen, das immer von neuem beginnt, stimmen mit vielen biologischen Rhythmen des menschlichen Lebens, der Tiere und der Pflanzen überein, vor allem mit dem Zyklus des weiblichen Organismus und damit mit der Fruchtbarkeit, mit Zeugung und Schwangerschaft und mit allem vegetativen Wachsen und Entwickeln sowie mit den Lebensflüssigkeiten (z. B. dem Lymphstrom) und allem Feuchten (z. B. dem Regen als Lebensspender). Durch diese Zusammenhänge wurde der Mond zum Fruchtbarkeits- und Muttersymbol.

Wie das Wasser des Meeres ansteigt und verebbt, wie der Mond sich wandelt, so wandeln sich auch unsere Stimmungen und unser Gemüt. Im Bild des Mondes finden wir sichtbar die Veränderlichkeit und das zyklische Auf und Ab, das das Leben und unsere Gefühle bestimmt.

Der Mond ist im Gegensatz zu der selbstleuchtenden Sonne ein das Licht reflektierendes Gestirn, und so ergibt sich auch hier eine Entsprechung zur weiblichen Seite des Lebens; während die Sonne als aktiv-männlich und selbstbehauptend gedeutet wird, sieht man im Mond das Sinnbild des Anlehnungsbedürftigen, Weichen, Passiven, Aufnehmenden. Sonne und Mond entsprechen den Begriffen des Yang und Yin.

So betrachtet erhebt sich hier die Frage, welche merkwürdige Verwechslung oder Verdrehung in der deutschen Sprache dazu geführt hat, den Mond mit dem männlichen und die Sonne mit dem weiblichen Artikel zu versehen.

Trotz dieses Bezugs zum weiblichen Lebensprinzip ist der Mond nicht mit der Frau gleichzusetzen. In Mann und Frau sind Weibliches und Männliches gleichermaßen enthalten. Der Mond als weibliches Urprinzip symbolisiert einen Teil, der ebenso im Mann wie in der Frau existiert.

Psychologisch gesehen symbolisieren der Mond und Krebs unsere gefühlsmäßige Grundhaltung, die Ausgangslage unserer Seele, unsere grundsätzliche »Gestimmtheit«. Hier finden wir die unbewussten Empfindungen und Gefühlsmuster, die wir in Alltagssituationen erleben. Der Mond ist unser Blick »hinaus in die Welt« und zeigt an, ob wir die Welt z.B. als einen freundlichen, wohlmeinenden Ort oder als etwas Unsicheres, Bedrohliches oder Instabiles erleben. Diese allerersten, als Anlage mitgebrachten emotionalen Grundhaltungen und seelischen Reaktionen werden in der Kindheit aktiviert, und so hat der Mond einen intensiven Bezug zur frühen Kindheit und zur Mutter bzw. zu der Person, die für uns die Mutterfigur darstellte. Er beschreibt unser Mutterbild.

Allgemein sagt er etwas über das Prinzip des Mütterlichen und Urweiblichen in uns aus, über unsere Fähigkeit zur Hingabe, zum Prinzip des Hegens, Pflegens und Nährens, über unsere eigene Mütterlichkeit und über die Art, wie unsere Gefühle fließen, d.h., inwieweit und auf welche Weise wir uns gefühlsmäßig öffnen können und wie beeindruckbar wir sind.

Da die Mutter (oder Mutterfigur) für das Baby die »Welt« bedeutet, prägt die Erfahrung, die das Kind mit ihr macht, seine grundlegende Erfahrung und damit Einstellung zur Welt.

Der Mond im Horoskop sagt etwas darüber aus,

1. auf welche Weise ich die Welt wahrnehme, durch welche »Brille« ich auf sie blicke, wie ich sie interpretiere und welche grundlegende Einstellung ich zur Welt habe (ob sie einen Unterstützung gebenden, sicheren Ort oder ei-

nen Ort der Beschränkung oder sogar der Bedrohung für mich darstellt),

2. wie es um meine Bereitschaft steht, Eindrücke aufzunehmen, mich zu öffnen und meine Gefühle frei fließen zu lassen,

3. wie viel Vertrauen ich in mich und die Welt habe

4. wie groß mein Bedürfnis nach Sicherheit und Geborgenheit ist,

5. was mir das Gefühl von Erfüllung und Glück vermittelt,

6. wo und auf welche Weise in mir Gefühle wachgerufen werden,

7. welches Bild ich von meiner Kindheit und von meiner Mutter habe bzw. wie meine Einstellung zum Mütterlichen ist.

Aus bestimmten Gründen, die den Rahmen dieses Buches sprengen, ist für die genannten Entsprechungen das Krebshaus, also das 4. Haus des Horoskops, die vorrangige Informationsquelle, gefolgt vom Mond selbst (siehe: Brigitte Hamann: Ihr Lebensziel – Die IC/MC-Achse und der Lebenssinn im Horoskop).

ZUR MYTHOLOGIE DES KREBSES

Der dem Krebs als Herrscher zugeordnete Mond gab mit seinen ständigen, sichtbaren Wandlungen, seiner Beteiligung am Rhythmus von Tag und Nacht, von Licht und Dunkelheit Anlass zu zahlreichen Mythen, Märchen und Geschichten.

Wenn wir uns den Mond vorstellen, seine zyklischen Veränderungen des Werdens, des Zunehmens, Vollwerdens und Wiedervergehens, die den Rhythmus der Fruchtbarkeit widerspiegeln, so können wir verstehen, dass der Mond immer als weibliche Gottheit in Form einer Mondgöttin verehrt wurde.

Doch so veränderlich, wie der Mond sich uns zeigt, so vielfältig sind auch die mit ihm assoziierten Eigenschaften, und daher ist es nicht erstaunlich, dass es in den meisten alten Kulturen mehrere Mondgöttinnen gab, die verschiedene Aspekte des Weiblichen darstellten und auch verschiedenen Phasen des Mondes zugeordnet wurden.

Die griechische Mondgöttin *Selene* ist die Personifikation des Mondes. Ihr Name bedeutet etwa »die Glänzende, die Strahlende«. Sie ist die Tochter der beiden Titanen Hyperion und Theia (Kinder von Uranos und Gaia), und ihre Geschwister sind Helios, der Sonnengott, und Eos, die Morgenröte. Gleichzeitig ist sie auch die Gemahlin des Helios, und wenn die beiden das Lager teilen, dann muss dies im Geheimen geschehen; darum verschwindet Selene, wenn sie sich mit Helios vereint, sie ist nicht mehr zu sehen: Am Himmel herrscht Neumond (die Sonne als bewusstes Wollen und Handeln, Zielsetzung; der Mond als die motivierenden Gefühle und Sehnsüchte, die oft eher unsichtbar hinter diesem Handeln stehen ...)

Die Zeit des Neumondes ist aber auch eine Zeit des Anfangs und Neubeginns. Hier beginnt ein neuer Zyklus, und so finden wir in der Vereinigung von Sonne und Mond das Bild des Saatkorns, des Keims, des Uranfangs der Dinge.

Selene ist die Göttin der Fruchtbarkeit und des Wachstums alles Lebendigen; sie ist die Göttin der Frauen, des Heims und der Familie; sie ist auch die Göttin der Nacht, des Schlafs und des Todes.

Der schöne junge Gott Endymion schlief in einer Höhle auf dem Berg Latmos, als Selene ihn erblickte. Die Sage nennt verschiedene Gründe für seinen ewigen Schlaf; der am häufigsten genannte ist der, dass dies Endymions eigener Wunsch war, denn er hasste den Gedanken, alt zu werden, und behielt in diesem Schlaf ewige Jugend und Schönheit. (Ein weiterer ist, dass Zeus ihn einer heimlichen Liebschaft mit Hera verdächtigte und ihn in ewigen Schlaf versenkte.) Selene vereinte sich mit dem Schlafenden, ohne auch nur ein Wort zu sprechen, und schenkte ihm fünfzig Töchter.

Hier finden wir den Gedanken der völligen Hingabe ohne Worte, der Ergebenheit und Verbundenheit wieder, wie sie für das Mond-Prinzip charakteristisch ist. Wir finden auch die instinktive Fruchtbarkeit der Natur, die sich vermehrt ohne Gedanken, einem inneren Rhythmus gehorchend, jedoch ohne Bewusstheit, ohne Austausch und damit ohne bewusstes, geistiges Reifen. Endymion schläft; es ist keine andere gegenseitige Befruchtung außer der rein physischen möglich.

Ein anderer Aspekt des Mondes ist *Artemis*, die römische Diana, die Göttin der Jagd, Herrin der Tiere und der freien Natur überhaupt. Am liebsten zieht sie durch die Wälder, sie ist frei und lebt in dieser Freiheit die Antriebe der lebendigen Natur. Ihr Bild entspricht am meisten dem heutigen, modernen Frauenbild: Ihre Domäne ist nicht Heim, Herd und Familie, Mutterschaft ist für sie nicht das allein selig machende Glück, obwohl sie ebenso als Göttin der Vegetation und der Fruchtbarkeit gilt. Artemis schützt die Jugend und die Jungfräulichkeit, und so stellt sie vor allem das Bild des jungen Mädchens dar, das jedoch irgendwann zur Frau heranreifen muss. Ihr Bild entspricht dem zunehmenden Mond, der die Fülle (Vollmond) noch nicht erreicht hat. Später wird sie mit Selene gleichgesetzt werden.

Persephone ist ebenfalls eine Gestalt des zunehmenden Mondes. Persephone ist die Tochter des Zeus und der Demeter, der Göttin des Ackerbaus, und von großer Schönheit. Zeus hatte sie seinem Bruder Hades, dem Gott der Unterwelt, versprochen, doch Persephone, die auch *Kore* (= »Mädchen, Jungfrau«) genannt wird, widersetzte sich der Heirat. Demeter versteckte Persephone auf ihrer Lieblingsinsel Sizilien, aber Hades entdeckte sie und entführte sie in die Unterwelt. Als Demeter schließlich herausgefunden hatte, wo ihre Tochter war, verlangte sie von Zeus ihre Tochter zurück und schwor, nie wieder etwas auf der Erde wachsen zu lassen, bis ihre Tochter wieder erschiene. Nun schickt Zeus Hermes, den Götterboten, zu Hades und bittet ihn, Persephone auf die Erde zurückzulassen. Bevor Hades sie gehen lässt, gibt er ihr die Kerne einiger Granatäpfel zu essen; damit ist sie für immer an die Unterwelt gefesselt. Schließlich wird ein Kompromiss gefunden, da sonst die Erde unfruchtbar und dürr bliebe: Die Hälfte des Jahres soll Persephone in der Unterwelt als Gattin des Hades zubringen und die andere Hälfte auf der Erde bei ihrer Mutter, die nun die Kornfelder wieder üppig wachsen lässt. Diese Geschichte beschreibt den grundlegenden Mythos des Weiblichen: Kore – das Mädchen, die Jungfrau – muss erst in die Unterwelt absteigen, um zur gereiften, fruchtbaren Frau zu werden. Als Kore ist sie das Kornmädchen, die Tochter der Getreidegöttin; nach ihrer Entführung wird sie zu Persephone, der Herrin des Totenreiches. Der Abstieg in die »Unterwelt« ist ein häufiges Thema des Mythos. Er zeigt die Initiation des Menschen, der seine jugendlich-wolkenlose Welt überschreiten und die Erfahrung seiner eigenen Tiefe machen muss und damit all dessen, was noch in ihm ist, um zur Reife zu gelangen.

Demeter, die Göttin des Ackerbaus und des Getreides, der Fruchtbarkeit und des Wachstums, ist eine der am meisten verehrten griechischen Göttinnen. Zusammen mit *Hera*, der Gattin des Zeus, ist sie die mütterlichste unter den Göttinnen. Das Reifen der Kornfelder spiegelt alle vier Phasen des Mondprinzips wider: das Saatstadium im Neumond, das Wachsen im zunehmenden Mond, die Ernte und Fülle im Neumond und das an Fülle abnehmende, in die Ruhe zurückkehrende Feld im abnehmenden Mond.

Hera, die Göttin der Ehe, der Mutterschaft, der Häuslichkeit und des Heims, ist die Göttin, die als Frau des Zeus, des Göttervaters, mit einer Fülle an Macht und Einfluss ausgestattet ist. Ihr Bild ist das des Vollmonds, das zugleich die Fülle all der vielen verschiedenen Aspekte des Weiblichen symbolisiert.

Sie ist zum einen die Gattin des Zeus, die das Haus und die eheliche Treue schützt, eine Göttin, die für Recht und Ordnung im Heim sorgt, voll weiblicher Stärke und in sich ruhend. Doch sie wacht auch über die eheliche Treue des Zeus, und hier zeigt sich ihre abhängige, unselbstständige, auch launische Seite: Sie ergreift nicht von sich aus die Initiative, doch wenn sie einen von Zeus' zahlreichen Seitensprüngen entdeckt, dann sind ihre Reaktionen heftig, unberechenbar und überemotional. Ihre schützende, nährende Seite schlägt ins Gegenteil um. Dann ist sie die dunkle, zerstörerische Große Mutter, die Rache nimmt an allem, was sich ihr in den Weg stellt, ohne Nachdenken oder Einsicht.

Dem Neumond, aber besonders der Mondfinsternis, dem schwarzen Mond, ist *Hekate*, die Göttin der Nacht, des nächtlichen Unwesens, der Zauberei und Giftmischerei, zugeordnet, Hekate, die Hexe. Wie die Erinnyen (Furien, Rachegöttinnen) trägt sie eine Fackel und hat Schlangen im Haar. Sie besitzt drei Köpfe und wird von einer Hundemeute begleitet.

Ihre Töchter sind die Empusen, Spukgestalten, die sich

ständig verwandeln und die der Sage nach die Herrinnen der Albträume, der wirren, fiebrigen Phantasien und des Wahnsinns sind.

Hekate war als Zauberin und Hexe gleichermaßen beliebt wie gefürchtet. Sie war vor allem eine Frauengöttin und wurde besonders in Athen sehr verehrt. Ihr Altar stand vor jedem Haus, und dort stellte man Speiseopfer für sie auf, ebenso wie an Weggabelungen, die etwas Unheimliches an sich hatten: Hekate, die Herrin der Kreuzwege.

Hekate erschien des Nachts auf ihrem von schwarzen Pferden gezogenen Wagen mit ihrer wilden Meute, und sie brachte allem, was ihr begegnete, Schrecken, Verderben und Tod. Selbst Zeus respektierte ihre Macht, und niemand wagte es, ihr Treiben zu unterbinden. Sie hatte das Recht, den Menschen jede Gunst zu gewähren oder zu verweigern, wie es ihr beliebte.

Als chaotische Erdgöttin verband man Hekate vor allem mit der Welt der Toten. Wie Persephone ist auch sie eine Göttin der Unterwelt, der Welt des Unbewussten. Doch ihre dunkle, zerstörerische Natur stellt sie eher an die Seite der babylonischen Mondgöttin Ischtar, die wie sie als Göttin der Fruchtbarkeit wie der Zerstörung galt, sowie an die Seite der jüdischen Todesgöttin Lilith.

Die verschiedenen Mondgöttinnen repräsentieren unterschiedliche Aspekte des Weiblichen und Mütterlichen. C. G. Jung nannte dieses Prinzip den Archetypus der Großen Mutter: Sie umfasst die Fruchtbarkeit und Gebärkraft der Selene, die schützende und ordnende Kraft der Hera, die Frucht tragende, nährende Kraft der Mutter Erde in Demeter, die ungebundene Weiblichkeit der Artemis, das Thema des Mädchens (Kore), das zur Frau heranreift (Persephone), und die dunkle, verschlingende und zerstörerische Kraft des Weiblichen, das seine Kinder nicht hergeben will und sich jeder Veränderung des Lebens und jeder Bewusstwerdung widersetzt. Die dunkle Mutter (bzw. die dunkle Seite des Weiblichen) kennt nur ein dumpfes Dahinvegetieren ohne Bemühen um bewusste Entwicklung, ein reines und ewiges Gebären, Aufziehen und Sterben.

Diese festhaltende oder zerstörerische Eigenschaft ist die Kehrseite des Weiblichen. Demeter besitzt sie, da sie ihre Tochter zurückverlangt und sie als Mädchen behalten will – sie scheut dafür auch nicht vor »Erpressung« zurück. Wir finden sie bei Hekate, der Hexe, bei den Nornen, den Schicksalsgöttinnen, und den Erinnyen oder Furien, den unterirdischen Rachegöttinnen; wir finden sie in zahlreichen anderen Mythen und Märchen, in denen die Gute und die Schreckliche Mutter oft durch zwei Personen dargestellt werden (z. B. die wirkliche Mutter und die Stiefmutter).

Das Thema des Krebses selbst wird am besten dargestellt durch die Mythen des Meeres. Das Meer ist die Quelle des Lebens, der Urgrund, aus dem alles Leben kommt. Die griechische Meeresgöttin *Thetis* symbolisiert diese Urkraft, die zugleich Leben spendet und auch zerstört.

Thetis ist die Tochter des Nereus (Proteus), der wie andere Meeresgötter die Gabe der Weissagung besitzt und der sich in zahlreiche Gestalten verwandeln kann. Seine fünfzig Töchter werden »Nereiden« genannt, sie sind freundliche Meeresnymphen.

Thetis zeichnet sich durch große Schönheit aus, und sowohl Poseidon als auch Zeus werben um sie. Als aber die Titanin Themis weissagt, der Sohn der Thetis werde stärker sein als der Vater, beschließt Zeus, sie um jeden Preis mit einem Sterblichen zu verheiraten; und seine Wahl fällt auf Peleus. Der Zentaur Chiron sagt dem Peleus voraus, dass Thetis als Meeresgöttin beliebig ihre Gestalt ändern könne und alles tun würde, um sich ihm zu entziehen. Peleus findet Thetis in einer Höhle, beide beginnen einen Ringkampf, und Thetis versucht, ihm durch Verwandlung zu entkommen. Sie erscheint als Wasser, Feuer, wilde Tiere, als schreckliches Meeresungeheuer; aber Peleus bleibt Sieger, und schließlich willigt sie ein, seine Frau zu werden. So kann sich Thetis, die schöpferische Urkraft, nur mit einem Menschen verbinden, was symbolisiert, dass Kreativität nur mit Hilfe des menschlichen Bewusstseins und der menschlichen Fähigkeit zum Selbstausdruck sichtbar werden kann.

Thetis gebar dem Peleus sieben Söhne. Sechs von ihnen legte sie ins Feuer, um ihre sterbliche Hülle zu zerstören und sie zu den Göttern in den Olymp aufsteigen zu lassen. Peleus gelang es, Achilles zu retten, bevor Thetis ihn verbrennen konnte. Er legte seine Hand um die Ferse des Sohnes, der schon im Feuer lag. Die Ferse des Achilles blieb so sterblich. Nach einer anderen Version der Sage taucht Thetis den Achilles in den Styx, um ihn unverwundbar und unsterblich zu machen. Sie hält ihn an der Ferse fest, die wiederum sterblich blieb (die »Achillesferse«). Peleus war sehr erzürnt, und Thetis verließ ihn und kehrte in den Meerespalast ihres Vaters Nereus zurück.

Thetis symbolisiert die unergründliche schöpferische Urkraft des Wassers, das vielerlei Gestalten annehmen kann und das doch immer wieder zwischen den Fingern durchgleitet, unfassbar, wandelbar von Augenblick zu Augenblick. Diese schöpferische Kraft und Phantasie, aber auch die Veränderlichkeit, sodass nichts ist, wie es vor kurzem noch war, finden wir im Zeichen Krebs.

Aber auch die Unzufriedenheit mit dem Geschaffenen ist eines der Kennzeichen des Krebses. Liz Greene* schreibt dazu: »Wenn ich dem Wirken dieses Mythos im Leben be-

---

* Liz Greene: *Schicksal und Astrologie*, Hugendubel Verlag, 1983

stimmter Menschen begegnet bin, so nahm er oft die Form einer numinosen Projektion auf ein bevorzugtes und geliebtes Kind an, von dem erwartet wird, dass es olympische Höhen erreicht, selbst wenn die Menschlichkeit des Kindes dabei zerstört wird. Manchmal nimmt der Krebs-Mensch, wenn er keine leiblichen Kinder hat, auf die er die Vision der übermenschlichen Leistung projizieren kann, diese Haltung seiner eigenen Kreativität gegenüber ein, indem er alles, was er produziert, minderwertig und schlecht findet, wenn es nicht göttliches Maß erreicht. Vielleicht ist das auch ein Grund dafür, warum der Krebs oft sein schöpferisches Potenzial nicht selbst auslebt, sondern wartet, bis ein geliebter Partner oder das eigene Kind diese Aufgabe erfüllen.«

EIN KREBS-MÄRCHEN:

Der süße Brei

Es war einmal ein armes frommes Mädchen, das lebte mit seiner Mutter allein, und sie hatten nichts mehr zu essen. Da ging das Kind hinaus in den Wald, und da begegnete ihm eine alte Frau, die wusste seinen Jammer schon und schenkte ihm ein Töpfchen, zu dem sollte es sagen: »Töpfchen, koche«, so kochte es guten süßen Hirsebrei, und wenn es sagte: »Töpfchen, steh«, so hörte es wieder auf zu kochen. Das Mädchen brachte den Topf der Mutter heim, und nun waren sie ihrer Armut und ihres Hungers ledig und aßen süßen Brei, sooft sie wollten. Auf eine Zeit war das Mädchen ausgegangen, da sprach die Mutter: »Töpfchen, koche«, da kochte es, und sie aß sich satt; nun wollte sie, dass das Töpfchen wieder aufhören sollte, aber sie wusste das Wort nicht. Also kochte es fort, und der Brei stieg über

den Rand hinaus und kochte immer zu, die Küche und das ganze Haus voll, und das zweite Haus und dann die Straße, als wollt's die ganze Welt satt machen, und war die größte Not, und kein Mensch wusste sich da zu helfen. Endlich, wie nur noch ein einziges Häuschen übrig war, da kam das Kind heim und sprach nur: »Töpfchen, steh«, da stand es und hörte auf zu kochen; und wer wieder in die Stadt wollte, der musste sich durchessen.*

»Der süße Brei« ist ein Bild für die ernährende Mutter, die sich in ihrem Mütterlichkeitsdrang nicht mehr zu beschränken weiß und alles mit ihrem Gefühlsüberschwang zu ersticken droht.
Das Märchen schildert zwei extreme Gegensätze: Zuerst herrscht Mangel, Mangel an Nahrung oder, symbolisch gesehen, an Zuwendung. Als aber der Fluss des Gefühls

---

* Nach *Kinder- und Hausmärchen gesammelt durch die Brüder Grimm*, Insel Verlag, 1974.

einmal in Gang gekommen ist, kann die Mutter ihn nicht mehr stoppen, sie überfüttert die Welt um sich herum. Der Brei kocht und rinnt und droht alles unter sich zu begraben. Doch bevor das letzte Haus – die letzte Bastion – zugekocht ist, kommt ihre Tochter nach Hause und bringt das Ganze zum Stehen.

Die Tochter ist noch nicht Frau und vor allem noch nicht Mutter. Sie betrachtet die Probleme noch frei und objektiv und nicht von der Sorge für andere getragen. Als sie zurückkommt, ist sie weder entsetzt, noch hat sie vor Erstaunen auch das Wort vergessen – sie weiß ganz einfach, was zu tun ist.

Die Mutter dagegen ähnelt der griechischen Mondgöttin Selene, die ganz im Weiblich-Vegetativen verbleibt, die fruchtbar ist, aber keinen kreativen geistigen Austausch kennt. Selene spricht nie ein Wort mit ihrem Geliebten Endymion, doch sie gebärt ihm zahlreiche Kinder, die sie auch nährt und hegt. Weiterentwicklung bedeutet aber auch Bewusstheit, Einfallsreichtum und Bereitschaft zur Veränderung, sie ist eine Mischung aus den weiblich-gefühlsmäßigen und den männlich-aktiven Bereichen unserer Persönlichkeit. Wäre die Mutter im Märchen nicht so ausschließlich »Mutter«, sie hätte wohl eine Lösung für beide Konflikte finden können, anstatt die Lösung jedes Mal der Tochter überlassen zu müssen: einmal für die Hungersnot und das nächste Mal für die erstickende Nahrungsüberfülle.

Da der Krebs unser Gefühl umfasst und damit im weiteren Sinn auch die Mutter als sein Symbol, sind ihm ganz unterschiedliche Märchen und Themen zuzuordnen. Die nährende Mutter war im obigen Beispiel dargestellt. Trotz ihres Hangs zur Übertreibung stellt sie doch einen positiven Aspekt dar. Anders sieht dies im Märchen von »Rapunzel« aus, das im Wassermann-Kapitel unter einem anderen Gesichtspunkt beschrieben ist: Hier entspricht die alte Hexe der festhaltenden Mutter, die das Kind vom Leben fern hält, in einen Turm sperrt und ihm seine eigenen Erfahrungen verweigert. Als dies nicht gelingt, offenbart sie ihre zerstörerische Seite, die das, was sie nicht selbst behalten kann, auch keinem anderen überlassen will. Zahlreiche Märchen beschreiben die doppelte Natur der Mutter – oder auch unseres Gefühlslebens – durch das Bild der guten Mutter, die immer als die eigene betrachtet wird, und das der bösen Stiefmutter, die als abgespaltener, nicht zugehöriger Teil der Psyche erlebt wird. Diese Aufteilung ermöglicht dem Kind, sein Bedürfnis nach einer immer wohlmeinenden Mutter zu stillen und ihre unangenehmen Seiten zu projizieren.

Selbst ein Märchen wie »Schneeweißchen und Rosenrot«, in dem anfangs die absolute Idylle herrscht – Mutter, Töchter und Tiere leben in vollkommener Eintracht –, erzählt von der Kehrseite dieser Harmonie: Ein grantiger Zwerg begegnet den beiden, und was immer sie für ihn tun, es ist ihm nicht recht, er nörgelt und schimpft und ist immer unzufrieden. Laut Marie-Luise von Franz steht der Zwerg für »die keimenden schöpferischen Impulse des Unbewussten, eine noch im Schoß der Natur verborgene schöpferische Aktivität«. Damit gehört er in den Bereich des Weiblichen und unserer Gefühle.

ANALOGIEKETTEN

*Entsprechungen des Prinzips »Krebs«
auf den verschiedenen Ebenen*

Farben:
Silbern, Orange, Pastelltöne, wässrige Farben; Grün (als Farbe der Vegetation).

Geruch:
Mild, wässrig, Meeresgeruch, milchig.

Geschmack:
Salzwassergeschmack; mild, salzig, ungewürzt.

Signatur (Form und Gestalt):
Weich, abgerundet, wenig Konturen, bauchig; talgig, aufnehmend, schwammig; fruchtbar, wuchernd; wechselhaft.

Pflanzen allgemein:
Meist wasserreiche, zartfarbene Pflanzen, schattiger Standort, alle Uferpflanzen, Kresse, Wasserrose, Schilf, Kürbis, Melone.

Bäume, Sträucher:
Linde, Birnbaum, allgemein Obstbäume; Kastanie.

Gemüse, Obst:
Salate, Gurke, Zucchini, Tomate, Spinat, Kürbis; Melone, Pflaume, Birne, Reineclaude, Erdbeere.

Blumen:
Seerose, Heckenröschen, Tulpe, Veilchen, Vergissmeinnicht, Margerite, Sonnenblume.

Gewürze:
Vanille, Beifuß, Majoran, Oregano, Salz

Heilpflanzen:
Brombeere, wilder Majoran, Frauenmantel, Taubnessel, Küchenschelle, Erdbeerblätter.

Tiere:

Tiere, die gern mit dem Menschen zusammenleben und die anhänglich, friedlich und schutzbedürftig sind (Haustiere), Pflanzen fressend, sich häufig vermehrend: Kaninchen, Hasen, Enten, Hamster, Meerschweinchen; Katzen. Wassertiere, besonders Amphibien (Tiere, die an Land wie im Wasser wohnen): Biber, Fischotter, Frösche, Krebse, Seehunde, Robben; Muscheln, Austern, schleimig-weiche Tiere: Schnecken, Würmer.

Materialien:

Alles Flüssige; Keramik; Porzellan, Silber.

Mineralien, Metalle:

Silber, Perlmutt, Steinsalz; alle weißlichen und grünen Mineralien und Steine: Perlen, Mondstein (Selenit), Bergkristall, Opal, Smaragd, Beryll.

Landschaften:

Vegetationsreiche Gebiete mit Teichen und Seen, Küstengebiete, Ufer, Flüsse, Quellen, Regenwälder, Flachland, Höhlen, Waldlichtungen.

Berufe:

Alle Berufe, die helfenden oder mütterlichen Charakter haben; Berufe, die Phantasie und Kreativität erfordern, die nicht gleichförmig im Tagesablauf sind und die einen Entfaltungsspielraum bieten; Berufe, die mit Reisen verbunden sind, aber regelmäßige Rückkehr nach Hause ermöglichen; Kundenbetreuung und allgemein betreuende Berufe; Berufe, die soziale Anerkennung bieten, unselbstständige Berufe mit familiärer Arbeitsatmosphäre; wichtig ist die innere Beteiligung an der Aufgabe; künstlerische Berufe; soziale Hilfsberufe. Krankenschwester, Pfleger, Kindergärtnerin, Hebamme, Kindermädchen; Hausangestellte (sog. weibliche Berufe). Familienfürsorgerin; Erholungs- und Erziehungsheime. Berufe im Vertrieb von Nahrung und Flüssigkeiten: Lebensmittelhandel, Hotelgewerbe, Gastwirtschaft, Tankstellen. Berufe in den Bereichen Kultur und Kunstgeschichte, Völkerkunde, Geschichte, Kunsterziehung. Seemann, Fischer; Gärtner, Förster, Landwirt.

Hobbys, Sportarten:
Handarbeiten, Kochen, Fischen, Spiele, Andenken sammeln, Zimmerpflanzen, Malen, Modellieren; Segeln.

Verkehrsmittel:
Schiff, Boot/Kahn.

Wohnstil:
Gemütlich, ein Garten, viele Zimmerpflanzen, viele Erinnerungsgegenstände und Familienfotos, kreatives Chaos.

Wochentag:
Montag (Tag des Mondes).

Gesellschaftsform:
Der Familienverband, die Großfamilie; matriarchalisch orientiert.

Entsprechungen auf der Ebene des menschlichen Körpers:
Magen, Brust, Schleimhäute, Eierstöcke, Gebärmutter, Gehirnmasse; allgemein der Flüssigkeitshaushalt, Lymphe, Sperma; alle Körperflüssigkeiten, außer Blut.

Krankheiten allgemein:
Störungen im Magen-Darm-Trakt (Verdauung), Störungen im Flüssigkeitshaushalt (Ödeme), Reizungen der Schleimhäute.

WIE WIRKEN DER KREBS UND DER MOND IN MEINEM HOROSKOP, WAS SAGEN SIE AUS?

1. Wie interpretiere ich das, was ich erlebe? Was für ein Ort ist die Welt für mich?
2. Wie reagiere ich emotional auf Eindrücke und Reize von außen (spontan, gefühlvoll, distanziert, langsam, ängstlich)?
3. Was brauche ich, um mich geliebt, geborgen und akzeptiert zu fühlen? Welche seelischen Bedürfnisse muss ich erfüllen, um mich gut zu fühlen? Welche emotionalen Bedürfnisse habe ich, die ich ablehne und die ich lieber nicht hätte?
4. Wie selbstsicher bin ich? Wie ist mein Selbstwertgefühl beschaffen? Habe ich Vertrauen in mich und meine Handlungen? Besitze ich ein Gefühl von Autonomie?
5. Wie habe ich meine Bedürfnisse und Gefühle erfahren, und wie bin ich mit ihnen umgegangen? Auf welche Weise habe ich sie ausgedrückt oder auch zurückgehalten? Wie haben meine Eltern und besonders meine Mutter auf meine Gefühlsäußerungen reagiert? Wie sind sie mit meinen Wünschen, Ängsten, mit meiner Wut und meiner Verletzbarkeit umgegangen? Habe ich viel Lob und Anerkennung erhalten oder Zurückweisung, Missbilligung oder Desinteresse? Habe ich mich geliebt und angenommen gefühlt?
6. Was wurde von mir erwartet?
7. Welche Kindheitserinnerungen kommen immer wieder hoch und mit welchen Gefühlen und Situationen haben sie zu tun? Gibt es ein verbindendes Muster, einen erkennbaren Zusammenhang? Wie wichtig ist mir meine Kindheit?
8. Welches Bild habe ich von meiner Mutter? War sie

glücklich und erfüllt, pflichtbewusst und arbeitsam, krank oder unglücklich? Welche Auswirkungen hatte ihre Situation auf mich?

9. Was würde ich gern an meinen Einstellungen und Verhaltensweisen ändern, um im Leben leichter zurechtzukommen?
10. Wie schnell wechseln meine Stimmungen?
11. Wie ist mein Verhältnis zu Familie und zu Traditionen?

ZITATE ZUM KREBS-PRINZIP

Die eigentliche Weisheit steigt nicht mit dem Springbrunnen des Intellekts hervor, sie ruht im Grundwasser der Seele.
Carl Zuckmayer

Ordnung ist die Lust der Vernunft, aber Unordnung ist die Wonne der Phantasie.
Paul Claudel

Auf der Suche nach dem Garten meiner Mutter fand ich meinen eigenen.
Alice Walker

Gegen Gefühle soll man nie mit Gründen kämpfen.
Theo Kreiten

Von allen Eigenschaften der Frau ist Warmherzigkeit die wertvollste.
Chinesisches Sprichwort

Ich glaube, das absolut Köstlichste im Leben ist das Gefühl, von jemandem gebraucht zu werden.
Olive Schreiner

Die meisten von uns lieben aus dem Bedürfnis zu lieben, die meisten von uns trösten, weil wir des Trostes bedürfen.

Nikki Giovanni

Mein Zuhause, mein Liebesnest ..., mein Schutz vor dem Wirbelsturm.

Elizabeth Bishop

Um sich selbst zu retten, ziehen sich die Schnecken zum Schutz in ihre Häuser zurück, wo sie sicher und geduldig warten, bis die Elemente sich beruhigt haben.

Isabella Gardner

Der Glanz von Kindertagen ist über mir, meine Männlichkeit versinkt in der Flut der Erinnerungen, ich weine wie ein Kind um die Vergangenheit.

D. H. Lawrence

Ich glaube, dass wir uns im persönlichen Leben durch die tiefen, inneren Bedürfnisse unseres Wesens leiten lassen sollten.

Sigmund Freud

Ich kann ohne diese Decke nicht leben. Ich kann dem Leben nicht unbewaffnet entgegentreten.

(Linus) Charles M. Schultz

Wer nach außen sieht, träumt, wer nach innen sieht, wacht.

C. G. Jung

Aus dem Wasser kommt alles Leben.

Koran

Ich habe einfach die Energie genommen, die man zum Schmollen braucht, und einige Bluesstücke geschrieben.

Duke Ellington

Die Welt wird sich weniger durch die Entscheidungen des Mannes ändern als durch die Ahnungen der Frau.

Claude Bragdon

Jemand, der sich ständig in seinen Gefühlen verletzt fühlt, ist ein so angenehmer Gefährte wie ein Kieselstein in einem Schuh.

Elbert G. Hubbart

Wenn Sie beginnen, jede Anforderung des Tages eher aus einer inneren als aus einer äußeren Perspektive zu betrachten, dann lösen Sie sich langsam von der Macht der Uhr.

Diana Hunt & Pam Hait

Die Seele nährt sich von dem, an dem sie sich erfreut.

Augustinus

♌

LÖWE
Fünftes Zeichen des Tierkreises, 120°–150°

Symbol:
Die Schlange als altes Tiersymbol für die Sonne.
Jahreszeit:
Hochsommer (ca. 23. Juli bis 22. August).
Qualität:
Männlich-aktiv, Yang. Element: Feuer. Fixes (verwertendes, konsolidierendes, festigendes) Zeichen.
Herrscher:
⊙ Sonne.
Häuserzuordnung:
5. Haus (fixes Haus).
Auf dem Tierkreis gegenüberliegendes Zeichen:
Wassermann.
Botschaft/Schlüsselsatz:
Ich handle./Ich bringe meine Gefühle zum Ausdruck.
Schlüsselworte:
Lebendigkeit, Selbstvertrauen, Handlungsfähigkeit.
Charakteristika:
Vital, lebensfroh, energetisch, lebendig, schwungvoll, überschäumende Lebenskraft, Lebenswille, Lebensmut und Zuversicht; dynamisch, willensstark; begeisterungsfähig; leidenschaftlich; überzeugend, mitreißend; zuversichtlich, sorglos, optimistisch, fröhlich; tatkräftig, wagemutig; Spie-

lernatur, aber auch zielbewusst, überlegt, geballter Einsatz der Kräfte; ehrgeizig; verantwortungsbewusst; Organisationstalent; starke Ausstrahlung, starker Wille; freiheitsliebend, unabhängig, offenherzig, warmherzig, großzügig, freigebig, loyal, fair; nicht nachtragend; ritterlich charmant, liebenswürdig; hilfsbereit; stolz, würdevoll; starkes Ehrgefühl, möchte geschätzt und gebraucht werden, braucht viel Lob, Anerkennung, Zuwendung; liebt das Üppige, den Überfluss, will aus dem Vollen schöpfen; anspruchsvoll. – Hang zu dramatischen Auftritten, zum Bühnenhaften, Sinn fürs Repräsentative, liebt das Prunkvolle und Farbenprächtige; Sinn für Macht, Ruhm, Ehre, soziale Würdigung. Untheoretisch: bevorzugt plastische Vorstellung, visuell orientiert; liebt Lebendiges statt Metaphysik; kinderlieb, tierlieb; ungeduldig; überaktiv, sich völlig verausgabend, unbeherrscht. Geltungsbedürftig, großsprecherisch, angeberisch, »Ich-der-König-Syndrom« (Liz Greene); selbstherrlich, übersteigertes Selbstwertgefühl, narzisstisch, autoritär; doktrinär; der »Autokrat«; hemmungslos, exzessiv, eifersüchtig, Minderwertigkeitsgefühl hinter Großspurigkeit.

Thema

SELBSTAUSDRUCK: AUSDRUCK DER GEFÜHLE UND ABSICHTEN DURCH HANDELN – ZEIGEN DER PERSÖNLICHKEIT DURCH DAS, WAS MAN TUT – UMSETZUNG IN DIE TAT

Die zahlreichen und tiefen Eindrücke, die im Krebs gewonnen wurden, verlangen nun nach kreativem und aktivem Ausdruck. Aus dem, was der Krebs-Mond aufgenommen hat, möchte die Löwe-Sonne etwas Sichtbares schaffen; sie möchte die Gefühle, Phantasien und Träume des Krebses in Handlung und Ereignisse umsetzen.

Für alle drei Feuerzeichen (Widder, Löwe, Schütze) ist der Drang nach Aktivität, Bewegung, Erobern charakteristisch, wenn auch in unterschiedlichem Maße und auf unterschiedlichen Ebenen. Der Widder strebt nach Aktivität um ihrer selbst willen, das Handeln ist Selbstzweck. Als kardinales Feuerzeichen will er ganz einfach etwas in Gang setzen, ohne lange über eventuelle Konsequenzen oder gar Verpflichtungen, die aus seinem Tun resultieren mögen, nachzudenken. Der Schütze bezieht sich auf eine geistige Ebene, auf das Erobern von geistigem Terrain: Einsicht, höheres Verständnis, weltanschauliche oder soziale Fragen.

Der Löwe ist fixes Feuer, und wie alle fixen Zeichen möchte er etwas konkretisieren, festlegen und deutlich machen. Etwas soll in der materiellen Welt sichtbar und greifbar werden. Dazu gehört, dass die Spontaneität und das Ungestüm des Widders einem Bewusstseinsprozess unterworfen werden. Handeln ist nun nicht mehr eine Frage von Impulsen (Widder) und noch nicht eine Folge von Ideen und Überzeugungen (Schütze), sondern soll bewusst ein Ausdrucksmittel der Persönlichkeit sein. Tatsächlich entsteht aus diesem Handeln heraus die Persönlichkeit, für die bestimmte Handlungsweisen charakteristisch sind.

Der Weg des Löwen ist der Weg zur Individuation. In diesem Zeichen geht es um die individuelle Reifung, um die Entwicklung der eigenen, unabhängigen Persönlichkeit, um die Erfahrung einer inneren Autorität, Autonomie und Kraft. Sein Handeln ist eine Erklärung an die Welt, wer und was er ist. Löwe ist das Zeichen der Fülle, der Höhepunkt der Einzelpersönlichkeit, des Egos. Uneingeschränkt möchte er sich entfalten und leben. Im nachfolgenden Zeichen Jungfrau wird diese Kraft wieder eingegrenzt und das Bewusstsein geweckt, dass wir nicht allein auf der Welt leben, dass unserer Entfaltung äußere Grenzen gesetzt sind, die für den Löwen »Majestätsbeleidigung« darstellen können.

Das chinesische Weisheits- und Orakelbuch I Ging* sagt in seinem Hexagramm Nummer 55, »Die Fülle« (FONG): »Die Fülle hat Gelingen. Der König erreicht sie. Sei nicht traurig; du musst sein wie die Sonne am Mittag.« Der Kommentar dazu lautet (in Übersetzung von Richard Wilhelm): »Eine Zeit höchster Größe und Fülle herbeizuführen ist nicht jedem Sterblichen beschieden. Es muss ein geborener Herrscher über die Menschen sein, der so etwas vermag, weil sein Wille auf das Große gerichtet ist. Die Zeit einer solchen Fülle ist meist kurz. Ein Weiser könnte daher angesichts des folgenden Niedergangs wohl traurig werden. Doch ziemt sich solche Trauer nicht für ihn. Nur ein Mann, der innerlich frei von Sorge und Kummer ist, kann eine Zeit der Fülle heraufführen. Er muss sein wie die Sonne am Mittag, die alles unter dem Himmel erleuchtet und erfreut.«

Das Hexagramm »Die Fülle« beschreibt eine Zeit höchster Kultur und Entfaltung. Allerdings liegt in dem Umstand, dass es sich um ein Höchstes handelt, auch schon der Gedanke angedeutet, dass dieser außerordentliche Zustand der Fülle sich nicht dauernd wird halten lassen. Die völlige Selbstverwirklichung, die potenziell im Zeichen Löwe liegt, entspricht dem Bild der »Sonne am Mittag«: Augenblicke oder Zeiten uneingeschränkten Selbstausdrucks gehen unweigerlich in die nächste Phase, die die Jungfrau symbolisiert, über. Die Sonne sinkt, die glanzvolle Egodominanz erkennt die Grenzen der äußeren Welt: Aussteuerung und Anpassung an die Umweltbedingungen ist angesagt.

---

* Richard Wilhelm: *I Ging. Das Buch der Wandlungen*, Diederichs Verlag, 1956.

Motivation

AKTIVES HANDELN – ANERKENNUNG UND BESTÄTIGUNG – UNEIN-
GESCHRÄNKTE SELBSTVERWIRKLICHUNG – LEBENSFREUDE

Das tiefste Motiv des Löwen ist der Wunsch, sich uneingeschränkt zu leben und zu verwirklichen. Das passive, empfangende Verhalten des Krebses wird in aktive Handlung
umgesetzt, die auf die Umwelt ausstrahlt und sie beeinflusst. So wie sich der Widder in seinen Taten erkennt und
daher sagen kann: »Das bin ich, weil ich dies getan habe«,
so erkennt sich der Löwe in seinen Schöpfungen und in
seiner Zeugungs- und Schöpfungskraft; also in alldem, was
er entäußert und in die Welt hineingibt. Doch während die
Aktivität des Widders noch ungestüm und spontan ist, ein
Tun um des Tuns willen, aus reiner Freude am Aktivsein, am
Handeln an sich, ist das Handeln des zweiten Feuerzeichens,
Löwe, auf bewusste, organisierte Handlung ausgerichtet.
Alles, was er tut, soll ein Ausdruck seiner Persönlichkeit
und ein Abbild seines Wesens sein. Dazu gehören auch sei-
ne Kinder, die sowohl leibliche sein können (die physische
Zeugung als kreativer Schöpfungsakt) wie seelisch-geistige
(z. B. Kunstwerke) oder die seiner Schaffenskraft (z. B. der
Aufbau eines Projekts, eines Unternehmens usw.)
Es finden sich hier zwei Grundmotive unterschiedlicher
Ausrichtung: Das Bedürfnis nach Anerkennung und Bestätigung seiner Persönlichkeit führt einerseits zu einer
starken Beziehung zur Umwelt, die auch eine Form von
Abhängigkeit erzeugen kann. Daneben besteht der intensive Wunsch, innere und äußere Autorität zu erlangen –
mit dem Ziel, ein in sich ruhender, autonomer Mensch zu
werden. Der Löwe ist jedoch auch das Zeichen des »freien
Kindes«, wie die Transaktionsanalyse den spontanen, spie-

lerischen und freien Persönlichkeitsanteil des Menschen nennt. Daher zählt zu den Merkmalen dieses Zeichens auch das Bedürfnis, die Sonnenseite des Lebens zu genießen, das Leben als Spiel aufzufassen, Erotik und Genuss zu leben. Der Löwe möchte die grenzenlos fließende Lebensenergie fühlen und ausleben und teilhaben am großen Spiel des Lebens, jedoch nicht als eines von vielen Rädchen im Getriebe, sondern auf eine Weise, die sein Gefühl von Besonderheit nährt und stärkt.

Psychologie

Der Löwe ist das Zeichen, das traditionell mit Stolz, autokratischem Verhalten, Eitelkeit und Selbstüberschätzung, aber auch mit Strahlkraft, Würde, Selbstsicherheit und Kraft assoziiert wird. Tatsächlich geht es wohl bei kaum einem anderen Zeichen so sehr um die Frage von Sein und Schein oder auch um die Divergenz von Anspruch und Wirklichkeit.

Löwebetonte Menschen leben aus dem Grundgefühl heraus, zu etwas Höherem geboren zu sein. Ebenso wie die Sonne Zentrum unseres Sonnensystems ist, erfahren sie sich als jemanden, der ein natürliches Recht darauf hat, im Mittelpunkt zu stehen und Würdigung und Anerkennung zu erhalten. Da die Umwelt nicht immer gewillt ist, diesem Wunsch entsprechend Folge zu leisten, finden sich viele offensichtlich »Bescheidene« unter ihnen, die jedoch tief im Herzen darauf warten, ihre Fähigkeiten ins rechte Licht zu rücken.

Dies ist jedoch nur eine Seite des Löwe-Prinzips und wohl eher die naiv-spontane, die jene Qualität im Menschen verkörpert, die der Position des Löwen im Tierreich entspricht: Er ist der König der Tiere.

Näher betrachtet, wird die scheinbare Selbstherrlichkeit des Löwen eher zu einer Unsicherheit, die vor allem bei einer verletzten Sonnenstellung bis zu einem tiefen Selbstzweifel gehen kann. Der intensiv fühlbare innere Anspruch, eine reife autonome Persönlichkeit zu sein, steht in Kontrast zu Erfahrungen, die den Löwen lehren, dass er da, wo er seinem Gefühl nach stehen sollte, noch nicht ist. Da er so stark aus der Gegenwart heraus lebt und spontane Lebensfreude und das Bedürfnis nach spielerischem, mühelosem Umgang mit den Dingen so sehr zu seinem Charakter gehören, fällt es ihm schwer, den Erfahrungsweg zu beschreiten, der für seinen Reifungsprozess unumgänglich ist. So mancher Löwe zieht es daher vor, der Welt den Eindruck zu vermitteln, er sei – möglichst kraft Geburt – schon am Ziel der Reise angekommen. Dann zählt er zu jenen, die nur schwer mit Kritik zurechtkommen, die auf das pochen, was sie sich schuldig zu sein meinen, und die ein wenig an jenen Eitlen aus dem *Kleinen Prinzen*[*] erinnern, der, wann immer er eines anderen ansichtig wurde, rief: »Ah, ah, schau, schau, ein Bewunderer kommt zu Besuch!«

Die andere Seite dieses Zeichens besteht in einem natürlichen Gefühl für Würde und dem Willen zur Selbstentfaltung. Der Unterschied liegt in dem freiwilligen Bekenntnis dazu, dass man noch ein Stück Wegs zu gehen hat. Dieser Löwe ist auf der Suche nach Selbstsicherheit und Selbstvertrauen, nach dem Ausdruck seiner kreativen Kräfte und nach dem, was das Leben für ihn lebenswert macht. Dann ist es für ihn besonders wichtig, seine Empfindungen so auszudrücken, dass er das Gefühl hat, »echt« zu sein. Er mag auch dann noch romantisch und voller heroischer Idea-

---

[*] Antoine de Saint-Exupéry: *Der kleine Prinz*, Rauch Verlag, 1988.

le über das Leben sein, da er auch, wenn ihm bewusst ist, dass er sich in einem Lernprozess befindet, mit der grauen Alltagsrealität nur schwer zurechtkommt.

Neben der Seite in ihm, die nach Autorität und Selbstbestimmtheit verlangt, gibt es eine weitere, die die Welt abwechslungsreich und farbenfroh erleben möchte. Keinem anderen Zeichen ist es so wichtig, die Welt spielerisch, erotisch und genussvoll zu erleben. Gleichzeitig nimmt jedoch das Bewusstsein der natürlichen Würde des Menschen einen wichtigen Platz im Leben des Löwen ein.

Lernaufgabe

DIE SELBSTSICHERHEIT, INNERE AUTORITÄT, AUTONOMIE UND EIN INSICHRUHEN ZU ENTWICKELN - BEWUSSTES PLANVOLLES HANDELN.

Das Löwe-Prinzip und die ihm zugeordnete Sonne weisen uns den Weg, wie wir zu uns selbst finden können und wie wir das, was wir gefunden haben, zum Ausdruck bringen können. Die Suche nach uns selbst und das Erproben durch Handeln bedeuten auch eine anfängliche Unsicherheit und Abhängigkeit von der Bestätigung der Umgebung. Daher ist es eine grundlegende Aufgabe des Löwen, zu seiner eigenen Mitte, zu seinem Zentrum zu finden, aus dem heraus er autonom und sicher agieren kann.

Die andere Seite dieses Themas hat die Tendenz, über das Ziel hinauszuschießen. Hier geht es darum, das rechte Maß zu finden, den Rahmen, in dem sich die Individualität und Egozentriertheit des Löwen verwirklichen können. Die Suche nach Autorität und Selbstbestimmtheit kann auch zu einer Inflation des Ego führen, durch die der löwebetonte Mensch nur noch sich als Zentrum sieht, um das sich alles dreht. Selbstüberschätzung, Narzissmus, Herrschsucht und Maßlosigkeit können die Folge sein, Eigenschaften, aus denen sich der Ausdruck »der Löwenanteil« ableitet.

Löwe ist das Zeichen der Leidenschaftlichkeit und Lebendigkeit. Darum ist es eine ebenso wichtige Aufgabe und für so manchen löwebetonten Menschen auch eine Herausforderung, ein Leben zu leben, hinter dem er mit ganzem Herzen stehen kann. Die intensiven Antriebe und Empfindungen verlangen nach Ausdruck, aber auch, im Sinne eines Zusammenlebens mit der Gemeinschaft, die schon im nächsten Zeichen Jungfrau deutlich spürbar wird, nach einer gewissen Kontrolle und Selbstbeherrschung.

Carlos Castaneda* formuliert diesen Gedanken folgendermaßen: »Die einzig lohnende Herausforderung des Lebens ist es, einen Weg mit Herz in seiner ganzen Länge zu gehen.«

Lebensziel

DIE ENTFALTUNG DER PERSÖNLICHKEIT – HANDLUNGSFÄHIGKEIT – SELBSTAUSDRUCK

Das Löwe-Prinzip in uns führt uns auf den Weg der Selbstentdeckung und damit zu einer eigenständigen Persönlichkeit bzw., wie C. G. Jung es nannte, zur Individuation. Das, was im Abschnitt Krebs im tiefsten innersten Gefühl des Menschen entsteht und was dem Auge verborgen bleibt – wie das Kind unsichtbar im Mutterleib heranwächst –, das soll im Löwen sichtbar gemacht werden, vergleichbar der Geburt des ausgereiften Fötus, und in eine Form gebracht werden, die der Außenwelt das sichtbare Ergebnis einer Persönlichkeitsentwicklung vorstellt.

---

* Carlos Castaneda: *Die Reise nach Ixtlan*, Fischer Verlag, 1988

Hier entdeckt der Mensch, was er will und wünscht oder, anders ausgedrückt, was er wollen und wünschen würde, wenn es die Einschränkungen des materiellen Daseins nicht gäbe. Vor allem in unserer Kultur besteht eine Neigung, sich erst am Machbaren zu orientieren und dann zu überlegen, was man von den für realisierbar befundenen Dingen verwirklichen möchte. Das bedeutet, dass die nächste Phase des Tierkreises, die Jungfrau, vor dem Löwen gelebt wird. Diese Umkehrung führt dazu, dass viele Dinge ausgeklammert oder gar nicht erst bewusst werden, die der rationalen Überlegung nicht standhalten. Die Einschränkung findet an einem Punkt statt, der die Verwirklichung von Potenzialen von vornherein begrenzt oder gar ausschließt.

Ziel dieses Zeichens ist es aber, die Fülle der Möglichkeiten zu erfahren und aus ihnen zu schöpfen, die in uns wohnende Lebenskraft und Kreativität zu erleben und sie in konkreten Formen auszudrücken. Dazu gehört auch die Erotik mit der Möglichkeit, das Leben spielerisch zu erfahren und Kinder zu zeugen.

DAS LÖWE-SYMBOL

♌ Der Jesuit, Naturwissenschaftler und Sprachforscher Athanasius Kircher, der 1652 den *Oedipus Aegypticus* veröffentlichte, sah im Symbol des Löwen eine Darstellung seines Schwanzes, den dieser, auf dem Boden kauernd, auf den Rücken gelegt hat.

Nach einer älteren Deutung geht dieses Symbol zurück auf das schon in der Steinzeit verwendete Schlangenzeichen. Die Schlange galt als uraltes Tiersymbol für die Sonne und symbolisierte daher auch Macht und Vorrangstellung: In Ägypten wurde eine aufgerichtete Schlange (die

»Uräusschlange«) zum Emblem der Pharaonenmacht. »Djet«, das »Schlange« bedeutet, war der Hauptname (bzw. »Horus«-Name, vgl. »Zur Mythologie des Löwen«) der Pharaonen. Als Schutz- und Herrschaftssymbol trugen die Pharaonen ebendiese Schlange auf ihrer Stirn, wie auf zahlreichen Darstellungen zu sehen ist.

Aber auch der Löwe selbst ist ein in der Mythologie weit verbreitetes Symboltier, dem als »König der Tiere« (neben dem Adler als »König der Vögel«) eine sonnenhafte Bedeutung und generell ein enger Bezug zum Licht unterlegt wurde. Die unbändige Kraft des Löwen, seine goldgelbe Farbe, die strahlenartige Mähne, die sein Haupt umgibt, und die ihm zugeschriebene Eigenart, niemals die Augen zu schließen, machen diese Gedankenverbindung zum Licht verständlich.

So erscheint der Löwe nicht nur als Herrschaftssymbol, sondern auch als Tempelwächter (in ägyptischen, assyrischen und babylonischen Tempeln; in China und Japan auch als Drache).

Buddha und der indische Gott Krishna werden mit dem Löwen verglichen, und auch die Bibel erwähnt ihn häufig: Gott gleicht dem Löwen an Macht und Gerechtigkeit – aber auch der Teufel. Er wird mit dem Bild des reißenden Löwen in Verbindung gebracht. Im Mithras-Kult symbolisiert der Löwe die Sonne.

Der Brauch der Könige und Königinnen, goldene Kronen zu tragen, geht auf die Verehrung von Sonnengöttern zurück, ebenso wie die Tatsache, dass Heilige mit einem

Glorienschein dargestellt werden. Licht, Strahlenkranz, Löwenkraft symbolisieren Autorität, Macht, Glanz und Herrschaft, aber auch Weisheit und Gerechtigkeit.

DAS SONNE-SYMBOL

Das Symbol der Sonne besteht aus dem Kreis (Geist) und einem Punkt in der Mitte (der Punkt als Symbol der Einheit, der Zentriertheit, des Zentrums). Dieses Bild erlaubt mehrere Gedankengänge und Deutungen: Die Sonne ist das Zentrum unseres Planetensystems, sie ist der Spender des Lebens und des Lichts in unserer Welt. Sie ist die autonome Kraft, die Autorität, von der alles Leben abhängt und um die alle anderen Planeten kreisen. Von dieser Perspektive her symbolisiert sie das Zentrum unseres Körpers, das Herz, das wiederum mit unserer Lebenskraft, unserer Vitalität, unserer Fähigkeit, aktiv zu werden und zu sein, in Verbindung steht.

Die Sonne als Quelle des Lichts schenkt uns die Möglichkeit zu sehen. Wir sehen nicht nur mit unseren Augen; inneres Sehen und Erkennen hat mit unserer Fähigkeit der Bewusstwerdung zu tun. Im »Licht der Erkenntnis« reifen wir zu einer vollständigeren Persönlichkeit heran. So zeigt das Symbol der Sonne unseren tiefsten, innersten Persönlichkeitskern, zu dem wir auf dem Weg der Bewusstwerdung vordringen wollen, das Zentrum unserer Persönlichkeit, und wohin unser Lebensweg geht.

Die Sonne als autonomer Kern unseres Sonnensystems ist ein Bild für die autonome und individuelle Persönlichkeit in uns, die darauf wartet, schöpferisch aktiv zu werden und sich zu entfalten.

Die Sonne im Horoskop sagt etwas darüber aus,

1. wo mein Handlungs- und Verhaltensschwerpunkt liegt,
2. wie ich das, was ich will, in Form von Handeln umsetze bzw. welche Formen des Handelns ich bevorzuge,
3. was ich tun kann, um Lebensfreude zu erfahren,
4. was ich tun kann, um das Gefühl von Erfüllung und Selbstverwirklichung zu erleben,
5. was ich tun kann, um mich vital, gesund, aktiv und lebensfroh zu fühlen,
6. welche Art von Ausstrahlung ich habe,
7. wie es um mein Verhältnis zu Autoritätspersonen steht.

ZUR MYTHOLOGIE DES LÖWEN

Viele Völker des Altertums verehrten die Sonne in Form von Göttern ebenso wie den Mond in Form von Mondgöttinnen. In Ägypten verkörperte *Ra* (oder *Re*) den Sonnengott, und sein Name bedeutete auch »Sonne«. Von ihm erzählt der Mythos (ähnlich wie vom griechischen Sonnengott Helios), dass er jeden Morgen als Kind zur Welt kommt, gegen Mittag erwachsen ist und gegen Abend zum gebrechlichen alten Mann wird, der in der Nacht stirbt. Sein nächtlicher Name war daher Auf-Re, was »Leichnam« bedeutet. Während seiner zwölfstündigen Fahrt durch die Nacht segelt Re in seiner Nachtbarke über die untere, nicht sichtbare Hälfte der Erde, während er tagsüber seine Reise über den Himmel in der »Barke der Millionen Jahre« macht.

Daneben gibt es Atum, einen sehr alten Gott aus Heliopolis. Die Priester von Heliopolis behaupteten, sein Name bedeute »Der Vollendete«, was darauf hinweise, dass er sich selbst durch einen Willensakt oder durch die Macht des gesprochenen Wortes – durch Nennung seines Namens – aus den

KRAFT

Wassern von Nun geschaffen habe (Nun: das Chaos oder die Wasserwüste des Uranfangs, in der alles Sein enthalten war).

Der falkenköpfige *Horus* war ursprünglich ein Himmelsgott. Sonne und Mond waren seine Augen. Später wurde er zum Kriegsgott, da er als Emblem einem der in das Niltal eindringenden Stämme den Sieg gebracht hatte. Die große Bedeutung, die Horus von da an zukam, ließ den Glauben entstehen, dass der Pharao seine irdische Verkörperung sei, und die Pharaonen übernahmen seinen Namen in ihren Titel. Da sie gleichzeitig Anhänger des Re waren, wurde Horus mit der Sonne identifiziert.

Im klassischen Griechenland nahm der Gestirnkult einen geringeren Platz ein; man betrachtete die Verehrung von Sonne und Mond als barbarisch. Trotzdem gab es Tempel für den Sonnengott *Helios* auf Rhodos und dem Peloponnes.

Helios trug anfangs auch die Namen Hyperion (»der droben Gehende«) und Phoibos (»der Glänzende«). Schon bei Homer ist er der Gott, »der alles sieht und hört« und der somit alle guten und schlechten Taten kannte. Deshalb rief man ihn bei Eiden als Zeugen an. Helios war es, der das Verhältnis von Ares/Mars und Aphrodite aufdeckte und ihrem Gatten Hephaistos zutrug.

Helios war als Gott des Lichtes auch der Herr des Augenlichtes, weshalb er Blindheit heilen, aber ebenso Sünder mit Blindheit strafen konnte.

Am Tag überquert Helios den Himmel von Osten nach Westen in einem Wagen, der von vier feurigen Rossen gezogen wird. Eos, die Morgenröte, geht ihm voraus, und auf seinem Weg kann Helios nun eben alles sehen, was auf der Erde geschieht. Nachts legt er sich in einer goldenen Schale zur Ruhe und segelt auf dem Strom Okeanos, der die ganze Welt umfließt, wieder zurück nach Osten, um am Morgen dort wieder aufzusteigen.
Apollon, der Sohn des Zeus und der Leto, trug ebenfalls den Namen Phoibos, der »Glänzende«. Er wurde zusammen mit seiner Zwillingsschwester Artemis (der Göttin der Jagd, die auch als Mondgöttin verehrt wurde) auf der Insel Delos geboren, obwohl Hera in ihrer Eifersucht alles versucht hatte, um diese Geburt zu erschweren oder unmöglich zu machen.
Apollon ist schon nach ein paar Tagen erwachsen und verlässt Delos, um einen passenden Ort für das Orakel zu suchen, das er gründen will.

Er zieht durch Griechenland und kommt schließlich nach Pytho, das nach der riesigen weiblichen Schlange Python benannt ist, die dort haust und die prophetische Kräfte hat. Python bewacht das ursprüngliche Orakel, das ihrer Mutter Gaia, der Erde, gehört. Apollon erschlägt Python und errichtet seinen eigenen Orakeltempel, der die gemeißelte Inschrift trägt: »Erkenne dich selbst.«
Apollon versöhnt die erzürnte Gaia, indem er Python in ih-

rem Leib, der Erde, bestattet und ihr die Pythischen Spiele stiftet. Apollons Prophetin war stets eine Frau und hieß immer Pythia.

Apollon, einer der höchsten Götter der Griechen und Römer, war zum einen der Sonnengott, aber auch der Hauptgott der prophetischen Weissagung und der Künste, vor allem der Musik. Er kann das Üble von den Menschen nehmen, indem er die Dunkelheit, die Nacht, vertreibt, deren Feind er ohnehin ist, und ihnen das Licht der Bewusstheit und die Fähigkeit der Erkenntnis verleiht.

Hier finden wir den eigentlichen Weg des Löwen: Es geht nicht so sehr darum, nur Mittelpunkt der allgemeinen Aufmerksamkeit und Bewunderung zu sein, wie der Löwe häufig beschrieben wird. Der Herrscher des Löwen ist die Sonne, und die Sonne symbolisiert unseren Weg zu einer eigenständigen Persönlichkeit, die sich auch im konkreten Handeln des Menschen äußert. Was der Löwe erschaffen will, ist eine freie, unabhängige, individuelle Persönlichkeit, die durch ihre gewachsene innere Autorität und ihre Ausstrahlung Anerkennung und soziale Macht erhält. Dieser Weg führt über Bewusstwerdung und Selbsterkenntnis, wozu die Inschrift am Tempel von Delphi auffordert. Erst wenn wir uns selbst erkannt haben, können wir zu einer vollständigen und reifen Persönlichkeit heranwachsen.

Ein weiteres Thema des Löwen ist die Zähmung seiner intensiven und oft exzessiven Triebe. *Herakles* war der Sohn des Zeus und der Sterblichen Alkmene. Wieder einmal war Hera eifersüchtig auf einen Seitensprung des Zeus und versuchte, sich an dem Sohn zu rächen. Sie strafte ihn mit Wahnsinn, und Herakles brachte in geistiger Umnachtung seine Frau und seine Kinder um. Als Herakles wieder zu sich gekommen war, wollte er Buße tun und bat die Götter um Hilfe. Das Orakel von Delphi befahl ihm, als Buße bei dem König von Argolis, Eurystheus, zu dienen und zwölf schwere Arbeitsleistungen zu vollbringen. Eurystheus stand unter dem besonderen Schutz von Hera, die Herakles auf diese Weise für ein Verbrechen büßen ließ, für das sie eigentlich selbst verantwortlich war, denn immer noch war ihr Rachedurst nicht genügend gestillt. Ironischerweise bedeutet der Name Herakles »Ruhm der Hera« (man denke an den Archetypus der »schrecklichen Mutter«, die nichts vergeben und nichts loslassen kann, sondern ihre Klagen, ihre Unzufriedenheit und ihre Rachegelüste und damit ihre zerstörerische Seite immer weiter nährt).

Die erste der zwölf Arbeiten, die Eurystheus dem Herakles auftrug, bestand darin, den nemeischen Löwen zu besiegen. Dieser Löwe, ein gewaltiges Ungeheuer, besaß ein Fell, das ihn unverwundbar machte. Herakles konnte dem Löwen weder mit Pfeilen noch mit dem Schwert, noch mit einer Keule etwas anhaben. Schließlich kam Herakles auf den Gedanken, den einen Eingang der Höhle zu verschließen, und ging selbst durch den anderen hinein. Der Löwe biss ihm einen Finger ab, aber Herakles konnte ihn mit bloßen Händen erwürgen. Den Löwenkopf benützte Herakles von da an als Helm und das Fell als Panzer. Eurystheus war von Herakles' Tat so eingeschüchtert, dass er ihm verbot, die Stadt noch einmal zu betreten, und ihm seine Aufträge durch einen Boten mitteilen ließ.

Der Kampf des Menschen mit dem Tier ist eines der ältesten mythischen Themen (z.B. Siegfrieds Kampf mit dem Drachen, Perseus' Kampf mit der Gorgo, Herakles' Kampf mit der Hydra usw.). Das Tier steht symbolisch ebenso für unsere gesunden Instinkte und animalischen Bedürfnisse wie für unsere aggressiven und destruktiven Impulse: Es ist das Tier im Menschen. Es stellt sich für uns die Frage, wie wir dieses wilde Tier in uns bändigen, unsere Leidenschaften zähmen können, ohne gleichzeitig auch die ursprüngliche Vitalität und Kreativität, die dieser Bereich in uns besitzt, abzutöten. Die Aufgabe heißt hier, den zivilisierten Menschen mit seiner animalischen Natur zu versöhnen. Es geht um den sinnvollen Umgang mit unserer Wut, unserem Zorn, unserem Hochmut, unseren Leidenschaften.

Der Löwe ist ein Repräsentant ungezähmter Wildheit. Herakles tötet den Löwen und hängt sich sein Fell um; so wird er Herr der durch den Löwen symbolisierten Instinkte und erhält gleichzeitig dessen Stärke und Unbesiegbarkeit: Er wird Herr seiner selbst, ein Mensch voll Kraft, Mut, Stärke und Selbstvertrauen, da er das Tier (in sich) besiegt hat.

Der Mythos des Herakles stellt uns vor die Frage, welches das richtige Maß an Selbstbeherrschung ist und inwieweit wir unsere Instinktnatur ausleben sollen und müssen, um uns nicht zu weit von unserer Menschlichkeit und von unseren Gefühlen zu entfernen. Auch Herakles trägt die Attribute des Löwen – seinen Kopf und sein Fell –, nachdem er ihn besiegt hat, und erweist so dem Löwen den ihm gebührenden Respekt.

Die Karte »Die Kraft«, manchmal auch »Die Stärke« genannt, zeigt in den verbreitetsten Tarotversionen eine Frau, die mit sanfter Hand den Löwen zähmt. Sie ist ein Bild dafür, dass wir unsere inneren Leidenschaften und Obsessionen nicht blindlings abwürgen dürfen, sondern sie wie diese Frau mit sanfter Hand zähmen und uns untertan machen sollten. »Die Kraft« weist uns den Weg zu einem intensiv gelebten Leben, das doch auch Ruhe enthält, da man in vollem Bewusstsein ihrer Existenz Herr seiner Antriebe geworden ist und sich nicht von Leidenschaften und Ängsten fortreißen lässt. (Die im Löwe-Prinzip liegende Ruhe zeigt sich im Bild der Glut. Die drei Feuerzeichen können unterschiedlichen Stadien des Feuers zugeordnet werden: Widder der Stichflamme oder dem Strohfeuer, Löwe der Glut und Schütze dem sich schnell ausbreitenden Feuer, z.B. dem Waldbrand, der mehr und mehr Bereiche erfasst.)

EIN LÖWE-MÄRCHEN:

Der stolze König

Es war einmal ein sehr stolzer König. Bei seiner Geburt hatten ihm nämlich verschiedene Feen Gaben verliehen, und eine unter ihnen hatte gesprochen: »Er soll stolz sein wie ein Pfau!«
Der Knabe wuchs heran, er ward sehr schön, sehr klug, aber auch sehr stolz! Als er nach dem Tode seines Vaters König wurde, nahm sein Stolz immer mehr zu; er behauptete öfter, er sei stärker und mächtiger als alle Menschen zusammen und niemals könne es geschehen, dass ihn ein Fremder, der ihn noch nie gesehen, nicht sogleich als König erkenne, er sei unter allen Umständen und in jeder Lage sofort erkennbar als König. Einst verstieg er sich zu der Behauptung, selbst im Nachthemd müsse ihn jeder Fremde sofort als König erkennen.
Als der König diese Äußerung tat, befand sich gerade eine alte, gute Fee in seiner Nähe. Diese erhob ihre altersschwache Stimme und wettete mit dem König, dass ihn selbst die Leute, die ihn an- und auszukleiden pflegten, nicht erkennen würden, wenn sie ihn in einem Gewand sähen, in dem sie ihn nie zuvor gesehen hatten. Der König empörte sich, aber die Fee sagte darauf, sie habe sich schon lange vorgenommen, ihn von der üblen Gabe des Stolzes zu befreien, die ihm eine böse Fee in die Wiege gelegt hatte. Sie wettete also, dass Kleider Leute machen und dass es ihr binnen einer Wo-

che gelingen würde, den König davon zu überzeugen. Dann müsse er seinen Stolz ablegen und bekennen, dass er früher gefehlt hatte. Gelänge es ihr nicht, so dürfe er ihr ihren alten Kopf abschlagen lassen und aus ihrer Haut einen Fußabstreifer machen lassen. Der König nahm die Wette an.
Nach zwei Tagen bekam er Lust, ein Bad in der nahen See zu nehmen, und begab sich mit seinem Hofstaat an das Ufer. In einer einsamen Bucht legte er die Kleider ab und schwamm alsbald lustig im Wasser umher. Die Kleider lagen am Ufer. Dann entstieg der König – wie die Höflinge und übrigen Leute meinten – der See, begab sich zu seinen Kleidern, zog sie an, bestieg seinen Wagen und fuhr unter den Jubelrufen der Menge wieder der Stadt zu und nahm auf seinem Thron Platz. Aber alle hatten falsch gesehen: Der wirkliche König stand draußen am Ufer der einsamen Bucht und raufte sich die Haare, während man im Palast die Fee, die die Gestalt des Königs angenommen hatte, mit königlichen Ehren bedachte! Sie hatte den König in der See unsichtbar gemacht, sich in seine Gestalt verwandelt und war dann ans Ufer geschwommen, während der König noch weit draußen im Meer schwamm.

Der König war schließlich müde geworden und hatte sich wieder dem Ufer zugewendet. Zu seiner Verwunderung war niemand am Ufer zu sehen, auch seine Kleider waren fort! Ihn fror jetzt ganz mächtig in dem kurzen Schwimmröckchen, das nicht einmal bis zu den Knien hinunterreichte. Er begann laut zu rufen und zu schreien, aber umsonst, kein menschliches Wesen ließ sich blicken, und da die Sonne dabei war unterzugehen, beeilte er sich, um noch durch das Stadttor gelassen zu werden. Mühsam hinkte er der Stadt zu, zog sich dann und wann Splitter und Steinchen aus den königlichen Fußsohlen; und als er am Stadttor anlangte, schrie ihn der Torwächter an: »Schämst du dich nicht, du Schwein? In solcher Kleidung willst du in die Stadt hinein?« Der König hieß ihn schweigen und sagte, er sei sein König, aber der Wächter hielt ihn für einen Verrückten, hieß ihn ins Wachtzimmer gehen und zwickte ihn dabei an verschiedenen Stellen seines unbekleideten Körpers, sodass seine Majestät zehn Spannen hoch in die Luft sprang. »Morgen ist dein Kopf auf einen dieser Pfähle gespießt!«, schrie der König in höchster Wut und nahm Anlauf, durch das Tor hindurchzurennen. Der Wächter ließ ihn schließlich laufen und lachte sich halb tot über den komischen Mann.

Nun begann eine böse Wanderung durch die Stadt; es war der reine Dornenweg! In dichten Scharen liefen die Leute hinter dem Manne im Schwimmanzug her und warfen ihm faule Eier, Steine und andere schöne Sachen auf seinen nackten Körper. Zudem bauschte sich sein Baderöckchen bei jedem Windstoß in die Höhe, was allemal einen mächtigen Lacherfolg erzielte! Dann und wann blickte sich der König um und betonte den ihm nachfolgenden Leuten seine königliche Würde; doch jedes Mal warf man ihm einen Paradiesapfel oder Ähnliches ins Gesicht, sodass er es vorzog, diese Aufklärung einstweilen zu unterlassen. Indem er sich – so schwer es ihm wurde – verleugnete und bezähmte, gelangte er schließlich doch an das Portal seines Schlosses. Schon wollte er eintreten, als die Wache am Tor den Stock hob und ihn unter Beschimpfungen zu prügeln begann. Da kamen noch mehr Bediente des Königs herbei

und riefen: »Guter Mann, lass doch den Wahn fahren! Der König ist ja vor einigen Stunden vom See zurückgekommen und sitzt jetzt auf dem Throne!« Der König beharrte darauf, dass er ihr König sei, und als Beweis begann er, alle seine Diener und deren Namen aufzuzählen, beschrieb seine Gemächer und ihre Ausstattung, aber nichts half. Seine Diener trieben ihren Spott mit ihm, bis einer sich endlich erbarmte und dem vor Kälte Zitternden einen alten Sack überwarf. Der König dachte nach, woher wohl all dieses Ungemach komme, da fiel ihm die Wette mit jener Fee ein, und er sprach halblaut vor sich hin: »Ja, sie hat Recht gehabt! Kleider machen Leute!«

Da stand plötzlich die Fee an seiner Seite und rief: »Hier sind deine königlichen Kleider, o König! Ich hatte deine Gestalt angenommen, und siehe, deine Untergebenen huldigten mir! Du bist nackt und bloß, und siehe, mit Schimpf und Schande überhäufen sie dich.« Der König hatte unterdessen seine Gewänder angelegt, trat jetzt vor sein Volk und rief mit lauter Stimme: »Von heute an lege ich meinen Stolz ab und verwünsche die Eitelkeit und Hoffart! Alle die, welche mir Spott und Schimpf zugefügt, sollen straflos ausgehen, da sie mir zur Erkenntnis verholfen haben, wie wichtig der äußere Anzug ist und wie sehr das Sprichwort Recht hat: Kleider machen Leute!«

Der Fee wollte der König reiche Geschenke zukommen lassen, doch sie lehnte alles ab und sprach: »Ich werde mich glücklich schätzen, wenn ich von nun an den strahlenden Gesichtern deiner Untertanen ablesen kann, dass du gütig und weise über sie regierst.«*

Das Märchen »Der stolze König« symbolisiert ein Grundproblem des Löwen: dass er nämlich häufig glaubt, er sei schon da, wohin er sich erst noch entwickeln muss. Der König im Märchen hat das Gefühl, er sei zu etwas Besonderem geboren, schon in die Wiege gelegt bekommen. Selbstgefällig lässt er sich bejubeln, ohne sich das Anrecht darauf aus eigener Kraft erworben zu haben. Das Glück oder das Schicksal oder wie immer man es nennen mag, hat ihm die Rolle eines Königs zugewiesen, nun müsste er sich ihrer würdig erweisen. Er aber ist daran nicht interessiert, und die Wette mit der alten Fee nimmt er wohl eher aus Herablassung an und weil sie seine Majestät in Frage gestellt hat.

Das Löwe-Prinzip verlangt aber die Entwicklung der Persönlichkeit und damit echter Autorität, nicht nur der, die auf Pomp und großer Geste beruht und nur die Nachbarn beeindrucken soll. Also muss der König einen Weg antreten, der ihm durch Demütigung, Selbstverleugnung und Bezähmung seines Stolzes schließlich ebenjene Einsicht und Reife bringt, die ihn seiner Position würdig werden lässt. Schließlich ist er der »Löwe«, der König, der großmütig verzeiht, obwohl er nun strafen könnte, weil er Bescheidenheit gelernt hat – und dass auch er, der König, noch etwas zu lernen hat.

---

* Nach *Die güldene Kette. Schönste Volksmärchen*, Bertelsmann Verlag, 1957.

ANALOGIEKETTEN

Entsprechungen des Prinzips »Löwe« auf den verschiedenen Ebenen

Farben:
Gold, Goldgelb, Weiß (das Sonnenlicht, das alle Spektralfarben enthält).

Geruch:
Aromatisch, kräftig, intensiv, ausdrucksvoll.

Geschmack:
Herzhaft, kräftig; aromatisch.

Signatur (Form und Gestalt):
Strahlend und kraftvoll, prunkvoll, ausdrucksvoll, farbenprächtig; zentriert, punktförmig; strahlenförmig, der Mittelpunkt, der Kreis.

Pflanzen allgemein:
Stark blühende Pflanzen, die sonnige Standorte lieben, leuchtende Farben, Sonnenblume, alle Pflanzen mit besonders großen Blüten, Mais, Weizen.

Bäume, Sträucher:
Palme, Lorbeer, Platane, Orangenbaum; Goldregen, Oleander.

Gemüse, Obst:
Orange, Zitrone, Kokosnuss, Artischocken.

Blumen:
Sonnenblume, Löwenzahn, Feuerlilie.

Gewürze:
Lorbeerblätter, Basilikum, Rosmarin, Kurkuma, Safran, Minze, Ingwer.

Heilpflanzen:
Kamille, Lorbeerbaum, Quitte, Sonnenhut, Fingerhut, Ringelblume.

Tiere:

Greiftiere, Tiere, die »Beute machen«, schwer domestizierbare Tiere, die Einzelgänger und keine Herdentiere sind; Löwe, Panther, Luchs, Schäferhund, Adler, Hahn, Katze, Goldfisch, Barrakuda, Glühwürmchen.

Materialien:

Gold, Diamant.

Mineralien, Metalle:

Steine, die durch goldene Punkte das Sonnenlicht nachahmen oder zurückwerfen: Gold, Diamant, Heliotrop, Bernstein, Topas, Chrysolith, Tigerauge, Adlerstein, Sonnenauge, Regenbogenstein, Chrysopras, Rubin, Sternrubin.

Landschaften:

Sonnige, warme bis heiße und trockene Landschaften; großzügige Raumaufteilung, eher flach mit weitem Blick; Steppe, Wüste, sonnige Hänge, frei stehende, mächtige Bäume.

Berufe:

Alle Berufe, die ermöglichen, die Dinge in die Hand zu nehmen, verantwortlich zu sein und das angeborene Organisationstalent einzusetzen; Berufe, die den schöpferischen Selbstausdruck ermöglichen; Führungspositionen, die Respekt und Anerkennung eintragen und die Unabhängigkeit und Einfluss garantieren; Repräsentationsberufe; Berufe, die ein Risiko beinhalten und Einfallsreichtum verlangen. Leitende Positionen in der Wirtschaft, z.B. Direktor, Unternehmer, Vorsitzender, Manager; künstlerisch-kreative Tätigkeiten: Regisseur, Schauspieler, Dirigent, Bühnenbildner; Dekorateur; Goldschmied, Juwelier.

Hobbys, Sportarten:

Theater, Konzerte, Spielbanken, Shows; Golf, Autorennen, der exklusive Tennisclub.

Verkehrsmittel:

Sportwagen; Mercedes Pullman; Jaguar; Sänfte.

Wohnstil:
Großzügig-weitläufige Räumlichkeiten, üppigbarocke Einrichtung und Dekoration; repräsentativ, farbenprächtig, prunkvoll, beeindruckend.

Wochentag:
Sonntag (Tag der Sonne).

Gesellschaftsform:
Monarchie, Kaisertum, Aristokratie; Patriarchate; die Zentralregierung; die Tribut fordernde Regierung, Diktatur.

Entsprechungen auf der Ebene des menschlichen Körpers:
Herz, Rücken, Wirbelsäule, Brustkorb; Augen (als Sinnesorgan); Blutkreislauf, Sonnengeflecht, Sympathikus.

Krankheiten allgemein:
Herz-Kreislauf-Erkrankungen (hoher oder niedriger Blutdruck, Infarkt, Kreislaufstörungen); Wirbelsäulenerkrankungen, Bewegungsmangel, schwerwiegende Magenerkrankungen.

WIE WIRKEN DER LÖWE UND DIE SONNE IN MEINEM HOROSKOP, WAS SAGEN SIE AUS?

1. Welche Verhaltensweisen sind charakteristisch für mich? Wie handle ich, auf welche Weise setze ich meine Absichten und Wünsche in die Tat um? Folge ich klaren, nachvollziehbaren Vorgehensweisen, oder handle ich aus dem Augenblick heraus, unberechenbar und sprunghaft? Bin ich widersprüchlich in meinem Verhalten oder abwartend, wenig eindeutig und indirekt?
2. Wie selbstständig und handlungsfähig bin ich? Inwieweit ist mein Handeln von anderen abhängig oder beeinflusst? Wie frei bin ich, zu tun, was mir wichtig ist?

3. Was bedeuten die Worte »Zielstrebigkeit«, »Entschluss-kraft« und »Selbstbehauptung« in meinem Leben? Wie setze ich sie um?

4. Wo liegt der Handlungsschwerpunkt meines Lebens? Welcher Bereich (z.B. Familie, Karriere, Beziehungen etc.) nimmt eine zentrale Stellung in meinem Leben ein?

5. Wie viel Lebenskraft und Vitalität besitze ich?

6. Wie intensiv lebe ich oder möchte ich gerne leben? Welche Rolle spielen Erotik, Freude am Spiel, unterhaltsame Vergnügungen und kreativer Selbstausdruck in meinem Leben?

7. Wie drücke ich meine Gefühle aus? Würde ich mich als einen emotionalen Menschen bezeichnen?

8. Nach welchem Rhythmus lebe ich? Bin ich ein passiv aufnehmender Mensch, oder brauche ich den Wechsel ständiger Aktivitäten? Neige ich zu permanenter Selbst-überforderung, zu Hektik und Herz-Kreislauf-Problemen?

9. Wie ist mein Verhältnis zu Autoritäten?

ZITATE ZUM LÖWE-PRINZIP

Wohin du auch gehst, geh mit deinem ganzen Herzen.

Konfuzius

Träumen Sie nicht von den Ergebnissen Ihrer Arbeit oder den Erfolgen Ihrer Bestrebungen, sondern setzen Sie sich tatkräftig dafür ein. Widmen Sie Ihre volle Aufmerksamkeit dem, was Sie tun. So können Sie Ihr Ziel erreichen.

R. L. Wing

Kreativität und Führerschaft sind miteinander verwandt. Wer sich auf Menschenführung versteht, kann Menschen dazu bringen, ihre Ideen oder ihr Verhalten zu verändern. Ein kreativer Mensch bringt uns dazu, die Welt mit anderen Augen zusehen.

Dean Simonton

Einen Tag ungestörter Muße zu verleben heißt, einen Tag lang Unsterblicher zu sein.

Chinesisches Sprichwort

Das Lächeln, das du aussendest, kehrt zu dir zurück.

Indisches Sprichwort

Wir sind alle Würmer, aber ich glaube, dass ich ein Glühwürmchen bin.

Winston Churchill

Sobald er aufwachte, fühlte er sich wichtig, so als ob alles von ihm abhinge.

(Winnie Puh) Alan Alexander Milne

Lebendiger sein heißt erotischer, sinnlicher sein. Erotischer zu sein aber bedeutet, den Bereich des Fühlens und der Ausdruckskraft zu erweitern.

Stanley Kelemen

Andere zu meistern erfordert Kraft, das Selbst zu meistern erfordert Stärke.

Laotse

Besser du bist Löwe für einen Tag als Schaf fürs ganze Leben.

Elizabeth Henry

Habe keine Angst davor, dass das Leben endet, sondern davor, dass es niemals richtig beginnt.

Grace Hansen

Wer sich zum Wurm macht, soll nicht klagen, wenn er getreten wird.

Immanuel Kant

Ich arbeite nach dem Prinzip, dass man nie etwas selbst tun soll, was ein anderer für einen erledigen kann.

David Rockefeller

Deinen eigenen Weg zu finden bedeutet, deiner eigenen Seligkeit zu folgen.

Joseph Campbell

♍

JUNGFRAU
Sechstes Zeichen des Tierkreises, 150°–180°

Symbol:
Aus dem »m«-Symbol für das große Herbststernbild entsteht das Jungfrauzeichen: Dem »m« wird der Kreis als Symbol für das ewige, unvergängliche Leben und dessen Kreislauf hinzugefügt.

Jahreszeit:
Spätsommer (23. August bis 22. September).

Qualität:
Weiblich-rezeptiv, Yin. Element: Erde. Bewegliches, veränderliches, angleichendes Zeichen.

Herrscher:
☿ Merkur (siehe »Zwillinge«, S. 113).

Häuserzuordnung:
6. Haus (Bewegliches/veränderliches Haus).

Auf dem Tierkreis gegenüberliegendes Zeichen:
Fische.

Botschaft/Schlüsselsatz:
Ich beobachte und analysiere. Ich ordne mich ein.

Schlüsselworte:
Eindrucksbewältigung, Anpassung, optimale Nutzung von Gegebenheiten.

Charakteristika:
Realistisch, vernünftig; gewandt, geschickt, praktisch; me-

thodisch, systematisch, differenziert, stark entwickeltes Unterscheidungsvermögen, analytisch, scharfsinnig, intellektuell, reflektierend; genaue Beobachtungsgabe; vorsichtig, überlegt, planend, sicherheitsorientiert, zurückhaltend, kontrolliert, bedächtig, beherrscht; ordnungsliebend; sparsam, ökonomisch; pflichtbewusst, sorgfältig, gewissenhaft, diszipliniert, fleißig; anpassungsfähig bzw. sich anpassend, die Umstände nutzend. Möchte gebraucht werden, sich nützlich fühlen, ihren realen Wert beweisen. Bedürfnis nach Reinheit und Vervollkommnung, nach äußerer bzw. innerer, seelischer Ordnung und Sauberkeit, Angst vor Unordnung, Chaos, vor dem Irrationalen; sucht nach Stabilität und Bewertungsgrundlagen bzw. nach Kriterien, nach denen sie sich richten kann. – Misstrauisch, skeptisch, kritisch, zweifelnd, zynisch; pedantisch, übergenau, penibel, kleinlich, spitzfindig, besserwisserisch; merkantil; unruhig, nervös, unsicher, schüchtern, ängstlich, gehemmt; unterwürfig; knausrig; prüde; engstirnig; fixiert aufs Detail, Ordnungswut, Sauberkeitsfimmel. – Mangel an Initiative, Angst vor dem Unbekannten, Mangel an Spontaneität und Vertrauen in das Leben. Der große Warner: »Vorsicht ist die Mutter der Porzellankiste.«

Thema

Anpassung und Aussteuerung an die Umweltbedingungen – Selbstbegrenzung – Prioritäten Setzen – Pragmatische Orientierung – Ökonomie und kluge Voraussicht

Die Erde ist nicht nur ein »Land der tausend Möglichkeiten« (tatsächlich enthält sie Potenziale, die wir kaum erahnen), sie ist auch naturgemäß ein Ort der Beschränkungen. Die materielle Welt und das Zusammenleben mit anderen setzen dem Menschen Grenzen der Entfaltung, die vor allem für die Feuerzeichen Widder und Löwe eine lästige Tatsache darstellen.

Die Jungfrau ist das Prinzip, das sich auf eine Gratwanderung zwischen größtmöglicher Selbstentfaltung und Anpassung an unausweichliche Gegebenheiten begibt, was der Begriff der »Aussteuerung« zu umreißen versucht.

Während der Löwe ganz auf Selbstverwirklichung, Selbstausdruck, spontane Lebensfreude, Freude am Spiel und an der eigenen Strahlkraft ausgerichtet war und ihm nichts ferner lag, als sich einzuschränken, ist es für jungfraubetonte Menschen eine unvermeidliche Tatsache, dass das reale Leben Konzessionen von uns verlangt.

In diesem sechsten Abschnitt des Tierkreises geht es also um die Erkenntnis, dass wir nicht allein auf dieser Welt leben, sondern vielmehr in einem Umfeld, das eine Anpassung der Art und Weise verlangt, wie wir uns ausleben. Es entsteht ein Bewusstsein für hierarchische Strukturen, für Ordnung und den Platz, den jeder im Gesamtgefüge einnimmt.

Diese Selbstbegrenzung erfolgt nicht völlig freiwillig, sondern hat mit Hindernissen zu tun, die unserer Selbstverwirklichung zwangsläufig im Weg stehen, nicht zuletzt deshalb, weil auch andere Menschen sich verwirklichen wollen. In gewisser Hinsicht ist die Jungfrau ein Krisenzeichen, da sie eine Revision und Umorientierung des persönlichen Willens verlangt. Um diesen Prozess erfolgreich durchlaufen zu können, ist die Fähigkeit zu Kritik (vor allem Selbstkritik) und eine realistische Betrachtungsweise der Dinge unumgänglich. Es ist wenig Platz für das hehre Pathos des Löwen und seinen Hang, die Welt in bunten, dramatischen Farben zu sehen.

Die Jungfrau kennt das Grundgefühl einer begrenzten Welt

wie außer ihr nur noch der Steinbock und sein Herrscher Saturn. Die Begrenzungen sind aber völlig unterschiedlicher Natur: Die Grenzen der Jungfrau liegen in den Umweltbedingungen und beziehen sich auf die Frage, wie viel Raum sie selbst einnehmen kann und wie viel Platz den anderen zu lassen ist. Auf einer konkreteren Ebene geht es um das Akzeptieren handfester Tatsachen, z. B. dass – gleich, ob einem das recht ist oder nicht – Sommerkleidung im Winter ungeeignet ist und dass wir nicht endlos Kraft, Energie und Ressourcen zur Verfügung haben. Die Jungfrau ist das Prinzip der vernünftigen Anpassung an gegebene Bedingungen.

Der Steinbock dagegen unterwirft sich Grenzen, die durch gesellschaftliche Spielregeln errichtet werden und die je nach Zeit und Kultur variieren. Etwas von einer Zwangsjacke können beide Prinzipien an sich haben. Da die Jungfrau aber so realistisch und vernünftig ist und in diesem Sinne Einsicht besitzt, ist sie flexibel genug, diese »Zwangsjacke« nicht nur zu ertragen, sondern sogar zu ihrem Besten zu nutzen.

Da der Mensch nun einmal nicht alles sein und nicht alles haben kann, lehrt die Jungfrau, Prioritäten zu setzen. Das Prinzip der Ökonomie ist ihr zutiefst vertraut: Ökonomie der Kräfte, der Mittel, der Gefühle. Im Maßhalten ist sie gut. Weil es ihr um vernünftige Einordnung der eigenen Person geht, wird sie kaum über die Stränge schlagen, wie das der Löwe so gern tut. Dabei verliert sie ihre Ziele jedoch nicht aus den Augen.

Die Jungfrau wird von Merkur regiert, doch ist das nicht der luftig-leichte, offene Merkur der Zwillinge. Es ist der Merkur der Erde, der für die praktisch denkende, Gegebenheiten nutzende und der Realität verpflichtete Seite des Symbols steht.

Der Realität verpflichtet zu sein bedeutet aber auch, Fragen der Sicherheit und der Vorausplanung ernst zu nehmen. Hierin liegt ein besonderes Talent der Jungfrau: Schon in der Gegenwart ist sie mit der optimalen Absicherung für die Zukunft beschäftigt. Kaum ein anderes Zeichen besitzt so viele Versicherungen, und kaum ein anderes Zeichen hat so viele eventuell eintretende Situationen gedanklich schon einmal durchgespielt ... als Probe für den Ernstfall sozusagen.

Motivation

DIE PERSÖNLICHEN GRENZEN AUSLOTEN – OPTIMALE NUTZUNG DER UMWELTBEDINGUNGEN – WECHSELWIRKUNGEN ZWISCHEN DEM EINZELNEN UND DER UMWELT ERKENNEN – SICH ANPASSEN UND EINORDNEN – BEWÄLTIGUNG DES ALLTAGS

Das Wort, das uns im Allgemeinen in den Sinn kommt, wenn wir von der Jungfrau sprechen, ist das Wort »dienen«. Tatsächlich will die Jungfrau gebraucht werden, sie ist ungemein fleißig und liebt es, sich nützlich zu machen. Die Betonung liegt hier aber auf »nützlich«, nicht etwa dienstbar, unterwürfig, servil. Eine Jungfrau, die sich eilfertig als »Fußabstreifer vor die Tür legt«, ist eine Jungfrau, die ein großes Problem mit sich und ihrem Selbstwertgefühl hat. Wichtig ist für sie, gebraucht zu werden. Das ihr zugrunde liegende Prinzip der Ökonomie verlangt, Überflüssiges wegzustreichen. Deshalb möchte die Jungfrau beweisen, wie unentbehrlich, nützlich und effektiv sie ist, was einen anderen Menschen zu der Fehlinterpretation verleiten kann, er könne sie vor seinen Karren spannen.

Worum es der Jungfrau aber wirklich geht, ist, herauszufinden, wo ihre persönlichen Grenzen denn nun tatsächlich liegen – oder, anders formuliert, wie weit sie sie hinausschieben kann. Da sie ein Merkur-Zeichen ist, tut sie dies geschickt, unauffällig, indirekt. Im ungünstigsten Fall entwickelt sich daraus eine Art Tartüff, ein Heuchler und Opportunist, der sich klug der vorherrschenden Meinung anpasst und sie zu seinem Vorteil verwendet. Im günstigen Fall ist die Jungfrau ein Mensch, der problemlos adäquat auf Situationen reagieren kann und dessen Maßstab die Auswirkungen des Handelns im zwischenmenschlichen Bereich sind. Die Jungfrau weiß einfach, was in welcher Lage wie zu tun ist. Überträgt man ihr eine Aufgabe, wird sie sie in der kürzestmöglichen Zeit mit dem geringstmöglichen Aufwand und der denkbar höchsten Effektivität erledigen – dank ihres Talents, sich flexibel auf äußere Bedingungen einzustellen.

Unumgänglich notwendig für diese Art, dem Leben zu begegnen, ist der Blick fürs Detail. Während der Schütze sich lieber auf einen Hügel begibt, von dem aus er einen Gesamtüberblick hat, steht die Jungfrau mitten im Geschehen. Alles fällt ihr auf, jede Kleinigkeit erregt ihre Aufmerksamkeit. Ihr Bewusstsein ist unentwegt damit beschäftigt, Eindrücke aus der Umwelt aufzunehmen und umzusetzen: Damit sie herausfinden kann, wo sie selbst steht und wo Anpassung unvermeidlich ist, damit sie angemessen reagieren kann, und nicht zuletzt, um sich sicher zu fühlen.

Die Orientierung aufs Detail hin bedingt, dass es der Jungfrau relativ leicht fällt, mit dem Alltag und seinen Anforderungen zurechtzukommen. Überschwänglichere Zeichen wie der Löwe und romantischere wie die Fische oder auch der extravagante Wassermann stehen mit Routine und banalen, alltäglichen Verrichtungen auf dem Kriegsfuß. Nicht so die Jungfrau. Ihr klarer, analytischer Verstand und ihre Vernunft schenken ihr eine selten glückliche Hand darin, die Erfordernisse der materiellen Welt zu bewältigen. Sie ist ein Erdzeichen, und vergleichbar dem Stier und dem Steinbock hat die praktische Seite des Lebens nichts Erschreckendes für sie.

Anders mag dies aussehen, wenn man die Jungfrau mit dem Bereich der Metaphysik, des rational nicht Erklärbaren, der Unsicherheit der Zukunft konfrontiert. Sie braucht einfach etwas Konkretes, woran sie sich halten kann.

Psychologie

Wer eine Jungfrau verstehen will, muss wissen, dass ein großer Teil ihrer Energie und Aufmerksamkeit von der Frage in Anspruch genommen wird: »Was ist, wenn ...?« Sie hat so viel Angst vor der Zukunft, dass sie immer alle Eventualitäten durchdenkt. Was immer geschehen mag und für den menschlichen Verstand vorstellbar ist, die Jungfrau hat bereits ihre Vorkehrungen getroffen.

Sie weiß, an welchem Platz die wichtigen Unterlagen ihrer Existenz zu finden sind, und wird sie, säuberlich gepackt in einem Aktenköfferchen, sofort bei der Hand haben, wenn es einmal brennt. Alles ist für den Fall ihres plötzlichen Ablebens geregelt, da bleibt nichts dem Zufall überlassen. Generell drängt es sie, Dinge in Ordnung zu bringen. Weniger wohlgesinnte Leute sagen ihr deshalb eine Restauratoren- oder auch Uhrmachermentalität nach. Tatsächlich hat die Jungfrau eine Neigung zur Akribie, zu Exaktheit und zum Tüfteln. Wie kein Zweiter beherrscht sie es, Arbeitsersparnis und Effektivität durch Methode und Präzision zu erzielen.

Wo immer die Jungfrau hinblickt, sie tut es kritisch, nüchtern, und sie findet stets das berühmte »Haar in der Suppe«. Sie ist diskriminierend, und zwar im ursprünglichen Sinn dieses Wortes: »unterscheidend«. Fühlt sie sich von etwas betroffen, kann sie sehr zynisch und sarkastisch werden und mit ihrem geschliffenen Intellekt und präzisen Argumenten weniger rational orientierte Zeichen zu Fall bringen.

Die andere Seite der Jungfrau liegt in ihrer unübertroffenen Fähigkeit, zur richtigen Zeit am richtigen Platz zu sein. Sie hat ein natürliches Empfinden dafür, welche Dienstleistungen wann gebraucht werden, und versteht es, ihre Mitmenschen zu umsorgen. Sie kann die stille Hilfsbereite sein, die allgemein ungeliebte, aber notwendige Arbeiten übernimmt. Sie kann diejenige sein, die rechtzeitig auf Risiken und Gefahren aufmerksam macht. Nicht zuletzt ist sie das Zeichen, das einen reibungslosen Ablauf der Arbeitsprozesse garantiert.

Lernaufgabe

DIE ERFAHRUNG MENSCHLICHER GRENZEN – DAS RICHTIGE VERHÄLTNIS VON ANPASSUNG UND SELBSTAUSDRUCK – VERTRAUEN IN DAS LEBEN »WEISHEIT DES UNGESICHERTEN LEBENS« – DIE ANGST VOR AUFLÖSUNG, CHAOS, UNSICHERHEIT

Obwohl die Jungfrau ein sicheres Gespür dafür hat, wo sich Hindernisse auf ihrem Weg aufbauen könnten, und es ihr leichter fällt als den Zeichen vor ihr, sich flexibel darauf einzustellen, bedeutet es auch für sie einen nicht so einfachen und oft sogar schmerzvollen Lernprozess, Einschränkungen hinzunehmen.

Hier geht es um das richtige Maß an Selbstverwirklichung, das der Löwe vor ihr noch nicht finden wollte und auch nicht sollte. Oft führt nur ein schmaler Weg durch das Gebiet, das auf der einen Seite von dem Wunsch nach uneingeschränkter Individualität und auf der anderen von der Frage vernünftiger Selbstbeschränkung begrenzt wird. Je nachdem, welche sonstigen Faktoren das Horoskop bestimmen, wird die Jungfrau diesen Konflikt entweder durch ein Zuviel an Anpassung lösen – was zu den bereits erwähnten psychosomatischen Reaktionen führen kann –, oder sie wird ständig gegen Grenzen ankämpfen und das Gefühl entwickeln, alles und jedes beschneide ihren persönlichen Freiraum.

Was für das Urprinzip Jungfrau selbstverständlich ist, ist es für den von ihm geprägten Menschen noch lange nicht. Der Mensch geht seinen Entwicklungsweg, und er lernt erst im Lauf der Zeit, wie er seine Ziele durch angemessenes Handeln auch innerhalb der Begrenzungen einer Situation erreichen kann. Entsprechend verlangt das Jungfrau-Prinzip von ihm und von jedem von uns – wir alle haben die Jungfrau irgendwo in unserem Horoskop –, herauszufinden, wie die vorhandenen Kräfte am besten genutzt werden können. Es geht dann nicht darum, Widerstände mit Vehemenz zu brechen, wie das der Widder tut, sondern klug und gewissenhaft an ihrer Minderung zu arbeiten.

Die Jungfrau symbolisiert einen psychologischen Wendepunkt im Tierkreis. Mit ihr ist die untere Hälfte des Zodiaks durchlaufen, sie leitet über zur Waage und zum 7. Haus, jenem Bereich, in dem sich der Mensch endgültig dem anderen, dem Mitmenschen, zuwendet. Während die Jungfrau noch alle Informationen aus der Umwelt auf sich selbst bezieht und dazu nutzt, um herauszufinden, wer sie selbst ist und wer nicht, d. h. also eine Trennung in »Das bin ich, und das bin ich nicht«, geht das Ziel der Waage dahin, offen für alles zu sein und echte Begegnungsfähigkeit im Sinne einer Bereicherung durch andere zu erreichen.

Die Karte XIV des Tarot, »Das Maß« oder auch »Die Mäßigkeit«, spiegelt diesen Prozess einer Wechselwirkung und Umverteilung wider und eignet sich zur meditativen Betrachtung dieses Themas.* Der Engel auf dem Bild schüttet Wasser aus einem roten in einen blauen Krug und umgekehrt, er vermischt also den Inhalt beider Krüge. Der Marseille-Tarot verwendet die Farben Rot und Blau, um die Gegensätze des Daseins zu symbolisieren. Diese werden hier in ein neues, ausgeglicheneres Mischungsverhältnis gebracht, was zu innerer Ruhe und Gelassenheit führt.

Bei der Frage, welche Zeichen des Tierkreises am meisten zu Angst neigen, steht die Jungfrau ganz weit vorn. Dies hat nichts mit der reichen Vorstellungswelt des Krebses zu tun, der sich in seiner Phantasie die haarsträubendsten Dinge ausmalen kann, sondern vielmehr mit dem Gefühl, dass der scheinbar feste Boden unter den Füßen eher einer wandernden Sanddüne gleicht – der Jungfrau gegenüber liegen die Fische, die die Erkenntnis symbolisieren, dass nichts im Leben fest gefügt und sicher ist.

Viele Jungfrauen verbringen ihr Leben in dem Versuch, ihm Ordnung und ein Maximum an Sicherheit abzutrotzen. Der tiefere, jedoch oft eher unbewusste Grund liegt in dem Empfinden, dass alles scheinbar fest Gefügte wie Sand durch die Finger rinnt und dass letztlich nichts bleibt als die Ungewissheit der Zukunft.

Die viel zitierte Ordnungsliebe der Jungfrau hat damit zu tun. Wenn alles überschaubar an seinem Platz ist, scheint es ihr, als sei die Welt insgesamt ein geordneter Platz mit verlässlichen, überschaubaren Schubladen und Bedingungen. Symbolisch ist damit das Risiko ausgeklammert, dass

---

* Vgl. auch Günter A. Hager: *Tarot – Wege zum Leben*, Urania Verlag, 1988. Er nennt die Karte XIV »Die Mäßigung«, was den Geist des Jungfrau-Prinzips noch klarer beschreibt.

Chaos und Auflösung in ihr Leben einbrechen. Aus der versteckten Bedrohungserwartung heraus baut sie einen so starken Intellekt auf, der möglichst alles erklären und verstandesmäßig begreifbar machen soll, dass dieser ihr Gefühl nicht mehr herauslässt: Gefühle werden vom Verstand kontrolliert, Erfahrungen erst analysiert, bevor man sie an sich heranlässt.

Der Wunsch, »sich dem Strom des Lebens anzuvertrauen, der einen trägt und leitet«, der so charakteristisch für das Fische-Zeichen ist, löst in der Jungfrau größte Skepsis und Misstrauen aus, Vertrauen in das Leben ist nicht gerade ihre starke Seite. Ihre Herausforderung besteht in Themen wie der »Weisheit des ungesicherten Lebens«.*

Lebensziel

DIE HIERARCHIE DES ZUSAMMENLEBENS – SICHERHEIT DURCH EINORDNEN – BESTANDSAUFNAHME VON FERTIGKEITEN UND IHRER VERWERTUNG – SEELISCHE BEWÄLTIGUNG DER EINDRÜCKE – DAS VERHÄLTNIS VON KÖRPER UND SEELE – GESUNDHEIT

Die ursprüngliche Bedeutung und Sinnhaftigkeit des Jungfrau-Prinzips geht dahin, ein geregeltes Zusammenleben

---

* Vgl. Alan Watts: *Weisheit des ungesicherten Lebens*, Scherz Verlag, 1981.

möglich zu machen. Da nicht alle auf einmal bestimmen können, da nicht jeder schalten und walten kann, wie er will, ohne dass Anarchie und Chaos die Folgen wären, verlangen Gemeinschaften nach Einordnungsprozessen (Jungfrau) und in einer weiteren Stufe nach Maßstäben, Spielregeln und Gesetzen (Steinbock).

Die Jungfrau ist ein hierarchisches Zeichen. Sie will nicht herrschen, sondern ihren Platz in einer größeren Einheit finden. Dazu braucht sie Menschen, Dinge, Ereignisse von außen, die es ihr ermöglichen, ihren Rahmen abzustecken. Trotz ihres Ehrgeizes legt sie wenig Wert darauf, allein verantwortlicher Boss des Ganzen zu sein: Um einen Bezugsrahmen abstecken zu können, braucht man im Allgemeinen auch jemanden über sich.

Neben den Rangordnungssystemen des Steinbocks hat z.B. der Konfuzianismus auch viel vom Geist der Jungfrau zum Inhalt. Die Vorstellung, dass jeder seinen festen Platz in der Gesellschaft und in ihren Teilbereichen hat, mit allen Rechten und Pflichten, die sich aus dieser Stellung ergeben, entspricht so ganz ihrem Naturell.

Um herausfinden zu können, wo jeder hingehört, ist es wichtig festzustellen, welche Fähigkeiten der Einzelne hat und wie man sie fördern und einsetzen könnte. Genau dies tut die Jungfrau. Sie beobachtet, analysiert, verbessert, ordnet. Das Ergebnis soll ein reibungsloser Arbeitsprozess sein, in dem sich jeder dort befindet, wo er optimalerweise hingehört.

Die Jungfrau ist das dritte Zeichen des zweiten Quadranten im Horoskop, in dem es um Emotionen geht. Der Krebs entspricht der geöffneten Schale, die alle Eindrücke aufnimmt und sie in einem schöpferischen Prozess in Gefühl umsetzt. Der Löwe bringt diese Gefühle in Form seines Handelns zum Ausdruck. Die Jungfrau aber stellt, wie alle dritten

Zeichen eines Quadranten, den Bezug zur Außenwelt in Form einer Wechselwirkung her. Sie untersucht und prüft das Verhältnis des Einzelnen und seiner innerseelischen Vorgänge zur Umwelt und ihren Bedingungen. Wesentlich ist hier das Thema Wechselwirkung. Die Jungfrau beobachtet, sondiert, analysiert, »äugt«, aber im Gegensatz zum Krebs, der alle Eindrücke verinnerlicht, ohne zu handeln (passives Mond-Prinzip), tritt sie in eine aktive Beziehung zu der sie umgebenden Welt. Ihre Form der Bewältigung schließt das Bedürfnis danach ein, das Bearbeitete und Verdaute in sichtbare Handlung umzusetzen und damit einen Kontakt nach außen herzustellen.

Das Gegenzeichen der Jungfrau sind die Fische, die die Freiheit der Seele und die Auflösung materieller Grenzen und Zwänge symbolisieren. Sie stellen den Schattenanteil der Jungfrau dar, das zu integrierende, polare Gegenprinzip, ihre verborgene Sehnsucht. Aus diesem Streben nach innerer Freiheit und Unabhängigkeit und dem Bewusstsein der unumgänglichen Beschränkungen, die die stoffliche Welt dem Menschen auferlegt, resultiert ein seelisches Ringen, das sich somatisch in körperlichen Reaktionen äußert.

Die Jungfrau und das ihr zugeordnete 6. Haus entsprechen den psychosomatischen Reaktionen, mit denen der Körper eine ungeeignete Anpassung an die Umweltbedingungen beantwortet. Krankheitssymptome bilden ein Regulativ für das Handeln gegen unsere innerste Natur; sie zeigen an, dass wir unsere instinktive Seite und unseren Lebenstrieb missachtet haben.

DAS JUNGFRAU-SYMBOL*

♍ Das Symbol für die Jungfrau ist dem des Skorpions ♏ ähnlich; in beiden Zeichen findet sich ein Bild, das einem »m« gleicht.

Zu der Zeit, als der Tierkreis noch aus zehn Abschnitten bestand, wurden die beiden Zeichen als zusammengehörig betrachtet und galten als das eine große Sternbild der Herbstzeit, dessen Symbol ein »m« war und das aus der Sterbe-Rune Yr ᛦ entstand. Die Entwicklung des Symbols aus der Sterbe-Rune enthält den Gedanken des sterbenden, abnehmenden Lebens, das im Herbst einsetzt. Die umgekehrte Rune Man Yr ᛉ ist im Ursprung des Zeichens Widder zu finden; sie hat dagegen, wie es den Jahreszeiten entspricht, mit Geborenwerden und Entstehung zu tun.

In einer Übergangszeit wurde das Herbststernbild als eine direkte Folge von Jungfrau und Skorpion, d.h. ohne Waage dazwischen, interpretiert. Später teilte man das große Herbststernbild in drei Abschnitte auf (Jungfrau, Waage, Skorpion), und der zwölfteilige Tierkreis entstand.

Die Waage, welche zwischen Jungfrau und Skorpion steht, wird von Ptolemäus noch als die »Scheren des Skorpions« bezeichnet, was auf den Gedanken hinweist, dass die Waage aus

---

* Das Symbol des Merkur, der sowohl die Zwillinge als auch die Jungfrau regiert, wurde bereits im Kapitel »Zwillinge« erläutert (s. S. 113).

dem Skorpion »entstanden« ist (vgl. »Das Waage-Symbol«, S. 239).

Das abgewandelte Runen-Symbol »m«, das das große Herbstbild symbolisiert hatte, ging auf die Jungfrau und den Skorpion über. Da der Abschnitt Jungfrau das Ende des Sommers und die Zeit der Ernte (besonders der Kornfelder) bezeichnete, wurde ihm die Jungfrau mit der Ähre, deren Bild schon aus der Mythologie bekannt war, zugeordnet. So wurde dem Zeichen »m« bei der Jungfrau als Symbol des ewigen und unvergänglichen Lebens (Ähre; Samenkorn, das überwintert) der Kreis hinzugefügt, beim Skorpion trat an dessen Stelle der Todesstachel des giftigen Tieres.

ZUR MYTHOLOGIE DER JUNGFRAU

Die Jungfrau hat in ihrer ursprünglichen Bedeutung nichts mit sexueller Jungfräulichkeit zu tun. Das Wort bezieht sich ganz einfach auf eine unverheiratete Frau, d.h. auf eine Frau, die keinem Mann gehört und die niemandes Ehefrau ist, sie gehört nur sich selbst. Sie ist weder der Besitz noch das Anhängsel oder die Ergänzung von irgendeinem anderen Menschen. Es gibt zahlreiche Jungfrau-Göttinnen in der Mythologie, und häufig werden sie nicht von einem sterblichen Mann geschwängert, sondern von einem höheren Geist (z.B. die Jungfrau Maria).

Die bekannteste Jungfrau-Göttin ist *Persephone*, auch *Kore*, das Mädchen, genannt (s. S. 154). Sie ist die Göttin des Frühlings und die Tochter der Fruchtbarkeits- und Erntegöttin Demeter. Sie lebt bei ihrer Mutter in einer warmen, sicheren Welt, in die kein Mann zugelassen wird, in der alles seine bekannte Ordnung und sein fest gefügtes Muster hat und die Sicherheit bietet, weil man alle Abläufe ebenso kennt wie den Namen der Dinge, von denen man umgeben ist. Aber etwas in Persephone sucht nach Erfahrung, und eines Tages geht sie allein aus, um Blumen zu pflücken. Hades, der Gott der Unterwelt, hat schon lange ein Auge auf sie geworfen und nützt die Gelegenheit, um sie zu entführen. Er zwingt sie, ihn zu ehelichen, und gibt ihr einen Granatapfel zu essen, der wegen seiner vielen Kerne ein Fruchtbarkeitssymbol ist und dessen Genuss sie für immer an die Unterwelt bindet. Persephone wird die Göttin der Toten und gebärt dem Hades ein Kind, Dionysos.

Demeter schwört, nie wieder etwas auf der Erde wachsen zu lassen, wenn sie ihre Tochter nicht zurückbekommt; und schließlich müssen Zeus, Hades und Demeter einen Kompromiss schließen, der besagt, dass Persephone ein halbes Jahr auf der Erde bei ihrer Mutter verbringen soll und ein halbes Jahr in der Unterwelt bei Hades.

Das Thema der Vergewaltigung und Entführung aus der Unterwelt ist ein wichtiges Thema der Jungfrau. Etwas aus dem Unbewussten, aus dem nicht-rationalen Teil der Psyche steigt auf und durchdringt die heile Welt der Kore. Und obwohl sie zu ihrer Mutter zurückkehren kann, ist da immer noch ihr Kind, Dionysos, der Gott der Ekstase, des Irrationalen, Unkontrollierbaren. Kore, die zu Persephone wird, muss diesen Teil des Lebens, der auch den Tod umfasst, in ihr Leben und in ihre heile, sichere Welt einlassen, um zur Vollständigkeit zu gelangen und wirklich Frau zu werden. Die Angst der Jungfrau vor dem Unbekannten ist das Bewusstsein, dass hinter ihrer wohl geordneten, überschaubaren Welt Chaos, Unordnung und Unberechenbarkeit lauern, die jederzeit einbrechen können.

EIN JUNGFRAU-MÄRCHEN:

Die Prinzessin auf der Erbse

Es war einmal ein Prinz, der wollte eine Prinzessin heiraten, aber es sollte eine richtige Prinzessin sein. Da reiste er in der ganzen Welt umher, um eine solche zu finden, doch überall war etwas im Wege; Prinzessinnen gab es genug, aber ob es auch eine richtige Prinzessin war, dahinter konnte er nicht kommen, immer war etwas da, was nicht ganz in Ordnung war. So kam er denn wieder nach Hause und war sehr betrübt, denn er wollte gar zu gerne eine richtige Prinzessin haben.

Eines Abends zog ein fürchterliches Unwetter herauf; es blitzte und donnerte, der Regen schüttete hernieder, es war ganz entsetzlich. Da klopfte es an das Stadttor, und der alte König ging hin, um aufzumachen.

Es war eine Prinzessin, die draußen stand, aber um Gottes willen, wie sah sie vom Regen und dem bösen Wetter aus! Das Wasser lief an ihren Haaren und Kleidern herunter, und es lief ihr bei den Schuhspitzen wieder hinein und an den Fersen wieder heraus, und doch sagte sie, sie sei eine wirkliche Prinzessin.

Das werden wir schon herausbekommen!, dachte die alte Königin; sie sagte aber nichts, ging in die Schlafkammer, nahm das ganze Bettzeug heraus und legte eine Erbse auf den Boden des Bettgestells; dann nahm sie zwanzig Matratzen, legte sie auf die Erbse und dann noch zwanzig Eiderdaunenbetten auf die Matratzen. Dort sollte nun die Prinzessin in der Nacht liegen.

Am nächsten Morgen erkundigte die Königin sich, wie die Prinzessin denn geschlafen habe. »Oh, entsetzlich schlecht!«, sagte die Prinzessin. »Ich habe fast die ganze Nacht kein

Auge zugetan. Gott weiß, was da im Bett gewesen ist. Ich habe auf etwas Hartem gelegen, sodass ich grün und blau am ganzen Körper bin! Es ist ganz schrecklich!« Da konnte man sehen, dass sie eine richtige Prinzessin war, weil sie durch die zwanzig Matratzen und durch die zwanzig Eiderdaunenbetten die Erbse gespürt hatte. So empfindlich konnte nur eine richtige Prinzessin sein.

Der Prinz nahm sie zur Frau. Nun wusste er, dass er eine richtige Prinzessin hatte, und die Erbse kam in die Kunstsammlung, wo man sie noch sehen kann, wenn niemand sie genommen hat.[*]

---

[*] Nach *Die güldene Kette. Schönste Volksmärchen*, Bertelsmann Verlag, 1957.

Dieses Märchen schildert auf humorvolle Weise, wie das Jungfrau-Prinzip funktioniert. Schon der Prinz verhält sich entsprechend, er sucht eine richtige Prinzessin, aber bei allen, die er findet, *ist etwas nicht in Ordnung*, er unterscheidet genau, was eine richtige Prinzessin ist und was nicht. Und weil er nicht bekommen kann, was er sich in den Kopf gesetzt hat (ein bisschen Pluto und Skorpion sind auch dabei), geht er betrübt wieder nach Hause.

Da im Märchen das Schicksal aber letztlich wohlwollend ist, kommt bei schlimmem Wetter schließlich die ersehnte Prinzessin ins Haus »geschneit«. Die alte Königin, auch eine kluge Jungfrau, findet rasch den richtigen Weg, um die Prinzessin zu prüfen.

Und die Figur der Prinzessin selbst? Sie spiegelt die Feinfühligkeit der Jungfrau wider, die jedes noch so kleine Detail wahrnimmt und mit einbezieht. Da die Jungfrau so vorrangig mit der Bewältigung der Umwelteindrücke beschäftigt ist, entgeht ihr nichts. Sie muss alles bemerken, spüren, analysieren, damit sie in ihrem Sinne adäquat, optimal, vorausschauend und prompt auf gegebene Situationen reagieren kann. Wer könnte das besser als sie?

ANALOGIEKETTEN

Entsprechungen des Prinzips »Jungfrau auf den verschiedenen Ebenen«

Farben:
Gedeckte Farben; Hellbraun, Sand, Beige, Grau.

Geruch:
Indifferent, der Geruch von Feldern und Heu.

Geschmack:
Differenzierter Geschmack, geschmackliche Abstufungen und Nuancen (z.B. in der Abfolge von Speisen), ungewürzt, »gesund«.

Signatur (Form und Gestalt):
Detailliert, ziseliert, mit vielen Einzelheiten und Abstufungen, zergliedert, differenziert; sorgfältige Ausführung; unauffällig, zurückhaltend.

Pflanzen allgemein:
Alle Grünpflanzen, die nicht blühen, die eher langsam wachsen und die sehr stark verzweigt sind. Alle Nutzpflanzen, aber auch jedes »Unkraut«; Kakao (ist mit allem kombinierbar).

Bäume, Sträucher:
Eberesche; Ginster, Besenginster.

Gemüse, Obst:
Getreide; Bohnen, Erbsen; Mirabelle, Brombeere; alle aus ökologischem Anbau, Spinat, Rüben, Kohl, Erdnüsse, Reis, Heidelbeeren, Schlehen, Haselnuss.

Blumen:
Astern, Nelken, Heidekraut; Ähren; Asparagus, alle Kleinblütler.

Gewürze:
Kümmel, Gewürznelke, Fenchel.

Heilpflanzen:
Kümmel, Fenchel, Dill, Schöllkraut; Haselstaude, Fünffingerkraut, Pimpernelle.

Tiere:
Haus- und Nutztiere; gelehrige, anpassungsfähige und arbeitsame Tiere; Bienen, Ameisen, Maultiere, Schlittenhund, Zugpferde; Wachteln; Chamäleon, Mäuse.

Materialien:
Sand; Lehm, Stroh.

Mineralien, Metalle:
Katzengold, Quarz, Sand, Glas, Bernstein; Granat; Rauchquarz; grüner Achat; Jaspis; Messing.

Landschaften:
Getreidefelder, Schrebergärten, Nutzflächen; allgemeine Orte wie Schulen, Werkstätten, Märkte.

Berufe:
Alle Berufe, die die Möglichkeit bieten, klares Denken, Unterscheidungsvermögen und einen Sinn für geordnete Strukturen einzusetzen; Berufe, die ein hohes Maß an Spezialisierung erfordern; Berufe, für die eine genaue Beobachtungsgabe und die Fähigkeit, Schwachstellen zu entdecken, nötig sind, die praktische Planung erfordern und die Möglichkeit bieten, Ordnung zu schaffen; Berufe, die das Gefühl vermitteln, dass man gebraucht wird und einen sinnvollen Beitrag leistet. Pädagogische Berufe: Lehrer, Dozent. Naturwissenschaftler, Medizintechniker, Chemiker, Apotheker, Laborant; Ingenieur; Vermessungstechniker; Statistiker, Archivar, Buchhalter, Steuerprüfer, Wirtschaftsprüfer, Finanzbeamter; Jurist (besonders Verwaltungsrecht); Restaurator; Schriftsetzer; Kritiker. »Präzisionsberufe«: Uhrmacher, Optiker, Monteur, Feinmechaniker, Instrumentenbauer, technischer Zeichner. Büroangestellter; Beamter; Schneider, Gärtner (besonders Ziergarten); Kran-

kenschwester, Kindergärtnerin, Hotelangestellte, Arbeit in Fürsorge- und Registraturstellen.

Hobbys, Sportarten:
Briefmarkensammeln, Heimwerken, Schneidern, Gartenarbeit, Restaurieren, Modelleisenbahnen, -autos, -figuren; Sportarten, die als gesund angesehen werden oder die pädagogischen Wert haben: Skilanglauf, Spazierengehen, Jogging, Gymnastik, Dressurreiten.

Verkehrsmittel:
Kombifahrzeuge, Nutzfahrzeuge, Abschlepp- und Streuwagen, LKWs, Traktor.

Wohnstil:
Eher sachlich oder zweckgebunden; aber auch Vorliebe für Nippes und Kitsch, nichts wegwerfen können, Einzelstücke; (selbst restaurierte) Antiquitäten.

Wochentag:
Mittwoch (Tag der Mitte, frz. *mercredi* [Merkur, der Mittler]).

Gesellschaftsform:
Demokratie; bürokratische Staatsformen, der Beamtenstaat, Gesellschaftsformen mit klar festgelegten hierarchischen Strukturen, die Sicherheit bieten (jeder weiß, wo er steht).

Entsprechungen auf der Ebene des menschlichen Körpers:
Darm, Bauchspeicheldrüse (exkretorische Funktion): Aufnahme und Verwertung der Nahrung, Enzyme und Fermente.

Krankheiten allgemein:
Störungen in der Nahrungsaufnahme und -verwertung, Durchfälle und Verstopfung, Enzymmangel, Schlafstörungen, Narkolepsie.

WIE WIRKEN DIE JUNGFRAU UND DER JUNGFRAU-MERKUR IN MEINEM HOROSKOP, WAS SAGEN SIE AUS?

1. Wie gehe ich mit den gegebenen Bedingungen um? Bin ich geschickt, baue ich Widerstände auf? Wie gut kann ich sie nutzen?
2. Wie viel Freiraum nehme ich mir und wie viel lasse ich den anderen?
3. Wie ausgeprägt sind meine Beobachtungsgabe und mein Beobachtungsbedürfnis?
4. Wie sehr versuche ich, die Dinge im Voraus zu berechnen, und wie sehr plane ich im Voraus?
5. Was macht mir Angst? Wie gut kann ich ungeordnete Verhältnisse ertragen? Welche Gefühle lösen die Worte »Chaos«, »Auflösung«, »Grenzenlosigkeit« in mir aus?
6. Wie ökonomisch setze ich meine Energie und allgemein meine Mittel ein?
7. Gibt es einen deutlichen Zusammenhang zwischen Erkrankungen und problematischen Lebenssituationen? Neige ich zu psychosomatischen Reaktionen?
8. Wie wichtig sind mir Themen wie Gesundheit, Hygiene sowie körperliche oder seelische Reinigung?
9. Wie komme ich mit dem Alltag und Routinearbeiten zurecht?

ZITATE ZUM JUNGFRAU-PRINZIP

Der Weise kennt keine unumstößlichen Grundsätze: Er passt sich anderen an. *Laotse*

Wer essen will, soll den Koch nicht beleidigen.

Chinesisches Sprichwort

Nichts kann mehr zu einer Seelenruhe beitragen, als wenn man keine Meinung hat.

Georg Christoph von Lichtenberg

Beobachtung ist der Schlüssel zum Verständnis des Lebens. *Fred Allen Wellisch*

Die Angewohnheit zu analysieren hat die Tendenz, die Gefühle zu verwischen. *John Stuart Mill*

Es gibt zwei gleich gefährliche Abwege: die Vernunft schlechthin zu leugnen und außer der Vernunft nichts anzuerkennen. *Blaise Pascal*

Die zweitwichtigste Kunst nach der Fähigkeit, Gelegenheiten zu ergreifen, ist, zu wissen, wann ein Vorteil ungenutzt bleiben muss. *Benjamin Disraeli*

Wahrscheinlich hilft nichts einem Menschen mehr, Schwierigkeiten zu überwinden oder zu ertragen, als das Bewusstsein, eine Aufgabe im Leben zu haben. *Viktor Frankl*

Der Weidenzweig wird durch die Last des Schnees nicht gebrochen. *Aus Japan*

Der weise Mann fügt sich den Verhältnissen, wie das Wasser sich der Form des Gefäßes fügt. *Aus China*

Der bessere Teil der Tapferkeit ist Vorsicht.

William Shakespeare

Ich denke an jede Kleinigkeit zwischen mir und ihr und fühle, dass Kleinigkeiten die Summe des Lebens ausmachen.

Charles Dickens

Wer sich vor dem Ertrinken fürchtet, tut besser, schwimmen zu lernen, als dem Wasser auszuweichen.

Karl Heinrich Waggerl

Durch Vernunft, nicht aber durch Gewalt soll man die Menschen zur Wahrheit führen.

Denis Diderot

Vorsicht und Misstrauen sind gute Dinge, nur sind ihnen gegenüber Vorsicht und Misstrauen nötig.

Christian Morgenstern

Die Vorsicht ist einfach, die Hinterdreinsicht vielfach.

Johann Wolfgang von Goethe

Ein Mönch sagte zu Joshu: »Ich bin gerade ins Kloster eingetreten. Bitte lehre mich.« Joshu fragte: »Hast du deinen Reisbrei gegessen?« Der Mönch antwortete: »Ich habe gegessen.« Joshu sagte darauf: »Dann geh, und wasche deine Essschale aus.«

Zen-Geschichte

Neun Zehntel unseres Glücks beruhen allein auf der Gesundheit. Mit ihr wird alles eine Quelle des Genusses. Hingegen ist ohne sie kein äußeres Gut, welcher Art es auch sei, genießbar.

Arthur Schopenhauer

Es kommt darauf an, den Körper mit der Seele und die Seele durch den Körper zu heilen.

Oscar Wilde

Angst ist die Abwesenheit von Vertrauen.

Paul Johannes Tillich

♎

WAAGE
Siebtes Zeichen des Tierkreises, 180°–210°

Symbol:
Die Waage als Symbol des Abwägens, Bemessens, der gerechten, ausgewogenen Beurteilung und des Gleichgewichts der Kräfte.

Jahreszeit:
Herbstbeginn (23. September bis 22. Oktober).

Qualität:
Männlich-aktiv, Yang. Element: Luft. Kardinales, in Gang setzendes Zeichen.

Herrscher:
♀ Venus (siehe »Stier«, S. 85).

Häuserzuordnung:
7. Haus (kardinales Haus).

Auf dem Tierkreis gegenüberliegendes Zeichen:
Widder.

Botschaft/Schlüsselsatz:
Ich begegne anderen Menschen. Ich wäge ab und gleiche aus.

Schlüsselworte:
Begegnung, Offenheit nach draußen; Ausgewogenheit, Gerechtigkeit; Ästhetik.

Charakteristika:
Gesellig, kontaktfreudig, sozial, höflich, taktvoll, entge-

genkommend, charmant, diplomatisch. Vermeidet Extreme in der Stellungnahme und Meinungsäußerung. Vermittelnd, tolerant, bereit, sich in andere und Andersartiges hineinzuversetzen; offen, aufgeschlossen, kompromissbereit, Bemühung um objektive, unparteiische Sicht der Dinge. Sieht immer beide Seiten einer Sache, Suche nach harmonischem Ausgleich und dem rechten Maß der Dinge, nach Gerechtigkeit und Ethik. Sehnsucht nach Ausgewogenheit, Harmonie und Schönheit. Liebe zur Kunst und Kultur, zum Ästhetischen; Suche nach idealen menschlichen Beziehungen, nach dem idealen Partner, der idealen Gruppe oder Gemeinschaftsform, nach der idealen Zusammenarbeit. Suche nach Ergänzung; Sehnsucht nach Vollkommenheit und Gleichgewicht. Gemeinschaftsorientiert, friedliebend, Verlangen nach Zuneigung, Anerkennung und Beifall, kokett, flirtend, in Beziehungen wettbewerbsorientiert. – Strategisch, planend. – Initiativschwäche, Entschlusslosigkeit, passiv, will Entscheidungen abgenommen bekommen, sich »durchmogeln«, sich »vage« verhalten, Ideen statt Taten (das »Schreibtischtätersyndrom«), sich klammern an ein übertünchtes, rosarotes Leben, Scheinharmonie, Angst vor Emotionalität und Gefühlsüberschwang. – Kompromisslos, aggressiv. Sieht eigensinnig immer beide Seiten einer Sache und verfehlt dabei die eigentlich angestrebte Mitte.

Thema

BEGEGNUNG MIT MENSCHEN UND IDEEN – BEZIEHUNGEN – DER PARTNER – ERGÄNZUNG ZUM ICH – DIE FÄHIGKEIT ZUM KOMPROMISS – UNPARTEIISCHES URTEILSVERMÖGEN – AUSGEWOGENHEIT UND ÄSTHETIK

In den Zeichen Widder bis Jungfrau ging es um das Herausbilden einer Persönlichkeit, die Bezug zu ihren Instinkten und Gefühlen hat, diesen in ihrem Handeln Ausdruck verleihen kann und die schließlich lernt, dass ihrer völligen Entfaltung Grenzen gesetzt sind, an denen sie sich orientieren muss. Die Zeichen bis hin zur Jungfrau sind vorrangig mit den eigenen inneren Antrieben und persönlichen Bedürfnissen befasst. Das Grundgefühl »Ich in dieser Welt« entsteht auf den verschiedenen Ebenen.

Jetzt, am Punkt der Herbsttagundnachtgleiche, wird sich der Mensch zum ersten Mal der Tatsache voll bewusst, dass wir nicht nur in einer Gemeinschaft leben, die uns begrenzt und in der wir nur einen bestimmten, persönlichen Freiraum zur Verfügung haben (Jungfrau), sondern dass die uns begegnende Umwelt auch einen Ergänzungscharakter hat. Er erkennt, dass unser Fortbestand von einer gewissen sozialen Ordnung und unserer Fähigkeit abhängt, mit anderen Menschen zusammenzuwirken und uns wie ihnen eine gerechte und Einseitigkeiten vermeidende Betrachtungsweise angedeihen zu lassen. Nur so sind eine harmonische Gemeinschaft und ein faires Zusammenleben möglich.

Dies sind die Grundanliegen der Waage: offen zu sein für das, was uns begegnet, und darin eine Ergänzung für die eigene Persönlichkeit zu finden – zum Ich gesellt sich ein Du –, und ein gerechtes, auf Harmonie und Kompromiss bedachtes Verhalten, das Extreme ausgleicht und Gegensätze verbindet.

Die Waage ist ein Luftzeichen und hat daher mehr mit dem Kopf und dem Intellekt zu tun als mit Gefühlen. Ihre Offenheit ist eine ganz andere als die des Krebses, Identifikation ist nicht ihre Sache. Der andere als ideale Ergänzung, als lebendig gewordenes Denken, sind ihre Themen, nicht Verschmelzung und Geborgenheit. Die Waage gehört zum dritten Quadranten des Horoskops, in dem es sowohl um unser Denken, also unsere inneren Bilder und Vorstellungsinhalte, als auch um die Begegnung mit der Außenwelt geht.

Es mag sich die Frage erheben, was denn unser Denken mit Begegnung und Beziehungen zu tun hat. Tatsache ist, dass wir nur dem wirklich begegnen können, was in unserem Denken an Bildern, Vorstellungen und Ideen, sei es bewusst oder unbewusst, bereits enthalten ist. Diese Inhalte sind zwar auch Teil unseres eigenen Wesens, jedoch auf der mentalen Ebene. Wir erfahren sie als von außen kommend, quasi sich materialisierend. Deshalb enthalten die Waage und das ihr zugeordnete 7. Haus z. B. unser (unbewusstes) Partnerbild, das sich in einem konkreten Menschen, dem wir begegnen und der unsere Aufmerksamkeit erregt, manifestiert. Anders ausgedrückt, reagieren wir nur auf Menschen und Dinge, die bereits als Idee oder Vorstellung als eine Art »Blaupause« in uns enthalten sind. Charakteristisch für die Waage ist die distanzierte, ästhetische Betrachtung der Dinge, für die das Prinzip von Gleichmaß und Eleganz eine wesentliche Rolle spielt. Jahreszeitlich gesehen, hat die Natur zur Waage-Zeit – im Oktober – ein Stadium erreicht, das zwischen dem Aufblühen und dem Wachstum während der Frühlings- und Sommerperiode und dem Rückzug unter die Erde und dem Vergehen des Herbstes und Winters steht. Dies ist ein Augenblick beschaulichen Betrachtens, eine Art Kontemplation, der Genuss der Schönheit, die bald vergehen muss. Bezogen auf die menschliche Entwicklung entspricht diese Phase der Ausbildung der Kultur und all dessen, was wir als kultiviert bezeichnen. Dazu gehören die Kunst, die Ästhetik, der Geschmack, Eleganz und ganz allgemein die Verfeinerung der Lebensart.

Die Waage setzt den intensiven und eher unreflektierten Antrieben des gegenüberliegenden Zeichens Widder die Fähigkeit entgegen, distanziert und unparteiisch über Gegensätze nachzudenken und dabei nach der vereinenden Kraft zu suchen, die alles, was existiert, ins rechte Verhältnis zueinander setzt und die so die angestrebte genussvoll-ästhetische Betrachtungsweise erlaubt. Der »Goldene Schnitt« in der Kunst veranschaulicht diese Einstellung: Alle Dinge sollen untereinander ein bestimmtes ideales und ausgewogenes Verhältnis besitzen.

Motivation

VERLANGEN NACH KONTAKTEN – BEGEGNUNG MIT MENSCHEN UND IDEEN, DIE DIE EIGENE PERSÖNLICHKEIT ERGÄNZEN UND ERWEITERN – DAS GLEICHGEWICHT DER KRÄFTE – DER WUNSCH NACH GERECHTIGKEIT – DIE SUCHE NACH VOLLKOMMENHEIT – MÄSSIGUNG DES INSTINKTBEREICHS

Eine Waage ohne Beziehungen ist wie ein Fisch ohne Wasser. Tiefstes Motiv des waagebetonten Menschen ist das Gefühl, sich im anderen spiegeln zu wollen, für die eigene Person ein Gegenüber zu finden, das ergänzend und vervollständigend wirkt. Es entsteht hier das Bild einer Wippe, bei der auf beiden Seiten jemand sitzen muss, damit das Ganze funktioniert.

Dieser Gedanke einer Wippe (oder eben der Waage mit ihren beiden Schalen) erstreckt sich nicht nur auf den Wunsch nach mitmenschlichen Kontakten, sondern geht in sehr subtile Bereiche des menschlichen Lebens. Im Sinne der allgemeinen Harmonie sollen Gegensätze gemildert werden, und interessanterweise weisen waagebetonte Frauen häufig maskuline Züge auf und waagebetonte Männer eher feminine. Dies kann sich im Äußeren ebenso wie in Charaktermerkmalen zeigen, worum es aber an sich geht, ist, jede Form von Einseitigkeit zu vermeiden. Vollkommenheit heißt für dieses Zeichen völlige Ausgeglichenheit und eine möglichst gleichmäßige Vermischung der verschiedenen Kräfte.

Das Zeichen Waage hat mit der Mäßigung der instinktiven, auf das rein Persönliche gerichteten Antriebskräfte zu tun. Es geht um ein den subjektiven Bedürfnissen übergeordnetes Denken, eines, das die Natur und die Bedürfnisse anderer wahrnimmt und einbezieht. Es geht um Ausgleich und darum, in jeder Situation unparteiisch und gerecht zu handeln und zu urteilen. Ein wichtiger innerer Antrieb der Waage besteht in der Suche nach dieser Gerechtigkeit und in der Notwendigkeit, einem solchen ethischen und idealen Maßstab zu genügen. Der Wunsch nach Gleichgewicht und Harmonie, die Ausrichtung des Individuums auf die Gemeinschaft hin führen zu einer Entscheidung für den mittleren Weg, der Extreme vermeidet.

Das Zeichen Waage hat eine tiefe Sehnsucht nach einer Welt, in der das Zweckmäßige und Nützliche (Jungfrau-Prinzip) durch Schönheit, durch Künstlerisch-Ästhetisches und Harmonie, Gelassenheit und Ausgeglichenheit ersetzt wird.

Psychologie

Plato berichtet von einer Sage, die sich auch in zahlreichen anderen Überlieferungen findet: Ursprünglich soll der Mensch androgyn, also männlich und weiblich zugleich gewesen sein. Als Strafe für einen nicht näher beschriebenen Frevel teilten die Götter dieses Wesen in zwei Teile. Seitdem versuchen diese beiden Hälften, ihre Einheit wiederherzustellen, was ihnen mehr oder weniger gut gelingt. Dieses Suchen nach der verlorenen Einheit ist das, was wir Liebe nennen.

Das Verhalten des Waage-Menschen wird von dem tiefen Verlangen bestimmt, eine Ergänzung – die verlorene Hälfte – wieder zu finden. Es geht ihm dabei allerdings nicht nur um die Liebe und um Menschen. Auch Ideen, eine Arbeit, ein Projekt können dieses Gefühl der Vollständigkeit vermitteln. Trotzdem bleiben menschliche Beziehungen sein Hauptanliegen: sich mit anderen gut verstehen, verträglich und kompromissbereit sein, niemandem Kummer machen. Wenn die Stimmung der Waage gut sein soll, darf man sie nicht zu sehr unter Beschuss nehmen. Je mehr sich Beziehungen in einer Atmosphäre von Leichtigkeit, Flirt und Unverbindlichkeit abspielen und je mehr die Waage in sich ungetrübte Heiterkeit und Gelassenheit fühlen kann, desto besser geht es ihr – ganz im Gegensatz zu dem ihr auf dem Tierkreis nachfolgenden Skorpion, für den Krisensituationen geradezu das Salz in der Suppe sind.

Wichtiger noch als das Prinzip der Harmonie scheint ihr aber das des Ausgleichs zu sein. Auf einer Party beispielsweise, auf der alle in rosaroter Stimmung versinken und ein großes »Liebet einander« Motto des Abends zu sein scheint, werden wir voll Erstaunen eine ganz andere Waage kennen lernen: eine aggressive, zänkische, die den Frieden des Abends durchbricht und ihren Widder-Schatten von der anderen Seite des Tierkreises herbeiholt.

Die Umwelt und ihre Meinung ist der Waage wichtig. Da alle ihre Erwägungen ja immer den oder die anderen einbeziehen, fällt es ihr schwer, eine Entscheidung zu treffen, die ausschließlich eigene Interessen berücksichtigt. Wenn der Widder sich sagt: »Wo ein Wille ist, ist auch ein Weg«, wird die Waage es problemlos fertig bringen, so viele mögliche Wege zu entdecken und sie gegeneinander abzuwägen, dass vom ursprünglichen Willen nichts mehr zu finden ist.

Diese mangelnde Willensstärke wird jedoch durch die Fähigkeit ausgeglichen, bei Meinungsverschiedenheiten objektiv zuzuhören, die Argumente beider Seiten abzuwägen und einen tragfähigen Kompromiss zu finden. Eine wesentliche Gabe der Waage ist es, vermitteln und ausgleichen zu können. Auch Unerfreuliches kann sie hübsch verpackt an den Mann bringen, und nicht umsonst ordnet man ihr Diplomatie und Taktik zu.

Auffallend ist ihr Talent, Schönheit, Harmonie und Proportion herzustellen. Besonders Waage-Aszendenten beeindrucken durch Eleganz und Ästhetik, was sich häufig auch in der Gestaltung der Einrichtung und ähnlichem äußert. Stilsicher wird die Waage aus wenigen Elementen ein geschmackvolles Ganzes entstehen lassen.

Trotz ihres Hangs zum Idealen, Vollkommenen ist die Waage weder verbohrt noch dogmatisch. Für sie setzt sich die Welt aus unterschiedlichen, oft gegensätzlichen Standpunkten und Möglichkeiten zusammen, eine Art Puzzlespiel, dessen Teile so passend wie möglich zusammengefügt werden sollen. Um dies zu erreichen, fügt die Waage da und dort ein wenig hinzu und nimmt anderenorts ein wenig weg, scharfe Ecken und Kanten sind nicht nach ihrem Geschmack, unnachgiebiges Beharren auf Meinungen und Vorstellungen nicht ihre Art. Höchstens wird sie ein wenig melancholisch auf die unvermeidliche Unvollkommenheit der Welt reagieren. Dann mag sie vielleicht hinausgehen und dem ästhetischen Tanz fallender Blätter im Herbstwind zusehen, immer auf der Suche nach einem Zipfelchen des erträumten Ideals ...

Lernaufgabe

FORM VERSUS INHALT – IDEAL VERSUS REALITÄT – EIGENDURCHSETZUNG VERSUS HARMONIESTREBEN – KONTAKTBEDÜRFNIS VERSUS PERSÖNLICHE UNABHÄNGIGKEIT – OBJEKTIVES SEHEN – ENTSCHEIDUNGS- UND ENTSCHLUSSKRAFT

Als Luftzeichen untersteht die Waage der Welt der Ideen. Ihre Grundidee besteht in der Vollkommenheit der Form. Sie ist das einzige Zeichen im Tierkreis, das durch einen unbelebten Gegenstand symbolisiert wird: durch die Waage, ein Messinstrument.

Beim Vorgang des Wiegens wird ein Gegenstand mit einem allgemein anerkannten Standardgewicht verglichen. Die Waage ist also ein Zeichen des Messens, Bewertens und Urteilens. So weit, so gut. Lediglich die Frage des Maßstabs für diese Bewertung ist nicht so recht geklärt. Einerseits mag er etwas sein, was durch allgemeine Übereinkunft Gültigkeit hat. Hierin zeigt sich eine gewisse Nähe zum Steinbock, und Saturn, der den Steinbock regiert, ist in der Waage erhöht. Andererseits ist der von der Waage angelegte Maßstab sehr häufig einfach eine Frage des Geschmacks und hat dann viel mit Ästhetik zu tun, was der rauen Wirklichkeit nicht immer gerecht wird. Für die Waage existiert die Beziehung zu anderen Menschen – und auch der betreffende Mensch selbst – zuerst einmal als Idee. Das bedeutet, dass etwas in einem idealeren Licht gesehen wird, als es letztlich sein kann. Nichts, was immer es sein mag, kann auf Dauer formvollendet und ästhetisch perfekt sein. Ernüchterung ist die unausweichliche Folge. Hinzu kommt, dass kein Mensch in der Lage ist, andere Menschen und die Welt allgemein objektiv zu sehen. Immer haben wir einen Filter, unser privates Fenster nach draußen. Die Waage fordert uns zum losgelösten Betrachten, zum zweckfreien Sehen dessen auf, was und wer sich um uns herum befindet. Sie bietet uns die Chance, die Vielfalt der Welt mit Interesse zu erleben, uns für sie zu öffnen und uns durch sie bereichern zu lassen, ohne sie zu analysieren oder sie durch ein Bewertungssystem oder besondere Absichten zu verformen.

Die Waage ist aber auch das Zeichen der Gemeinsamkeit und des Ausbalancierens der verschiedenen Seiten des Lebens. Daraus ergibt sich zwangsläufig ein Konflikt mit dem Thema der Selbstbehauptung und Ich-Durchsetzung, die das gegenüberliegende Zeichen Widder symbolisiert. Die Fähigkeit, beide Seiten zu sehen und in Betracht zu ziehen, kann zu Handlungsschwäche und Entschlusslosigkeit führen. Steht eine Entscheidung an, so erhebt sich immer die Frage, ob denn schon alle Alternativen ausgelotet wurden. Auch hier ist die Fähigkeit zur Ausgewogenheit gefragt, zwischen dem Abwägen und der konkreten Entscheidung (das Wort *entscheiden* lässt sich zurückführen auf die Vorstellung »das Schwert aus der Scheide ziehen«; Widder-Prinzip). Im Grunde möchte der Waage-Mensch der konkreten und banalen Alltagsrealität entfliehen und sich durch ständige Verfeinerung von der groben Materie befreien.

Wenn wir uns die Waagschalen auf beiden Seiten des Tierkreises vorstellen, eine für den Widder und eine für die Waage, so ergibt sich aus dem Prinzip selbst die Notwendigkeit, beide Seiten im Gleichgewicht zu halten: Die Seite des Ich und die des Du, die des Kontaktbedürfnisses und die der Selbstbehauptung.

Ein weiteres Problem der Waage ist das so genannte »Schreibtischtätersyndrom«. Da sie das Zeichen der Eleganz ist, macht sie sich ungern die Hände selbst schmutzig. Planung, Strategien, Reißbrettarbeit liegen ihr sehr, die Kastanien soll aber bitte ein anderer aus dem Feuer holen. Konflikten, Streitereien und sonstigen unangenehmen Situationen weicht sie gerne aus. Deshalb benötigt die Waage als Ergänzung das Widder-Prinzip, um dort, wo es angebracht ist, Eigeninitiative, Entschlusskraft und Durchsetzungsfähigkeit zu entwickeln.

Lebensziel

BEGEGNUNGSFÄHIGKEIT – INSPIRATION VON AUSSEN – DIE WECHSELWIRKUNG ZWISCHEN MENSCHEN – PARTNERSCHAFT – DIE VOLLKOMMENE ÄSTHETISCHE FORM

»Eins und eins macht drei« könnte der Wahlspruch der Waage sein, da für sie die Kombination zweier Teile mehr ergibt als nur die Summe dieser Teile. Dies gilt sowohl für die Begegnung mit einem Menschen, der als Spiegel und Vervollständigung der eigenen Persönlichkeit verstanden wird, als auch für die Begegnung mit einem Buch, einer Idee, einem Ereignis. Etwas kommt von außen auf den Menschen zu, und das Ergebnis ist eine Integration neuer Inhalte und eine Auswahl dessen, was als längerfristig interessant und beständig angesehen wird. Hier beginnt die Überleitung vom Waage-Prinzip, das einfach offen ist für Begegnungen verschiedenster Art, zum Skorpion-Prinzip, das sich auf eines oder mehrere dieser Themen festlegt. Während die Waage den Kontakt zum Mitmenschen wünscht, ohne sich festzulegen, kann der Skorpion nicht anders, als sich zu fixieren. Daher rührt der Ruf waagebetonter Menschen, dass hinter ihrem Charme und ihrer verbindlichen Art wenig Verlässliches steht.

Tatsächlich geht es dem Waage-Prinzip mehr um die Form als um den Inhalt. Das Erreichen einer ausbalancierten idealen Form – zu der im Alltagsverhalten z.B. auch Diplomatie und Höflichkeit zählen – ist eine wesentliche Zielvorstellung des Zeichens. R. L. Wing* erläutert diese Grundstimmung in ihrer Interpretation des Hexagramms 22 des I Ging, »Anmut« (BI), mit folgenden Worten: »Dies ist ein Augenblick vollkommener, ausbalancierter, ästhetischer Form. Diese alles durchdringende Eleganz bringt dem Herzen Freude, dem Verstand Klarheit und der Seele Frieden. Sie sind in einem Zustand der Anmut. Wenn Sie sich mit der außerordentlichen Einsichtsfähigkeit, die Ihnen in diesem Augenblick gegeben ist, auf Ihre Umgebung besinnen, können Sie die Vision einer möglichen Vollkommenheit in die Welt tragen. Doch ehrgeizige Versuche, diese Perfektion zu erreichen, wären ein Fehler ... Denken Sie daran, dass im Augenblick die Betonung eher auf der Form als auf dem Inhalt liegt. Verwechseln Sie nicht das eine mit dem anderen.«

---

* R. L. Wing: *Das illustrierte I Ging*, Heyne Verlag, 1982.

DAS WAAGE-SYMBOL*

♎ Die Waage ist das dem Widder gegenüberliegende Tierkreiszeichen. Während 0° Widder die Frühlingstagundnachtgleiche bezeichnet und damit den Aufbruch der Kräfte, den Beginn oder Uranfang, stellt 0° Waage die Herbsttagundnachtgleiche dar, die hinüberleitet zum Kürzerwerden der Tage und dem Sterben der Natur im November, währenddessen die Sonne den Abschnitt Skorpion durchläuft.

Wie bereits im Kapitel »Das Jungfrau-Symbol« erwähnt, ist die Waage erst später, etwa im 7. Jahrhundert v. Chr., aus dem großen Herbststernbild entstanden. Ihr Bild erklärt sich einerseits aus der Tatsache, dass in der Natur ein Gleichgewicht der Kräfte eintritt; Tag und Nacht sind wieder gleich lang, doch diesmal ist es nicht das Gleichgewicht, aus dem erst etwas entstehen soll (Widder), sondern das Gleichgewicht, das sich nach einer durchlaufenen Entwicklung und einem Reifeprozess einstellt. Vor dem Übergang zum eigentlichen Sterben der Natur tritt noch einmal ein Augenblick des Innehaltens, des Abwägens dessen, was gewesen ist, ein. Ein letztes Aufblühen (wir bezeichnen diese Zeit als den »goldenen Oktober«) findet statt, Reife und Fülle an Farben und Formen. Während im Sommer frische, bunte Farben, intensives Licht und Wärme vorherrschen, sind in der Waage-Zeit die Farben voll, satt und golden. Weder die Hitze des Sommers noch die Kälte des Winters sind zu spüren, und doch ist von beidem etwas in der Luft und Stimmung enthalten, die den Ausgleich der Gegen-

---

* Da die Venus sowohl über den Stier wie über die Waage herrscht, sind ihre Entsprechungen bereits unter dem Kapitel »Stier« aufgeführt (s. S. 85).

sätze symbolisiert – wie die Waage selbst, die auf beiden Schalen gleich viel Gewicht haben muss, um in der Balance zu sein. Zum anderen wurde die Waage aus den »Scheren des Skorpions« gebildet. Der Skorpion, der von Mars und Pluto regiert wird, hat mit archaischen Antrieben und Verhaltensmustern zu tun und mit dem Teil in uns, den wir als »roh, instinktiv, böse, tierisch« usw. bezeichnen. Hier geht es nicht, wie bei der Waage, um die geistige Fähigkeit des Menschen, ein Gleichgewicht zwischen Erkenntnis und Handlung herzustellen, in das die Kriterien des kultivierten, harmonischen Zusammenlebens einfließen.

Die Waage ist seit jeher ein Symbol für Gerechtigkeit, Objektivität, Unparteilichkeit und das Gleichgewicht der Gegensätze (vgl. das ägyptische Totengericht, den Erzengel Michael, der beim Jüngsten Gericht die Seelen wiegt, usw.). Die Gerechtigkeit des Skorpions jedoch ist mehr die der instinktiven Natur: »Auge um Auge, Zahn um Zahn.«

Aus dieser archaischen, dem Instinkt folgenden Verhaltensweise heraus, für die es vor allem um das Überleben und den Fortbestand der Rasse geht, entwickelte der Mensch die Fähigkeit, sich von seinen Instinkten zu distanzieren, um einen objektiven, abwägenden Standpunkt einnehmen zu können. Dieser beruht nicht auf persönlichen Gefühlen, sondern auf einer unparteiischen Bewertung aller Faktoren. Auf dem Tierkreis ist die Waage das Oppositionszeichen des Widders, d.h., sie ist räumlich gesehen das Zeichen, das am weitesten vom Widder, dem Zeichen der ungestümen, impulsiven Handlung, entfernt ist. Hier entwickelt sich die Fähigkeit des Menschen, die ungebändigte Instinktnatur unter Kontrolle zu halten und ihr klares, ausgewogenes Denken und übergeordnete Kriterien entgegenzusetzen. Durch diese Fähigkeit wird der Mensch begegnungsfähig. Das Zurücknehmen seiner spontanen Impulse bewirkt das

Entstehen der kultivierten, dem Ästhetischen zugewandten Seite des Menschen. Kriterien der Harmonie, der Vollkommenheit und Kultiviertheit überwiegen und regeln das Zusammentreffen der Menschen, wie es vom Beziehungszeichen Waage dargestellt wird.

ZUR MYTHOLOGIE DER WAAGE

Da die Waage unterschiedliche Themen zusammenfasst, deren gemeinsamer Nenner in Bezug zum Mitmenschen und in der Organisation eines gerechten und harmonischen Zusammenlebens liegt, können ihr auch verschiedene Mythen zugeordnet werden.

Der Mythos des Paris bezieht sich auf das Thema der Liebe und der Wahl des Herzens, die gleichzeitig eine Wahl des persönlichen Geschmacks ist. Thetis symbolisiert die Gerechtigkeit und Unparteilichkeit des Waage-Zeichens, die auch im Mythos der ägyptischen Maat ausschlaggebend sind, sich hier aber weniger auf die menschliche Gerechtigkeit beziehen als auf die des Jenseits.

Paris, der Sohn des Königs Priamos von Troja und seiner Gemahlin Hekabe, war ein Jüngling von ungewöhnlicher Schönheit und großem Geschick, der den Göttern auffiel. Auf Geheiß des Zeus brachte der Götterbote Hermes Hera, Athene und Aphrodite, die sich um einen goldenen Apfel mit der Aufschrift »Der Schönsten« stritten, zu Paris, um ein Urteil von ihm zu erhalten, wem dieser Apfel zustehe. Die Göttin Eris (Hader) hatte diesen Apfel bei der Hochzeit von Peleus und Thetis unter die Gäste geworfen, um Zwietracht zu säen.

Jede der drei Göttinnen versuchte nun, Paris zu bestechen: Hera versprach ihm die Herrschaft über die Erde, wenn er ihr den Apfel zuspreche, Athene den Sieg in der Schlacht und Aphrodite die schönste Frau der Welt.

Paris, dem nichts Gutes schwante, versuchte diplomatisch, den Apfel in drei gleiche Teile zu teilen, doch damit waren die Göttinnen nicht einverstanden. Schließlich ließ er sich, da keinerlei charmante Worte wirken wollten, von allen dreien versprechen, nicht verärgert zu sein und auf Rache zu sinnen, wenn sie verlieren sollten, was auch alle versprachen.

Der Gedanke, Herr über die Welt zu sein, reizte Paris wenig, denn so viel Macht und Verantwortung waren nicht seine Sache. In Schlachten zu siegen war ebenso wenig erstrebenswert für ihn (dies hätte eher ein Widder gewählt), aber die schönste Frau der Welt zu besitzen war etwas, das ihn begeistern konnte. Also sprach er den Apfel Aphrodite zu, was ihm die wütende Verärgerung von Hera und Athene eintrug, die Rache schworen, ungeachtet der Tatsache, dass sie das Gegenteil versprochen hatten.

Die schönste Frau der Welt war Helena, die Frau des Königs Menelaos von Sparta, die sich unter dem Einfluss Aphrodites heftig in Paris verliebte, als er an den Hof des Menelaos kam, wo er gastfreundlich aufgenommen wurde.

Nach neun Tagen musste Menelaos nach Kreta aufbrechen, um seinen Großvater zu bestatten, und Paris nützte die Gelegenheit, um mit Helena zu fliehen, nicht ohne etliches aus den Schatztruhen des Menelaos zu entwenden. Aus dieser Entführung entstand der Trojanische Krieg, der zehn Jahre lang dauern sollte.

Das Problem des Paris ist, dass er glaubt, die Götter seien gerecht und würden sich an ihre Abmachungen halten. Mit kluger Strategie versucht er sich abzusichern, jedoch umsonst. Nicht nur das Leben, auch die Götter haben ihre Schattenseiten ... Der Waage-Mensch lebt in der Vorstellung, das Universum müsse gerecht und ideal sein und seine Gesetze immer gültig. Wie Paris macht er jedoch meist im Lauf seines Lebens die Erfahrung, dass Gerechtigkeit und Fairness, Schönheit und Ausgewogenheit vom Menschen geschaffene Ideale sind, die sich in der konkreten Realität und dem Alltag nicht immer aufrechterhalten lassen.

Vor die Wahl gestellt, wählt Paris die »Schönste«, also die Liebe und seine weibliche Ergänzung. Das ist es, was ihn interessiert, wenn er schon gezwungen ist, sich überhaupt entscheiden zu müssen. Lieber wäre es ihm gewesen, einer Entscheidung ganz aus dem Weg zu gehen. Seine Geschichte scheint der Waage Recht zu geben: Aus der getroffenen Entscheidung resultiert ein jahrelanger Krieg, bei dem am Ende alles zerstört ist und kaum jemand überlebt. Paris hat gelernt: Einem jeden Recht getan ist eine Kunst, die niemand kann. Nicht einmal eine Waage.

Maat: Bevor der Verstorbene im alten Ägypten die Schwelle zum Jenseits überschreiten durfte, musste er vor einem Totengericht bestehen. Hier thronte in der »Halle der beiden Wahrheiten« der Totengott Osiris zusammen mit 42 grausigen Richtern mit Schlangen-, Widder- und Geierköpfen. Anubis, der schakalköpfige Gott, führte den Verstorbenen vor diese Richter, wo er sein doppelt negatives Bekenntnis ablegen musste: »Nicht habe ich bewirkt das Leid der Menschen, nicht habe ich Unrecht an die Stelle des Rechts gesetzt, nie habe ich die Waagebalken verschoben, nie habe ich wissentlich gelogen, nie habe ich jemanden verleumdet, nie habe ich an Türen gelauscht, nie sündigte ich wider die Natur von Männern, nicht fluchte ich auf die Götter ...« Während er diese Bekenntnisse ablegte, wurde sein Herz auf die linke Waagschale des Totengerichts gelegt und von Anubis gegen die Göttin der Wahrheit und Gerechtigkeit, Maat, oder, stellvertretend für sie, gegen ihre Feder, aufge-

Ägyptisches Totengericht. *Oben: Der Tote rechtfertigt sich vor seinen Richtern. Unten: Er wird von Anubis zur Waage geführt, sein Herz wird gewogen (gegen die Feder der Maat), das Höllentier schaut zu. Thoth notiert, Horus führt den Toten vor Osiris. Hinter ihm in der Kapelle Isis und Nephthys.*

wogen. So leicht wie diese Feder sollte das Herz des Toten sein. War die Prüfung bestanden, wurde der Verstorbene zu Osiris, dem Totengott, geführt, mit dem er sich vereinte. Damit erlangte er das Weiterleben im Jenseits. Fiel die Wägung schlecht aus, so stürzte sich der neben der Waage sitzende Höllenhund auf ihn und zerfleischte ihn, wodurch er endgültig starb.

Im Mythos der *Themis* finden wir eine Verbindung zwischen dem Thema des Schicksals und dem Gedanken der Gerechtigkeit. Sie ist die Göttin der Gerechtigkeit und des Gesetzes. Als Tochter des Uranos und der Gaia gehört sie zu den Titanen und gilt auch als Gemahlin des Zeus. Sie ist die Mutter der Horen: Eunomia (Gesetz), Dike (Recht) und Eirene (Friede), die wie ihre Mutter über die menschlichen Rechtsordnungen wachen. Dass auch Eirene, der Friede, eine Tochter der Themis ist, soll darauf hinweisen, dass Recht und Gesetz die Voraussetzung für das Gedeihen des Friedens sind. In der griechischen Sprache bedeutet Themis alles, was Gesetz, Recht und Ordnung darstellt.

Themis ist auch die Mutter der Moiren, der Schicksalsgöttinnen, die den Lebensfaden des individuellen Schicksals spinnen. Klotho spinnt den Lebensfaden, Lachesis teilt das Lebenslos zu und herrscht über alle Zufälligkeiten, und Atropos, die Unabwendbare, durchschneidet den Lebensfaden.

Das Wort *moirai* bedeutet »die Zurechtschneidenden« oder »die Zumessenden«; alle drei sind (nach dem griechischen Dichter Hesiod) ebenfalls Töchter der Nyx, der Nacht, was die Zweideutigkeit ihres Ranges beschreibt: Waren die Götter ebenso den Moiren untertan, oder konnten sie das von ihnen verhängte Schicksal abwenden?

EIN WAAGE-MÄRCHEN:

Allerleirauh

Ebenso wie »Aschenputtel« ist »Allerleirauh« eines der Grimm'schen Märchen, die von der Begegnung und Faszination zwischen Liebenden erzählen, von weiblicher Raffinesse und Charme, aber auch von Tatkraft sowie von männlichem Eroberungsdrang. Venus und Mars, die Herrscher der Widder-Waage-Achse, haben genau diese Themen zum Inhalt.

Es war einmal ein König, der hatte eine Frau mit goldenen Haaren, und sie war so schön, dass sich ihresgleichen nicht mehr auf Erden fand ...

Eines Tages wurde die Königin sehr krank und fühlte, dass sie nicht mehr genesen würde. Bevor sie starb, nahm sie dem König das Versprechen ab, dass er keine Frau heiraten werde, die nicht ebenso schön sei und ebenso wunderbare goldene Haare habe.

Lange Zeit war der König untröstlich und wollte keine

zweite Frau nehmen. Seine Räte aber erklärten ihm, das Reich brauche wieder eine Königin, er müsse sich vermählen. Der König hatte eine Tochter, die gerade so schön war wie ihre verstorbene Mutter und die auch ebenso goldene Haare hatte. Als sie herangewachsen war, bemerkte der König plötzlich die Ähnlichkeit und fühlte eine heftige Liebe zu ihr. Die Räte und noch mehr die Prinzessin waren entsetzt über seinen Wunsch, sich mit seiner eigenen Tochter zu vermählen. Da sie hoffte, ihn von seinem Vorhaben abzubringen, verlangte die Tochter vom König, er müsse ihr erst drei Kleider schenken, bevor sie ihn heiraten könne, da sie glaubte, es sei unmöglich, diese Kleider zu beschaffen: eines so golden wie die Sonne, eines so silbern wie der Mond und eines so glänzend wie die Sterne. Außerdem wünschte sie einen Mantel aus tausenderlei Pelz und Rauhwerk zusammengesetzt, und jedes Tier aus des Königs Reich sollte ein Stück Haut dazu geben.

Der König aber ließ nicht ab von seinem Wunsch. Als er nach großen Mühen alles beisammenhatte, sagte er zu ihr: »Morgen soll Hochzeit sein.« Da beschloss die Königstochter zu fliehen. Sie nahm einige ihrer Kostbarkeiten und auch die drei Kleider, tat sie in eine Nussschale, zog den Mantel von allerlei Rauhwerk an und färbte sich das Gesicht und die Hände mit Ruß schwarz. Dann lief sie fort, bis sie zu einem Wald kam, wo sie in einem hohlen Baumstumpf übernachtete.

Die Jäger des Königs, dem der Wald gehörte, fanden sie am anderen Morgen und meldeten dem König, dass sie ein wunderliches Tier gefunden hätten. Der König wollte das Tier sehen. Als die Jäger das Mädchen anfassten, bat es um Erbarmen und sagte, es sei ein armes Kind. Da sprachen die Jäger: »Allerleirauh, du bist gut für die Küche, komm nur mit, du kannst die Asche zusammenkehren.«

Allerleirauh lebte lange Zeit recht armselig in des Königs Schloss. Eines Tages aber wurde ein Fest gefeiert, und sie fragte den Koch, ob sie ein wenig von der Tür aus zusehen dürfe. Der Koch erlaubte ihr, eine halbe Stunde hinaufzugehen, und Allerleirauh ging in das Ställchen, in dem sie wohnte, wusch sich Gesicht und Hände und holte ihr Kleid aus der Nuss hervor, das wie die Sonne glänzte.

Sie ging zum Festsaal, und alle meinten, sie müsse eine Königstochter sein. Der König kam ihr entgegen, tanzte mit ihr und dachte bei sich: »So schön haben meine Augen noch keine gesehen.« Als der Tanz vorbei war, verneigte sich Allerleirauh, und bevor der König sich umsah, war sie verschwunden, und keiner wusste, wohin.

Sie lief in ihr Ställchen, zog das Kleid aus, machte sich Gesicht und Hände rußig, zog den Pelzmantel an und war rechtzeitig zurück in der Küche, wie es der Koch befohlen hatte. Der Koch wollte aber auch beim Fest zusehen und befahl ihr, die Suppe für den König zu kochen. Allerleirauh kochte eine Brotsuppe, die beste, die sie zu kochen imstande war, und von ihren Kostbarkeiten tat sie den goldenen Ring hinein.

Der König meinte, niemals eine bessere Suppe gegessen zu haben, und als er fertig war, fand er am Tellerboden den goldenen Ring. Da befahl er, der Koch solle vor ihn treten, um Auskunft zu geben. Der Koch erschrak sehr, aber der König wollte nur wissen, wer die Suppe gekocht habe. »Ich muss es gestehen«, sagte der Koch, »dass nicht ich die Suppe gekocht habe, sondern das Rauhtierchen.«

Da musste Allerleirauh zum König kommen, und sie sagte ihm, sie sei ein armes Kind, das keinen Vater und keine Mutter mehr habe und sie wisse nicht, woher der Ring sei. So musste der König sie unverrichteter Dinge wieder fortschicken.
Noch zweimal wurde ein Fest gefeiert, und jedes Mal erhielt Allerleirauh vom Koch die Erlaubnis, eine halbe Stunde zuzusehen. Beim zweiten Mal trug sie das Kleid, das so silbern war wie der Mond, und der König freute sich, sie wieder zu sehen, und sie erschien ihm noch schöner als zuvor. Danach musste sie zurück in die Küche und ihm die Brotsuppe kochen, in die sie diesmal ein goldenes Spinnrad tat, das sie von zu Hause mitgenommen hatte. Wieder ließ der König sie kommen, und wieder sagte sie, sie wisse nichts von einem Spinnrad; und er musste sie gehen lassen.
Beim dritten Fest ging es nicht anders als die vorherigen Male. Sie zog das Kleid an, das wie die Sterne glänzte, und trat damit in den Saal. Der König steckte ihr aber diesmal unbemerkt einen goldenen Ring über den Finger. Als der Tanz zu Ende war, wollte er sie festhalten, aber sie riss sich los und verschwand geschwind zwischen den Leuten.
Da der König befohlen hatte, dass der Tanz besonders lang

dauern sollte, hatte Allerleirauh keine Zeit mehr, das Sternenkleid auszuziehen, und auch ein Finger blieb weiß, als sie sich mit Ruß einschmierte. Dem König legte sie diesmal eine goldene Haspel in die Suppe; und als er sie rufen ließ, erblickte er den weißen Finger und sah den Ring, den er ihr beim Tanzen angesteckt hatte. Da ergriff er sie an der Hand, und als sie sich losmachen wollte, tat sich der Pelzmantel auf, und das Sternenkleid schimmerte hervor. Der König fasste den Mantel und riss ihn ab, da kamen ihre goldenen Haare hervor. Nun wusch sie sich den Ruß ab und war schöner als alle Frauen dieser Erde. Es wurde Hochzeit gefeiert, und sie lebten vergnügt bis an ihren Tod.*

Das Märchen von Allerleirauh erzählt von der weiblichen Kunst, einen Mann für sich zu gewinnen, und dies nicht nur, wie man heute sagen würde, als Abenteuer, sondern als Ehefrau und Königin.
In diesem Märchen spiegelt sich das alte Spiel der Geschlechter, das Werben und Sehnen, das Hoffen und die Erfüllung, aber auch diplomatische Strategie, die unabdingbar zum Zeichen Waage gehört.

---

* Nach *Kinder- und Hausmärchen gesammelt durch die Brüder Grimm*, Insel Verlag, 1974.

ANALOGIEKETTEN

Entsprechungen des Prinzips »Waage« auf den verschiedenen Ebenen

Farben:
Weinrot, freundliches Grün (»jemandem grün sein«)
Geruch:
Lieblich, süßlich, parfümiert.
Geschmack:
Süß, lieblich, harmonisch.
Signatur (Form und Gestalt):
Ausgewogen, symmetrisch; dekorativ, elegant; weich, wenig Kontraste.
Pflanzen allgemein:
Gezüchtete Zierpflanzen, häufig mit starkem Duft, blütenreich, Rose, Tulpe.
Bäume, Sträucher:
Jasmin, Azaleen; Mandelbaum, Magnolie, Sandelholz, Kirschbaum, Kaffeebaum.
Gemüse, Obst:
Spargel, Kirschen, Aprikosen, Pfirsiche, Mirabellen; Reineclauden, Äpfel, Lychees, Zuckerrohr.
Blumen:
Rosen; Lilien, Kamelien.
Gewürze:
Liebstöckel, Rosenwasser, Zucker.
Heilpflanzen:
Lavendel, Schafgarbe, Veilchen, Bärentraube.
Tiere:
Ziertiere (kein Nützlichkeitsgedanke), elegant oder grazil wirkende Tiere: Pfau, Paradiesvogel; Schwalben, Rotkehl-

chen, Nachtigall; Gazelle, Reh; Zierfische: Goldfisch; Lipizzaner, Dressurpferde.

Materialien:
Seide; Porzellan, Kupfer; Stoffe und Materialien, die zur Dekoration oder Schmuckherstellung benötigt werden.

Mineralien, Metalle:
Cyanit; Sodalith; Kupfer; Rosenquarz, Jade, Granat, rote Koralle.

Landschaften:
Parks, Ziergärten (Louis XIV, Versailles), Weinberge; sanfte Hügellandschaft; Landschaften mit zahlreichen Kulturdenkmälern.

Berufe:
Alle Berufe, die geistige Beweglichkeit und strategisch-planerisches Denkvermögen verlangen; Berufe, in denen die Fähigkeit zu unparteiischer Urteilsfindung verlangt wird; Berufe, die eine Zusammenarbeit mit anderen Menschen ermöglichen und die dem angeborenen Sinn für Fairness Rechnung tragen; Berufe, die Verbindungen, Austausch und diplomatisches Geschick erfordern oder die mit künstlerischen oder geschmacklichen Kriterien zu tun haben. Innenarchitekt; Bühnenbildner, Dekorateur; Schauspieler, Visagist; Maskenbildner; Tapezierer; Gestalter öffentlicher Plätze und Parks; Blumenzüchter; Modefachmann/-frau; Mitarbeiter in einer Parfümerie, Designer; Friseur; Kunstgewerbler, Künstler; Maler; Beratungsberufe (Begegnungssituation): Mediatoren, Eheberater, Heiratsvermittler. Friedens- und Kulturmissionen; Diplomat; Meinungsforscher, Public-Relations-Spezialist; Cafébesitzer.

Hobbys, Sportarten:
Mode, Dekoration, Malen, Kunstausstellungen; Eiskunstlauf; Tanzen, Ballett, tänzerische Gymnastik, Florettfechten.

Verkehrsmittel:
Das elegante Auto, der »Oldtimer«.

Wohnstil:
Schön, ästhetisch, elegant bis manieriert; Art déco oder Jugendstil.

Wochentag:
Freitag (Tag der Freyja, der nordischen Venus).

Gesellschaftsform:
Der liberale Mehrparteienstaat, eher schwache Führung, Bündnispolitik.

Entsprechungen auf der Ebene des menschlichen Körpers:
Nieren, Nebennieren, Blase, Bauchspeicheldrüse (innersekretorischer Teil), Drüsen.

Krankheiten allgemein:
Gleichgewichtsstörungen, Nieren- und Blasenleiden.

WIE WIRKEN DIE WAAGE UND DIE WAAGE-VENUS IN MEINEM HOROSKOP, WAS SAGEN SIE AUS?

1. Welche Menschen oder Dinge finde ich schön, welche liebe ich?
2. Welche Dinge machen mir Freude oder geben mir das Gefühl von Erfüllung?
3. Was gibt mir ein Gefühl von Ergänzung oder größerer Vollständigkeit? Unter welchen Bedingungen kann ich ein Gefühl der Harmonie und der Ausgeglichenheit entwickeln?
4. Was erregt meine Aufmerksamkeit im negativen Sinn? Was erzeugt Ärger in mir?
5. Wie ist mein Harmoniebedürfnis beschaffen? Wie viel Harmonie bzw. Konfrontation brauche ich im Leben oder in einer Partnerschaft?

6. Was erwarte (oder befürchte) ich in Liebesbeziehungen und im Umgang mit anderen im Allgemeinen?
7. Wie ist mein Verhältnis zu Ästhetik und Schönheit? Wie wichtig sind sie mir? Wie stehe ich zu kulturellen Dingen?

ZITATE ZUM WAAGE-PRINZIP

Gleichgewicht ist die Grundlage des Großen Werkes.

Alchemistische Weisheit

Wer sich selbst findet, wird auch den anderen, den Partner, finden, und die Welt wird ihnen weit offen stehen. Wer sich aber selbst verliert, verliert auch den anderen. Übrig bleibt nur der Kelch, der die Misere der Welt enthält. *Anonym*

Das Buch der Bücher beginnt mit einem Mann und einer Frau in einem Garten – und schließt mit Offenbarungen.

Oscar Wilde

In der Liebe versinken und verlieren sich alle Widersprüche des Lebens. Nur in der Liebe sind Einheit und Zweiheit nicht in Widerstreit. *Rabindranath Tagore*

Ich weiß, dass persönliche Beziehungen das wahre Leben sind, für immer und ewig. *Edward Morgan Forster*

Ohne Schönheit kann ich nicht leben. *Albert Camus*

»Für einen ist es nicht so lustig wie für zwei, die zusammenhalten können«, sagte Puh der Bär.

Alan Alexander Milne

Gegen große Vorzüge eines anderen gibt es kein Rettungsmittel als die Liebe. *Johann Wolfgang von Goethe*

Schön ist eigentlich alles, was man mit Liebe betrachtet.
Christian Morgenstern

Getrieben von der Macht der Liebe, suchen die Teile der Welt einander, damit die Welt entstehen kann.
Pierre Teilhard de Chardin

Liebe ist die höchste Form der Aufmerksamkeit.
Laurence Durell

Es ist nicht gut, dass der Mensch allein sei. *Bibelwort*

Die Liebe ist das Gewürz des Lebens. Sie kann es versüßen, aber auch versalzen. *Konfuzius*

Wenn zwei Menschen immer die gleiche Meinung haben, ist einer von ihnen überflüssig.
Sir Winston Spencer Churchill

Ein Diplomat ist ein Mensch, der zweimal überlegt, bevor er nichts sagt. *John Steinbeck*

Der Mensch ist nicht nach dem zu beurteilen, was er weiß, sondern nach dem, was er liebt. *Aurelius Augustinus*

Die Liebe ist so unproblematisch wie ein Fahrzeug. Problematisch sind nur die Lenker, die Fahrgäste und die Straße.
Franz Kafka

Die wichtigste Stunde ist immer die Gegenwart. Der bedeutendste Mensch ist immer der, der dir gerade gegenübersteht. Das notwendigste Werk ist stets die Liebe.

Meister Eckhardt

Der vollendete Umgang mit Menschen ist die Fähigkeit, zugleich ehrlich und liebenswürdig zu sein. *Jean Paul*

Ein Kompromiss, das ist die Kunst, einen Kuchen so zu teilen, dass jeder glaubt, er habe das größte Stück.

Ludwig Erhard

Entwickle Interesse am Leben, so wie du es siehst, an Menschen, Dingen, Literatur, Musik – zu sein. *Jean Paul*

Die Welt ist so reich, sie pulsiert geradezu vor lauter wertvollen Schätzen, schönen Seelen und interessanten Menschen. Vergiss dein Selbst. *Henry Miller*

Eure Freunde sind die Antwort auf eure Sehnsüchte.

Khalil Gibran

SKORPION
Achtes Zeichen des Tierkreises, 210°–240°

Symbol:
Der Skorpion gilt als todbringendes Tier: In der Mythologie
steht er als Symbol für den Tod und die Wiederauferstehung
(vgl. auch den ägyptischen Skarabäus). Dem »m«-Symbol
für das große Herbststernbild wurde der Stachel des Skor-
pions angefügt (siehe »Das Jungfrau-Symbol« [S. 214]).
Jahreszeit:
Herbst (23. Oktober bis 21. November).
Qualität:
Weiblich-rezeptiv, Yin. Element: Wasser. Fixes, festigen-
des, konsolidierendes Zeichen. Herrscher: ☽ Pluto. Neben-
herrscher: Mars.
Häuserzuordnung:
8. Haus (fixes Haus).
Auf dem Tierkreis gegenüberliegendes Zeichen:
Stier.
Botschaft/Schlüsselsatz:
Ich verpflichte mich einer Idee./Ich binde mich an Vorstel-
lungen, Ziele und Menschen.
Schlüsselworte:
Bindung, Festlegung; stirb und werde.
Charakteristika:
Tiefgründig, tief schürfend, ernsthaft; tiefe Gefühle und

Sehnsüchte, leidenschaftlich, emotional; aggressiv, triebhaft, eindringlich, intensiv, drastisch; forschend, beobachtend; entschlossen, stolz, extrem selbstbeherrscht; beharrliche, starke Willenskraft, Gefühlskontrolle; Fähigkeit zur Selbstüberwindung; prinzipientreu; idealistisch; treu durch starke Bindung und Identifikation mit dem betreffenden Menschen oder der Sache; opferbereit, »hart im Nehmen«; Geduld, Ausdauer, Zähigkeit, Mut; ehrgeizig; effektiv; wandlungsfähig; extrem in Gefühlen: Liebe und Hass, festhalten und loslassen, Leidensgenuss; hin und her gerissen zwischen dem Drang zum Genuss in der materiellen Welt und dem Wunsch nach Erlösung und Selbstvergessenheit, zwischen Leben und Tod; feinfühlig, sensitiv, leicht verletzlich hinter der beherrschten, ruhigen Fassade; verschwiegen; sich verausgabend bei starken Regenerationskräften, perfektionistisch, idealistisch, ethisch, vorstellungsbezogen bis hin zur Realitätsferne. – Grübelnd, spannungsgeladen; rachsüchtig, nachtragend, übel nehmend, eigensinnig, stur, uneinsichtig, engstirnig; zynisch. »Legt immer den Finger auf die wunde Stelle.« Unduldsam gegen Schwäche bei sich und anderen; der Prinzipienreiter; moralistisch; ideologisch festgefahren, bohrend, konfrontativ, sarkastisch; eifersüchtig; kontrollierend, besitzergreifend; neidisch; zerstörerisch; zwanghaft; intolerant, meinungsfixiert; fanatisch, sektiererisch, dogmatisch.

Thema

DIE OPFERUNG DES PERSÖNLICHEN ZUGUNSTEN DES ÜBERLEBENS DER ART – DIE FIXIERUNG AUF EIN THEMA – VORSTELLUNGEN DIENEN ALS KONSTRUKTIONSPLAN DER WIRKLICHKEIT – DAS PERSÖNLICHE WERTESYSTEM – ÜBERWINDUNG DES TODES DURCH DEN GEIST – GEBURT DES NEUEN, VERWANDELTEN – TRANSFORMATION

Der Skorpion ist das zweite Zeichen des dritten Quadranten, in dem es um Begegnungen geht. Dies können Begegnungen verschiedenster Art sein: ein Zusammentreffen mit Menschen, Ideen, Projekts, ein Buch, das wir aus einem Regal nehmen, ein Wagen, den wir im Schaufenster sehen. Gleich, welche Ebene wir betrachten, immer erfolgen eine Art »Aha«-Erlebnis und eine Fixierung auf das jeweilige Objekt, oft mit einer absoluten Ausschließlichkeit, die kaum mehr Abweichungen zulässt.

Darüber hinaus bestimmen Ideen, Vorstellungen und Ideale das Alltagserleben, was bedeutet, dass der Skorpion nicht nur auf Dinge in der Außenwelt trifft, die ihn faszinieren und festlegen, sondern dass er umgekehrt auch mit oft bohrender Intensität darauf besteht, ebenjene Vorstellungen in der Umwelt verwirklicht zu finden, die er zuvor in seinem Kopf geboren hat.

Die tiefere Ursache für diese außergewöhnliche Bezogenheit auf Dinge, die außerhalb seiner selbst liegen und die dem skorpionbetonten Menschen wesentlicher und erstrebenswerter erscheinen als sein eigenes Wohlbefinden und seine persönliche Genussfähigkeit (Stier), liegt darin, dass die eigentliche Motivation dieses Zeichens darauf ausgerichtet ist, den Fortbestand der Art sicherzustellen. In anderen Worten gesagt, entspricht der Abschnitt Skorpion dem Antrieb, die Einzelperson zurückzustellen oder gar zu opfern, damit ein größeres Ganzes – die Rasse, eine Bezugsgruppe, die Sippe, die Familie – fortbestehen kann. Diese Grundsatzmotivation wird im täglichen Leben von der ursprünglichen Idee des Einzelopfers zu Gunsten der Sache reduziert auf den Drang, Ideen, Vorstellungen und Ideale als die Essenz des Lebens anzusehen. Daraus resultiert die so häufig zu beobachtende Tendenz skorpionischer Menschen, ihr »Wohl und Wehe« ganz von der

Durchsetzung und Erfüllung ihrer Vorstellungen abhängig zu machen.

Vorstellungen erzeugen Meinungen und Meinungen erzeugen Lebenskonzepte. Der Skorpion ist das Prinzip, das uns auffordert, unser persönliches Wertesystem zu entwickeln, nach dem wir unsere Ansichten ausrichten und unser Leben gestalten. Diese Werte sollen verbindlich sein. Sie sind ein Ausdruck der Persönlichkeit und an der Verlässlichkeit, mit der ein Mensch zu ihnen steht, messen wir seine Treue. Werte müssen jedoch auch umgestaltbar sein, damit sie neuen Bedingungen oder überhaupt den Bedingungen gerecht werden. »Die Regeln der Moral sollten nicht so sein, dass sie das persönliche Glück unmöglich machen«, formulierte der Philosoph Bertrand Russell und beschreibt das natürliche Dilemma des Skorpions, dem sein Wertesystem oft wichtiger ist als sein Wohlergehen.

Der Skorpion wird traditionell als das Krisenzeichen des Tierkreises betrachtet. Tief greifende Wandlungsprozesse werden mit ihm assoziiert. Aus dem oben Erläuterten ergibt sich zwingend, warum dies so ist: Festlegung auf etwas ist nötig, um den Menschen zu befähigen, seine ganze Kraft und Motivation einer Sache zu widmen. Ab einem gewissen Punkt ist diese Ausschließlichkeit jedoch lebensfeindlich. Es ergibt sich ein Circulus vitiosus, aus dem ein Entkommen schwierig wird: Die Festlegung auf bestimmte Vorstellungen, wie etwas zu sein hat, zieht den Versuch einer Korrektur und Anpassung der Wirklichkeit an ebendiese Vorstellungen nach sich. Dies kann bis zu einem »Einbahnstraßendenken« gehen, bei dem alles, was sich links und rechts der Straße an alternativen Möglichkeiten ergibt, ausgeklammert wird. Damit wird der lebendige Fluss des Lebens unterbrochen, und diese Starrheit erzwingt je nach Intensität eine mehr oder weniger schmerzvolle Korrektur oder zumindest eine Veränderung. Das Bild der sich häutenden Schlange beschreibt diesen Zustand kontinuierlichen Wandels, der in bestimmten Lebensphasen das Ausmaß eines »Ganges durchs Fegefeuer« annehmen kann.

Der Skorpion bezieht sich somit auf archaische, instinktive Verhaltensmuster im Menschen, die jenen vergleichbar sind, die man den Lemmingen nachsagt: Wenn die Anzahl der Lemminge so zugenommen hat, dass die Ernährung und damit das Überleben der Rasse nicht mehr gewährleistet ist, stürzen sie sich ins Meer und töten sich selbst. Im Zweiten Weltkrieg bombardierten japanische Flieger den amerikanischen Militärstützpunkt in Pearl Harbor, wobei sie bewusst ihr Leben opferten, um ihrem Vaterland einen entscheidenden Sieg zu erringen. Man nannte sie später die »Kamikaze-Flieger«, was sich auf den Gedanken eines rituellen Selbstmordes bezieht.

Der Skorpion ist dem Spätherbst, vor allem dem Monat November, zugeordnet. In dieser Zeit wird der Prozess des Sterbens in der Natur am deutlichsten: Dieses Sterben ist nötig, um einen neuen Anfang zu ermöglichen, der sich in der Natur nach der Winterphase im Frühling vollzieht. Vor diesem Neubeginn muss jedoch die Dunkelheit des Winters durchschritten werden. Auf den Menschen übertragen, bedeutet dies den Gang in die eigene Tiefe, das Erkennen von Antrieben, Eigenschaften und Wünschen, die bisher nicht gelebt oder sogar völlig aus dem Bewusstsein verdrängt wurden. In diesem Wandlungsprozess »sterben« Teile seines Ichs, mit denen er sich bisher identifiziert hatte.

Dieses dem Skorpion innewohnende Bewusstsein des Todes kann ihn, wenn er eine bewusste Entwicklung verweigert, ebenso in hektischen Lebensgenuss wie in eine ständige Folge von Krisen treiben. Alles scheint irgendwie sinnlos zu sein. Die andere Seite impliziert die Erkenntnis, dass der Tod, den er auch in der Natur erlebt, nur überwunden werden kann, wenn er Zielen und Idealen dient, die über das rein Persönliche und damit über seine eigene Existenz hinausgehen.

In der Folge des Tierkreises befindet sich vor dem Skorpion der Abschnitt Waage, in dem der Mensch die Fähigkeit zu objektiver, distanzierter Betrachtung und zu harmonischem Ausgleich entwickelt. Während im Skorpion, der von Pluto und Mars regiert wird, archaische Reaktionen und Verhaltensmuster bestimmend sind, die aus dem tiefsten Antriebs- und Instinktbereich kommen, möchte die Waage Intellekt, Kultiviertheit und Ästhetik über diese Seiten des Menschen setzen. Tatsächlich ist die Waage erst später entstanden: Die Tradition berichtet, sie sei aus den »Scheren des Skorpions« gebildet. Dieser Gedankengang entspricht folgerichtig der menschlichen Evolution: Kultur entsteht, nachdem das Überleben gesichert ist.

Während die Waage versucht, den Kontakt mit jenen nicht-kultivierten, primitiven Schichten der Persönlichkeit zu vermeiden, in denen Hass, Wut, Aggressivität und der Paarungstrieb angesiedelt sind, geht der Skorpion mindestens einmal in seinem Leben in direkte Konfrontation dazu.

Letztlich sind es diese grundlegenden Antriebe, die bewirken, dass der Mensch im Überlebenskampf bestehen kann (Mars) und dass der Fortbestand der Art gewährleistet ist (Pluto). Begegnung und Sexualität im Sinne der Waage bedeuten also etwa, den anderen als Ergänzung und Spiegel zu betrachten, erotisches Getändel, ein Spiel mit Ideen und Möglichkeiten. Im Skorpion ist es, zumindest wenn man ihn in seiner reinen Form, als »Urprinzip«, betrachtet, der Arterhaltungstrieb und nichts anderes.

Im Abschnitt Waage kommt der Mensch mit den verschiedensten Ideen und Menschen in Berührung, er stellt Kontakt mit ihnen her. Im Abschnitt Skorpion und dem ihm zugeordneten 8. Haus zeigt sich, welche dieser Ideen für ihn längerfristigen Bestand haben und an welche Ideen bzw. Menschen er sich bindet.

Motivation

DIE VERWIRKLICHUNG VON VORSTELLUNGEN – VERLANGEN NACH PERFEKTION – FESTLEGUNG UND EINDEUTIGKEIT – »ENTWEDER – ODER« – ZWISCHEN GEIST UND MATERIE – SUCHE NACH DEN LETZTMÖGLICHEN GRENZEN DER ERFAHRUNG

Wie kein anderes Tierkreiszeichen kann der Skorpion Dinge auf dem Reißbrett entwerfen. Er entwickelt Konzepte, Ideen, Leitlinien, die als Bauplan für das dienen, was sich realisieren soll. So beschäftigt ihn mehr die Idee des Menschen als der Mensch an sich, das Konzept für ein Geschäft mehr als das Geschäft selbst. Immer stellt er betrübt fest, dass die Wirklichkeit seinem Ideal nicht so ganz folgt. Wenn sich seine Vorstellungen verwirklichen, ist das Ergebnis immer weniger vollkommen als sein Entwurf davon. So gibt es für den Skorpion eine ideale Messlatte, nach der er strebt, und die Realität, mit der er zurechtkommen muss. Sein Bedürfnis nach Perfektion treibt ihn dazu, die Dinge klar zu sortieren, weshalb er sich auch gern mit Ethik befasst. Hier kann er entscheiden, ob etwas gut *oder* böse ist, und der Gedanke, dass manche Dinge etwas von beidem haben, bereitet ihm nicht nur Unbehagen. Mit leidenschaftlicher Intensität wird er versuchen, doch noch eine Entscheidung herbeizuführen. Um dies zu erreichen, sind manche Skorpione nicht zimperlich: Sie machen passend, was nicht passend ist, und grenzen aus, was sich nicht ins Bild fügt.

Dahinter steht der Antrieb, sich mit Absolutheit auf etwas zu fokussieren und diesem Objekt, sei es ein Mensch, ein Produkt oder eine Überzeugung, höchste Konzentration und Schubkraft zu geben. Der Skorpion symbolisiert jene Kraft in uns, durch die wir unsere Energien wie in einem Laserstrahl bündeln.

Er besitzt die größte Sensitivität für die Schattenseite des Lebens, für jene Bereiche, über die wir im Allgemeinen gern schweigen oder die wir mit Hilfe von Kultur und Kultiviertheit zu beschönigen suchen. Dazu gehören auch die Sterblichkeit des Menschen und der Verfall. Die ständige innere, wenn auch häufig unbewusste Konfrontation mit diesen Bereichen bewirkt seinen Drang, über sich selbst hinauszugehen und sich einer Sache zu verschreiben, die einem nichtsterblichen, geistigen Ideal entspricht und somit seine persönliche Existenz über den physischen Tod hinaus fortdauern lässt.

Darüber hinaus ist die Natur des skorpionbetonten Menschen gespalten: Neben seinem Verlangen nach dem Genuss des irdischen Lebens und seiner Erfahrung mit Hilfe der Sinne (Stier), seiner Verhaftung in der materiellen Seite des Lebens, wirkt in ihm eine starke Sehnsucht nach Selbstvergessen, Befreiung und Erlösung, die oft zu einer Beschäftigung mit spirituellen oder okkulten Dingen bzw. mit dem Tod führt. Die starke innere Spannung, die in dem Zeichen zu finden ist, resultiert aus dieser Gegensätzlichkeit. Da der skorpionische Mensch die verborgenen, tabuisierten Seiten des Lebens und das, was »hinter den Kulissen läuft«, so intensiv erspürt, erhält er eine gewisse Macht über andere: Es ist schwierig, etwas vor seinem detektivischen Instinkt zu verbergen. Mit erstaunlicher Präzision kann er den »Finger genau auf die wunde Stelle legen«. Macht und die Frage, wer an den Schalthebeln sitzt und alles kontrolliert, sind Themen, mit denen er sich auf allen Ebenen zeit seines Lebens auseinander setzt. Der Satz »Vertrauen ist gut, Kontrolle ist besser« muss den Gedanken eines Skorpions entsprungen sein und lässt sich bestenfalls noch für die Jungfrau anwenden, wobei die Motivationen völlig unterschiedlich sind. Die Jungfrau zieht aus einer rationalen Kontrolle Sicherheit, doch für den Skorpion ist die Erfahrung von Macht und Ohnmacht von wesentlicher und grundlegender Bedeutung. Da er sich der Ungerechtigkeit des Lebens häufig so sehr ausgeliefert fühlt und seine eigene Hilflosigkeit meist früh erfahren hat, ist es ein wichtiger Antrieb für ihn, persönliche oder gesellschaftliche Macht und damit seine Form von Sicherheit zu erlangen.

Psychologie

Viel Unerfreuliches und Düsteres ist über den Skorpion geschrieben worden, und die meisten Skorpione selbst geben die Antwort auf die Frage, welches Tierkreiszeichen sie denn seien, mit einem merkwürdig forschenden Blick, so als ob sie fürchteten, dass ihr Gegenüber sich daraufhin gemäß Schillers Satz »Hier wendet sich der Gast mit Grausen« verhalten würde ...

Tatsache ist, dass viel in dieses komplexe und verwirrende Zeichen hineininterpretiert worden ist. Tatsache ist auch, dass Pluto, der Skorpion und sein Nebenherrscher Mars an zahlreichen Ereignissen und Charaktereigenschaften beteiligt sind, die das Licht der Öffentlichkeit scheuen bzw. die zumindest wenig Zustimmung oder gar Begeisterung in der Umgebung hervorrufen: Fanatismus, Dogmatik, masochistische oder sadistische Verhaltensweisen, merkwürdige Fixierungen, zwanghaftes Verhalten, alle Arten von Extremen und Machthunger sind zweifellos Eigenschaften, die dem Skorpion-Prinzip unterstehen. Obwohl dies wenig angenehm und erstrebenswert klingt, findet sich doch hinter allem ein vereinigendes, sinnvolles Grundprinzip: das der Überschreitung von Grenzen.

Der physische Tod ist die absolute Grenze des körperlichen menschlichen Daseins, sie kann nur durch geistige Projektion überwunden werden. Dieses eigentliche Thema des Skorpions erlebt in der Alltagsrealität die verschiedensten Abwandlungen, immer aber geht es darum, eine bestehende Grenze zu überwinden, sie zu transzendieren.

Geht es um Fragen der Selbstdisziplin, so wird der skorpionbetonte Mensch mehr davon aufbringen können – und vor allem auch den Anspruch dazu an sich stellen – als die anderen Tierkreiszeichen. Selbst der Steinbock, für den Konzentration und Disziplin ein Lebenselixier darstellen, kann es darin nicht mit ihm aufnehmen. Geht es um den Einsatz für eine Sache, so ist kein anderes Zeichen gleichermaßen bereit, bis zur Selbstaufopferung und Selbstzerstörung zu gehen. Da die meisten anderen Zeichen pragmatischer denken oder ganz einfach mehr an ihrem persönlichen Wohlergehen interessiert sind, bringen ihm diese Neigungen wenig Freunde ein.

Schlagworte wie »Alles oder nichts« und »Der größte Sieg ist der Sieg über sich selbst« illustrieren seine Einstellung, die sich z. B. im Ehrenkodex der Samurai widerspiegelt. Der Erfolg der japanischen Industrie ist auf diese Gesteshaltung zurückzuführen: Der Einsatz für die Firma ist alles, Eigeninteressen werden zurückgestellt oder auch ersatzlos gestrichen. Das Gesamtergebnis zeugt von den beeindruckenden Möglichkeiten, die in einer so geballten Einsatzkraft liegen. Auch hier werden wieder Grenzen überwunden: Die positiven Gegenpole zu den weiter oben erwähnten Eigenschaften sind große Willenskraft, Entschlossenheit, Beständigkeit, Tiefgang, Verpflichtung auf das Ziel hin.

Das eigentliche Problem des Skorpions liegt darin, dass er so schlecht Maß halten kann. Alles Durchschnittliche, Lauwarme, Normale ist ihm zutiefst zuwider. Was immer er tut, er muss es intensiv, leidenschaftlich und möglichst unter einem Motto tun.

Wenn ein Stier es herrlich finden kann, mit Menschen, die er mag, irgendwo im Biergarten zu sitzen, die Geborgenheit und Wärme der Gruppe zu spüren und ein frisches Pils vom Fass dazu zu trinken, ist dies einem Skorpion viel zu banal. Vielleicht könnte es dort wenigstens makrobiotische Küche geben, oder man diskutiert über psychologische oder andere tief schürfende Fragen ... Dem Skorpion geht es nun einmal weniger um seinen Körper als um seinen Geist. Da er aber auch zu den Wasserzeichen zählt, besitzt er ungeachtet dieser Tatsache ein reiches Gefühlsleben, das jedoch meist hinter einer glatten, schwer durchschaubaren Oberfläche verborgen ist.

Dies ist die andere Seite des Skorpions, die häufig so wenig sichtbar ist: eine große Sensibilität und Verletzlichkeit, Angst vor Schwäche und Zurückweisung. Alle seine Gefühle sind stark, leidenschaftlich und absolut. Worauf auch immer er seine Gefühle richtet, er wird es sich nicht so schnell wieder anders überlegen. Da aber skorpionbetonte Menschen bereits früh in ihrem Leben mit außerordentlich belastenden Erfahrungen konfrontiert wurden – und meist solchen, die ihnen zeigten, dass Offenheit und Vertrauensseligkeit schnell zu ihrem Nachteil ausschlagen können –, gleichen sie meist einem Kratersee: Tief unter der glatten, undurchsichtigen Oberfläche herrscht sengende, brodelnde Hitze. Dort gibt es einen Bodensatz unverdauter Erlebnisse, von Groll und Wut, die an wichtigen Punkten des Lebens verdrängt worden waren, von unerfüllten Sehnsüchten und starken Empfindungen.

Selten wird er seine Gefühle völlig aufdecken, immer hat er das Bedürfnis, bedeckt zu bleiben, die Karten nicht ganz auf den Tisch zu legen und die Situation unter Kontrolle zu halten. Meist entspricht dies der frühen und sich im späteren Leben wiederholenden Erfahrung, dass man entweder selbst die Zügel in der Hand hat – und zwar indem man möglichst wenig preisgibt – oder dass man einem anderen oder einer Situation hilflos ausgeliefert ist, was begreifliche Angst auslöst.

Letztlich aber treibt den Skorpion eine tiefe Sehnsucht nach Beziehungen, und wie alle Wasserzeichen neigt er zu einer starken Identifikation mit geliebten Menschen. Da er gleichermaßen misstrauisch und skeptisch ist und eine tiefe Angst vor Hingabe fühlt, wie er auch ebenjene Hingabe und Verschmelzung ersehnt, spielen sich zahlreiche Krisen und Kämpfe in ihm ab. Die Neigungen, zu grübeln und sich in ein Thema zu verbohren, entstehen aus dieser Diskrepanz.

Was dem Skorpion am meisten fehlt, ist das, was man als Urvertrauen bezeichnet. Das Gefühl, einfach angenommen zu werden und so, wie er ist, »o. k.« zu sein, ist ihm fremd. Deshalb dreht sich ein wesentlicher Teil seines Lebensweges um die Suche nach einer Daseinsberechtigung, die ihn von seinen quälenden und oft nur schwer begründbaren Schuldgefühlen erlöst. Forscht man tiefer im Leben eines Skorpions, so findet sich immer eine Kombination von Kindheitserlebnissen, die für die kindliche Psyche eine massive Überforderung darstellten, und dem inneren Anspruch, sich ebendiesen Erlebnissen und Aufgaben gewachsen zu zeigen. So erklärt sich auch, warum er eine solche Neigung zu Krisensituationen besitzt, ja sie geradezu heraufzubeschwören scheint: Irgend etwas in ihm sagt ihm, er habe sich das Leben zu verdienen und er müsse dafür, dass es ihn gibt, auch Buße tun. Viele Skorpione tragen in sich eine Tendenz zur Selbstbestrafung. Sosehr sie nach Glück streben mögen, so große Mühe haben sie, es anzunehmen, wenn es ihnen über den Weg läuft. Ihr Verstand mag ihnen anderes raten, doch irgendeine Stimme tief in ihnen sagt: »Du hast nichts anderes verdient.« Glück und Wohlbefinden anzunehmen bedeutet für diese Menschen, dass vorher eine Reise in die eigene Unterwelt angetreten werden muss, und meist auch das Durchlaufen eines »Stirb-und-werde«-Prozesses.

Von allem, was der Skorpion beginnt, hat er eine Idealvorstellung, ein Modell, an dem er die Wirklichkeit ausrichten möchte. Er weiß genau, wie etwas zu sein hat, damit es in Ordnung ist. Je nach Reife und Verwirklichungsebene wird daraus der intolerante, verbohrte Mensch, der auf starren Meinungen beharrt und der sich jeder Einsicht versperrt – bis hin zu der Überzeugung, das Ziel rechtfertige jedes Mittel. Oder es entwickelt sich eine starke, charismatische Persönlichkeit, die eine Vorbildfunktion für andere haben kann und die in der Lage ist, Krisenphasen im eigenen wie im Leben anderer zu etwas Kreativem umzuwandeln. In irgendeiner Form wird das Thema »Krise« immer eine Rolle für den Skorpion spielen, doch – wie die »Marschallin« im »Rosenkavalier« von Richard Strauss sagt: »... in dem Wie, da liegt der ganze Unterschied.«

Lernaufgabe

UNTERSCHEIDUNG ZWISCHEN DER IDEE UND IHRER REALISIERUNG – REVISION UND ANPASSUNG IDEALER VORSTELLUNGEN – AUFGABE VON KONTROLLE – ALTERNATIVE SICHTWEISEN ENTWICKELN – LOSLASSEN UND NEU BEGINNEN – SICH DEM FLUSS DES LEBENS ÖFFNEN.

Der Skorpion leidet unter der Unvollkommenheit des Lebens und vor allem unter seiner eigenen, die ihm schon früh vor Augen geführt wurde. Gern möchte er sich und die Dinge in den Rahmen seiner Vorstellungen eines idealen Zustandes zwingen, nicht in erster Linie, um Macht auszuüben, sondern um Befreiung, Erlösung, Beruhigung zu finden. Wenn sich Ideal und Wirklichkeit decken, so glaubt er, lösen sich alle Fragen, verschwinden alle Schmerzen und das Leben wird wie ein klares, zweifelfreies Bild vor ihm liegen. Skorpione suchen nach der Weltformel, mit der sich alles erklären und zusammenfügen lässt.

Daher geht es für ihn darum, die Dinge in einem neuen Licht zu sehen: Der Bauplan eines Hauses ist eines, der Bau selbst etwas anderes, bei dem sich alle möglichen Einflüsse auswirken, die vorher nicht berechenbar waren und die das Ergebnis zu etwas Individuellem, von der Grundidee Abweichendem machen. Flexibilität im Umgang mit der Realität, die Bereitschaft, um- und neu zu denken, Alternativen zu entwickeln und sich dem steten Fluss des Lebens vertrauensvoll zu überlassen, sind wichtige Lernprozesse, die er durchlaufen muss. Vorher darf und soll er sein Konzept entwickeln, das ihm als Leitstern dient.

Geschieht dies nicht, entsteht ein destruktiver Widerstand gegen das, was ist, mit der Maßgabe, es in das, was sein soll, umzufunktionieren, und seine Gabe zu Bündelung von Aufmerksamkeit wendet sich gegen ihn. Was auf der einen Seite unglaubliche Energiereserven mobilisieren kann, wenn es um den Einsatz für die »Sache« geht, kann auf der anderen Seite zerstörerische, am lebendigen Dasein vorbeigehende Auswirkungen haben. Daher resultiert die Krisensituation des Skorpions: Leben lässt sich nicht verdrängen, die Realität bricht immer wieder in seine feste Vorstellungswelt ein und zwingt ihn, diese zu korrigieren und zu revidieren.

Auf diesem ständigen Prozess des Sterbens und Loslassens, diesem »Sichhäuten« in regelmäßigen Abständen baut seine Erneuerungsfähigkeit auf, seine Gabe, nach der Wandlung aus den Trümmern Neues zu schaffen. Seine instinktive Furcht vor diesen Wandlungsprozessen bewegt ihn zu dem Versuch, durch Kontrolle und Macht die sich immer wieder auflösenden Fäden seines Lebens in der Hand zu behalten. Das einzige jedoch, was im Leben des Skorpions sicher und wiederkehrend ist, ist die Aufforderung zur Wandlung, zur Regeneration und zum Loslassen dessen, worauf er eine fortdauernde und beständige Existenz gegründet zu haben glaubt, ein steter Wechsel zwischen der festen Bindung an Ziele und Werte und ihrer Überprüfung und Wandlung.

Lebensziel

DIE GEISTIGE ÜBERWINDUNG DES TODES – SICH EINER SACHE ODER IDEE VERSCHREIBEN – ENTWICKELN VON KONZEPTEN, IDEEN, LEITLINIEN – ENTWICKELN EINER PERSÖNLICHEN ETHIK – DEN FORTBESTAND DER ART ODER SIPPE (DES CLANS) GEWÄHRLEISTEN

Alle Materie ist sterblich. Die fallenden Blätter und eisigen Winde des Skorpionmonats November kündigen den Tod an. Was wird die Zeit bis zum Frühling überdauern? Kein

Leben scheint mehr in den Bäumen und die Natur zieht sich in sich selbst zurück. Was bleibt, ist die Idee, die Idee des Baumes, wie er wieder erblühen wird, die Idee einer lebendigen Natur, die auf der anderen Seite des Jahres wiedergeboren wird.

Der Skorpion sucht nach etwas, das seine physische Existenz überdauern wird. Er hat gelernt, sich einbalsamieren zu lassen, wie es die alten Ägypter taten, oder sich dem Feuer zu übergeben, damit seine Seele für den Kreislauf von Tod und Wiedergeburt frei werde. Was kann er noch tun? Gibt es etwas, das schon heute sichtbare, dauerhafte Früchte trägt, anstatt ihn zum Warten zu verurteilen? Die Antwort liegt in der Hingabe an eine Sache, bei der es um mehr geht als nur um seine eigene kleine Welt. Er will etwas hinterlassen, einen Beitrag leisten, der Welt etwas hinzufügen. Dafür ist er bereit, Teile seiner persönlichen Substanz, seiner materiellen Sicherheit oder gar sich selbst zu opfern. Was immer er unter dieser Perspektive tut, wird er mit Leidenschaftlichkeit und Ausschließlichkeit tun gemäß seinem Motto »Alles oder nichts«. Der Stier auf der anderen Seite des Tierkreises ruft ihm zu, nicht zu vergessen, dass er hier lebt, um auch die Welt zu genießen und sich an ihr zu erfreuen. Sein Lebensweg besteht darin, das rechte Maß zu finden, das immer nur ein persönliches sein kann. Gelenkt wird dieses Lebenskonzept von dem Wertesystem, nach dem er lebt. Es kann aus der Familien- oder nationalen Tradition übernommen sein, im besten Fall aber nimmt er die nötigen, individuellen Abgleichungen vor, durch die sein Leben eine persönliche Note erhält.

Durch seine Fähigkeit zur absoluten Bindung an überpersönliche Gedanken und Ziele gelingt es ihm, seine persönlichen Grenzen zu überschreiten, er »verschmilzt« mit etwas Bedeutenderem, als er selbst es ist, etwas, das fortdauern wird, wenn seine physische Existenz erlischt. Das Werk, das er geschaffen hat, die Aufgabe, für die er sich opfert, die ideale Beziehung oder die Vorstellung der vollkommenen Ehe, die man geführt hat, dies alles sind Dinge, die ihn überdauern und seiner Sterblichkeit eine andere Bedeutung verleihen.

DAS SKORPION-SYMBOL

Wie bereits im Kapitel »Das Jungfrau-Symbol« erwähnt wurde (s. S. 214), entstand das Zeichen des Skorpions aus der Abwandlung der Sterberune ⚐ zu dem Zeichen »m«, das als Symbol für das große Herbststernbild galt, in dem die heutigen Tierkreisabschnitte Jungfrau, Waage und Skorpion anfangs enthalten waren.

In der Mythologie symbolisiert das Tier Skorpion die zerstörende Kraft: In Ägypten wurde er gleichermaßen gefürchtet und als heilig angesehen. Auf der Suche nach dem Körper ihres Gatten Osiris, der von seinem Bruder Seth ermordet worden war, wird Isis von sieben Skorpionen begleitet.

In der Bibel erscheinen Skorpione als Strafen Gottes, und sie stehen für das Böse und den Verrat. Abtrünnige Israeliten und manchmal auch der Teufel werden durch den Skorpion symbolisiert. Im jüdischen Glauben ist er ein Symbol für Tod und Gift. Im mittelalterlichen Glauben findet sich der Skorpion als Zeichen für den Ketzer oder für Satan, aber auch allgemein für den Tod.

Im Mithras-Kult stehen der Stier und der Skorpion für Leben und Tod und für die aufgehende und untergehende Sonne, die in den alten Kulturen ein Zeichen für den ewigen Kreislauf von Geburt und Tod war.

In Ägypten bezeichnet der Skarabäus die Seite des Skorpions, die mit ewiger Erneuerung zu tun hat: Der Skarabäus ist das Symbol für Auferstehung, Unsterblichkeit und Wiedergeburt sowie auch für die göttliche Weisheit, die alle Dinge lenkt und ordnet.

Die Schlange ist ebenfalls ein Symbol, das mit der Thematik des Skorpion-Zeichens zu tun hat: Als ein Tier, das mit tödlichem Gift versehen ist, steht sie für Tod und Zerstörung; da sie in regelmäßigen Abständen ihre Haut erneuert, steht sie ebenso für das Leben, die Regeneration und die Wiedergeburt.

Die Schlange ist ein sehr vielschichtiges und universelles Symbol, dessen Inhalte von Weisheit und Macht über Heimtücke, List, Finsternis und das Böse bis zu der Bedeutung des Uroboros reichen, der Weltenschlange, die sich in den Schwanz beißt und die die uranfängliche Einheit, den Ur-Ozean oder das Urchaos, symbolisiert, aus dem alles entstanden ist. »Mein Ende ist mein Anfang«, lautet ihre Botschaft, und auch hier finden wir das Bild des ewigen Kreislaufs von Auflösung und Erneuerung.

Die gegensätzlichen Bedeutungen der Schlange zeigen sich am deutlichsten durch die Gegenüberstellung der uns bekannten Symbolik, die sie uns als Hüterin der dunklen Kräfte der Menschheit und als Verführerin darstellt, und andererseits dem Bild des Äskulapstabes, um den sich zwei Schlangen winden als Zeichen für die Versöhnung und Vereinigung der Gegensätze.

In der Bibel ist es die Schlange, die sich um den Baum der Erkenntnis windet und die den Menschen verführt, von diesem Baum zu essen. Durch die Erkenntnis von Gut und Böse fällt der Mensch heraus aus seiner ursprünglichen Einheit, die Welt wird dual, d.h. aufgespalten in Gegensätzlichkeiten; Einheit, Geborgenheit und Seelenfriede sind für immer dahin. Da bis zu diesem Zeitpunkt nur Gott zu dieser Erkenntnis fähig ist, muss der Mensch für die Überschreitung seiner Grenzen mit der Vertreibung aus dem Paradies bezahlen. Jedoch erst jetzt befindet er sich auf dem Weg der bewussten Entwicklung.

Der November, die Hauptzeit des Skorpions, ist auch der Monat, in dem wir in der Natur das Bild des Sterbens beobachten können, wohlwissend, dass auf der anderen Seite des Jahres der Frühling und die Auferstehung warten. In unserem Kulturraum ist der November der Totenmonat, in dem wir die Totenfeste begehen: Allerheiligen, Allerseelen, Buß- und Bettag und den Totensonntag – es »grabelt«. Ernsthaftigkeit, Tiefe, ein Bewusstsein des Jenseits und der Wunsch, Buße zu tun, entstehen.

Die komplexe Kombination des Skorpion-Zeichens, in dem wir sowohl die Kräfte des Bösen, der Zerstörung und der Finsternis finden als auch das Bewusstsein für die Sterblichkeit des Menschen und das zwangsläufige Vergehen aller materiellen Dinge – und damit eine Hinwendung zu überpersönlichen oder auch spirituellen Zielsetzungen –, zieht eine starke Gegensatzspannung nach sich: In keinem anderen Zeichen finden sich so viele Extreme und Unterschiede darin, wie die persönliche Thematik bewältigt wird. Die Bandbreite reicht vom Heiligen bis zum Verbrecher, vom tief religiösen Mystiker und Geheimwissenschaftler bis zum Machtpotentaten, von absolutem Einsatz und Engagement für eine Sache bis zu Rassenverfolgung und Fanatismus.

DAS PLUTO-SYMBOL

Pluto wurde 1930 von C. W. Tombaugh entdeckt. Die Entdeckung Plutos fiel zeitlich zusammen mit dem Aufkommen eines extremen Fanatismus und von Gewalttendenzen. Plutonium wurde eingesetzt, um die Atombombe zu bauen, und die Welt begann, immer abhängiger von der Förderung des Erdöls zu werden, um wirtschaftliches Wachstum und Wohlstand sicherzustellen. Der Einsatz von Erdöl hat unser Leben verändert, aber er hat auch zu einer hohen Verschmutzung unserer Umwelt und unserer Städte geführt.

Freud, Adler und Jung entwickelten in dieser Zeit die Tiefenpsychologie, die der bisher gängigen Psychologie eine neue Dimension verlieh. Man erkannte die Existenz eines unbewussten Bereichs im Menschen, eines Schattenbereichs, in dem viele wertvolle wie problematische Anlagen und Themenkreise zu finden sind, die unser Leben bestimmen.

Der Planet Pluto ist somit mit unserem Unbewussten, unserer »Unterwelt« verbunden und mit kollektiven, jedoch eher unbewussten Antrieben und Strömungen.

In der Mythologie ist Hades/Pluto der Gott der Unterwelt. Als Kronos die Welt unter seinen drei Söhnen (Zeus, Poseidon, Hades) aufteilt, erhält Hades die Unterwelt, um hier an der Seite seiner Gemahlin Persephone, die er in sein Reich entführt hat, über die Seelen der Toten zu herrschen. Hades kennt kein Mitleid; wer einmal sein Reich betreten hat, für den gibt es keine Rückkehr, und darum ist er den Menschen verhasst. Nur Herakles nimmt den Kampf mit ihm auf und verwundet ihn, und Orpheus gelingt es, das Herz des Hades zu erweichen und ihm den Versuch einer Wiedervereinigung mit seiner Geliebten Eurydike im Tartaros, der Unterwelt, zu gestatten.

Die Eigenschaften, die dem Hades in den Epen und Mythen zugeschrieben werden, zeugen von seiner Gnadenlosigkeit, von der Unwiderruflichkeit seiner Urteilssprüche über die toten Seelen, von seiner Macht und davon, dass er der Feind alles Lebens ist. Den heilkundigen Asklepios, der drei Tote aus seinem Reich entführt hat, um sie wieder zu erwecken, zwingt er, sie zurückzugeben, denn eine Ausnahme von der Regel zu machen, dass ein Verstorbener ihm gehöre, widerspricht seiner Vorstellung von Ordnung und seinen Prinzipien.

Hades/Pluto ist aber auch der reichste aller Götter. Er ist der Herr über die Schätze, die unter der Erde verborgen sind, und damit über alle Bodenschätze. Ihm untersteht all das, was die Erde aus ihrer Tiefe hervorbringt und zeugt. Das Füllhorn als Symbol dieser schöpferischen Kraft ist das Wahrzeichen des Hades.

Pluto sagt im Horoskop etwas darüber aus,

1. in welchen Lebensbereichen wir von fest gefügten Vorstellungen, Ideen und Meinungen bestimmt sind bzw. wo wir die Tendenz haben, bestehende Realitäten weniger objektiv als durch die »Brille« unserer Vorstellungen zu sehen,
2. wo wir dazu neigen, Idealmaßstäbe an etwas anzulegen (z.B. an eine Person, an eine Arbeit), die das Menschenmögliche oder Machbare überschreiten (hier kann ein Bedürfnis nach Perfektion und Festhalten bestehen, die dem lebendigen Fluss des Lebens zuwiderlaufen),
3. wo wir nach klaren, eindeutigen Leitlinien handeln und eine persönliche Ethik entwickeln sollen,
4. auf welchen Gebieten wir die geballte Kraft der Konzentration auf einen Punkt bzw. eine Sache richten und wo wir Unwesentliches ausklammern können,

5. bei welchen Themen wir eine enorme Regenerationsfähigkeit, sei sie körperlicher oder seelischer Natur,
   aufweisen und wo wir immer wieder einem Prozess des
   Loslassens, der Wandlung und der Erneuerung unterworfen sind,
6. welche Bedeutung die Leitlinien unserer Familie (bzw.
   der Sippe) oder der Gruppe, der wir uns zugehörig fühlen, für uns haben und wo wir deren Kriterien über persönliche Belange setzen, d. h., wo uns die Gruppe, der
   Clan, die Fortführung der Familientradition usw. wichtiger sind als unsere eigene Person.

ZUR MYTHOLOGIE DES SKORPIONS

Obwohl »Faust« nicht dem zuzuordnen ist, was wir im Allgemeinen unter dem Begriff »Mythologie« verstehen, sondern den Volkssagen, beschreiben seine Geschichte und
sein Dilemma einen wichtigen Aspekt des Skorpion-The-
mas. Deshalb sei hier seine Geschichte vorgestellt.
In der volkstümlichen Version dieser Geschichte ist Faust
einfach der Mensch, der nach Macht, Ansehen und Sin-
nengenuss strebt und der, um dies zu erlangen, seine Seele
dem Teufel verschreibt.
In der Version Goethes, der selbst einen Skorpion-Aszen-
denten hatte, findet sich dagegen der Mensch, der mit sich
und der Welt zerfallen ist und dessen einzige Befreiung
von der inneren Zerrissenheit und dem Schmerz darin zu
liegen scheint, dass er einen Pakt mit dem Teufel eingeht:
»Es möchte kein Hund so länger leben! Drum hab' ich mich
der Magie ergeben ...«, deklamiert er eingangs. Die Hoffnung auf Erlösung aus der Gespaltenheit und Rastlosigkeit wird zur fixen Idee, die einzige Rechtfertigung für den

Fortbestand seiner Existenz scheint ihm das Finden einer erlösenden Erkenntnis, einer letzten Wahrheit zu sein, die alles so zusammenfügt, wie es sein sollte.

Faust sucht nach der Urwahrheit, nach den letzten Zusammenhängen des Lebens. Er möchte die individuellen Grenzen sprengen und den unendlichen Lebensquell, aus dem alles entspringt, entdecken. Doch all seine Studien helfen ihm nicht, und so schwört er voll Bitterkeit, Einsamkeit und Überdruss allem Vielwissen ab, fällt in eine tiefe Depression und denkt darüber nach, Hand an sich zu legen. Er verflucht alle Freuden und Werte des Lebens, doch Mephisto, der Teufel, der gerade zu diesem Augenblick auftaucht, bietet ihm einen Pakt an: Faust soll ihm seine Seele verkaufen, dafür werden ihm alle Wünsche erfüllt. Er erhält magische Kräfte, und noch einmal hofft er, so der Verzweiflung zu entgehen.

Doch Mephisto hat seinen Untergang geplant. Immer, wenn Faust sich seiner neu gewonnenen Macht erfreuen will, ist Mephisto da und vergällt ihm alles. Faust wird immer tiefer in die Verdammnis getrieben, seine Rastlosigkeit, Unersättlichkeit und sein Unendlichkeitsverlangen steigern sich ins Exzessive. Alles, was er berührt, zerstört er.

Nach einer Verjüngung durch einen Hexentrank, die Faust, müde geworden, nur noch widerwillig akzeptiert, begehrt er das Mädchen Margarete (»Gretchen«), das fast noch ein Kind ist, und stürzt sie ins Verderben.

Gretchen wird schwanger. Faust verschuldet den Tod ihrer Mutter und ihres Bruders. Er flieht und will sich seiner Schuld entziehen, doch Mephisto konfrontiert ihn gnadenlos mit seiner Schuld. Faust stürzt zurück, aber er kommt zu spät. Gretchen hat in wahnsinniger Verzweiflung ihr Kind getötet und ist verurteilt im Kerker. Sie weicht voll Entsetzen vor Faust zurück.

»O wär' ich nie geboren« und »Der Menschheit ganzer Jammer fasst mich an«, sagt Faust bei ihrem Anblick. Doch eine Stimme vom Himmel verkündet Gretchens Rettung und Erlösung, nachdem sie von der menschlichen Gerichtsbarkeit gerichtet worden ist.

In Goethes Tragödie folgt ein zweiter Teil, in dem Faust einen Reifungs- und Läuterungsprozess durchschreitet. Schließlich verliert Mephisto die Wette, da Faust sich aus seinem Bann löst und sich selbst im Tod erkennend läutert.

Wie in Faust wohnt auch im skorpionischen Menschen eine Destruktivität, die oft selbstzerstörerisch ist. Sein Bewusstsein ist unabdingbar mit der Kehrseite des Lebens konfrontiert, und meist bestätigen die Erfahrungen der Kindheit die der Seele innewohnenden dunklen Ahnungen. So bildet sich schon früh die innere Überzeugung heraus, dass es in der Welt kein Happy End gibt und dass wir zum Schluss die bittere Rechnung präsentiert bekommen. Häufig scheinen die Erfahrungen des Betreffenden dies zu bestätigen, doch nur so lange, bis er gelernt hat, sich nicht starr auf eine Idee, einen Menschen oder ein Objekt zu fixieren, von denen er glaubt, sie würden für ihn den einzigen Ausweg aus seiner inneren Zerrissenheit und das allein selig machende Glück darstellen.

Der Skorpion hat eine Tendenz, sich unter Ausschluss der Veränderungen, denen das Leben ständig unterliegt, an etwas zu klammern und dabei nur seine fest gefügten Vorstellungen anzuerkennen und nicht die Wandlungen, die im Lebensfluss immer und überall stattfinden.

Faust strebt nach Erkenntnis, nach der absoluten Erfahrung und nach Identifikation mit dem Höchsten, und zwar schon hier auf dieser Erde. Nichts anderes erscheint ihm erstrebenswert, die Welt ist schal und voller hässlicher Flecken. Seine fixe Idee bringt ihm schließlich die Verdammnis ein, zumindest bis zu dem Punkt, an dem er eine innere Wandlung und Läuterung zulässt. Der alte Faust stirbt, ein neuer, spiritueller Mensch wird geboren, dem schließlich doch noch Erlösung zuteil wird.

EIN SKORPION-MÄRCHEN:

Die Nachtigall

In China lebte ein Kaiser, dessen Schloss war das prächtigste auf der Welt, ganz und gar aus feinem Porzellan, sehr kostbar, aber so spröde und zerbrechlich, dass man sich in Acht nehmen musste, es zu berühren. Im Garten blühten die wunderbarsten Blumen, und Silberglocken läuteten mit zartem Klang. Ja, alles war in des Kaisers Garten fein ausgedacht ...
In den Bäumen des Gartens wohnte eine Nachtigall, die so herrlich sang, dass jeder, der in der Nähe war, ihr zuhörte, gleich, was er gerade tat. Reisende aus aller Welt bewunderten das Schloss und den Garten des Kaisers, doch wenn sie die Nachtigall hörten, sagten sie: »Das ist das Schönste!«

Die Reisenden berichteten von allem, was sie gesehen hatten, und die Gelehrten schrieben viele Bücher über die Stadt, das Schloss und den Garten. Die Nachtigall aber priesen sie mit den schönsten Worten, und die Dichter schrieben Gedichte über sie.

Eines Tages bekam auch der Kaiser einige dieser Bücher in die Hände und befahl, dass der Vogel, von dem er noch nie etwas gehört hatte, zum Schloss kommen und singen solle. Sein Hofmarschall lief treppauf, treppab durch alle Säle und Gänge, und der halbe Hofstaat rannte mit. Überall fragten sie nach der merkwürdigen Nachtigall, die die ganze Welt kannte, nur bei Hofe niemand.

Endlich trafen sie ein kleines Mädchen in der Küche, das die Nachtigall kannte und voll Innigkeit von ihr erzählte. Der Hofmarschall versprach ihr eine feste Anstellung in der Küche und dass sie den Kaiser würde speisen sehen dürfen, wenn sie ihn nur zur Nachtigall führe. Alle zogen hinaus in den Wald, das kleine Mädchen, der Hofmarschall und der ganze Hofstaat. Sie kamen an brüllenden Kühen und quakenden Fröschen vorbei, und jedes Mal meinten die Leute vom Hof, nun hätten sie die Nachtigall gefunden, und wie kraftvoll und schön ihre Stimme doch klänge ...

Schließlich gelangten sie zu dem Baum, in dem die Nachtigall saß, und alle waren enttäuscht darüber, wie grau und unscheinbar sie war. Als sie jedoch zu singen begann, meinte der Hofmarschall, sie werde großen Erfolg bei Hofe haben.

Die Nachtigall folgte der Einladung des Kaisers, obwohl sie meinte, ihr Gesang klänge am schönsten in der Natur.

Die Nachtigall sang so herrlich, dass der Kaiser weinte. Zur Belohnung wollte er ihr einen goldenen Pantoffel schenken, aber die Nachtigall sagte: »Ich habe Tränen in den Augen des Kaisers gesehen, das ist der größte Lohn für mich.«

Nun sollte die Nachtigall bei Hofe bleiben, ihren eigenen Käfig besitzen und die Freiheit haben, zweimal am Tag und einmal in der Nacht hinauszuspazieren. Dann wurde sie aber von zwölf Dienern betreut, die sie an seidenen Fäden festhielten. So ein Ausflug war durchaus kein Vergnügen!

Eines Tages erhielt der Kaiser ein großes Paket mit der Aufschrift »Nachtigall«. Er meinte, es sei ein Buch über seinen Vogel, aber es war eine künstliche Nachtigall darin, die der lebendigen gleichen sollte. Nur war die künstliche über und über mit Diamanten, Rubinen und Saphiren besetzt, und wenn man sie aufzog, ertönte eines der Lieder, die auch die wirkliche Nachtigall sang.

»Das ist herrlich!«, sagten alle. Und der, der den künstlichen Vogel gebracht hatte, erhielt sofort den Titel Kaiserlicher Ober-Nachtigall-Bringer.

Nun sollten beide Vögel zusammen singen, aber das klappte nicht, denn die wirkliche Nachtigall sang auf ihre Weise, und der Kunstvogel lief auf Walzen. Der Spielmeister meinte, die künstliche Nachtigall sei eben viel taktfester und außerdem viel schöner anzusehen. Nun sollte sie allein singen. Wieder und wieder zog man sie auf, und die Leute konnten nicht genug bekommen. Die wirkliche Nachtigall war unterdessen zum Fenster hinausgeflogen, und als man dies bemerkte, war der Kaiser sehr ärgerlich, und alle fanden, sie sei sehr undankbar. Den besten Vogel habe man aber ja noch. Er sei viel kostbarer und schöner – und man könne genau berechnen, was er singen würde und auch wie.

So erhielt der künstliche Vogel einen Ehrenplatz auf einem seidenen Kissen neben dem Bett des Kaisers. Bald kannten der Kaiser, der Hofstaat und alle übrigen Chinesen jeden Ton der Nachtigall auswendig und konnten mitsingen, was ihnen besonders gut gefiel.

Eines Abends jedoch, als der Kaiser im Bett lag und dem Kunstvogel zuhörte, riss etwas im Inneren des Vogels entzwei. Der Leibarzt, den der Kaiser rufen ließ, sagte, die künstliche Nachtigall müsse sehr geschont werden, da ihre Zapfen abgenutzt seien. Sie dürfe nur noch einmal im Jahr singen, das sei das Äußerste.

So vergingen fünf Jahre, und der Kaiser lag sterbenskrank darnieder. Schon war ein neuer Kaiser gewählt worden, und große Trauer lag über dem Land, denn die Chinesen liebten ihren Kaiser.

Kalt und bleich lag der Kaiser in seinem Bett, er konnte kaum atmen, und als er die Augen aufschlug, sah er den Tod auf seiner Brust sitzen. Er hatte sich seine goldene Krone aufgesetzt und hielt in der einen Hand des Kaisers goldenen Säbel und in der anderen seine stolze Fahne. Aus den Falten der langen, samtenen Bettvorhänge sahen sonderbare, zum Teil erschreckende Köpfe hervor, das waren des Kaisers gute und böse Taten, die sich in Erinnerung brachten.

Dem Kaiser brach der kalte Schweiß auf der Stirn aus, und er schrie nach Musik, denn er wollte nicht alles hören, was sie sagten. Die künstliche Nachtigall aber blieb stumm, denn es war niemand da, der sie aufziehen konnte. Der Tod starrte mit seinen großen hohlen Augen den Kaiser immer noch an.

Da klang auf einmal vom Fenster her der herrlichste Gesang. Es war die kleine Nachtigall, und während sie sang, wurden die Gespenster immer bleicher und bleicher, und das Leben kehrte in den Körper des Kaisers zurück. Selbst der Tod wollte mehr von ihr hören. Sie verlangte von ihm, wenn sie weitersingen solle, die Krone, den Säbel und die Fahne des Kaisers, und der Tod gab ihr alles. Sie sang so schön vom Gottesacker, dass der Tod Sehnsucht nach seinem Garten bekam und wie ein kalter, weißer Nebel zum Fenster hinausschwebte.

Der Kaiser aber dankte der Nachtigall überschwänglich und reumütig. Wiederum wollte die Nachtigall keine Belohnung, denn die Tränen des Kaisers waren ihr genug. Sie sang die schönsten Melodien, bis der Kaiser wieder gesund war. Nun wollte er, dass sie für immer bei ihm bleiben solle, und den Kunstvogel wollte er in tausend Stücke schlagen. »Tu das nicht!«, sagte die Nachtigall. »Er hat doch Gutes getan, solange er konnte.« Sie selbst könne nicht ihr Nest im Schloss bauen und dort wohnen, aber sie werde am Abend auf einem Zweig vor dem Fenster sitzen und für ihn singen. Sie werde ihm auch von allem erzählen, was ihr unterwegs begegne, aber der Kaiser dürfe niemandem erzählen, dass er einen kleinen Singvogel habe, der ihm alles berichte.

Da flog die Nachtigall fort.

Die Diener kamen herein, um ihren toten Kaiser zu sehen – ja, da standen sie, und der Kaiser sagte: »Guten Morgen!«*

Das Märchen beginnt mit der Beschreibung einer völlig perfekten, jedoch sehr zerbrechlichen Welt, die überall Erstaunen und Bewunderung hervorruft. Trotz aller Vollkommenheit finden die Reisenden eine kleine, unscheinbare, jedoch sehr lebendige Nachtigall und ihren Gesang am schönsten von allem, was ihnen dort begegnet ist. Da nun alle Welt von ihr weiß, nur der Kaiser selbst nicht, verlangt er, sie zu sehen.

Weder der Hofmarschall noch der Hofstaat können sich

---

* Nach *Andersen-Märchen*, Insel Verlag, 1975.

vorstellen, wie der Gesang einer echten Nachtigall klingt – sie leben ja ausschließlich in ihrer vollkommenen, vom Leben draußen abgeschirmten Welt. Als sie schließlich die Nachtigall finden, sind sie sehr erstaunt über diesen Vogel, der so gar nicht in ihre Vorstellungswelt passt.

Der Gesang der Nachtigall bringt den Kaiser zum Weinen, sie löst ein echtes, spontanes, lebendiges Gefühl in ihm aus, das in seiner Welt eigentlich nicht vorkommt, in der feste Vorstellungen darüber herrschen, was edel, schön und passend ist. Da die Nachtigall jedoch ein Bote aus einer anderen Welt ist – der der Natur und des Lebens draußen –, wird sie dem Kaiser so kostbar, dass er versucht, sie festzubinden und nicht mehr loszulassen.

Der künstliche Vogel erregt überall Aufsehen, denn er entspricht den herrschenden Vorstellungen: Er ist mit kostbaren Steinen übersät und ein Modell (von einer wirklichen Nachtigall), sozusagen der Prototyp, die Idee, die in ihrem Maß an Perfektion mit dem wirklichen Leben wenig gemeinsam hat. Der Kunstvogel scheint nie zu versagen, er ist sozusagen vollkommen in seiner Art. Schließlich fordert jedoch das Leben seinen Preis: Die Zapfen des Vogels sind abgenutzt, es ist vorbei mit dem idealen Funktionieren. Diese Erfahrung machen viele Skorpione: Für eine bestimmte Zeit gelingt es ihnen, eine Beziehung, die sie haben, ein politisches System, das sie vertreten – oder was auch immer –, im Licht ihrer Idealvorstellungen zu sehen. Die zwangsläufig immer etwas weniger ideale Realität erzwingt jedoch auf die eine oder andere Weise eine Korrektur. Die damit verbundene Desillusionierung wird schwer ertragen und so lange wie möglich und mit erstaunlicher Hartnäckigkeit hinausgeschoben.

Auch der Kaiser muss erst durch eine tiefe Krise gehen und dem Tod ins Auge sehen, bis er Erlösung durch die lebendige Nachtigall erhält. Skorpionbetonte Menschen erleben diese Konfrontation zumindest auf der seelischen Ebene: Es ist diese Erfahrung, die Goethe in seinem Wort vom »Stirb und werde« zusammengefasst hat. Nach der Krise und der Wandlung ersteht ein neuer, geläuterter Mensch. Charakteristisch ist dann die Regenerationsfähigkeit und die große Kraft zum Neubeginn, so wie der Kaiser aus der tiefsten Tiefe – man hatte schon einen neuen Kaiser gewählt – wiederaufersteht und im vollen Besitz seiner Kraft ist.

ANALOGIEKETTEN

Entsprechungen des Prinzips »Skorpion« auf den verschiedenen Ebenen

Farben:
Blutrot, Giftgrün, Rot und Schwarz, Schwarz und Weiß, intensive, spannungsreiche Farben und Farbkombinationen, Schachbrettmuster; phosphorisierende Farben.
Geruch:
Faulig, verwesend, scharf, stinkend, modrig (Gärungs- und Fäulnisprozesse [Kompost] als Grundlage neuen Lebens).
Geschmack:
Scharf, ätzend, faulig, verdorben.
Signatur (Form und Gestalt):
Starke Kontraste, intensiv, bohrend, eindringlich, extrem; herausfordernd; verdeckt, hintergründig.
Pflanzen allgemein:
Schmarotzerpflanzen, Fleisch fressend, verlockend blühende, intensiv duftende, aber häufig giftige Pflanzen; Pilze; Vogelbeere; Moosarten, Orchideen. Alle Pflanzen, die in extremen Gebieten wachsen.

Bäume, Sträucher:
Thuja, Eibe; Feigenbaum.
Gemüse, Obst:
Rettich, Radieschen, Lauch, Zwiebel, Knoblauch; Feige.
Blumen:
Orchideen; Mohn; Herbstzeitlose.
Gewürze:
Meerrettich, Brunnenkresse.
Heilpflanzen:
Knoblauch, Kalmus, Nieswurz, Schlafmohn, Bilsenkraut (Hyoscyamus), Mauerpfeffer.
Tiere:
Raubtiere; Amphibien; Reptilien, Echsen; Skorpion, Schlange, Krokodil, Piranha, Hai, Kröte, Seesterne, Seegurke, Tintenfisch, Oktopus, Krake, Muräne, Aal; Hyäne, Dobermann, Bandwurm, alle Parasiten, Bulldogge, Geier (Aasgeier); Zebra; Stechmücke, Zecke, Mistkäfer, Laus, Schmeißfliege; Fledermaus.
Materialien:
Eisen, Platin, Titan, Leder, Hanf; Humus, Kompost; Lava.
Mineralien, Metalle:
Onyx, Vesuvian, Asbest, Platin, Black Star, schwarze Perlen; Eisen; Plutonium; Erdöl.
Landschaften:
Sumpflandschaften, Moor, vulkanisches Gebiet (Lanzarote), Kraterlandschaften, heiße Quellen und Geysire, schwarze Raucher (unterirdische Vulkane); Mangrovenwälder und dichter Dschungel (Amazonas).
Berufe:
Alle Berufe, die eine starke Herausforderung darstellen und ein Anreiz für den persönlichen Leistungsehrgeiz sind; Berufe, die Spürsinn, Tiefgang, Forschertalent und Durchsetzungsvermögen verlangen; Berufe, die einer übergeord-

neten Idee unterstehen oder sich ihr verschrieben haben (häufig die Idee der »Korrektur am Leben«); Berufe, die kriminalistische bzw. analytische Fähigkeiten verlangen oder die Verborgenes aufdecken, okkulte Themen; Berufe, die mit Entsorgung oder Abfallbeseitigung zu tun haben. Psychologe, Psychiater, Therapeut; Psychoanalytiker; Graphologe; Hypnotiseur; Chirurg, Gynäkologe, Röntgenologe, Heilpraktiker; Unfallarzt; Urologe; Hygiene- und Sanitärbereich; Konjunkturforscher; experimentelle Rohstoffuntersuchung; Entdecker; Höhlenforscher; Biologe; Pharmazeut, Chemiker; Apotheker; Beschäftigter im Sicherheitsdienst, Spion, Agent, Polizist, Untergrundkämpfer, Detektiv, Kriminologe; Militär; Tiefbauingenieur; Schlosser, Schweißer, Dreher, Schmied; Verwerter von Abfallprodukten (Recycling); Brauer (Gärprozesse); Schädlingsbekämpfer und Desinfektionsmittelhersteller; Totengräber, Leichenbestatter; Scharfrichter; Gefängniswärter; fundamentalistischer Theologe.

Hobbys, Sportarten:
Die Hobbys des Skorpions unterliegen häufig dem Zwang zu Perfektionismus; spielerischer Genuss und Loslassen machen eventuell Mühe. Ansonsten Hobbys, die tiefgründiges Eindringen in die Materie ermöglichen – wie Psychologie, Philosophie, Esoterik; Kriminal- und Spionagefilme und -romane; Sportarten, die extremes Durchhaltevermögen und Disziplin erfordern: Kampfsportarten, Marathonlauf.

Verkehrsmittel:
U-Boot, Amphibienfahrzeug, Panzer.

Wohnstil:
Die Einrichtung steht unter einem Motto bzw. entspricht einer übergeordneten Idee; die Form ist wichtiger als die Bequemlichkeit (z.B. japanisch, Zen-Stil).

Wochentag:
Dienstag (frz. *mardi*, »Tag des Mars«).

Gesellschaftsform:

Staaten, in denen der Geheimdienst sehr mächtig ist oder in denen Partisanenkämpfer agieren; Polizeistaat, Militärregierung; ideologisch orientierte Staaten, Staaten mit einem totalitären System.

Entsprechungen auf der Ebene des menschlichen Körpers:

Urogenitaltrakt, Mastdarm, Enddarm, After, Prostata, Harnröhre, Nierenbecken, Steißbein, Nase, Genitalorgane.

Krankheiten allgemein:

Krankheiten der Geschlechtsorgane, Störungen der Ausscheidungsfunktionen, Autoaggressionskrankheiten, Allergien, Krankheiten mit tödlichem Ausgang (Krebs), Verwachsungen (Buckel), Störungen des Immunsystems, virale Infektionen, Nekrose; Krankheiten, die operative Entfernungen und Amputationen erfordern; Vergiftungen.

WIE WIRKEN DER SKORPION UND PLUTO (MARS) IN MEINEM HOROSKOP, WAS SAGEN SIE AUS?

1. Woran fühle ich mich gebunden bzw. will ich mich binden? Was löst in mir das Bedürfnis nach Bindung und Langfristigkeit aus?
2. Wo brauche ich Eindeutigkeit? Wo habe ich das Bedürfnis, eine Entscheidung entweder für das eine oder für das andere zu fällen, und möchte dies auch von anderen Menschen?
3. Auf welchen Gebieten habe ich sehr feste Vorstellungen darüber, wie etwas zu sein hat? Wo bin ich am wenigsten anpassungsfähig und veränderungswillig?
4. Auf welchen Gebieten neige ich zu idealistischen Verhaltensweisen, die die Bereitschaft zu persönlichen Opfern mit einschließen?

5. In welchem Bereich meines Lebens habe ich bisher die stärksten Veränderungen und Wandlungen erlebt? Wo hat sich meine eigene Anschauung am stärksten gewandelt?
6. Wie ist mein Verhältnis zu Verfall und Tod? Welche Reaktionen rufen Gärungs- und Fäulnisprozesse in mir hervor?
7. Welche Gedanken, Ideen und Vorstellungen sind für mich wirklich dauerhaft, bei welchen habe ich das Gefühl, sie würden den physischen Tod eines Menschen überdauern?

ZITATE ZUM SKORPION-PRINZIP

Nur wenige Menschen ... kommen annähernd dazu, die Reichtümer, die in ihnen liegen, zu erschöpfen. Es gibt verborgene Kraftquellen, die niemals benutzt werden.

Admiral Richard Byrd

Ich werde so hart wie die Wahrheit sein und so kompromisslos wie die Gerechtigkeit. Ich möchte keine Milde walten lassen. *William Lloyd Garrison*

Ich nehme es dir übel, wenn du mir nicht alles gibst. Ich fordere, dass du vollkommen investierst, was du bist.

Fritz Perls

Fanatismus findet sich nur bei solchen, die einen inneren Zweifel zu übertönen versuchen. *C. G. Jung*

Was mich nicht umbringt, macht mich stärker.

Friedrich Nietzsche

Wenn du sicher bist, dass du Recht hast, hast du eine moralische Pflicht, deinen Willen jedem aufzuzwingen, der nicht mit dir übereinstimmt.

Robert Mayer

Die ältesten und kürzesten Wörter – »ja« und »nein« – erfordern auch das stärkste Nachdenken.

Pythagoras von Samos

Er liebte absolut, darum hasste er auch ... absolut.

Frieda Lawrence

Irren ist menschlich; Vergebung ist nicht unsere Politik.

Anonym

Es ist schwieriger, eine vorgefasste Meinung zu zertrümmern als ein Atom.

Albert Einstein

Sie war nicht nur bereit, Leid zu akzeptieren, sie verlangte tatsächlich danach.

Maurice Friedman

Der Mensch kann nicht tausend Tage ununterbrochen gute Zeit haben, so wie die Blume nicht hundert Tage blühen kann.

Tseng-Kuang

Man kann die Elastizität eines Menschen an der Kunst, zu vergessen, messen.

Søren Kierkegaard

Leicht muss man sein, mit leichtem Herz und leichten Händen halten und nehmen, halten und lassen ... Die nicht so sind, die straft das Leben, und Gott erbarmt sich ihrer nicht.

Hugo von Hofmannsthal

Wer sich selbst treu bleiben will, kann nicht immer anderen treu sein.

Benjamin Disraeli

Dein Schmerz ist nur das Aufbrechen der Schale, die dein Verstehen einschließt.

Khalil Gibran

Nur die Weisen sind im Besitz von Ideen. Die meisten Menschen sind von Ideen besessen.

Samuel Coleridge

Das Geheimnis des Erfolgs ist die Treue zu einem Vorsatz.

Benjamin Disraeli

Konzentration ist wie ein Diamant, strahlende, gesammelte Energie, Intelligenz und Sensitivität.

Joel Levey

Wahrlich, täglich erneuere dich.

Konfuzius

Eifersucht ist eine Leidenschaft, die mit Eifer sucht, was Leiden schafft.

Friedrich Schleiermacher

Das Streben nach Vollkommenheit macht manche Menschen vollkommen unerträglich.

Pearl S. Buck

Und solang du das nicht hast,
Dieses: Stirb und werde!
Bist du nur ein trüber Gast
Auf der dunklen Erde.

Johann Wolfgang von Goethe

Wer A sagt, muss nicht B sagen. Er kann auch erkennen, dass A falsch war.

Bertolt Brecht

Er musste erst mit dem Kopf gegen die Bäume rennen, ehe er merkte, dass er auf dem Holzwege war.

Wilhelm Busch

SCHÜTZE
Neuntes Zeichen des Tierkreises, 240°–270°

Symbol:
Der Pfeil steht als Symbol für den Wunsch, sich über die irdische Gebundenheit und Problematik hinwegzusetzen und sich einer höheren und vollkommeneren Welt, die durch den Himmel symbolisiert wird, zuzuwenden. Ursprünglich galt der geflügelte Zentaur als Bild des höheren Menschen, der versucht, sich von seiner Instinktnatur zu lösen.

Jahreszeit:
Spätherbst (22. November bis 20. Dezember).

Qualität:
Männlich-aktiv, Yang. Element: Feuer. Bewegliches, veränderliches, angleichendes Zeichen.

Herrscher:
♃ Jupiter; Nebenherrscher: Neptun.

Häuserzuordnung:
9. Haus (Labiles, bewegliches Haus).

Auf dem Tierkreis gegenüberliegendes Zeichen:
Zwillinge.

Botschaft/Schlüsselsatz:
Ich verstehe./Ich begreife.

Schlüsselworte:
Synthese, Einsicht, Hoffnung, Expansion.

Charakteristika:

Zukunftsorientiert, optimistisch, neugierig, lebenslustig, aufgeschlossen; versöhnlich, nicht nachtragend; großzügig, jovial; einsichtig; reiselustig, unternehmungslustig; starker Freiheits- und Unabhängigkeitsdrang; Sehnsucht nach der Ferne, nach Abenteuer und danach, das Leben zu erforschen. »Auf der Suche nach dem Wunderbaren«. Braucht Weite und Großzügigkeit in allen Dingen; aktiv, beweglich, dynamisch, begeisterungsfähig, schwungvoll; ständige Suche nach dem Neuen, Aufregenden. »Mit Siebenmeilenstiefeln in die Welt hinaus.« – Religiös, philosophisch, die »Vision vom Leben«, Suche nach Weisheit und dem Sinn des Lebens, will verstehen, will Einzelinformationen zu einem sinnvollen Ganzen zusammenfügen; Interesse an Psychologie, an Mythen und Esoterik, ständige Suche nach neuen Zielen und Erfahrungen; intuitiv; idealistisch; romantisch, phantasievoll, einfallsreich, moralisch-ethische Orientierung; stolz; kontaktfreudig; amüsant, heiter, unterhaltsam, geistreich, ironisch; offenherzig, direkt, unumwunden; sozial, will beliebt sein. – Der geborene Schauspieler: ständig wechselndes Rollenspiel; Hang zum Theatralischen. – Angst, etwas zu verpassen; schnell gelangweilt; Angst vor Begrenzungen, vor Einengungen, vor dem Alltag, vor Monotonie; übersieht Details, will sich nicht mit dem abgeben, was er für banal hält, vorschnelles, unexaktes Urteil; macht zu viele Konzessionen für Beliebtheit; unzuverlässig; missionarisch, intolerant; schießt in der Begeisterung übers Ziel hinaus. »Es gibt keine Probleme, nur Lösungen« (so genanntes positives Denken).

Thema

ÜBERBLICK ÜBER DAS ERLEBTE – SYNTHESE UND EINSICHT – SINN
UND ZWECK DES DASEINS – WELTANSCHAUUNG – AUSTAUSCH
VON GEDANKEN – LEBEN IM SOZIALEN UMFELD

Um den Schützen zu verstehen, ist es sinnvoll, sich nochmals auf die beiden ihm vorangehenden Zeichen zu besinnen. Ab der Waage begann der reale Versuch des Menschen, der Umwelt mit all ihren Inhalten zu begegnen. Er interessierte sich für andere Menschen als eigenständige, ihn jedoch potenziell ergänzende Wesen und setzte sich zum Ziel, durch das Erstellen von Gesetzen ein gerechtes und geregeltes Zusammenleben zu ermöglichen. Damit verbunden war die Vorstellung einer schönen, heilen Welt, in der alles seinen geordneten Gang geht.

Im darauf folgenden Zeichen Skorpion wird diese ideale Welt in Frage gestellt, die Konfrontation mit den dunklen Seiten des Lebens findet statt mit alldem, was der kultivierte Mensch bisher nicht in sein Bewusstsein eintreten lassen wollte, damit seine Vision von Schönheit, Gerechtigkeit und Ästhetik unangetastet bleibe. Der Skorpion bringt das Erlebnis der Sterblichkeit und des Verfalls, dem Mensch und Materie unweigerlich entgegengehen, aber auch das der archaischen, auf Überleben ausgerichteten Seiten der menschlichen Natur. Seine Art, mit dieser schmerzhaften Desillusionierung umzugehen, ist die Bindung an außerpersönliche Notwendigkeiten, an eine Idee, die die physische Existenz überdauert.

Der Schütze kommt in der Reihenfolge des Tierkreises nach dem Skorpion, er hat diese Phase und die damit verbundene Krise des Glaubens an die Gerechtigkeit des Universums durchlebt. Aus dieser Erfahrung heraus trägt er eine Wunde, weshalb ihm mythologisch Chiron, der verletzte Heiler, zugeordnet wird. Diese Wunde möchte er heilen, die Erinnerung an Vergangenes abschütteln und sich neuen Zielen zuwenden, eine Haltung, die sich im Symbol des Schützen ausdrückt: der nach oben, ans Licht strebende Pfeil – weg von der Erde.

Im Zeichen Schütze werden die Erlebnisse des Skorpions zu einer Art bösem Albtraum, aus dem er gerade erwacht ist und in den er nie wieder zurücksinken möchte. Die Erfahrungen aber sind gemacht. Auch die Wunde des Chiron ist geschlagen und nicht heilbar. Dieser Schmerz veranlasst den Zentaur, den irdischen Freuden zu entsagen und sich ganz der Suche nach Gott und dem Sinn des Daseins zu widmen. Er wird zum spirituellen Lehrer und großen Heiler, der die Geheimnisse der Wirkung von Pflanzen und Kräutern kennt.

Das Zeichen Schütze sucht nach dem inneren Zusammenhang der Dinge, nach dem großen »Warum«, das begreifbar werden lässt, weshalb diese Welt so ist, wie sie ist. Die Antworten der Menschheit auf diese Fragen bestanden in der Entstehung von Religion, Philosophie und anderen Erklärungsmodellen der Wirklichkeit. Die Intuition, eine Art inneres Ahnen, vermittelte dem Menschen Hoffnung darauf, dass er nicht in einem sinnlosen, mechanistischen Universum lebt, in dem er preisgegeben ist, sondern dass alles, was ist, einem unsichtbaren inneren Zusammenwirken entspringt. Der Schütze versucht, diese Zusammenhänge in Form von Lehren zu verbalisieren und zu vermitteln.

Auf die Ebene des Einzelnen übertragen, ergibt sich eine große Vielfalt der Möglichkeiten, welches Modell, welche Weltanschauung jeweils für stimmig gehalten wird. Daher untersteht dem Schützen auch die geistige Kommunikation, der Austausch von Gedanken und Ideen. Sein Wunsch nach einer optimalen Welt macht ihn zum Fackelträger, zum Träger einer Vision, die er hinaus in die Welt bringen möchte. Deshalb bewegt sich der Schütze gern in einem nicht rein privaten Rahmen, in dem er seine Ansichten verdeutlichen und in dem er Menschen für seine Anliegen gewinnen kann.

Sein Bemühen um Verstehen und Zusammenfügen lässt ein höheres soziales Bewusstsein entstehen, das nicht nur die Vorstellung unparteiischer Gerechtigkeit nach einem objektiven Maßstab umfasst (Waage), sondern auch eine persönliche Moral, eine Ethik, die aus dem Skorpion hervorging und die sich mit sozialen Nöten befasst, aber auch mit der optimalen Organisation bestehender Verhältnisse im Sinne einer allgemeinen Verbesserung.

Motivation

DIE SUCHE NACH DEM SINN – HOFFNUNG AUF EINE VOLLKOMMENERE WELT – ERWEITERUNG DES GEISTIGEN HORIZONTS – GANZHEITLICHE BETRACHTUNGSWEISE – SOZIALES ENGAGEMENT – DEM LEBEN OPTIMISTISCH BEGEGNEN

»... zu wissen, was die Welt im Innersten zusammenhält«, sinniert Faust, und er formuliert damit den Kernsatz des Schützen, der Erkenntnis, Einsicht, Hoffnung inmitten der Realität des Daseins sucht.

Im Grunde möchte er sich von der irdischen Wirklichkeit mit all ihren Einschränkungen und Verbindlichkeiten lösen, die Depression abschütteln und sich einer geistigen, klaren und heilen Welt zuwenden. Der Schütze wünscht, letzte Grenzen des Seins zu sprengen, um ein Optimum an Erfahrungen zu erlangen. Er besitzt jenen rast- und ruhelosen, kreativen menschlichen Geist, der sich einer höheren

Vision verpflichtet fühlt, als es die nüchterne Alltagsrealität letztlich zulässt.

Auf einer weiteren Ebene sucht er nach neuen Geisteshorizonten, danach, unerforschte Bereiche zu erleben und zu integrieren. Dieser eigentlich religiöse Drang wird im Alltag häufig durch den Versuch gestillt, von allem das Beste zu haben, zu tun, zu genießen, eine Art Intensivkonsum des Lebens. Der Schütze und sein Herrscher Jupiter schwanken stets zwischen den Themen Reichhaltigkeit und Übertreibung.

Der sprichwörtliche Optimismus des Schützen hat seine Wurzel in diesem Lebensgrundgefühl: Da er die »Hölle überwunden hat«, fühlt er eine intensive Kraft und Zuversicht in sich. Da er weiß, wie es »ganz unten« ist, sehnt er sich aus ganzem Herzen nach dem Licht, dem Positiven, dem Erfolg. Da er so viel gelitten hat (und, ganz tief drinnen, noch immer leidet), will er genießen, heiter und optimistisch sein. Nichts ist schwieriger, als einem echten Schützen das Zugeständnis von Problemen abzuringen, mit denen nun einmal auch er auf dieser Erde zu kämpfen hat.

Während die Zwillinge und ihr Herrscher Merkur dem analytischen und rationalen Denken zugeordnet sind und sich somit auf die Funktion der linken Gehirnhälfte beziehen, arbeitet das Gegenzeichen Schütze mit Hilfe der synthetischen, ganzheitlichen Wahrnehmung. Es geht um den Überblick, nicht ums Detail, um das Gesamtbild oder ein Symbol, nicht um präzise logische Erklärung.

Auch hier wird wiederum der Ergänzungscharakter gegenüberliegender Zeichen deutlich: Der Schütze versucht, aus der Vielzahl der Eindrücke und Erfahrungen, die ihm die Zwillinge liefern, eine Synthese zu bilden und so zu Erkenntnissen zu gelangen, die seiner Frage nach dem Sinn genügen.

Der Gedanke einer optimalen Gestaltung der Dinge zieht sich wie ein roter Faden durch alles, was der Schütze beginnt. Gleich, ob er als Manager in einer Firma arbeitet, als Sozialarbeiter oder Dozent, immer geht es ihm darum, Bedingungen zu verbessern, Systeme zu organisieren, Vorhandenes auszubauen. In diese Arbeit fließen seine persönliche Ethik, seine Überzeugungen und seine durch nichts endgültig zu brechende Zuversicht ein.

Der Schütze ist das letzte der drei Feuerzeichen, deren Kennzeichen Kraft, Vitalität, Spontaneität und die Fähigkeit, sich und andere zu motivieren, sind. Sein Elan vermag andere Menschen mitzureißen, Hoffnung und Glauben in ihnen zu erwecken. Genau dies sucht er: die Begeisterung der Umwelt, Popularität und Würdigung, eine Anerkennung, die ihn letztlich von der Masse abhebt. Er ist beseelt von der Überzeugung, dass er das »Ei des Kolumbus« finden kann, dessen Inhalt er dann seiner Umwelt zugänglich machen wird.

Psychologie

Der Schütze hat einige wirklich hervorstechende Eigenschaften, die es leicht machen, ihn aus einer Gruppe von Leuten herauszufinden: Steht jemand im Mittelpunkt des Interesses, kann es nur ein Schütze oder ein Löwe sein. Schafft er es – eifrig um Nettigkeit bemüht – regelmäßig, in das berühmte »Fettnäpfchen« zu treten, ist es mit Sicherheit ein Schütze. Nur noch der Widder hat ein vergleichbares Talent, vor lauter Ehrlichkeit und Offenheit der Umwelt konstant auf die Zehen zu treten.

Die Kombination des Schützen aus Liebenswürdigkeit, positiver Lebenseinstellung und schockierender Direktheit lässt ihn, wo immer er ist, zum Ereignis werden. Unauffällig ist er nie.

Eigentlich ist jedes Wort, das er sagt, ja nur nett gemeint. Im Gegensatz zum Skorpion, dem man nachsagen darf, dass er weiß, wann er andere »piesackt«, ist der Schütze völlig ahnungslos hinsichtlich der Tatsache, was er mit seiner Offenheit anrichtet. Weil er aber einfach so naiv-spontan ist, ist es schwer, ihm länger böse zu sein.

In jedem Schützen steckt ein Stück Cowboymentalität: umherwandern, frei sein, neue Horizonte erforschen, reisen. Er liebt das Flair von »Ich gehe meilenweit für eine Camel« und von »Go West«. Deshalb bedeutet Sichfestlegen Einschränkung und Beengung für ihn. Wer mag schon hunderttausend Möglichkeiten für eine einzige aufgeben? Sein Motto ist »Sowohl als auch«. Dies gilt auch für seine Beziehungen zum anderen Geschlecht, bei denen er dem Göttervater Zeus (Jupiter) in nichts nachsteht – oder dies zumindest gern würde, wenn man ihn ließe, wenn diese graue Welt mehr Verständnis dafür hätte, wie wichtig es für ihn ist, so viel wie möglich zu erfahren und zu erleben.

Ein wichtiges Thema ist der Schütze und die Toleranz. Großzügig, jovial, einsichtig und weise, wie er sich gibt, ist er die Toleranz in Person. Auf jeden Fall sieht er sich so und häufig auch seine Umwelt. Leider steckt dahinter oft schlichtweg Desinteresse an der Sache. Es muss schon etwas Bedeutendes, Beeindruckendes kommen, damit seine Aufmerksamkeit wirklich geweckt wird. Dann ist er begeisterungsfähig bis hin zum Enthusiasmus. Bis zu diesem Zeitpunkt sieht er wohlwollend lächelnd über alles hinweg, was ihm nicht schwer fällt, da er nicht besonders interessiert ist. Wie schwer hat es da ein Krebs, dem immer alles gleich unter die Haut geht, oder ein Skorpion, der entweder leidenschaftlich für oder leidenschaftlich gegen eine Sache sein muss!

Die ernsthafte Seite des Schützen zeigt sich vor allem dann, wenn er von etwas überzeugt ist oder wenn es um nicht rein persönliche Fragen geht: Da der Schütze vor dem Steinbock steht und damit – wie alle beweglichen Zeichen – eine Überleitung zum nächsten Quadranten bildet, interessieren ihn gesellschaftliche Themen sehr. Er ist sozusagen der Vermittler zwischen der persönlichen Begegnung (dritter Quadrant) und der Begegnung mit der Gesellschaft und dem Schicksal (vierter Quadrant).

Daher rührt sein Interesse für soziale Fragen, sein Engagement, wenn es um übergeordnete Ordnungsprinzipien geht. Er liebt es, sinnvolle Organisationsgrundlagen zu entwerfen, eine Verbesserung und Erweiterung bestehender Strukturen vorzunehmen. Deshalb ist der Schütze nicht nur der Priester und der Kirchenmann, obwohl dies eine wichtige Entsprechung für seine religiöse Natur ist. Er ist auch der Manager in verantwortlicher Position oder der Unternehmensberater. Er ist der Hochschuldozent, der ganz darin aufgeht, Verständnis für höhere Zusammenhänge zu wecken und das sinnvolle Zusammenspiel scheinbar völlig divergierender Faktoren aufzuzeigen. Er ist auch der Richter, jedoch der, der mehr den einzelnen Menschen als die Buchstaben des Gesetzes sieht. All dies soll das menschliche Bewusstsein erweitern und der Optimierung dessen dienen, was ist.

Dem Schützen geht es um Fragen des Vertrauens – zu Menschen, in den Sinn des Lebens, in seine Zukunft. Grundsätzlich lebt er aus dem Gefühl heraus, dass es das Leben letztlich gut mit ihm meint. Dieses Urvertrauen ist durchaus robust und funktioniert nach dem Schema: Wir bekommen, was wir zu bekommen erwarten. Da der Schütze in aller Regel ein Optimist ist – und zwar selbst dann noch, wenn ihm das Leben in frühester Kindheit übel mitspielte –, hat er eine gute Chance, wohlbehalten über alle Hürden und Fallstricke zu kommen. Gelegentlich treibt er damit weniger positiv denkende Geister zur Verzweiflung, aber irgendwie scheint er Recht zu behalten: Er zählt zu jenen Menschen, die wie eine Katze »sieben Leben« haben. Immer wenn ihm das Wasser bis zum Hals steht, was selbst einem Schützen gelegentlich passiert, kommt das rettende Boot vorbei und nimmt ihn mit.

Lernaufgabe

ÜBERHÖHTER OPTIMISMUS – MISSIONARISCHER DRANG – DIE RELATIVITÄT ALLER STANDPUNKTE – BEACHTUNG EINZELNER FAKTOREN ALS GRUNDBAUSTEINE DES GANZEN – DER HANG ZUR ÜBERTREIBUNG

»Denke positiv, es gibt keine Probleme, nur Lösungen«, diese und ähnliche Worte könnten aus dem Mund eines Schützen kommen, der ganz seinem Hang zu einer ausschließlich günstigen Interpretation der Dinge nachgegeben hat. Das hat etwas von »Was ich nicht zugebe, das gibt es auch nicht« an sich. Dieser Schütze lebt in der »besten aller Welten«, die Voltaire in seinem philosophischen Roman *Candide oder Der Optimismus* ironisch anprangert.
Der Philosoph Gottfried Wilhelm Leibniz, der Voltaires Zeit stark prägte, hat die These aufgestellt, dass die Welt grundsätzlich von vernünftigen Gesetzen regiert werde und vollkommen sei. Die Gräuel der ständigen Kriege und Verbrechen seiner Zeit hatten Voltaire jedoch zutiefst daran zweifeln lassen, dass dem Schicksal der Menschheit wirklich ein vernünftiges sinnvolles Prinzip zugrunde liegt. Sein Romanheld stürzt wie er selbst in die skorpionische Glaubenskrise, um daraus geläutert und gereift hervorzugehen.

Candide repräsentiert den naiven, gutgläubigen Menschen, der, während er auf der Suche nach seiner Geliebten Kunigunde durch die Welt irrt, die Erfahrungen aller physischen und moralischen Übel dieses Lebens machen muss. Darüber hinaus macht er Bekanntschaft mit den unterschiedlichsten Weltanschauungen, doch erst zum Schluss findet er die Erkenntnis, die das Leben für ihn erträglich macht und die ihn vor »Langeweile, Laster und Sorge« bewahrt: »Wir müssen unseren Garten bebauen.«

Voltaires Roman entlarvt das, was wir heute als das reine positive Denken bezeichnen würden, aber auch Heilslehren, religiösen Wahn und utopische Spekulationen über das Sein, die die Kehrseite des Schütze-Zeichens darstellen. Stattdessen wird der Mut, zuzupacken, etwas zu tun und nicht nur zu philosophieren, als eine Möglichkeit aufgezeigt, wie der Mensch dem Leben sinnvoll begegnen und es mit Würde bestehen kann.

Was immer der Schütze für richtig erkannt hat, es fällt ihm schwer, dies nicht mit einem überhöhten Enthusiasmus und Eifer unter die Leute zu bringen. So einsichtig und verständnisvoll er die verschiedenen Meinungen und Überzeugungen anderer anhören kann, so intolerant ist er, wenn er glaubt, den »Heilsweg« gefunden zu haben. Während sein Gegenzeichen Zwillinge vor lauter Neutralität oft nicht weiß, worauf es sich festlegen soll, entwickelt der Schütze einen Glauben, an dem er mit Sendungsbewusstsein festhält. Sein gleichzeitiger Anspruch, sich als großzügigen Menschen zu sehen, führt dann zu einer Scheintoleranz, die erst nach längerem Hinsehen durchschaut werden kann.

Das Jupiter-Prinzip ist das der Fülle, der Reichhaltigkeit, der Expansion. Statt sich wie die Jungfrau der exakten Überprüfung aller Details zuzuwenden, gehen der Schütze und Jupiter lieber »mit Siebenmeilenstiefeln durch die Welt«. Sie möchten den »großen Wurf« landen, möglichst alles auf einmal. Deswegen liegt eines der Probleme dieses Zeichens darin, dass es große Gebäude aufstellt, seien sie gedanklich oder materiell, die imposant dastehen, deren Grundbausteine aber nicht sorgfältig sortiert sind. Der große Überblick des Schützen, der ihn in die beneidenswerte Lage versetzt, übergeordnete Zusammenhänge zu begreifen, kann ihn auch daran hindern, die Dinge im Detail zu untersuchen, logisch zu analysieren und folgerichtig zu denken. Seine rasche Ungeduld, wenn es darum geht, Exaktheit und Präzision zu liefern, beeinträchtigt nicht selten das Gesamtergebnis.

Womit wir bei einem wichtigen Thema wären: Nichts fällt dem Schützen schwerer, als das rechte Maß zu finden, was für ihn ohnehin mit dem Gedanken der Mittelmäßigkeit verbunden ist. Jupiter neigt zur Übertreibung, ob das nun Gefühle, Stimmungen, Worte, Taten, Meinungen oder ganz einfach Konsumgewohnheiten sind. Er liebt das Opulente, Üppige. Von allem ein bisschen Barock. Großzügigkeit soll durch alles durchscheinen, was er beginnt.

Allen Feuerzeichen ist gemeinsam, dass ihnen die Eigenschaft des Maßhaltens abgeht. Was sich beim Widder in einem »Zu heftig, zu schnell« äußert, ist beim Löwen ein »Zu bombastisch, zu autokratisch« und beim Schützen ein »Zu viel, zu groß, zu sehr«. Die skeptischen Erdzeichen fühlen sich davon gleichermaßen abgestoßen wie fasziniert, die sensiblen Wasserzeichen überfordert, Luftzeichen reagieren mit kühl-erstaunter Distanz. Sie alle aber können sich dem Elan, der Energie und der Strahlkraft der Feuerzeichen nicht ganz entziehen.

Lebensziel

ALLGEMEIN GÜLTIGE WERTE FINDEN – ERKENNTNIS UND EINSICHT –
DIE SYNTHESE DER FAKTOREN – DER »GROSSE PLAN« – SINNVOLL
GELENKTE ENERGIE UND EINSATZBEREITSCHAFT – VERTRAUEN

Der Schütze ist ein der Tradition verbundenes Zeichen,
das letzte vor dem Beginn des vierten Quadranten, in dem
es um Gesellschaft und Schicksal geht. Damit steht er am
Übergang zwischen dem Thema der persönlichen Freiheit –
die dem Schützen, der sich nicht beschränken lassen will,
sehr wichtig ist – und der Tatsache schicksalhafter Bestim-
mung des menschlichen Lebens, zu der auch der Zeitgeist
und gesellschaftliche Faktoren gehören.

Da er generell funktionierende, in sich stimmige Systeme
liebt, fällt es ihm nicht schwer, die Notwendigkeit gesellschaftlicher Organisation zu akzeptieren, nur *sinnvoll* soll
sie sein und nicht starren Gesetzen unterliegen. Alles, was
auf dem Boden der Tradition gewachsen ist, scheint diesem Anspruch zu genügen, da es etwas Lebendiges, eben
Gewachsenes ist, das, aus der Sicht des Schützen, nur noch
verbessert werden könnte.

Was ihn aber zutiefst beschäftigt, ist die Frage nach dem
freien Willen des Menschen. Wenn es einen freien Willen gibt, welche Rolle spielen dann all die Prägungen und
Faktoren, in die wir hineingeboren werden? Was bedeuten
Zeit und Vergänglichkeit? Wohin entwickelt sich das Universum?

Allen diesen Fragen liegt der Drang zugrunde, den »großen
Plan«, das allem innewohnende Gesetz zu erkennen, auf
der kosmischen wie auf der menschlichen Ebene. Damit
symbolisiert der Schütze das tiefe religiöse bzw. sinnsu-
chende, philosophische Prinzip im Menschen.

Um dem Gefühl von Vergänglichkeit zu begegnen, sucht er nach Werten, die zu allen Zeiten gültig sind, also nach solchen, die auch den Zeitgeist und seine Vorschriften (Steinbock) überdauern. Zum Ideal des Schützen gehört es, diese Werte als Basis für das menschliche Zusammenleben anzuwenden. Wie im Steinbock geht es hier um Gesetze, jedoch um solche, die der persönlichen Ethik entspringen und die als sinnvoll empfunden werden können. Kant formulierte diese Einstellung in seinem kategorischen Imperativ: »Handle so, dass die Maxime deines Willens jederzeit zugleich als Prinzip einer allgemeinen Gesetzgebung gelten könne.« Bekannter ist die in das 18. Jahrhundert zurückgehende, als »goldene Regel« bekannte Abwandlung einer apokryphen alttestamentarischen Stelle (Tobias 4, 16): »Was du nicht willst, das man dir tu', das füg auch keinem anderen zu.« Statt eines feststehenden, übergeordneten Maßstabes wird hier der Versuch unternommen, eine Art »Einzelfallgerechtigkeit« walten zu lassen, die alle individuellen Faktoren mit berücksichtigt.

Auch das Ziel, optimale Verhältnisse zu schaffen, resultiert aus dieser Einstellung. Der Schütze ist weniger ein Idealist im Sinne der Fische, die Reinheit und Vollkommenheit suchen, oder des Skorpions, der Perfektion anstrebt. Trotz der Seite in ihm, die der Banalität des irdischen Daseins entfliehen möchte, hat seine Form des Idealismus auch etwas sehr »Bodenständiges«. Seine Ideale heißen nicht »Alle Menschen werden Brüder« (Fische) oder »Freiheit, Gleichheit, Brüderlichkeit« (Wassermann), sondern streben an, durch ein sinnvolles Zusammenspiel der Kräfte ein Milieu zu schaffen, in dem der Mensch aufwachsen, leben und sich entfalten kann.

DAS SCHÜTZE-SYMBOL

Die Sonne durchläuft das Zeichen Schütze vom 22. November bis zum 20. Dezember. Dies ist die Zeit des Spätherbstes sowie der kürzesten Tage und der längsten Nächte im Jahr.

Das physische Sterben der Natur ist erfolgt, nach den Kämpfen und Krisen im Zeichen Skorpion kehren Stille und innere Sammlung ein. Arthur Schult schreibt dazu in seinem Buch *Astrosophie**: »Schwermütige, freudlose Dämmerung und häufige, dunstige Nebel umhüllen die Erde. Die Felder sind leer, die Gärten kahl. Die Bäume stehen wie Totengerippe am Wege. Der erste Schnee hüllt wie ein Leichenlinnen die scheinbar tote Erde ein. Wer allein nach außen blickt, trauert um das geschwundene Leben. Wer dagegen nach innen lauscht, weiß: ›Wo Gräber sind, da ist auch Auferstehung.‹«

Aus der Erkenntnis des physischen Todes wird die Sehnsucht nach einer Kraft geboren, die hinter allem, was ge-

---

* Arthur Schult: *Astrosophie*, Lorber Verlag & Turm Verlag, 1986.

schieht, wirkt und die den unumstößlichen Tatsachen des Lebens Sinn und Zusammenhang verleiht. Die Hoffnung, dass wir nicht in einem sinnlosen, mechanistischen Universum leben, dessen Willkür wir ausgeliefert sind, sondern dass unserem Kosmos eine gerechte, sinnvolle Kraft innewohnt, führt zu der Entstehung der Religionen, Philosophien und der verschiedenen Erklärungsmodelle der uns umgebenden Wirklichkeit.

Das ursprüngliche Bildsymbol des Schützen zeigt einen geflügelten Zentaur, ein Wesen mit menschlichem Oberkörper und Pferdeleib, der mit einem Bogen zum Himmel zielt. Das Pferd ist ein ambivalentes Symbol, das sowohl in einer hellen, sonnenhaften Bedeutung zu finden ist, wenn die weißen, goldenen oder feurigen Pferde den Wagen der Sonnengötter ziehen, als auch in einer dunklen, mondhaften, chthonischen. In dieser Verbindung hat das Pferd mit dem Reich der Toten zu tun und wird hier als Führer der Seelen vom Diesseits ins Jenseits dargestellt (besonders in Zentralasien und bei vielen indogermanischen Völkern).

Die dunkle Symbolik des Pferdes findet sich bei den griechischen Zentauren wieder, die, von wenigen Ausnahmen abgesehen, als roh und ungeschlacht dargestellt werden und die meistens als Sinnbild für die animalische Seite des Menschen stehen. Der Reiter symbolisiert im Gegensatz dazu den Menschen, der die animalischen Kräfte beherrscht. Der geflügelte Zentaur jedoch, der im Urbild des Schützen zu finden ist, hat nichts mit dieser rohen und tierhaften Bedeutung gemein. Sein Bild stammt aus einer vorgriechischen Zeit und ist ein Symbol für die höhere Natur des Menschen, für den Teil in ihm, der den physischen Tod überlebt und der nach einer Vereinigung mit etwas Höherem strebt.

Pferd und Mensch – zwei Bilder, die die niedere Natur des Menschen mit den nur dem Menschen eigenen Fähigkeiten des Geistes, der Einsicht und der Urteilskraft verbinden.

DAS JUPITER-SYMBOL

♃ Der Halbkreis mit dem Kreuz deutet darauf hin, dass die Seele (der Halbkreis, Mond) frei wird vom Physischen. Das Kreuz der Materie, das Gebundensein an die konkrete irdische Welt mit all ihren Themen und Aufgaben wird von der Seele und ihren Hoffnungen auf eine bessere Welt überragt. Statt Erdschwere herrscht intuitives Vertrauen darin, dass es hinter den Erscheinungsbildern der sichtbaren Welt einen sinnvoll waltenden und geordneten Zusammenhang gibt. In diesem Sinn werden Werte und Ideale angestrebt, die ewige Gültigkeit besitzen. Aus dieser Perspektive entstanden der Humanismus und soziales Engagement.

Die mythologische Figur, die diesem Prinzip entspricht, ist Zeus, den die Römer später mit Jupiter, ihrem obersten Gott, gleichsetzten. Er ist der oberste Herrscher der griechischen Götter. Sein Name entstand aus den Ableitungen verschiedener indogermanischer Bezeichnungen für das Wort »Himmel«: Im Lateinischen bedeutet *dies* »Tag« und im Sanskrit *dyaus* »Himmel«; Jupiter wiederum bedeutet »Himmelsvater, Lichtvater«.

Vermutlich bezog sich der Name des Zeus anfangs auf den hellen Tageshimmel, doch galt er vor allem als ein Wettergott, dessen Wahrzeichen Donner und Blitz waren und der Donnerkeile als Waffen einsetzte. Nach dem Glauben der alten Griechen wohnte er auf dem wolkenverhangenen Gipfel des Berges Olymp. Die ihm zugeschriebenen Tätigkeiten umfassten schon bald weitaus mehr Bereiche als die ursprüngliche Verantwortung für Regen, Schnee, Hagel und Gewitter. Er wurde zum Göttervater, dem das gesamte Universum und alles Geschehen unterstand. Der Dichter Homer nennt ihn den »Vater der Götter und der Menschen«.

Zeus hatte, wie geweissagt worden war, seinen Vater Kronos mit Hilfe seiner Brüder Poseidon und Hades vom Thron gestürzt. Sie teilten nun das Universum unter sich auf: Zeus bekam den Himmel, Poseidon das Meer und Hades die Unterwelt. Der Olymp und die Erde waren gemeinsamer Besitz, aber dort ließ sich Hades nur selten sehen.

Zeus war ein unsteter und zügelloser Gott, immer auf der

Jagd nach Abenteuern und neuen Liebschaften. Er zeugte zahllose Kinder, die Hera, seine Frau, oft rachedurstig und unbarmherzig verfolgte, z. B. den Helden Herakles, den sie mit Wahnsinn schlug, worauf Herakles seine eigenen Kinder umbrachte. Hera war die Göttin der Ehe und der Geburt, und sie regierte gleichberechtigt neben Zeus. Ihr ständiger Ehekrieg, ihre Racheversuche und Zeus' Einfallsreichtum, wenn es darum ging, in einer neuerlichen Verkleidung eine weitere Eroberung zu machen, gaben Anlass zu zahlreichen Mythen.

Homer beschreibt Zeus in seinen beiden Werken *Ilias* und *Odyssee* als den souveränen, unparteiischen Herrscher über das Leben der Menschen wie der Götter.

So finden sich im Bild des Zeus beide Facetten: der ausschweifende Gott, der ständig auf der Suche nach seiner Freiheit und nach neuen Faszinationen ist, der sich von der rechtmäßigen Ordnung seiner Ehe mit Hera gefesselt fühlt; und der Gott, der das Geschick der Götter und Menschen lenkt und der damit eine höhere Ordnung, eine höhere Ethik und Moral und eine höhere Autorität vertritt.

Jupiter ist der Planet der Fülle und des Wachstums, sein Gegenspieler ist Saturn, die Grenze, die Beschränkung. Jupiter ist aber auch der Planet der Einsicht, der Erkenntnis und der menschlichen Ethik, deren Maxime im kategorischen Imperativ des Philosophen Immanuel Kant zusammengefasst werden kann (s. S. 308).

Jupiter sagt im Horoskop etwas darüber aus,

1. wo wir einen intensiven Wunsch nach Fülle, Ausdehnung, Weite, Vielfalt, nach Erfahrungen von Glück und Freiheit, die uns über den Alltag hinausheben, empfinden; wo wir uns mit nichts anderem als mit dem Bestmöglichen zufrieden geben wollen,

2. in welchen Lebensbereichen wir Vertrauen, Zuversicht und Optimismus besitzen und ob diese Empfindungen in uns eingeschränkt oder gestört sind,

3. in welchen Bereichen und Situationen wir nach sinnvollen Zusammenhängen suchen und nach der Erfahrung, dass alles, was geschieht, seinen Sinn und Zweck hat.

4. wo wir mit Förderung und glücklichen Wendungen rechnen können,

5. wo wir zu Übertreibungen neigen oder nicht genug bekommen können,

6. wo wir beliebt sein wollen und uns die Meinung unseres Umfeldes wichtig ist,

7. wo wir das Bedürfnis haben, Ansichten mitzuteilen und unser Wissen weiterzugeben.

ZUR MYTHOLOGIE DES SCHÜTZEN

Der Schütze wird von Jupiter regiert. Die Römer setzten Jupiter mit Zeus, dem obersten Gott des griechischen Pantheons, gleich und die meisten der Mythen, die sich im Römischen Reich um ihn rankten, sind von Zeus entlehnt. Zeus wurde der »Vater der Götter und Menschen« genannt, obwohl zahlreiche Götter auch seine Brüder und Schwestern waren. Die Bezeichnung »Vater« war wohl eher darauf zurückzuführen, dass sein Wirken sich auf den gesamten Kosmos und alles Geschehen erstreckte und er damit letztlich der Hauptverantwortliche für die Geschicke der Götter und Menschen war. Ihm unterstanden die olympische wie die weltliche Ordnung.

Er galt als Beschützer der Städte, als Deuter des Schicksals, der auf einer Waage das Leben der Menschen wog, als Geber von Zeichen, aus denen die Zukunft gedeutet werden konnte, als Beschützer von Fremden und Reisenden. Seine Beinamen weisen auf weitere seiner Eigenschaften hin: Meilichios, der Gnädige, Ktesios, der Beschützer des Besitzes, Hikesios, Beschützer der Schutzflehenden, Herkeios, Beschützer des Hauswesens, Soter, Schützer, Retter.

Zeus war der Sohn der Rhea und des Kronos (Saturn, siehe Kapitel »Steinbock«). Als er erwachsen geworden war, beschloss er, seinen tyrannischen Vater zu stürzen. Er brachte die Titanin Metis dazu, ihm einen besonderen Trank zu brauen, den er Kronos zu trinken gab, worauf dieser seine fünf verschlungenen Kinder, die Geschwister des Zeus, wieder ausspuckte. Mit ihrer Hilfe besiegte er seinen Vater und verbannte ihn in den Tartaros, wo die hundertarmigen Riesen ihn bewachten.

Die drei Brüder teilten das Universum unter sich auf, Zeus bekam den Himmel, Poseidon das Meer und Hades die Unterwelt. Die Erde und der Olymp galten als gemeinsamer Besitz, aber Zeus behielt als Anführer des Aufstandes seine Vormachtstellung und wurde von den übrigen Göttern zu ihrem Herrscher gewählt.

Zeus hatte mehrere Frauen, bevor Hera, seine Schwester, seine letzte Ehefrau wurde. Zahlreiche Kinder entstanden aus diesen Verbindungen: Er war mit der Okeanide Metis vermählt, deren Name »Gedanke« bedeutet. Aus dieser Ehe wurde die Jungfrau Athene geboren, die jedoch in Zeus selbst heranwuchs und seinem Kopf entsprang. Die weissagende Titanin Themis war seine Frau, die ihm die Horen, die Göttinnen der Jahreszeiten, und die Schicksalsgöttinnen gebar. Eurynome, ebenfalls eine Okeanide, schenkte ihm die Grazien, und seine Schwester Demeter, die Göttin der Fruchtbarkeit, wurde die Mutter seiner Tochter Persephone.

Die Titanin Mnemosyne, was so viel wie Gedächtnis heißt,

gebar ihm die neun Musen und Leto die Götter Apollon und Artemis.

Auch nach seiner endgültigen Vermählung mit Hera hatte Zeus zahlreiche Liebschaften. Immer gab es ein weibliches Wesen, auf das er, offen oder versteckt, Jagd machte. Seine Affären waren immer nur kurzfristig, bezogen sich jedoch ebenso auf Schwestern und Töchter wie auf die Ehefrauen Sterblicher auf der Erde. Es gab wohl kaum eine weibliche Gestalt in der engeren Verwandtschaft, die er noch nicht verführt hatte.

Gelangte Zeus nicht durch direktes Werben zum Ziel, bediente er sich verschiedenster Täuschungen und Verwandlungen. Zu der Jungfrau Danae kam er in der Gestalt eines goldenen Regens, zu Leda als Schwan, Europa näherte er sich als Stier.

Hera, seine Gattin und Hüterin von Ehe- und Hausstand, verfolgte ihn, seine Geliebten und deren Kinder mit Eifersucht und unnachgiebigem Hass, woraus zahlreiche Mythen entstanden, unter anderem auch der des Herakles.

In der Gestalt des Zeus spiegelt sich der freiheitsliebende, ungezügelte Geist des Schützen wider, der sich nicht beschränken lassen will, der seinen Zielen, Wünschen und Visionen nachgeht und der doch an irdische Begrenzungen und Verantwortlichkeiten gebunden ist, die durch Hera repräsentiert werden. Diese beiden Seiten in ihm – das Bedürfnis, seine Wünsche auszuleben, und sein soziales und moralisches Bewusstsein – liegen im Wettstreit miteinander, ohne dass dieser Konflikt je zu Gunsten einer Seite entschieden würde. Letztlich möchte der Schütze alles sein, die gesamte Palette der Möglichkeiten ausschöpfen. Sein rast- und ruheloser Geist strebt danach, etwas von der Grenzenlosigkeit des Zeus zu besitzen, wie es in den folgenden Worten ausgedrückt ist:

Zeus ist der Kopf, Zeus ist die Mitte,
von Zeus hat alles sein Ende.
Zeus ist der Grund der Erde
und des gestirnten Himmels.
Zeus ist männlich.
Zeus ist eine unsterbliche Frau.
Zeus ist der Hauch von allem.
Zeus der Schwung des unermüdlichen Feuers.
Zeus ist die Wurzel des Meeres.
Zeus ist Sonne und Mond.
Zeus ist der König.

Orphische Worte

EIN SCHÜTZE-MÄRCHEN:

Die Verheißung wird sich erfüllen

Eines Tages verlangte es den Schah, sich verkleidet und
unerkannt in seinem Reiche zu ergehen ... Nachdem er
mit seinem Wesir lange Zeit herumgeritten war, wurde er
durstig, und sie begannen, Wasser zu suchen. Schließlich
fanden sie eine Quelle, wo sie Rast machten, um zu essen
und zu trinken.

Da entdeckten sie Spuren, die durch das Dickicht zu einer
Hütte führten, die von einem uralten Greis bewohnt war.
Sein Bart reichte bis zu den Knien, er saß da und schrieb
mit einer Feder. Auf ihre Frage hin, wer er sei, antwortete er: »Meine Aufgabe ist es, den Menschen ihr Schicksal
aufzuschreiben. Ich bin der Schicksalsschreiber.« Da wurde
der Schah neugierig und wollte wissen, welches Schicksal
für seine vor kurzem geborene Tochter bestimmt sei. Der
Alte antwortete, am gleichen Tag sei ein Hirtensohn ge-

boren worden, den werde sie zum Mann bekommen. Die Hochzeit werde im Haus des Schahs gefeiert werden. Der Schah wurde sehr wütend, als er das hörte, und wollte sich schon mit seinem Schwert auf den Greis stürzen, zögerte aber, weil er ihm nicht glauben konnte. Stattdessen fragte er, wo er diesen Hirten finden könne, und zog mit seinem Wesir davon.

Im Haus des Hirten wurden sie gastfreundlich aufgenommen. Der Schah aber schlug ihm vor, er solle ihm seinen Sohn überlassen, den er sorgsam aufzuziehen versprach. Der Hirte und seine Frau sollten so viel Gold dafür bekommen, dass sie ein schöneres Haus bauen und besser leben und noch mehr Kinder bekommen könnten. Der Handel wurde abgeschlossen, und der Schah nahm das Kind mit. In einem abgelegenen Dickicht beauftragte er den Wesir, den Jungen zu töten, damit der Spruch nicht in Erfüllung gehen könne. Der Wesir aber brachte es nicht übers Herz, dies selbst zu tun, und setzte den kleinen Kerl im Unterholz aus, wo er, wie er glaubte, ohnehin hungers sterben müsste.

Das Wickelkind schrie aus Leibeskräften und lockte damit eine Hirschkuh an, die ihn an ihren Eutern trinken ließ. Die Mutter des Kleinen bekam solche Sehnsucht nach ihrem Kind, dass sie ihren Mann fortschickte, um das Kind zurückzubringen. Er fand seinen Sohn und konnte es nicht fassen, dass der Mann es im Stich gelassen hatte, obwohl er so viel Gold dafür bezahlt hatte. So hatten sie ihr Kind wieder und das Gold obendrein, sodass sie gut leben konnten.

Zwanzig Jahre vergingen so, da fiel es dem Schah ein, wieder einmal durch das Land zu streifen. Er setzte einen Statthalter ein, der ihn bei seinen Geschäften vertreten sollte, und begab sich mit seinem Wesir auf die Reise. Wieder ka-

men sie an den Ort, wo der Hirte wohnte, fanden aber keine Hütte, sondern ein prächtiges Haus vor, in dem sie ein schmucker junger Mann begrüßte. Dem Schah war sofort klar, dass dies das Kind sein musste, das die Verheißung bekommen hatte, obwohl sein Wesir sich herauszureden versuchte. Während der junge Mann sie geschickt bediente, kam ihm eine Idee. Er schickte ihn mit einem versiegelten Brief zu seinem Statthalter, in dem stand, er solle dem Überbringer des Briefes den Kopf abschlagen lassen.

Der junge Mann machte sich auf den Weg, war aber recht müde, als er im Palast angekommen war, und legte sich im Garten unter einen Baum. Da kam die Tochter des Schahs vorbei, die im Garten spazieren gehen wollte. Als sie den gut aussehenden Burschen so daliegen und schlafen sah, konnte sie die Augen nicht mehr von ihm abwenden, bis sie schließlich den versiegelten Brief bemerkte, der aus seinem Lederbeutel herausragte. Sie erkannte die Handschrift ihres Vaters, erbrach das Siegel und las den Befehl, den sie überhaupt nicht verstehen konnte. Schnell lief sie in ihr Zimmer und setzte in der Handschrift ihres Vaters einen neuen Brief auf, in dem stand, der Überbringer solle sogleich mit seiner Tochter vermählt werden. Der Statthalter las erstaunt die Botschaft seines Herrn, ließ aber umgehend alle Vorbereitungen treffen, und die Hochzeit wurde gefeiert.

Neun Monate später gebar die Tochter des Schahs einen prächtigen Jungen, und das Volk jubelte. Nun sollte aber auch der Schah wieder heimkehren, und seine Tochter bekam Angst. Darum erzählte sie ihrem Mann alles und riet ihm, dem Schah mit dem Kind in den Armen entgegenzugehen und um seinen Segen zu bitten.

Das tat er auch wirklich, und der Schah erkannte ihn sofort. Er war über alle Maßen zornig und wollte ihn auf der Stelle enthaupten lassen. Den Statthalter schrie er an, er habe gegen seinen ausdrücklichen Befehl gehandelt. Der aber zeigte ihm den Brief mit dem Siegel und seiner Unterschrift, und der Schah konnte es nicht fassen. »Was habe ich nicht alles getan, um dem Schicksalsspruch zu entkommen«, sagte er, »es war mir nicht vergönnt. Alles, was ich getan habe, trug nur dazu bei, dass sich die Verheißung erfüllte.« Sein Groll schwand, und die Liebe zu dem Kind gewann die Übermacht. Deshalb gab er den Auftrag, man solle die Hochzeit noch einmal feiern, damit er sich auch daran erfreuen könne.*

---

* Nach Otto Betz: *Vom Schicksal, das sich wendet. Märchen von Freiheit und Glück*, Kösel Verlag, 1987.

Etwas, das wir Menschen nicht ganz begreifen und auch nicht wirklich kontrollieren können, webt die Schicksalsfäden unseres Lebens. Der Schah versucht, im Bewusstsein seiner irdischen Macht Schicksal zu spielen, jedoch vergebens.

Wie dieses Märchen zeigt, hat Schicksal nicht immer nur ein tragisches Ende. Das Buch, aus dem es entnommen ist – es war ursprünglich ein kaukasisches Märchen –, heißt *Vom Schicksal, das sich wendet* und trägt den Untertitel *Märchen von Freiheit und Glück*. Nicht selten ist nicht das unser Glück, was wir dafür halten, sondern etwas, dessen Sinn sich erst viel später herausstellt, was auch der Schah erkennen muss.

Jupiter und der Schütze symbolisieren jene Kraft in uns, die sich danach sehnt, dass alles seinen letztlich einsehbaren und berechtigten Grund hat, und danach, dass eine höhere Macht unsere Geschicke lenkt. Über lange Zeit, zwanzig Jahre, erstreckt sich der vergebliche Versuch des Schahs, klüger als der Alte in seiner Hütte zu sein, aber schließlich muss er trotz seines »Misserfolgs« zugeben, dass sich alles zum Besten gefügt hat.

ANALOGIEKETTEN

Entsprechungen des Prinzips »Schütze« auf den verschiedenen Ebenen

Farben:
Violett, Lila, Purpur.

Geruch:
Fett und süß (Schokolade, Karamel etc.).

Geschmack:
Süß und fettig, aromatisch-würzig.

Signatur (Form und Gestalt):
Ausladend, wuchtig, weit, großzügig, offen, prachtvoll, üppig; sinnvolle Anordnung.

Pflanzen allgemein:
Alle schnell- und hochwachsenden Pflanzen, die energiezehrend sind. Wuchtige, stämmige Bäume und Stauden mit reichem Blattbewuchs, Fliegenpilz (als Glückspilz); das Getreide: Weizen, Roggen, alle sehr großblättrigen Pflanzen.

Bäume, Sträucher:
Bäume im Allgemeinen; Ahorn, Kastanie, Eiche, Buche, Pappel, Esche; Walnussbaum, Bananenstaude; Feigenbaum, Birnbaum, Rhododendron, Olivenbaum.

Gemüse, Obst:
Aubergine, Ananas, Birne, Pfirsich, Rhabarber; Nüsse, Jackfruit.

Blumen:
Löwenzahn, Muskatblüte, Lavendel, Veilchen, Pfingstrose, Gladiole.

Gewürze:
Muskat, Basilikum, Petersilie.

Heilpflanzen:
Artischocke, Kastanie, Ginseng, Löwenzahn.

Tiere:
Tiere, die eine gewisse Würde und Klugheit beweisen, die leicht zähmbar und gutmütig sind; wuchtige Tiere, Pferd, Hirsch, Elefant, Bernhardiner, Neufundländer; Hirschkäfer, Schwein, Schaf, Lamm; Storch, Pelikan; Delfin; Walfisch.

Materialien:
Zinn, Bronze, Holz.

Mineralien, Metalle:
Zinn; Bronze; Amethyst, Lapislazuli, Hyacinth, Beryll, Saphir.

Landschaften:
Mächtige Bergkuppen, großartige, ausladende Landschaften, üppige Wälder; Maisfelder.

Berufe:
Alle Berufe, die Optimismus, Begeisterung und Idealismus erfordern; Berufe, die räumliche Veränderung, Reisen, ein gewisses Maß an Abenteuer und Risiko mit sich bringen; Berufe, die Einfallsreichtum und Aufgeschlossenheit verlangen; Berufe, die mit Publikum zu tun haben; Berufe, die eine philosophische, religiöse oder erkenntnistheoretische Ausrichtung haben; Berufe, die die Fähigkeit zu strategischer Planung und Organisationstalent verlangen. Manager, Hotelier, Handlungsreisender, Vertreter, Exporteur, Werbefachmann, Jurist, Reisebüroangestellter, Politiker, Schauspieler, Großhändler, Publizist, Meinungsforscher, Sozialfürsorger, Pädagoge, Universitätsprofessor, Richter, Geistlicher, Missionar, Philosoph; Minister; Pferdehändler, Reiter; Schreiner, Kunsttischler; Reit-, Fecht-, Skilehrer; Sportlehrer; Förster.

Hobbys, Sportarten:
Reisen, Philosophieren, Sport, Reiten, Hoch- und Weitsprung, Bogenschießen.

Verkehrsmittel:
Pferd, Zeppelin, Kreuzfahrtschiffe.
Wohnstil:
Großräumig mit Ausblick ins Grüne.
Wochentag:
Donnerstag (Tag des Donar, des nordischen Donnergottes;
frz. *jeudi*, it. *giovedi* [Tag des Zeus/Jupiter]).
Gesellschaftsform:
Kolonialismus, Konföderationen, Welthandel; die »Welt-
regierung« als Vision und Idee.
Entsprechungen auf der Ebene des menschlichen Körpers:
Hüfte, Oberschenkel, Gesäß, Kreuzbein; Leber; Eiweißsyn-
these; Fetteinlagerung ins Körpergewebe; Stoffwechsel,
Körperentgiftung; Bandscheiben; Thymusdrüse; das Kör-
perwachstum.
Krankheiten allgemein:
Wucherungen (gutartige und bösartige), Schwellungen,
Übergewicht, Fettleber.

WIE WIRKEN DER SCHÜTZE UND JUPITER IN MEINEM HOROSKOP, WAS SAGEN SIE AUS?

1. Wo habe ich das Bedürfnis nach einem ganzheitlichen Verständnis der Dinge?
2. Wo sehne ich mich nach optimalen Lösungen?
3. Wo will ich Fülle und Intensität erfahren? Was macht mich glücklich?
4. Wo und wie kann ich Vertrauen entwickeln?
5. Auf welchem Gebiet neige ich zu Übertreibung oder zu Untertreibung?
6. Wo sind mir Beliebtheit und soziale Anerkennung wichtig?

7. Wie viel Freiheit, Unabhängigkeit und Weite brauche ich in meinem Leben? Wie ist mein Drang nach Expansion beschaffen?
8. Wo und auf welche Weise versuche ich mich weiterzuentwickeln, meinen Horizont zu erweitern?
9. Wie ist mein Verhältnis zur Gesellschaft und zu Fragen des sozialen Zusammenlebens? Was empfinde ich gegenüber sozialen Missständen?

ZITATE ZUM SCHÜTZE-PRINZIP

Jeder Grashalm hat seinen Engel, der ihn antreibt und ihm sagt: »Wachse! Wachse!«
Hebräisches Sprichwort

Bevor du dich daranmachst, die Welt zu verbessern, gehe drei Mal durch dein eigenes Haus.
Chinesisches Sprichwort

Ist er wahrhaftig ein Weiser, so fordert er Euch nicht auf, das Haus seiner Weisheit zu betreten. Eher geleitet er Euch zur Schwelle Eures eigenen Geistes.
Khalil Gibran

... Dass ich erkenne, was die Welt im Innersten zusammenhält ...
(Faust) Johann Wolfgang von Goethe

Geschrieben steht: Im Anfang war das WORT!
Hier stock' ich schon! Wer hilft mir weiter fort?
Ich kann das WORT so hoch unmöglich schätzen,
Ich muss es anders übersetzen,
Wenn ich vom Geiste recht erleuchtet bin.
Geschrieben steht: Im Anfang war der SINN.
Bedenke wohl die erste Zeile,

Dass deine Feder sich nicht übereile!
Ist es der SINN, der alles wirkt und schafft?

(Faust) Johann Wolfgang von Goethe

Der Optimist ist eine Personifikation des Frühlings.

Alan Alexander Milne

Die Welt ist nicht größer als das Fenster, das du ihr öffnest.

Sprichwort

Das einzig wahre Glück beruht darauf, dass wir uns an ein Ziel verschwenden.

John Mason Brown

Derjenige, der ein Warum zum Leben hat, kann fast jedes Wie ertragen.

Friedrich Nietzsche

Der Zufall ist immer kraftvoll. Lass deinen Haken immer ausgeworfen; im Teich werden dort Fische sein, wo du sie am wenigsten erwartest.

Ovid

Reisen veredelt den Geist und räumt mit unseren Vorurteilen auf.

Oscar Wilde

Sorge nicht, wohin dich der einzelne Schritt führt: Nur wer weit blickt, findet sich zurecht.

Dag Hammarskjöld

Wer scharf denkt, wird Pessimist. Wer tief denkt, wird Optimist.

Henri Bergson

Staunen ist der erste Schritt zu einer Entdeckung.

Louis Pasteur

Ziele nach dem Mond. Selbst wenn du ihn verpasst, wirst du zwischen den Sternen landen.

Les Brown

Jeder Mensch muss etwas haben, dem er nachfolgt, das ihm als Leitstern dient.

Richard Wilhelm

Ich will am Ende meines Lebens nicht feststellen müssen, dass ich es nur als eine Abfolge von Ereignissen hinter mich gebracht habe. Ich will es auch in seiner ganzen Fülle erfahren haben.

Diane Ackerman

Halte dir jeden Tag dreißig Minuten für deine Sorgen frei, und in dieser Zeit mache ein Nickerchen.

Abraham Lincoln

Die größten Menschen sind jene, die anderen Hoffnung geben können.

Jean Jaurès

♑

STEINBOCK
Zehntes Zeichen des Tierkreises, 270°–300°

Symbol:
Drei miteinander verbundene Halbkreise symbolisieren die Vereinigung von gegensätzlichen Welten, von Himmel und Erde, Licht und Finsternis. Steinbock ist das Zeichen der Wintersonnenwende, zu der das Licht langsam wieder die Oberhand gewinnt.

Jahreszeit:
Winterbeginn (21. Dezember bis 19. Januar).

Qualität:
Weiblich-rezeptiv, Yin; Element: Erde; Kardinales, in Gang setzendes Zeichen.

Herrscher:
♄ Saturn. Nebenherrscher: Uranus.

Häuserzuordnung:
10. Haus (kardinales Haus).

Auf dem Tierkreis gegenüberliegendes Zeichen:
Krebs.

Botschaft/Schlüsselsatz:
Ich schaffe Ordnung, Struktur und Klarheit. Ich stelle Regeln auf.

Schlüsselworte:
Disziplin, Beschränkung; allgemein gültige Maßstäbe, Objektivität; Zielsetzung.

Charakteristika:

Zurückhaltend, verschlossen, kühl, ernst, distanziert; vernünftig, überlegt, organisiert, planend, nüchtern, rational, sachlich; realistisch, objektiv; diszipliniert, ordentlich, strukturiert, systematisch, konzentriert; verantwortungsbewusst, ernsthaft; gründlich; ehrgeizig, zielstrebig, pflichtbewusst, arbeitsam; Drang nach gesellschaftlicher Anerkennung und Bedeutsamkeit, Statusdenken; seriös, zuverlässig, gewissenhaft, standhaft, unerschütterlich, ausdauernd, zäh, beharrlich; langfristig planend, vorausdenkend; sparsam, genügsam; widerstandskräftig (körperlich, seelisch, geistig); orientiert sich am Bewährten, braucht feste Strukturen oder will sie selbst erstellen; Beherrschung der Gefühle, vorsichtig; selbstgenügsam. – Überlegt; sorgfältig, der »kühle Kopf«; asketisch, Überflüssiges vermeidend, Reduktion auf das Notwendige; frühreif in der Kindheit und Jugend (»der kleine Erwachsene«), jugendlich im Alter (Prinzip des Konservierens); Bedürfnis nach gesellschaftlich anerkannter Position und Leistung; leistungsorientiert (»Erst die Arbeit und dann das Spiel«); widerstandsorientiert. – Äußere Disziplin und Ordnung bei reichem Innenleben; versteckte Sinnlichkeit und Gefühlstiefe; versteckte Scheu und Unsicherheit; egozentrisch, der Sonderling, unzugänglich, eigenbrötlerisch; entweder Mangel an Individualität oder sich überstark abgrenzend. Schätzt keine spontanen Handlungen und Entscheidungen. – Gefühlskalt; misstrauisch; pedantisch; Zweifel am eigenen Wert; melancholisch bis depressiv; Gefahr der Flucht: vor der Liebe, vor Intimität, vor dem Weg der Selbstverwirklichung; Flucht in die Arbeit, in die Krankheit; Mangel an Enthusiasmus und Vertrauen in das Leben; veränderungsunwillig; unflexibel, starr; abhängig von den Spielregeln der Gesellschaft und der allgemeinen Meinung (»man«); Tendenz zu Verhärtungen und Starrheit auf körperlicher und seelischer Ebene; berechnend; kalt.

Thema

DIE SPIELREGELN DER GESELLSCHAFT – GESELLSCHAFTLICHE STRUKTUREN UND ORDNUNGSPRINZIPIEN – VERANTWORTUNG, DISZIPLIN UND PFLICHTERFÜLLUNG – DER ZEITGEIST

Im Abschnitt Skorpion konfrontierte sich der Mensch mit dem »Hinterhof« des Lebens, mit seinen Schattenseiten und mit dem Bewusstsein der Sterblichkeit. Um mit diesen Erfahrungen umgehen zu können, begann er mit der Entwicklung von Ideologien und von dem Leben übergeordneten Prinzipien. Im Schützen wird der Versuch unternommen, eine andere Art von Antwort auf diese Erkenntnisse zu finden: Statt an einzelnen, fest gefügten und unumstößlichen Grundsätzen festzuhalten, will dieses Zeichen einen Gesamtüberblick und eine höhere, philosophische Einsicht in die Ursache und den Sinn der Dinge entwickeln. Das Bewusstsein der Missstände in der Welt führt zu sozialem Engagement. An die Stelle einer oft starren Ideologie, an der man sich festhält, um dem Leben zu begegnen, tritt eine alles umspannende Weltsicht voll Enthusiasmus und voller Ideale, die sich jedoch ebenso von der konkreten Alltagsrealität lösen möchte wie die des Skorpions, der die Wirklichkeit durch die Gegenrealität seiner Vorstellungen ersetzt.

Der Steinbock kehrt zurück auf den Boden der Tatsachen. Als letztes Erdzeichen und erstes Zeichen des letzten Quadranten befasst er sich mit der Ordnung, Einteilung und Struktur des Gemeinschaftslebens, das bestimmte, allgemein verbindliche Regeln braucht, um zu funktionieren. Auf diesen Regeln baut die Interaktion zwischen Menschen auf. Sie regeln das Verhalten des Einzelnen, sodass wir auch für die Begegnung mit Menschen, die uns nicht vertraut sind, und für Begegnungen in der Öffentlichkeit Verhaltenskriterien haben. Der himmelstürmende Optimismus des Schützen wird durch diese Richtlinien eingegrenzt, auf einen Maßstab reduziert, der für alle gelten soll. Statt um Idealismus geht es jetzt um Realismus, um objektive, sachliche Wirklichkeit. Der Überschwang, aber auch der Reichtum und die Fülle des Jupiter-Prinzips erfahren eine Beschränkung und Versachlichung. Was zählt, ist nicht die Daseinsrechtfertigung für den Einzelnen und sein Wunsch, das große »Warum« hinter allem zu begreifen (Schütze), sondern die Gesellschaft als Ganzes, in der der Einzelne eine bestimmte Funktion und eine bestimmte Rolle einnimmt. Die Einzelperson steht hinter den Gesetzen, Prinzipien und Regeln der Gesellschaft zurück, die Individualität wird zu Gunsten des Allgemeinwohls beschränkt. Die Einfügung in dieses größere Organisationssystem verlangt Disziplin und die Übernahme von Verantwortung – kein freies Fluktuieren der Gefühle mehr, wie es im Gegenzeichen Krebs der Fall war, dessen ursprüngliche Spontaneität und Wandelbarkeit einer festen Struktur und Ordnung, klaren Zielsetzungen und Leistungsvorstellungen unterworfen werden. Im Steinbock stehen persönliche Meinungen, Wünsche und Gefühle im Konflikt mit dem, was gesellschaftlich erwünscht und akzeptabel ist. Tradition, Althergebrachtes, Erfahrung, Stabilität und Wirklichkeitssinn sind die Werte, die hier zählen.

Durch das Thema Steinbock/Saturn sind wir mit alldem verbunden, was an gegenwärtigen und überlieferten Richtlinien vorhanden ist. Freud nannte diesen Bereich im Menschen das »Über-Ich«, jene Instanz, die uns mitteilt: »Das tut man ..., das tut man nicht!«

Welche gesellschaftlichen Regeln jedoch wann und wo gelten, variiert von Kultur zu Kultur, von Land zu Land und vor allem von Epoche zu Epoche. In ihnen spiegelt sich der Zeitgeist. Was in Europa als gute Manieren betrachtet wird, muss es in anderen Gegenden noch lange nicht sein. Die Zeitströmung und die Ideen, Gedanken und Gefühle, die durch sie zu Tage treten, prägen den Einzelnen zutiefst. Darüber hinaus bestimmen schicksalhafte, zeitgebundene kollektive Ereignisse das Leben des Menschen: Kriege, Überschwemmungen, Hungersnöte, aber auch Blüte und Wohlstand eines Landes, das politische oder wirtschaftliche System, in das wir hineingeboren werden, Klima usw., all dies sind Faktoren, mit denen wir schicksalsmäßig und ohne unser direktes Zutun konfrontiert werden.

Neben der Unterordnung des Individuellen unter gesellschaftliche Kriterien und Maßstäbe beinhaltet das Zeichen Steinbock den Gedanken des langsamen, gründlichen, oft mühevollen Reifungsweges. Saturn, der Herrscher des Zeichens, ist der »Hüter der Schwelle«, der Grenze unseres Ichs, die wir erkennen und erfahren sollen, deren Aufgabenstellung wir bewältigen müssen, um an die weitere und höhere Entwicklung unserer Persönlichkeit zu gelangen. Saturn wird auch der »Lehrer« genannt, er setzt die Grenze, innerhalb deren wir an die konkrete irdische Wirklichkeit mit all ihren Themenkreisen und Problemstellungen gebunden sind. Und Saturn ist auch die Schwelle zu einer tieferen Erfahrung des Lebens und seiner Essenz, die im astrologischen Sinn durch die so genannten »Transsaturnier«, die Planeten jenseits der Bahn des Saturns, symbolisiert werden: Uranus, Neptun und Pluto.

Motivation

KLARE ALLGEMEINE SPIELREGELN UND NORMEN SOLLEN RECHT UND ORDNUNG IM ÖFFENTLICHEN LEBEN SICHERSTELLEN – DISZIPLIN UND DIE FÄHIGKEIT, ZU ARBEITEN, LEISTUNG ZU ERBRINGEN UND SICH ZIELE ZU SETZEN, ERMÖGLICHEN DIE BEWÄLTIGUNG VON AUFGABEN UNABHÄNGIG DAVON, OB SIE MIT BEGEISTERUNG ODER AUS PFLICHT ERLEDIGT WERDEN – PFLICHTERFÜLLUNG UND LEISTUNGSMOTIVATION

Der Steinbock ist das Zeichen der Regeln und Gesetze. Es geht hier aber nicht um den Versuch einer objektiven Gerechtigkeit wie in der Waage, sondern um allgemein akzeptierte Übereinkünfte (Konventionen), die aus der jeweiligen Zeit und Kultur eines bestimmten Volkes und Landes resultieren. Die persönliche Orientierung richtet sich nach dem aus, was allgemein anerkannt und positiv bewertet wird. Dies zieht Sicherheit und ein Gefühl von Stärke nach sich, da der Mensch sich nach vorgegebenen gesellschaftlichen Maßstäben richten kann. Rein individuelle Entscheidungen sind weder nötig noch gefragt, da sie das Zusammenspiel kollektiver Kräfte nur stören würden.

Unterschiedlichste Charaktere, Meinungen, Gefühle werden gleichgeschaltet und vereinheitlicht, sozusagen »unter einen Hut gebracht«. Aus Chaos, Zeitlosigkeit und der ständigen Wandelbarkeit der Erscheinungsformen (Krebs) entsteht das Bedürfnis nach Struktur, Festigkeit, Zeitempfinden und nach einer Richtschnur für das Verhalten, durch die menschliche Reaktionen berechenbar werden. Das Element des Zufälligen, Unerwarteten wird, soweit es geht, ausgeschlossen. Pflicht und Leistung zählen mehr als der Gedanke der Selbstverwirklichung.

Psychologie

Menschen, die in wichtigen Bereichen vom Prinzip des Steinbocks oder des Saturn geprägt sind, empfinden ihr Leben häufig als langen, mühseligen Aufstieg auf einen hohen Berg. Schon früh entwickeln sie ein Gefühl für Verantwortung, Verpflichtung und Selbstbeschränkung, meist weil die äußeren Umstände dies unnachgiebig fordern. Als Kinder gleichen sie kleinen Erwachsenen, sie sind »altklug«, oft scharfsinnig und besitzen eine Ernsthaftigkeit, die ihrem Alter widerspricht. Die Welt wird von Anfang an als ein rauer Ort empfunden, dem man durch Ausdauer, Klugheit, Planung und Realitätsbewusstsein das abtrotzen muss, was er einem offenbar nicht freiwillig zu geben bereit ist. Träumereien, Illusionen, spontanes, absichtsloses Handeln und Verspieltheit haben hier keinen Platz, zumindest so lange nicht, wie der Betreffende sich noch in den unteren Regionen seines »Lebensberges« bewegt. Über weite Strecken scheint der Aufstieg oft kaum zu bewältigen zu sein, aber wie das tatsächliche Tier Steinbock, so besitzen auch saturnische Menschen die Fähigkeit, sich unter kargsten und schwierigsten Bedingungen noch zu bewegen und zu überleben. Von einem inneren Ehrgeiz getrieben, steigen sie bergan einem Ziel entgegen, dessen Erreichen ihrem Leben Sinn und Erfüllung geben soll, sei es nun im Bereich der Partnerschaft, des Berufs oder auf anderen Gebieten. Ein tiefes Bedürfnis, allgemeine Anerkennung durch Leistung und Tüchtigkeit zu erhalten, motiviert diese Menschen, sich große Aufgaben vorzunehmen, manchmal bis hin zur Selbstüberforderung und Depression. Der Wert des Erfolges – und damit das Gefühl von Befriedigung – steigt mit den zu überwindenden Schwierigkeiten und Widerständen. Was leicht in den Schoß fällt, erzeugt eher Misstrauen.

All diese Eigenschaften befähigen dazu, über sich selbst hinauszuwachsen und für übergeordnete Aufgaben Einsatz und Verantwortung zu entwickeln. Erfolg, Karriere, soziales Prestige und Status sind charakteristisch für den Lebensweg vieler Steinböcke. Ihre hohe Belastbarkeit, der in der Regel starke Leistungswille und ihre Zuverlässigkeit sowie die Fähigkeit, Dinge strukturiert zu durchdenken und zu organisieren, machen sie im Berufsleben zu gesuchten Mitarbeitern oder erfolgreichen Selbstständigen.

Problematisch ist jedoch die starke innere Zensur: Je nach Stellung von Steinbock/Saturn im Horoskop entwickelt sich ein strenges Gewissen, eine innere Stimme, die sämtliche Handlungen und Überlegungen beurteilt und an allgemein gültigen Spielregeln und Gesetzen misst. »Die Freiheit, man selbst zu sein« ist ein Thema, das vielen Steinböcken Schwierigkeiten bereitet. Und doch liegt gerade in diesem Prinzip die Aufforderung, eine eigene Gesetzmäßigkeit zu finden, einen eigenen intensiven Reifungsweg zu beschreiten.

So entdecken viele Steinbock-Betonte, dass im Lauf ihres Aufstiegs die zu tragenden Bürden und Pflichten immer leichter werden und der Lohn der oft jahrelangen Mühe winkt. Daraus erklärt sich das Phänomen, dass Steinböcke in der Jugend häufig »alt« bzw. frühreif wirken und dass sie mit den Jahren zu einer immer größeren Jugendlichkeit und zu einer Heiterkeit und Klarheit finden, wie sie aus der Prüfung gemachter Erfahrungen erwächst.

Wem die Gratwanderung zwischen allgemein gültigen Gesetzen, Regeln, Pflichten und der Selbstverwirklichung nicht gelungen ist, der neigt im Alter zu Verhärtungen im Seelischen wie im Körperlichen. Oft stellen sich Bitterkeit und Unzufriedenheit ein sowie das Gefühl, irgendwie vom Leben betrogen worden zu sein.

Wir alle haben das Thema Steinbock und das Thema Saturn in unserem Horoskop ebenso wie alle anderen Prinzipien des Tierkreises, die in unterschiedlicher Intensität für uns gültig sind. Das Dilemma zwischen Pflicht und Freiheit, zwischen Individuum und Gesellschaft ist jedoch ein altes menschliches Problem, mit dem sich jeder zu irgendeinem Zeitpunkt und in irgendeinem Bereich seines Lebens konfrontieren muss.

Lernaufgabe

LANGSAMES REIFEN – KONTROLLE UND SELBSTDISZIPLIN – SELBST-BESCHRÄNKUNG, UM EIN ZIEL ZU ERREICHEN – ÜBERNAHME VON VERANTWORTUNG – DAS WESEN DER ZEIT VERSTEHEN

Im Steinbock geht es um die Erfahrung der Zeit, um die Erfahrung des langsamen Reifens aller Dinge und um die Disziplinierung und Kontrolle des rein subjektiven, ständig wandelbaren Gefühls, das in uns fließt und das uns der Welt des noch nicht Verantwortung tragenden Kindes zuordnet (Krebs). Durch das Steinbock-Prinzip in uns werden wir erwachsen, können wir realistisch sein, präzis und langfristig denken und planen und unsere Handlungen zeichnen sich durch Beständigkeit, Dauer und Verlässlichkeit aus. Wir lernen, dem, was in uns ist (Krebs), eine Form zu geben. Wir übernehmen Verantwortung und entwickeln den Ehrgeiz, an einer Aufgabe maßgeblich teilzuhaben, die uns die Anerkennung der Gemeinschaft, in der wir leben, sichert. Diese Leistungsmotivation, verbunden mit einem nüchternen, klaren Denken, ermöglichen, sich um eines Zieles willen Beschränkungen aufzuerlegen und sich in eine hierarchische Struktur einzuordnen. Um diese Aufgabe zu erfüllen, müssen wir uns von unserem subjektiven

Gefühl, von dem, was gerade für uns wahr ist, was wir fühlen und wünschen (Krebs), distanzieren, um das angestrebte Ziel zu verwirklichen.

Hier besteht die Gefahr, dass wir, statt unserer Seele (Krebs) zu folgen, unsere Individualität aufgeben oder gar nicht herausfinden, was sie ausmacht. So besteht die Aufgabe des Steinbock-Prinzips darin, neben den allgemeinen Maßstäben die eigenen zu entdecken. Überall dort, wo Saturn und Steinbock in unserem Horoskop stehen, sind wir geprägt von Maßstäben, die weniger unsere eigenen als die unserer Familie, unseres Landes oder unserer Kultur sind. Die eigenen Zielsetzungen sind noch nicht geschieden von denen des Kollektivs, in dem wir aufgewachsen sind.

Darüber hinaus hat die Stellung des Saturn im Geburtsbild mit Angstthemen in unserem Leben zu tun. Überall dort, wo wir uns als unfertig, unfrei, ungenügend und ängstlich erleben, wo wir defensive Haltungen einnehmen und wo wir im Leben mit Grenzen und Frustrationen zu kämpfen haben, ist Saturn zu finden. Daher rührt sein schlechter Ruf. Und doch gibt er uns die Chance, gerade in jenen Bereichen, die er berührt, zu einer Tiefe und Reife heranzuwachsen, die spontan nicht möglich sind, die aber durch Zeit und Erfahrung entstehen. Dort, wo Steinbock und Saturn in unserem Horoskop stehen, müssen wir klare Grundsätze, Ordnung, Wirklichkeitssinn und Pflichtgefühl entwickeln. In diesen Lebensbereichen können wir ein Gefühl des Erfolges und der inneren Zufriedenheit nur erlangen, wenn wir durch Geduld, Disziplin, Tiefe und Konzentration auf das Wesentliche herangereift sind. Wenn wir die feine Trennlinie zwischen den kollektiven Maßstäben und Erwartungen und unseren eigenen gefunden haben, werden wir zu einem Individuum innerhalb der Gesellschaft: Wir können gleichermaßen unsere persönlichen Bedürfnisse zu Gunsten des Allgemeinwohls zurückstellen, wie wir uns als Einzelwesen innerhalb des gegebenen Rahmens verwirklichen (vgl. Wassermann).

Die Achse Krebs–Steinbock symbolisiert am klarsten den Konflikt zwischen dem subjektiv fühlenden Menschen mit seinen persönlichen Träumen und Wünschen und dem Menschen als Mitglied der Gesellschaft, die verlangt, dass wir uns ihren Spielregeln und Maßstäben unterwerfen. Da der Mensch von Natur aus ein Gemeinschaftswesen ist, lehrt ihn gerade Saturn oft schmerzlich die Lektion seines Andersseins, seiner Getrenntheit vom größeren Ganzen, das in seiner Urform vom Fische-Prinzip symbolisiert wird. Bevor wir jedoch zu diesem »Sich-dem-Strom-des-Lebens-Anvertrauen« schreiten können, das die Fische in ihrer reinsten Form darstellen, sind die Gesellschaft und ihre Anerkennung, das Prestige und der Status, den wir in ihr genießen, das »größere Ganze«, das uns trägt und hält. Die eigentliche Aufgabe des Menschen liegt jedoch nicht darin, sich dem gesellschaftlichen Kollektiv unterzuordnen, so wichtig dies im Sinne eines funktionierenden Staatswesens auch sein mag. Nach dem Steinbock kommen im Tierkreis noch der Wassermann und die Fische: Die Ausrichtung auf eine größere, Sicherheit gebende Gemeinschaft, deren Regeln man sich beugt und die der Steinbock repräsentiert, wird abgelöst durch die Fähigkeit, sich den geltenden Konventionen und der herrschenden Meinung (Wassermann) entgegenzustellen. Die letzte Stufe der Fische schenkt uns nicht nur Freiheit von gegebenen Dingen (Wassermann), sondern Freiheit an sich. Erst in diesem letzten Stadium des Tierkreises ist die Möglichkeit enthalten, wirklich in einem größeren Ganzen aufzugehen und der viel zitierte »Wassertropfen im Meer« zu werden *ohne*

das schmerzliche Gefühl des Andersseins, das der Steinbock und der Wassermann noch immer in sich tragen.

Lebensziel

ERFAHRUNG UND UMGANG MIT GRENZEN UND HÜRDEN – UNTER-
ORDNUNG DER INDIVIDUELLEN PERSÖNLICHKEIT UNTER DAS KOLLEK-
TIV – ORGANISATION DES STAATSWESENS – VERWALTUNG – RE-
GELN ALS ALLGEMEINE ORIENTIERUNGSHILFEN – GESELLSCHAFTLICHE
ANERKENNUNG UND ERFOLG – SETZEN EIGENER MASSSTÄBE

Wie kein anderes Zeichen des Tierkreises lehrt uns der
Steinbock, die Grenzen des eigenen Ichs zu erfahren, die
Grenzen unserer Möglichkeiten zu erkennen, zu verstehen,
dass die materielle Welt ein Ort der Beschränkungen ist: an
Zeit, Energie, an Ressourcen.
Steinbockbetonte Menschen kennen das Gefühl, dass ihre
Antriebe und Pläne wie durch eine unbekannte Kraft ge-
bremst werden. Voll Frustration haben sie alles vor Augen,
was zur Erlangung ihrer Ziele notwendig ist, aber nichts
fügt sich so zusammen, wie es müsste, und die Türen sind
geschlossen. Geduld, Ausdauer, Konsequenz sind die Lehren, die Steinbock und Saturn zu bieten haben. Aus ihnen
entstehen Gründlichkeit, Tiefe, ein solides Fundament. Wer
sich dem Faktor Zeit beugt und bereit ist, auch Mühen auf
sich zu nehmen, ohne jedoch seine kreative, kindliche, le-
bensfrohe Quelle zu verleugnen (Krebs), wird belohnt: Das
Ergebnis wird kein Strohfeuer sein (Widder), kein Zuviel
des Guten (Schütze), kein plötzlicher Abbruch (Wassermann), sondern etwas, das von Erfahrung und Substanz
durchdrungen ist.
Das übergeordnete Ziel des Abschnitts Steinbock ist das
Entstehen einer funktionierenden, klar gegliederten Gesell-

schaft, die das Kollektiv, die Gemeinschaft, über die Einzel-persönlichkeit stellt. Maßstab hierfür ist der Gedanke, dass jeder in der Gesellschaft einen festen Platz innehat, aus dem bestimmte Rechte und Pflichten resultieren. Aus dieser Organisation entsteht der Staat als oberste öffentliche Instanz, die die Rechte der Bürger und ihr Wohlergehen verwalten und sicherstellen soll.

Die Gesellschaft schützt und nährt den Menschen in einem gewissen Umfang, sie trifft Entscheidungen darüber, was die adäquaten Verhaltensweisen und Ziele im Sinne des Gemeinwohls und der allgemeinen Ordnung für ihn sind. Normen und Maßstäbe, die für alle gelten, ermöglichen eine Gleichschaltung ursprünglich divergierender Menschen, sodass bestimmte Probleme des Zusammenlebens ausgeglichen werden. Wer den gültigen Maßstäben entspricht, kann sich der allgemeinen Anerkennung sicher sein. Steinbock und das 10. Haus bieten die Möglichkeit zum Erfolg und Prestige. Private Wünsche und das persönliche Empfinden (Krebs) müssen dafür in gewissem Maß zurückgestellt werden.

Normen und Maßstäbe sind jedoch nicht nur etwas, das uns von außen betrifft und das von anderen oder dem Staat erstellt wird. Sie entstehen auch aus uns selbst heraus. Jeder Mensch hat seine eigenen Verhaltensregeln und Regeln, nach denen sein Leben verläuft und nach denen er seine Beziehungen und seine Arbeit gestaltet. Diese aktive Form ist es, die den Steinbock mehr sein lässt als das gleichschaltende Prinzip: Dort, wo wir den Steinbock und Saturn im Horoskop haben, können wir eigene Normen aufstellen und eigene Richtlinien entwickeln, die als Richtschnur für andere dienen können.

DAS STEINBOCK-SYMBOL

♑ Die drei miteinander verbundenen Halbkreise, die im Lauf der Zeit verschiedene Abwandlungen der Schreibweise erfuhren, stellen das Thema der Wintersonnenwende dar, zu der das Licht aus der tiefsten und längsten Finsternis wieder nach oben drängt: Die Nächte werden wieder kürzer, die Tage länger. Dies entspricht der innersten Triebkraft dieses Zeichens, in dem es darum geht, sich unermüdlich und stetig durch alle Hindernisse und Hemmnisse hindurch aus dem Dunkel ans Licht zu kämpfen und die anfängliche Schwere und Last, die sich so oft bei Menschen findet, die von diesem Zeichen geprägt sind, abzustreifen, um zu Klarheit, Reinheit und Erfolg aufzusteigen. Das Symbol entstand ursprünglich aus dem Bild eines Fabelwesens mit dem Haupt, den Hörnern und den Vorderhufen des Steinbocks und einem Schlangenleib, der in einen Fischschwanz ausläuft. Dieser so genannte Ziegenfisch ist ein Wesen, das gleichermaßen auf Bergen und in der Höhe leben kann wie im Meer und in der Tiefe. Der Ziegenfisch legt den Gedanken der Verbindung dieser Gegensätze nahe. Wir kommen aus dem Wasser, aus dem Urmeer allen Seins, in dem Chaos und Unterschiedslosigkeit herrscht, alles ist eins, und das Bewusstsein des individuellen Ichs ist noch nicht erlangt. Der Entwicklungs- und Reifeweg des Men-

schen führt hinauf zum Licht, zum Himmel, die beide Symbole für Bewusstheit und für eine Wiedervereinigung mit allem, was ist, darstellen.

Der Weg der Erlösung (Fische) führt durch das Tor, das die irdische, materielle Wirklichkeit darstellt. Erst wenn wir durch dieses Tor gegangen sind und die Aufgaben erfüllt haben, die uns dieser Weg stellt, kommen wir auf die andere Seite der »Schwelle« (in der klassischen Astrologie wurde Saturn als der »Hüter der Schwelle« bezeichnet). Hier lehrt uns der Tierkreis, dass der Weg zur Wiedervereinigung und zu Spiritualität nicht im Verleugnen der Welt mit ihren Anforderungen besteht, sondern in der Annahme ebendieser Anforderungen und Pflichten und in deren Bewältigung.

DAS SATURN-SYMBOL

♄ Das Bild des Saturn ist eine Art Umkehrung des Symbols für den Planeten Jupiter: Hier lastet das Kreuz der Materie, d. h. der irdischen Realität mit ihrer Vergänglichkeit auf der Seele, die nach Erlösung von dieser Wirklichkeit strebt. Auf einer alltäglicheren Ebene kann das Symbol so definiert werden, dass das frei fließende Gefühl (Krebs, Mond, der Halbkreis) eingegrenzt, beschränkt und belastet wird durch die Materie, an die wir durch unsere Körperlichkeit gebunden sind (Steinbock, das Kreuz). Saturn/Kronos ist der Gott der Zeit und des Schicksals; er hält das Stundenglas in der Hand. Häufig wird er als alter Mann mit einer Sense dargestellt, und in diesem Sinn wird auch das Saturn-Symbol als eine Art »Krumm-Messer«, als Sichel oder Sense betrachtet, das darauf hinweist, dass alles, was in der Welt existiert, einem zeitlichen Ende entgegengeht. So hat Saturn auch mit dem Alter und den Grenzen des irdi-

schen Lebens zu tun. Nichts bleibt über die Spanne Zeit hinaus bestehen, die ihm zugemessen ist (das Stundenglas), und nichts bleibt unverändert. Saturn lehrt uns, was Zeit in der stofflichen Welt bedeutet: Er lehrt uns, die Knie zu beugen vor der unwiderruflichen Vergänglichkeit der Erde. Aus Jugend muss Reife und Alter werden und daraus Tod, damit ein neuer Zyklus entstehen kann. »Die Zeit, die immer weiter fortschreitet, zerstört die Welt«, heißt es in den *Upanischaden*. Die Zeit, symbolisiert durch den Sensenmann Saturn, ist eine destruktive Kraft, aber auch eine, die auf die Existenz ewig gültiger Wahrheiten und Gesetze hinter der sichtbaren Welt verweist. Sie ist das Ausgehen von den Ursprüngen, aber auch die Rückkehr zu ihnen. Die Wintersonnenwende entspricht diesem Gedanken: Das alte Jahr stirbt, damit das neue geboren werden kann.

Auch im Schlangenleib des Ziegenfisches, der den Steinbock symbolisiert, ist die Botschaft des ewigen Kreislaufs enthalten. »Mein Ende ist mein Anfang«, ist die Botschaft der Schlange, die sich zu einem Kreis zusammenrollt. Im Steinbock erscheint die unbesiegbare Sonne wieder, das Dunkel und das Chaos finden ihr Ende, und ein Neuanfang ist möglich. Der Fischschwanz deutet darauf hin, dass dieser Prozess erst im Entstehen ist, noch sind wichtige Teile unter Wasser und damit noch nicht im Licht.

Mythologisch ist Saturn aber auch der Herr des Goldenen Zeitalters, in dem alles möglich ist. In dieser Zeit herrschen Fülle, Überfluss und Genuss. Saturn vermittelt so nicht nur die Lehre der Askese, der Selbstbeschränkung, Disziplin und der irdischen Vergänglichkeit. Wer die Lehre der Zeit verstanden und akzeptiert hat, dem schenkt Saturn ein goldenes Zeitalter der Reife und Erfüllung.

Was auch immer Saturn in unserem Horoskop ausdrücken mag, er ist der Lehrer, der uns den Weg durch unsere physische Existenz weist. Als »Sensenmann« bringt er uns die Botschaft: »Was du säst, wirst du ernten.« Im Mythos wird Kronos selbst vom Thron gestürzt, nachdem er seinen Vater gestürzt hatte. Saturn hat mit absoluter Gerechtigkeit zu tun, einem Mechanismus, der uns genau das Echo dessen einbringt, was wir »in den Wald hineingerufen« haben. Es ist nicht möglich, dem auszuweichen, was Saturn von uns in unserem Leben verlangt. In diesem Sinn ist er ein strenger Lehrer, der uns leiden lässt, um uns zur Besinnung zu bringen. Er belohnt jedoch jede Mühe, jede Ausdauer und jedes Engagement, das wir in die angesprochenen Lebensbereiche stecken, wenn auch oft erst nach einem langen, eher mühevollen Weg.

Das Hexagramm Nummer 9 des I Ging, »Beschränkung« (SIAU TSCHU) beschreibt, wie wir die Lebensthemen erleben, die von Saturn geprägt sind. Die dort gezeichnete Stimmung empfinden wir besonders stark, wenn laufende Transite (Auslösung eines Themas) die betreffenden Bereiche aktualisieren:* »Beschränkung bringt Fortschritt. Dichte Wolken, doch von der westlichen Grenze wird kein Regen erwartet (Befriedigung).« Kommentar: »Es ist, als würden Ihre starken Impulse, Ihre guten Absichten und Ihre ernsthaften Pläne von irgendeinem unbekannten, äußeren Detail in Schach gehalten. Mit einiger Frustration

---

* Übersetzung, Urteil und Kommentar aus R. L. Wing: *Das illustrierte I Ging*, Heyne Verlag, 1982.

können Sie alle Elemente sehen, die nötig sind, um Ihr Ziel zu erreichen – und doch passt nichts so zusammen, wie es passen sollte. Was auch immer Sie versuchen, Sie werden daran gehindert, etwas Bedeutendes zu unternehmen. Der Urtext zu dem Hexagramm lautet: ›Dichte Wolken, doch kein Regen‹ – eine ausgesprochen unbefriedigende Situation. Doch es gibt Zeichen, dass der Erfolg durch kleine, sanfte Verbesserungen erreicht werden kann. Große Pläne sind zur Zeit nicht möglich. Sie können jetzt nur den allergeringsten und sanftesten Einfluss auf andere ausüben. Die Kräfte der augenblicklichen Lage sind zu groß, um mit ihnen herumzuexperimentieren. Ihr bester Plan während dieser Zeit der Beschränkung kann nur sein, der Situation, die Sie beeinflussen wollen, nahe zu bleiben. Benutzen Sie die Kraft freundlicher Überzeugung, um den Einfluss, den Sie noch besitzen, aufrechtzuerhalten. Nur so können Sie verhindern, dass sich die augenblickliche Lage verselbstständigt. Unterdrücken Sie jeden Impuls, etwas gewaltsam ändern zu wollen ... In dieser Zeit können Sie in der äußeren Welt sehr wenig erreichen. Dennoch gibt es Aussicht auf Erfolg, wenn Sie sich so lange zurückhalten, bis die Situation für Ihren Plan günstig ist.«

Saturn sagt im Horoskop etwas darüber aus,

1. wo wir Grenzen von außen erleben und auch selbst Grenzen setzen können und sollen,
2. wo wir Richtlinien erarbeiten, nach denen die Dinge verlaufen sollen,
3. welche allgemeinen Spielregeln und Normen wir verinnerlicht haben und wo in uns das »Man tut dieses oder jenes ..., man tut dieses oder jenes nicht« wirkt,
4. wo wir uns eingeschränkt fühlen oder selbst Schranken errichten (können),

5. in welchen Lebensbereichen und Situationen wir uns unsicher, ängstlich, ungenügend fühlen, wo wir immer wieder das Gefühl von Frustration und Enttäuschungen erleben, wo es allen anderen viel besser zu gehen scheint und wir sie für viel erfolgreicher und glücklicher halten,

6. wo wir an einem Mangel an Individualität und Freiheit leiden,

7. wo wir Regeln aufstellen können, die uns Individualität und Freiheit zur Verfügung stellen.

ZUR MYTHOLOGIE DES STEINBOCKS

Gaia, die Erde, entstand aus dem Chaos. Sie brachte ohne die Beteiligung eines Mannes Uranos, den Himmel, und Pontos, das Meer, hervor. Dann paarte sie sich mit ihrem Sohn und gebar das Göttergeschlecht der Titanen und Titaninnen, zu denen auch Kronos/Saturn zählte. Die Griechen stellten sich die Titanen als unsterbliche Riesen vor, die die Welt der Urzeit beherrschten.

Uranos fand seine Kinder jedoch hässlich und abstoßend und stieß sie immer wieder in den Leib der Gaia zurück, sobald sie sie gebären wollte. Gaia beklagte sich bitter bei ihrem Sohn *Kronos* und überredete ihn zum Kampf gegen Uranos. Sie gab ihm dazu eine scharfe Sichel, mit der er Uranos entmannte, als dieser wieder bei ihr lag. Aus dem Blut der abgeschnittenen Genitalien entstanden die Furien (Erinnyen), die Göttinnen der Rache.

Kronos besaß nun die Herrschaft über die Welt. Er wurde aber bald genauso brutal und unnachgiebig wie sein Vater. Er verschlang alle seine Kinder, nachdem sie geboren waren, als ihm prophezeit wurde, dass eines von ihnen ihn genauso stürzen würde, wie er seinen Vater gestürzt hatte. Rhea, seine Gattin, rettete aber eines der Kinder, Zeus, den sie ihrer Mutter Gaia anvertraute. Statt des Kindes gab sie Kronos einen mit Windeln umwickelten Stein, den Kronos fraß.

Als Zeus aufgewachsen war, heiratete er die Okeanide Metis, die auf seinen Wunsch dem Kronos ein Brechmittel gab, sodass er die fünf Kinder, die er gefressen hatte (Hestia, Hera, Demeter, Hades und Poseidon), wieder ausspuckte. Zusammen mit seinen Geschwistern begann Zeus einen Krieg, den Kronos verlor. Er wurde gestürzt und in den Tartaros verbannt. Von da an herrschte Zeus über die Welt. Im Mythos des Kronos finden wir zwei Grundgedanken: Der eine ist der Umsturz der alten Ordnung; fest gefügte Geleise, die erstarrt sind und einer Erneuerung bedürfen, müssen gestürzt werden, um einer Verbesserung der Bedingungen Platz zu machen. Hier weist Kronos/Saturn bereits auf das nachfolgende Zeichen Wassermann hin. Saturn ist in der Astrologie der Inbegriff des fest Gefügten, Traditionellen sowie des Gesetzes, das buchstabengetreu angewandt wird, ohne Ausnahmeregelung für den Einzelfall. Gestürzt wird Saturn durch Zeus, dessen römischer Name Jupiter in der Astrologie Gnade, Einsicht und die Einzelfallgerechtigkeit symbolisieren.

Saturn und Uranus (Uranus) sind ebenfalls zwei Kräfte, die sich gegenseitig in ständigem Wechsel bedingen. Das Gegensteuern zum aktuellen Kurs, der Umsturz einer Situation (Wassermann/Uranus, siehe nächstes Kapitel), bringt zwangsläufig nach geraumer Zeit wiederum eine Periode der Ordnung und Stabilität hervor (Steinbock/Saturn), die allmählich zu erstarren droht. Wieder ist eine Erneuerung nötig, woraus sich ein stetiger Kreislauf ergibt.

Während der zwölf Nächte der Saturnalien, der Feiern der

Wintersonnenwende, kehrten nach der Sage die Toten für diese Zeitspanne zurück, und man beging ein Ritual, das die Opferung des alten Königs als Zeichen schwindender Fruchtbarkeit zum Inhalt hatte und die Inthronisierung des neuen, jungen Königs als Symbol der Mannes- und Zeugungskraft. Ein Bock (Sündenbock) wurde symbolisch für den alten König geopfert, der der neuen Lebenskraft Platz machen sollte.

Der zweite Gedanke ist, dass wir ernten, was wir säen. Kronos riss durch Gewalt und Unrecht die Herrschaft an sich, und er wurde gestürzt, wie er seinen Vater gestürzt hatte. Dieses Gesetz ist das Gesetz des Saturn: Wir bekommen aus allem das zurück, was wir hineingegeben haben; d.h., alles, was uns geschieht, hat seine Wurzeln irgendwo in Entscheidungen und Handlungen der Vergangenheit. Wenn wir aus der Gegenwart lernen und versuchen, auf neue Weise mit den Dingen umzugehen, die wir erleben, dann kann sich die Zukunft für uns ändern.

EIN STEINBOCK-MÄRCHEN:

Der Froschkönig oder Der eiserne Heinrich

In den alten Zeiten, wo das Wünschen noch geholfen hat, lebte ein König, dessen Töchter waren alle schön; aber die jüngste war so schön, dass die Sonne selber, die doch so vieles gesehen hat, sich verwunderte, sooft sie ihr ins Gesicht schien. Wenn die Königstochter Langeweile hatte, ging sie hinaus in den Wald nahe beim Schloss des Königs und vertrieb sich die Zeit mit einer goldenen Kugel, die sie in die Höhe warf und wieder fing.

Eines Tages jedoch fiel die Kugel nicht wieder in ihre aus-

gestreckten Hände zurück, sondern in einen Brunnen, an dem sie sich gern während heißer Tage aufhielt. Sie war so bestürzt, dass sie lauter und lauter zu weinen begann, bis schließlich eine Stimme nach ihrem Kummer fragte. Sie sah sich erstaunt um und entdeckte einen Frosch, der seinen dicken, hässlichen Kopf aus dem Wasser streckte. Der Frosch erbot sich, die Kugel heraufzuholen, wollte jedoch eine Gegenleistung dafür. Die Königstochter bot ihm allerlei schöne und kostbare Dinge an, sogar ihre goldene Krone wollte sie ihm geben. Der Frosch wollte jedoch nur eines: ihr Spielkamerad und Geselle sein, der mit ihr am Tisch sitzt und isst und in ihrem Bett schlafen darf. In ihrer Not versprach ihm die Prinzessin alles, nahm aber in Wahrheit weder ihn noch ihr Versprechen ernst. Als sie ihre Kugel wieder hatte, lief sie, so schnell sie konnte, ins Schloss zurück, und der Frosch quakte hinter ihr her.

Am anderen Tag, als sie mit dem König und den Hofleuten an der Tafel saß und von goldenen Tellern essen wollte, da kam – plitsch, platsch – der Frosch die Marmortreppe heraufgekrochen und klopfte an die Tür: »Königstochter, jüngste, mach mir auf.« Sie lief zur Tür, um nachzusehen, warf aber die Tür hastig wieder zu, als sie sah, dass der Frosch draußen war.

Der König, der sah, dass seine Tochter sehr aufgeregt war, fragte sie, wovor sie sich fürchte, und sie erzählte ihm, was vorgefallen war. Wieder klopfte es, und der Frosch rief:

>>Königstochter, jüngste,
mach mir auf,
weißt du nicht, was gestern
du zu mir gesagt
bei dem kühlen Brunnenwasser?
Königstochter, jüngste,
mach mir auf.<<

Da sagte der König: >>Was man versprochen hat, muss man auch halten; geh nur und mach ihm auf.<< Voll Ekel und Abscheu ging die Königstochter zur Tür und ließ den Frosch herein. Dieser setzte sich zu ihr an den Tisch und verlangte, von ihrem Teller zu essen. Dann wollte er von ihr in ihre Kammer getragen und in ihr Bett gelegt werden. Die Prinzessin fing an zu weinen und fürchtete sich vor dem kalten Frosch, doch wieder griff ihr Vater, diesmal zornig, ein: >>Wer dir geholfen hat, als du in Not warst, den sollst du nachher nicht verachten.<<

Da blieb der Königstochter nichts übrig, als zu gehorchen. Sie packte den Frosch mit zwei Fingern, trug ihn in ihr Zimmer und setzte ihn in eine Ecke. Als sie aber im Bett lag, kam der Frosch gekrochen und verlangte von ihr, ihn mit in ihr Bett zu nehmen, sonst würde er ihrem Vater sagen, dass sie nicht zu ihrem Versprechen stünde.

Da wurde es der Königstochter endgültig zu viel. Sie wurde bitterböse, packte den Frosch und warf ihn gegen die Wand:

»Nun wirst du Ruhe haben, du garstiger Frosch!«

Wie groß war aber die Überraschung, als das, was da von der Wand herabfiel, nicht mehr der Frosch, sondern ein schöner, edler Königssohn war, der nach dem Willen ihres Vaters ihr »Geselle und Gemahl« wurde. Er erzählte ihr, dass eine böse Hexe ihn verwünscht hatte – und niemand hätte ihn aus dem Brunnen erlösen können als die Königstochter allein. Am nächsten Tag wolle er mit ihr in sein Reich fahren.

Als der Tag angebrochen war, kam ein Wagen herangefahren, der mit weißen Pferden bespannt war, die in goldenen Ketten gingen. Hinten stand der Diener des Prinzen, das war der treue Heinrich. Er war so betrübt über die Verzauberung seines Herrn gewesen, dass er sich drei eiserne Bande um sein Herz hatte legen lassen, damit es ihm nicht vor Weh und Traurigkeit zerspränge. Der Königssohn und seine Gemahlin stiegen ein, und als der Wagen ein Stück Wegs gefahren war, hörten sie, dass es hinter ihnen krachte, als wäre etwas zerbrochen. Der Königssohn drehte sich um und rief:

>»Heinrich, der Wagen bricht.«
>»Nein, Herr, der Wagen nicht,
>es ist ein Band von meinem Herzen,
>das da lag in großen Schmerzen,
>als Ihr in dem Brunnen saßt,
>als Ihr eine Fretsche (Frosch) wast (wart).«

Noch zweimal krachte es auf dem Weg, und immer meinte der Königssohn, dass der Wagen zerbräche. Doch es waren jedes Mal die Eisenringe, die vom Herzen des treuen Heinrich absprangen, weil sein Herr erlöst und glücklich war.*

Der »Froschkönig« erzählt von einer Welt, in der die Konfrontation mit der Wirklichkeit, mit ihren Geboten, Verboten und Zwängen unumgänglich wird.

Zu Beginn hören wir, dass die Geschichte sich zu einer Zeit ereignet, »als das Wünschen noch geholfen hat«. Dies entspricht der kindlichen Vorstellung, dass Unangenehmes, Lästiges fort- und Angenehmes, Erstrebenswertes kraft der Magie des Wunsches herbeigeführt werden kann. Obwohl ein Kind zum Zeitpunkt, zu dem es diese Phantasien entwickelt, noch ganz in einer animistisch-magischen Welt lebt, muss bereits ein erstes Bewusstsein für die Realität vorhanden sein, die ein Umgestalten da und dort wünschenswert erscheinen lässt.

Die Königstochter spielt sorglos mit ihrem Ball, ganz hingegeben an ihre eigene Welt, in der Harmonie und Schönheit herrschen, bis schließlich ein schicksalhaftes Ereignis – der Ball fällt in den Brunnen – sie aus dieser Welt herausreißt und sie zwingt, sich mit einer für sie sehr ernsthaften Situation auseinander zu setzen. Wie so oft auch im tatsächlichen Leben bietet sich für ihr Problem nur eine wenig erfreuliche Lösung an: Ein garstiger Frosch will ihr helfen, aber die Gegenleistungen, die er verlangt, sind dergestalt, dass die Königstochter sich trotz ihres Versprechens nicht daran halten mag. Nur Verantwortungsbewusstsein, Disziplin und Pflichtgefühl könnten es ihr erleichtern, zu ihrer Zusage zu stehen. Sie gibt aber einfach ihren wahren Gefühlen nach. Ein Gefühl dafür, dass sie eine verbindliche Abmachung getroffen hat, besitzt sie noch nicht. Saturn

---

* Nach *Kinder- und Hausmärchen gesammelt durch die Brüder Grimm*, Insel Verlag, 1974.

hat jedoch die Eigenschaft, uns immer und überall einzuholen, wenn wir seine Regeln verletzt haben.

Ihr Vater zwingt sie, den Frosch hereinzuholen, indem er den Maßstab »Was man versprochen hat, muss man auch halten« über ihre Gefühle setzt. Er lässt sich nicht, wie seine Tochter, von Gefühlen leiten (Krebs/Mond), sondern von seinem Verstand und von Verhaltensmaximen, die nach der bereits erwähnten »Goldenen Regel« in ihm wirken: »Was du nicht willst, das man dir tu', das füg, auch keinem andern zu« (Steinbock/Saturn). Diese Einstellung, die sicherlich in einem gewissen Umfang verbürgt, dass die Grenzen unserer Mitmenschen unverletzt bleiben, und deren Ziel es ist, menschliches Verhalten korrekt und berechenbar zu machen, hat auf der anderen Seite oft schmerzliche Folgen für den Einzelnen und seine Gefühle.

Ihr Vater verlangt darüber hinaus noch, dass der Frosch, wie versprochen, in ihrem Bett schlafen solle. Nochmals beugt sich die Königstochter den ihr auferlegten Regeln, doch als der Frosch schließlich wirklich in ihr Bett will, erträgt sie die Situation nicht länger und ihr Gefühl bricht durch: Sie wirft ihn an die Wand. Damit hat sie einerseits den gültigen Maßstäben und Normen, die der König repräsentiert, entsprochen; andererseits gewinnt nach einiger Zeit ihre Individualität die Oberhand. Sie nimmt sich die Freiheit zu tun, wonach ihr ist, und setzt damit einen eigenen unabhängigen Maßstab. Dies ist ein individueller Akt, der gedanklich bereits zum nächsten Zeichen Wassermann überleitet: individuelles Handeln innerhalb der Norm.

Nun hat die Königstochter ihren Reifungsweg abgeschlossen: Aus dem unbewussten, verantwortungsfreien kleinen Mädchen wird die erwachsene Frau. Der Frosch verwandelt sich in einen schönen Prinzen, sie erhält den »Lohn« für den schwierigen Weg, den sie zurückgelegt hat. Auch hier ist es wie so oft im realen Leben: Wir gehen den Weg eher gezwungenermaßen, von Ereignissen und Zwängen getrieben, und wir versuchen, so lange den Erfordernissen der Zeit auszuweichen, bis sich eine innere Umkehr bei uns einstellt.

Die Eisenbänder, die der treue Heinrich um sein Herz gelegt hat, symbolisieren die Unterdrückung des Gefühls (in seinem Fall Kummer und Schmerz). Wie ein Korsett den Körper gleichzeitig festigt und stützt, aber auch einengt und beschränkt, so erhalten hier die Gefühle Festigkeit und Struktur, doch auch Enge und Starrheit. Erst eine glückliche Erfahrung, die, dass »alles vorbei ist«, dass der »Lebensberg erklommen ist«, wie der Maler Johfra es in seinem Bild zu Anfang des »Steinbock«-Kapitels illustriert, führt zu Erlösung und Befreiung. Manchmal kommt diese Befreiung wie im Märchen mit Krachen und Getöse.

ANALOGIEKETTEN

Entsprechungen des Prinzips »Steinbock« auf den verschiedenen Ebenen

Farben:
Blau als die kühlste Farbe, die Ruhe, Konzentration und Beharrung ausstrahlt (Dunkelblau); Schwarz, Anthrazit, Grünschwarz, Braunschwarz.
Geruch:
Herb-bitter.
Geschmack:
Bitter, herb (z. B. schwarzer Tee).
Signatur (Form und Gestalt):
Karg, streng; in Form und Gestalt auf das Nötigste redu-

ziert; sparsam, mager, schmal; dauerhaft, zäh, knorrig, stabil; starke Konturen (Prinzip der Abgrenzung).

Pflanzen allgemein:
Langsam wachsende, widerstandskräftige Pflanzen, wenig Blüten; Pflanzen, die auch unter schwierigen Bedingungen und im Schatten gedeihen; Moos, Farn, Efeu, Eppich, Kümmel, Alraune, Kartoffel, alle Nachtschattengewächse. Alle anspruchslosen Pflanzen.

Bäume, Sträucher:
Nadelbäume (das auf ein Minimum reduzierte Blatt), Tanne, Thuja, Eibe; Eiche; Rhododendron.

Gemüse, Obst:
Sellerie, Schwarzwurzel; Nüsse, Dörrobst, Schlehen.

Blumen:
Silberdistel, Enzian, Edelweiß; Zweige.

Gewürze:
Alle Bitterstoffe.

Heilpflanzen:
Schachtelhalm, Kümmel, Johanniskraut, Wacholder, Bartflechten.

Tiere:
Genügsame Tiere, die auch unter schwierigen und kargen Bedingungen existieren können; Arbeitstiere; Tiere mit schuppigem Panzer; Ziegen, Schafe, Steinbock; Esel, Maultier; Rabe, Krähe, Dohle, Uhu; Nachteule, Wiedehopf; Maulwurf, Seepferdchen; Kamel, Schildkröte.

Materialien:
Leder (die Haut als Grenze und in ihrer Stützfunktion); alle Mineralien, besonders Steine und Kalk, Blei, Kohle; alle braunen und schwarzen Erdarten.

Mineralien, Metalle:
Blei, Granit, Kohle; Onyx, Quarz, brauner Jaspis, Obsidian.

Landschaften:

Felsige, öde, karstige Gebiete, Gebirgslandschaften, zerklüftete Schluchten, Fjorde, Gletscher, Nadelwälder.

Berufe:

Berufe, die Stabilität, Beständigkeit, Sicherheit sowie ein langsames, aber stetiges Wachstum und Übernahme von Verantwortung bieten; Berufe, die Aufstiegschancen und soziale Anerkennung bieten; Karriereberufe; Berufe, die klar erkennbaren Gesetzmäßigkeiten unterliegen und eine strukturierende, ordnende Hand erfordern; Berufe, die Erfahrung und Reife verlangen; Vertrauenspositionen; Berufe, die die Unterordnung der Privatsphäre zu Gunsten höherer Leistung und Pflichterfüllung erfordern; Berufe, die klare Zuständigkeiten und Ressorts bieten; Staatsdienst; Berufe aus der Familientradition heraus. Beamtenberufe, Positionen in der Verwaltung. Lagerverwalter, Archivar; Geologe, Historiker, Astronom; Mathematiker; Buchhalter, Physiker, Mineraloge, Agronom; Statistiker; Landwirt; Lehrer; Soziologe; Jurist; Bauhandwerker; Ingenieur, Architekt, Maurer, Statiker; Mitarbeiter auf Bauämtern, bei der Städteplanung, Baubetreuung oder Bodenforschung, im Bergbau; Gerber, Töpfer; Uhrmacher, Konservator; Politiker.

Hobbys, Sportarten:

Mineralien sammeln, Töpfern, Bergsteigen, Leistungssport (Langstreckenlauf), Triathlon, Skilanglauf; Tierdressuren.

Verkehrsmittel:

Eisenbahn, Straßenbahn.

Wohnstil:

Klare, eher sachliche Einrichtung; der Arbeitsraum; Einrichtung, die auf das Notwendigste reduziert ist, alles muss an seinem Platz sein. Neuanschaffungen werden vermieden.

Wochentag:
Samstag (engl. Saturday, Tag des Saturn).

Gesellschaftsform:
Bürokratie; Klassenstaat und Kastenwesen.

Entsprechungen auf der Ebene des menschlichen Körpers:
Knochen, Skelett, Knie, Gelenke; Haut, Sehnen und Bänder; Zähne; Milz; Haare, Kalziumhaushalt, Hypophyse, Hypothalamus, Großhirnrinde.

Krankheiten allgemein:
Kristallisationsprozesse im Körper, Steinbildung, Sklerosen; Alterungs- und Schrumpfungsprozesse, Mangelkrankheiten, Haarausfall, allgemein chronische Krankheiten.

WIE WIRKEN DER STEINBOCK UND SATURN IN MEINEM HOROSKOP, WAS SAGEN SIE AUS?

1. In welchen Lebensbereichen neige ich zu konservativen, traditionellen, bewährten Verhaltensweisen? Wo bin ich wenig experimentierfreudig? Wo habe ich Festigkeit, »Rückgrat« und eventuell eine gewisse Strenge und Förmlichkeit? Wo bin ich konventionell?

2. Wo sind mir Klarheit, Struktur, Ordnung wichtig? Welche Dinge kann ich gut in eine feste Form bringen, welche nur unter großen Mühen? Auf welchen Gebieten sind mir klare, eindeutige Spielregeln wichtig (z.B. in der Partnerschaft und allgemein in Beziehungen, im Beruf, in der Öffentlichkeit usw.)?

3. Was bedeutet mir eine realistische Betrachtungsweise der Dinge, und wo wende ich sie hauptsächlich an?

4. Wo bin ich mir am stärksten vorgegebener Maßstäbe, Regeln und Gesetze bewusst? Welche Maßstäbe glaube ich an mich anlegen und erfüllen zu müssen (»Das tut

man ..., das tut man nicht«)? Wo neige ich dazu, formale über inhaltliche Lösungen zu setzen?

5. Wie ist mein Verhältnis zur Gesellschaft und ihren Spielregeln? Wie zu gesellschaftlichem Status und Prestige? Was bedeutet das Wort »Karriere« für mich?

6. Wie verhalte ich mich außerhalb meines privaten Bereichs, z.B. auf einer offiziellen Veranstaltung, einer Party, allgemein in der Öffentlichkeit? Entspreche ich hier eher den gängigen Vorstellungen, oder neige ich zu einem Gegenkurs? Wechselt mein Verhalten zwischen den beiden Polen hin und her?

7. In welchen Bereichen tendiere ich möglicherweise zu Verhaltens- und Sichtweisen, die mir frustrierende und isolierende Erfahrungen einbringen?

8. Auf welchen Gebieten bin ich besonders verletzbar, empfindlich und ängstlich? Wo habe ich das Gefühl, unsicher, ungenügend, unfrei oder gehemmt zu sein? Durch wen oder was fühle ich mich besonders schnell abgelehnt? Wo habe ich das Gefühl, mich schützen zu müssen?

9. Bei welchen Themen neige ich zu Vorsicht, Misstrauen, Unzufriedenheit und Nörgelei?

10. Wo habe ich ein besonderes Bedürfnis nach Erfolg, Würdigung, Anerkennung?

11. Bei welchen Themen ist mir die Konzentration auf das Notwendige wichtig, ein Zuviel eher unangenehm?

12. Auf welchen Gebieten habe ich feste Grundsätze und Prinzipien, wo besitze ich Standhaftigkeit, Ausdauer, Treue und Disziplin?

13. Wo will ich selbst Maßstäbe finden und Regeln aufstellen?

ZITATE ZUM STEINBOCK-PRINZIP

Ich schlief und träumte, das Leben sei Freude.
Ich erwachte und sah, das Leben war Pflicht.
Ich handelte, und siehe, die Pflicht war Freude.

Rabindranath Tagore

Ein jedes Ding muss Zeit zum Reifen haben.

William Shakespeare

Wer kein Ungemach ertragen kann, ist nicht zu großen
Dingen berufen. *Chinesisches Sprichwort*

Wer Großes will, muss sich zusammenraffen. In der Beschränkung zeigt sich erst der Meister. Und das Gesetz nur
kann uns Freiheit geben.

Johann Wolfgang von Goethe

Auch aus Steinen, die in den Weg gelegt werden, kann
man Schönes bauen. *Johann Wolfgang von Goethe*

Wer sein Herz dem Ehrgeiz öffnet, verschließt es der
Ruhe. *Chinesisches Sprichwort*

Um ein tadelloses Mitglied einer Schafherde sein zu können, muss man vor allem ein Schaf sein.

Albert Einstein

Lebenskunst besteht nicht darin, Schwierigkeiten aus dem
Weg zu gehen, sondern darin, an ihnen zu reifen.

Bernard Baruch

Miss nie die Höhe eines Berges, bevor du den Gipfel erreicht hast. Dann erst wirst du sehen, wie klein er war.

Dag Hammarskjöld

Als Kind war ich gezwungen, ein Leben zu führen, das weit über mein Alter hinausging; jetzt habe ich die Ordnung auf den Kopf gestellt, und ich beabsichtige, unbegrenzt jung zu bleiben.

Mary Pickford

Die größte Gefahr im Leben ist, dass man zu vorsichtig wird.

Alfred Adler

Die Tragödie des Alters beruht nicht darin, dass man alt ist, sondern dass man nicht mehr jung ist.

Oscar Wilde

Glück heißt, seine Grenzen kennen und sie lieben.

Romain Rolland

Die Kräfte des Lebens können sich nur am Überwinden von Widerständen entfalten.

Max Piperek

Das Alter klopft an die Tür, wenn man irgendetwas zur Gewohnheit werden lässt.

William Somerset Maugham

Der Preis der Größe heißt Verantwortung.

Winston Churchill

Sobald jemand in einer Sache Meister geworden ist, sollte er in einer neuen Sache Schüler werden.

Gerhart Hauptmann

Ein Problem ist halb gelöst, wenn es klar formuliert ist.

John Dewey

WASSERMANN
Elftes Zeichen des Tierkreises, 300°–330°

Symbol:
Zwei parallele Wellenlinien, die das Wasser darstellen, das die mythologische Figur des Wasserträgers ausgießt.
Jahreszeit:
Hochwinter (20. Januar bis 18. Februar).
Qualität:
Männlich-aktiv, Yang. Element: Luft. Fixes, konsolidierendes, konkretisierendes Zeichen.
Herrscher:
⛢ Uranus. Nebenherrscher: Saturn.
Häuserzuordnung:
11. Haus (fixes Haus).
Auf dem Tierkreis gegenüberliegendes Zeichen:
Löwe.
Botschaft/Schlüsselsatz:
Ich suche das Neue, Ungewöhnliche, das, was die Norm sprengt. Ich tue das Gegenteil von dem, was erwartet wird.
Schlüsselworte:
Originalität; Gegensätzlichkeit, Widersprüchlichkeit; Idealismus; die Reform.
Charakteristika:
Originell, ungewöhnlich, extravagant, avantgardistisch;

geistreich, einfallsreich, intuitiv, assoziativ; erfinderisch, visionär, innovativ; experimentierfreudig; vorausschauend, zukunftsorientiert; Suche nach neuen und ungewöhnlichen Erkenntnissen und Erfahrungen; Forscherdrang; freiheitsliebend, unabhängig; liberal; sucht Gleichgesinnte (»Wahlverwandtschaften«); widersprüchlich, liebt Paradoxien und Gegensätze; denkt und bewegt sich nach einer eigenen Logik; schlägt den Gegenkurs ein; der »Erwecker«, der »Wachrüttler«, die elektrisierende Kraft; distanziert, objektiv, kann unterschiedliche Positionen einnehmen, Gabe der Vermittlung – möchte sich von Antrieben wie Wut, Hass, Neid und den Instinkten distanzieren, lehnt das Triebhafte im Menschen ab, will sich darüber erheben; flieht vor Gefühlen und Leidenschaften in die geistig-rationale Welt; sucht nach überlegener Gelassenheit, will über den Dingen stehen, die »Vogelperspektive«. Interesse für humanitäre Ziele, für Menschenrechte, für soziale Fragen, Politik und Erziehungsfragen, in diesem Sinn idealistisch; vertritt Ideale wie »Freiheit, Gleichheit, Brüderlichkeit«. – Der Respekt für die Tradition (Saturn-Seite des Wassermanns) steht in Konflikt mit seinem Bedürfnis nach Neuerungen und Reformen (Uranus). – Irrational, unlogisch, ambivalent; unzuverlässig, entzieht sich, ist unklar und uneindeutig; will sich nicht festlegen; arrogant, hybrid, elitär, selbstherrlich; unflexibel, starr, wahrheitsfanatisch; der Weltverbesserer und Nörgler; reformsüchtig; Gleichberechtigung nur nach Worten, aber nicht im Handeln; theoretisierend, macht sich selbst die Hände nicht schmutzig; ungeduldig, hektisch, nervös; unberechenbar; schnell gelangweilt; Aggression entlädt sich plötzlich und unerwartet; kauzig, überindividualistisch (»immer anders als die anderen«), muss immer aus der Reihe tanzen.

Thema

NEUERUNGEN DURCH ÜBERSCHREITEN DER NORM – REBELLIEREN, WACHRÜTTELN, VERÄNDERN – EIN PERSÖNLICHES PROFIL ENTWICKELN – EINEN INDIVIDUELLEN BEITRAG LEISTEN – DER GEGENKURS

Im Steinbock wurden die Regeln, Normen und Maßstäbe erstellt, nach denen sich die Allgemeinheit, das Kollektiv, im Zusammenleben richten kann. Diese Regeln sind jeweils abhängig von der Kultur, aus der heraus sie geboren wurden, und spiegeln den aktuellen Zeitgeist wider. Mit Hilfe dieser Maßstäbe wird eine Art stillschweigende Übereinkunft erzielt, welches Verhalten in welcher Situation angebracht und allgemein akzeptiert ist, also »was man wann und wie tut«. Die gültigen und erwarteten Verhaltensweisen (zu denen z.B. auch Bekleidungsvorschriften zählen) unterscheiden sich jedoch nicht nur nach Zeitströmung (was gerade »in« ist) und Kultur, sondern auch innerhalb der verschiedenen Gesellschaftsschichten und Bezugsgruppen. (Wie verhalte ich mich, wenn ich einen Raum voller Menschen betrete ...?«)

Der Steinbock und das ihm zugeordnete 10. Haus sagen etwas darüber aus, wie wir diese Spielregeln und Maßstäbe für uns anwenden. Hier winkt uns der Höhepunkt beruflichen und weltlichen Erfolges in Form allgemeiner gesellschaftlicher Anerkennung und Bedeutung (Wer bin ich innerhalb der Gesellschaft, was stelle ich in ihr dar?).

Diese Art des Erfolges und der Bestätigung bedingt jedoch, dass wir innerhalb vorgegebener Strukturen verbleiben und dass wir unsere tiefsten Gefühle disziplinieren (Achse Krebs-Steinbock).

Der Wassermann als nächste Phase des Tierkreises macht

einen Schritt über diese Einordnung und Normierung hinaus. Der Mensch tritt noch einmal als Individuum in Erscheinung, jedoch nicht als Einzelwesen, das vor allem für sich selbst und seine rein persönlichen Interessen handelt und das seinen Gefühlen und Wünschen Ausdruck verleihen will (Löwe), sondern als eigenständiger, unabhängiger Mensch in der Gesellschaft, der seinen persönlichen Beitrag zu einem größeren Ganzen leisten will. So geht es dem Wassermann ebenso wie dem Steinbock um gesellschaftliche bzw. berufliche Zielsetzungen (sein Zweitherrscher ist ja auch Saturn) – was er schaffen will, ist jedoch etwas, das den Rahmen des bisher Existierenden übersteigt, etwas anderes, Neues, möglichst Einzigartiges, etwas, das ihn sowohl als individuelle Persönlichkeit bestätigt, als ihm auch die Aufmerksamkeit der Öffentlichkeit bzw. seiner Bezugsgruppe einbringt.

Sein Interesse gilt überpersönlichen Themen und Zielen, für die er sich einsetzt, um seiner Vision einer besseren, gerechteren Welt näher zu kommen, die die strenge Hierarchie des Steinbocks (»Ihr da oben, wir da unten«) mit Idealen wie »Freiheit, Gleichheit, Brüderlichkeit« beantwortet. Während das Steinbock-Prinzip das Gesetz, die Ordnung und den Staat repräsentiert, stellt sich der Wassermann diesem Konformitätsdruck entgegen. Er sucht den Gegensatz zum Bestehenden, will das Neue, die Reform, die Ausnahme, das, was sich ab- und hervorhebt, was anders ist und sich durch Originalität auszeichnet.

Motivation

Der Wunsch, in seiner Besonderheit anerkannt zu werden – Sich hervorheben und anders sein – Eine individuelle, unverwechselbare Note entwickeln – Geistige Unabhängigkeit

UND FREIHEIT – DER KURSWECHSEL – ERNEUERUNG UND REFORM
DES BESTEHENDEN – DIE VISION EINER BESSEREN WELT

Mehr als alles andere will der Wassermann anders sein als andere. Die Vorstellung, »einer wie alle« zu sein, die dem Steinbock so vertraut ist, erschreckt ihn zutiefst. Das ist einer der Gründe, weshalb er sich ungern festlegt: Das Besondere ist immer auch ein Ergebnis des Augenblicks und seines Überraschungsmomentes. Er möchte neuen Einfällen, Erkenntnissen und potenziellen Zielen ungehindert nachgehen können, seinen Kurs ändern, einen anderen Weg einschlagen können, wenn ihm das gerade passend erscheint. »Ich kann freilich nicht sagen, ob es besser werden wird, wenn es anders wird; aber soviel kann ich sagen, es muss anders werden, wenn es gut werden soll« – dieser Satz von Georg Christoph Lichtenberg beschreibt den tiefsten Antrieb des Wassermanns. Situationen und Verhaltensweisen, die das, was üblicherweise und auf Grund bekannter Muster erwartet würde, sprengen, faszinieren und motivieren ihn und gern fügt er allem ein »Ja, aber« hinzu.

Der Wassermann will Freiheit, aber nicht irgendeine Freiheit, sondern er möchte frei sein *von* etwas, von etwas, das es schon gibt und das ihn einschränken könnte, von etwas, an das er sich nicht anpassen möchte, von etwas, das man vom ihm verlangt. Er repräsentiert die spontane, elektrische Energie, die nach dem Lichtschalterprinzip auftaucht und wieder verschwindet und derer man nicht habhaft werden kann. Wenn er auf »Ein« gestellt ist, spendet er Licht, plötzliche, intuitive Einsichten und öffnet den Blick für neue und andere Möglichkeiten. Mit diesen Erkenntnisprozessen will er dafür sorgen, dass die Welt in Bewegung bleibt.

Dies gilt besonders für Regeln und Ordnungsprinzipien, die nach einer gewissen Zeit dazu tendieren, starr und unecht zu werden. Wassermann ist das Prinzip, das dem Bestehenden, Normalen, dem Althergebrachten und der Tradition entgegenwirkt. Hier werden Zukunftsvisionen geboren, Exzentrisches, Avantgardistisches (gemessen am aktuellen Standard) erprobt. Der Wassermann »probt den Aufstand«. Ihn reizt es, etwas Originelles, Gegensätzliches zu tun, etwas, das kaum jemand erwarten würde und das der bestehenden Logik widerspricht. Es ist die Provokation des Systems, verbunden mit der idealistischen Überzeugung, etwas Besseres schaffen zu können, die den Wassermann motiviert. Indem er aber etwas bewirkt, das neu und ungewöhnlich ist, wird er gleichzeitig seinem Bedürfnis nach Verbesserung wie auch seinem Wunsch danach gerecht, sich aus der Masse hervorzuheben.

In diesem Zusammenhang ist es wichtig zu berücksichtigen, dass der Wassermann das Prinzip ist, das sich gegen den aktuellen Kurs oder Standard auflehnt: In einer konservativ orientierten Firma wird er neue, ungewohnte Wege suchen, die dort provokativ wirken. Eine progressive Politik jedoch kann von ihm durchaus mit traditionellen Ideen beantwortet werden.

Psychologie

Der Wassermann wird von Saturn und Uranus regiert, und so gegensätzlich und widersprüchlich wie die Bedeutungen dieser beiden Planeten sind, so gegensätzlich und widersprüchlich ist auch der Charakter der vom Wassermann geprägten Personen.

Der tiefe Drang, sich von Konventionen zu befreien und alle Einschränkungen abzuwerfen, der die uranische Seite des Zeichens ausmacht, bedingt doch wiederum eine Gebundenheit daran: Saturn als Zweitherrscher setzt den Maßstab, die Grenze, an der sich dieser Drang orientiert. Der Wunsch nach persönlicher Freiheit und Ungebundenheit und das Bewusstsein der unleugbaren Existenz gesellschaftlicher Konvention liegen miteinander im Wettstreit.

Die Lösung daraus liegt für den Wassermann im Gedanken der Reform und der Erneuerung. Worauf immer er sein Denken richten mag, er ist voller edler Ideale. Das Zauberwort heißt »Fortschritt«, womit durchaus nicht nur die allgemein übliche Definition von wirtschaftlichem Wachstum gemeint ist, sondern eine umfassende Verbesserung der Umstände ganz allgemein. Ist er im Sozialbereich tätig, so wird er versuchen, dort zukunftsorientierte, innovative Vorgehensweisen durchzusetzen, ist er Politiker, so wird er auf humanitäre Ideale ausgerichtet sein – zumindest in seiner geistigen Einstellung. Hieraus ergibt sich ein komplexes und vieldeutiges Charakterbild: Zukunftsorientierung, ein Gespür für das Kommende, Idealismus und der Hang zu einem geistigen Ästhetizismus, der den materiellen Aspekten des Lebens ablehnend gegenübersteht, zeigen, dass der Wassermann und Uranus die Kraft im Menschen symbolisieren, die ihn befähigt, Veränderungen vorzunehmen, den Status quo zu durchbrechen und Potenziale zu verwirklichen, von denen man bisher bestenfalls geträumt hatte. Deshalb sind Entdecker und Forscher, Erfinder und Revolutionäre traditionell dem Wassermann zugeordnet.

Andererseits gehören zu diesem Zeichen Kühle, Distanz, Entfernung zum Körperlichen und zu den normalen menschlichen Affekten, Instinkten und Empfindungen. Nicht selten sitzt der Wassermann in seinem »Elfenbeinturm«, der es ihm ermöglicht, gefühlsmäßig unberührbar zu sein.

Der Wassermann ist »fixe Luft«, was man etwas ungnädig auch mit »fixen Ideen« übersetzen könnte. In gewisser Hinsicht ist dies dem Skorpion vergleichbar, der ebenfalls feste Idealvorstellungen entwickelt, an denen er unabdingbar festhält. Doch während der Skorpion seine Ziele mit intensiver Leidenschaftlichkeit, Unbeirrbarkeit und bis hin zur Selbstaufopferung und Selbstzerstörung verfolgt, ist die Dogmatik des Wassermanns etwas, das stets aus der Entfernung zum Gefühl geboren wird. Sie entspricht dem Blick aus der Höhe, der Vogelperspektive, die einen abgehobenen Überblick über alles gewährt. Emotionale Souveränität und Autonomie, Objektivität, Gerechtigkeit, Gleichberechtigung, zivilisiertes Verhalten sind die Begriffe, mit denen er sich identifizieren mag.

Die Karte XVI des Tarot, »Der Turm«, beschreibt ein weiteres Charakteristikum des Wassermanns: Der vom Blitz getroffene Turm zerbirst, und mit plötzlicher Urgewalt werden die bisherigen Autoritäten – hier ein Mönch als Symbol für die kirchliche und ein König als Symbol für die weltliche Macht – aus ihrer bisherigen Position »herausgesprengt«. Dieses Gefühl erleben viele Menschen in mehr oder weniger drastischer Form, wenn laufende Transite des Uranus entsprechende Themen in ihrem Horoskop aktualisieren. Uranus-Verbindungen und Wassermann-Betonungen sind oft wie »tickende Zeitbomben«, die irgendwann nach Entladung verlangen. Diese Entladung kann als große Befreiung empfunden werden. Plötzlich weichen Ängste, Hindernisse, Spannungen, und der Weg wird klar. Ebenso kann diese Zeit für den, der ihre Erfordernisse nicht erkennen mag, unliebsame Einbrüche in das gewohnte Leben und unerwartete Wendungen (im Guten wie im Schlechten) bedeuten.

Die andere Seite dieser Karte illustriert uns den »Blitz der Erkenntnis«. Auch hier stürzen alte Denkgebäude ein, Mauern fallen, Erstarrtes bricht zusammen, eine begrenzte Sichtweise wird plötzlich überwunden. Wo andere Menschen schrittweise von A nach B, nach C und D gehen, um zu einem bestimmten Ergebnis zu kommen, nimmt der Wassermann diese Zwischenstationen alle auf einmal. Seine Fähigkeit, Erkenntnisse »wie aus heiterem Himmel« zu haben, machen aus ihm den intuitiven, immer wieder aus der Folgerichtigkeit des Denkens und Verhaltens ausscherenden Menschen, als den wir ihn kennen. Plötzliche Einfälle, Kehrtwendungen, Gegensteuern bedeuten aber auch einen Hang zu Schrulligkeit und Exzentrik. Franz Kafka, dessen Planetenanhäufung im 11. Haus eine Analogie zum Wassermann darstellt, ist der Prototyp des eigentümlichen, ungewöhnlichen, andersartigen Menschen, der sich nicht in die konventionelle Welt einordnen kann und will.

Während der Skorpion Sicherheit gewinnt, indem er langfristig denkt und sich festlegt, reagiert der Wassermann diametral entgegengesetzt: Sicherheit bedeutet für ihn die Möglichkeit, in jedem Augenblick schnell reagieren, den Kurs ändern und ausweichen zu können. Lieber als an einem festen Ort zu stehen, tänzelt er wie jemand, der einen zugefrorenen See überquert und nicht weiß, wo das Eis brechen könnte. Offene Türen, Unentschiedenes und Situationen, in denen ihm mehrere Möglichkeiten zur Verfügung stehen, auf die er gegebenenfalls ausweichen kann, geben ihm ein gewisses Maß an Ruhe. Worte wie »endgültig« und »unwiederbringlich« machen ihn nervös. Deshalb geht ihm der Ruf voraus, er sei unberechenbar. Ist es möglich, die Reaktionen eines Wassermanns dennoch vorherzusehen? Der einzige Weg, um seinem Verhalten eine Voraussagbarkeit abzugewinnen, liegt darin, darüber zu spekulieren, was wohl das entgegengesetzte Ende von dem sein mag, was alle tun würden oder welches die logische Reaktion wäre.

Der Wille zum Ungewöhnlichen, zum anderen, bringt auch eine Neigung zu starren Haltungen und Meinungen mit sich. So kann sich die Liberalität und Toleranz, der mutige Idealismus des Wassermanns zu kalter Arroganz und Unnahbarkeit wandeln, die das Gefühl und das »Menschliche, Allzumenschliche« ausschließen. Nichts genügt dem Anspruch in seinem Kopf. Eine Beziehung, die er hat, ein Forschungsprojekt, ein soziales Engagement, mit dem er befasst ist, hinterlassen in ihm das Gefühl von Enttäuschung, und er sucht weiter nach der Beziehung oder Tätigkeit, die seiner Vision entspricht und mit der er den Himmel auf die Erde holen wird. Wie Uranos seine Kinder in den Bauch der Gaia zurückschob, weil sie ihm zu hässlich vorkamen, so hält dann nichts seinem tief sitzenden Drang nach der wunderbaren Lösung stand.

Dies bedeutet, dass der Wassermann den fast unwiderstehlichen Drang verspürt, alles zu verbessern und einem idealen Zustand zuzuführen. Was immer ist, sollte anders sein. Daraus ergibt sich ein oft zwanghafter Zug zum Anderssein, zu einem Durchbrechen des Status quo oder dazu, das zu tun, was nicht dem folgerichtigen, erwarteten Ablauf der Dinge entspricht. Eine Zeit der Nähe und Wärme in einer Beziehung fordert zum Absprung heraus oder zumindest zum »kalten Wasserguss«, eine Zeit der Ruhe, Stabilität und Sicherheit im Leben zu Veränderung, Umzug und Stellungswechsel, und zwar gerade dann, wenn man sich zurücklehnen und dies genießen könnte.

Lernaufgabe

ENTSCHEIDUNGSFÄHIGKEIT – ÜBERNAHME VON VERANTWORTUNG – HANDLUNGSFÄHIGKEIT – IM SPANNUNGSFELD DER GEGENSÄTZE – DIE EIGENE POSITION BESTIMMEN – DIE GEISTIGE NEUGEBURT

Die vielleicht herausragendste Eigenschaft des Wassermanns ist seine Fähigkeit, unterschiedliche Standpunkte einnehmen und nachvollziehen zu können. Wie von selbst geht er in eine Distanz zu sich selbst und erkennt: Die Wahrheit hat viele Gesichter. Für ihn gibt es keine Wahrheit, denn Wahrheit ist für ihn eine Frage des Standortes. Den kann er aber immer wechseln, was ihm die Chance bietet, völlig neue Ausblicke zu haben, die ihm völlig neue Einblicke bieten. Aus diesem Grund hat er ein besonderes Talent, wenn es darum geht, Menschen mit unterschiedlichsten Standpunkten an einem Tisch zu versammeln und sie dazu zu bringen, miteinander zu reden. Er vermittelt, gleicht aus, macht verständlich, zeigt die unterschiedlichen Positionen. Das hat er meist schon als kleines Kind geübt. Nur die eigene Position findet er nicht. Wie ein Kind, das bei dem Spiel »Reise nach Jerusalem« am Schluss keinen Stuhl findet, weil alle anderen Kinder sich sehr viel schneller entschließen konnten, auf welchen Stuhl sie sich setzen würden, sobald die Musik aufhört, steht er da, ein Wanderer zwischen den Welten. In gewisser Weise gefällt ihm das auch, denn es gibt ihm das Gefühl von Freiheit. Solange er sich nicht entschlossen hat, kann er dies immer noch tun.

Open horizon. Immer wieder stellt er jedoch fest, dass das Leben ihn veranlassen möchte, eine Entscheidung zu treffen, und dass es ihn lehrt, dass, wer nicht selbst entscheidet, entschieden wird. Das bedeutet für ihn, Verantwortung zu übernehmen, für seine Entscheidungen und für die daraus resultierenden Handlungen.

Seine Gabe, widersprüchliche Ansichten, Mentalitäten und Zielsetzungen nachvollziehen zu können, äußert sich auch nicht nur als Geschenk für ihn. Immer steht er zwischen zwei Stühlen, befindet sich zwischen zwei oder mehreren Polen und bekommt ganz von selbst eine Pufferrolle. So faszinierend er Gegensätze findet und soviel er auch paradoxen Situationen abgewinnen können mag, sie zerren auch an ihm und lähmen ihn bis hin zum Patt. Und da er keine feste innere Position hat, ist er leicht aus dem Gleichgewicht zu bringen. Erst wenn es ihm gelingt, Zugang zu seiner inneren Freiheit zu finden, anstatt sie immer im Außen zu suchen, ist er in der Lage, echte, tragfähige Entschlüsse zu fassen und entsprechend umzusetzen. Diese innere Freiheit ist für ihn eine geistige Neugeburt, eine Neuausrichtung seines Denkens, die ihm zeigt, dass die Gabe, zwischen Menschen, Wegen, Zielen wählen zu können, eine Besonderheit der menschlichen Natur ist.

Eine weitere Herausforderung des Wassermanns ist, sich aus den geistig-luftigen Höhen, in denen er sich bevorzugt bewegt, in die »Niederungen« des menschlichen Daseins zu begeben. Aus einer Art Vogelperspektive blickt er herab auf die Welt, als ob sie ihn mit all ihrem Gewirr von Gefühlen, Bedürfnissen und Leidenschaften nichts anginge. Er möchte sich – gleich, ob er selbst Frau oder Mann ist – von der Welt des Weiblichen befreien, in der physische Geburt und Tod, Unvollkommenheit und Abhängigkeit von materiellen Gegebenheiten zu Hause sind. Eine Geburt im

Sinne des Wassermanns ist eine geistige Geburt, die zu einem Zustand der Freiheit führt, nicht eine, die von körperlichen Rhythmen abhängt. Sie ist nicht begleitet von Blut, Schweiß oder körperlichem Schmerz, sondern sie ist eine Idee, eine Vision, eine Erkenntnis, die seinem Kopf entspringt wie die Göttin Athene dem Kopf des Zeus.

Seine Welt ist die männliche Welt des Geistes, und deshalb öffnet er sich leichter für eine Beziehung zu Gleichgesinnten; Freundschaft ist ihm wichtig. Die Beziehung zum anderen Geschlecht jedoch enthält all jene gefühlsmäßigen Unwägbarkeiten und Abhängigkeiten wie Leidenschaften, Besitzgier, Wut, Eifersucht, Neid usw., über die er sich erheben möchte. Seine Ziele sind totale geistige Freiheit und Toleranz, die übergeordnete Perspektive, die von solchen verwirrenden Gefühlen nur beeinträchtigt würden.

Diese Ablehnung der instinkthaften und animalischen Natur des Menschen führt zu einer inneren Nähe zu allen Dingen, die ebenjene Natur verfeinern. Wassermannbetonte Menschen sind häufig Anhänger von Kultur und Zivilisation, von Fortschritt und Technik.

Lebensziel

Vermitteln zwischen den Fronten – Widersprüche lebbar machen – Spannungen abbauen – Seelisches Gleichgewicht – Konstruktive Objektivität – Handeln aus innerer Freiheit heraus

Das Lebensziel des Wassermanns besteht darin, auf intelligente Weise zwischen Fronten zu vermitteln, Paradoxien verständlich zu machen, Spannungen abzubauen und Widersprüche lebbar zu machen. Das kann kein anderes Zeichen so gut wie er, auch nicht die diplomatische Waage, deren Hauptanliegen es ist, schlichtweg Harmonie herzustellen.

Da Spannungen sein Leben begleiten, ja, das »Salz in der Suppe« sind, ist er der perfekte Mediator, der Mensch, der das Spektrum unterschiedlichster Phänomene, mit denen wir tagtäglich konfrontiert werden, als ein manchmal bizarres, immer faszinierendes, Chancen bietendes Betätigungsfeld sieht, das den Menschen vor kreative Herausforderungen stellt und ihn zum Wachstum auffordert. »Wie wird aus einem Kreis ein Quadrat?«, ist eine Frage, deren Unauflösbarkeit ihn begeistert und zu Höchstleistungen anspornen kann. Mit dem Schützen teilt er die Vision, doch seine Vision ist auf das noch nie Dagewesene gerichtet, während der Schütze sich in erster Linie um eine Optimierung des Bestehenden bemüht. Uranus, der Herrscher des Wassermanns, ist der Himmelsgott, und die Vision dieses Zeichens gibt sich mit nichts weniger zufrieden als mit dem »Himmel auf Erden«, dem Zustand der Vollkommenheit, der die Einschränkungen und Niederungen des irdischen und materiellen Daseins überwunden hat. Diese Vollkommenheit ist eine andere als die des Skorpions, der den Zustand sucht, der perfekt mit dem Bauplan in seinem Kopf übereinstimmt. Sie umschließt alle Widersprüche, statt sie nach einem eindeutigen Muster auszusortieren, die guten ins Töpfchen, die schlechten ins Kröpfchen (Aschenputtel).

Die Welt des Wassermanns kann mit einem Puzzle verglichen werden, dessen Puzzlesteine völlig unterschiedliche, nicht zusammenpassende Formen haben. In diesen Bruchstücken ist er unterwegs, während er um seelisches Gleichgewicht ringt. Seine Stabilität ähnelt mehr der einer Wippe, die auch unter idealen Bedingungen durch kleinste Einflüsse aus der Balance kommen kann – doch wenn er seinen Reifeweg durchlaufen und seine Aufgaben gut erledigt hat, wird er eine innere Freiheit verspüren, durch die sich die Teile des Bildes plötzlich wie von selbst so aneinander reihen, dass sie ein stimmiges Gesamtbild ergeben.

DAS WASSERMANN-SYMBOL

Zwei Wellenlinien stellen das Schriftsymbol des Wassermanns dar. Seine ursprüngliche Entstehung geht auf das Bild von Wasserwellen zurück, wie es sich auch bei der ägyptischen Hieroglyphe für Wasser findet, die aus drei übereinander liegenden Wellen besteht.
Das mythologische Bild für den Wassermann ist der Wasserträger, der vor allem auf alten ägyptischen Abbildungen mit zwei Wasserurnen dargestellt wird, aus denen er das Wasser ausgießt. Wasser repräsentiert intuitives Wissen, und der Wasserträger steht so für denjenigen, der ein höheres, intuitives Wissen ausgießen und mit der Menschheit teilen will.

Nachdem der Mensch im Abschnitt Steinbock den Gipfel seines Erfolges, seiner sozialen Integration und Anerkennung erklommen hat und sein soziales Verantwortungsgefühl gereift ist, möchte er seine Erfahrungen und Erkenntnisse anwenden und teilen und eine idealere, gerechtere Welt schaffen, die aus dem Fundus dieses Wissens schöpft und die allen Menschen gleichermaßen zugute kommen soll. »Freiheit, Gleichheit, Brüderlich-

keit« war die Devise der Französischen Revolution, die zeitlich mit der Entdeckung des Hauptherrschers des Wassermanns, Uranus, zusammenfiel, der heute neben Saturn über ihn regiert. Der Wasserträger gießt die Vision einer besseren, perfekteren Welt aus, die sich von den Beschränkungen der Materie und ihrem Mangel an Vollkommenheit befreit hat.

Der Wassermann ist ein Luftzeichen, und er lebt somit mehr in der Welt der Ideen als in der konkreten Alltagswirklichkeit. Die Visionen, die er schöpft, bedingen das Verbessern und Überschreiten des Bestehenden, dessen, was bisher gegolten und sich bewährt hat (Saturn/Steinbock). So kann das Schriftsymbol des Wassermanns auch auf die Qualität des Elektrischen, Prickelnden, Aufrührenden hinweisen, das seine Aktivitäten und Ideen mit sich bringen.

DAS URANUS-SYMBOL

Der Planet Uranus wird auf zwei Arten geschrieben. Die eine Möglichkeit zeigt das Symbol der Sonne (der Kreis mit dem Punkt für zentriertes Bewusstsein) zusammen mit einem Pfeil. Das bedeutet, dass aus dem statischen Ausgerichtetsein auf den eigenen Mittelpunkt, auf die eigene Individualität (Sonne/Löwe), ein Impuls in Form eines Pfeils hervorkommt, der nach oben, zum Himmel, zum Licht, zu Bewusstsein und zur Zukunft hin strebt. Uranus will aus seinem Geist etwas hervorbringen, das zukunfts- und richtungweisend ist.

Die andere Weise, Uranus zu schreiben, stellt die zwei Seiten unserer Persönlichkeit dar, die physische und die geistig-spirituelle Seite in uns. Diese beiden Seiten sind durch das Kreuz der Materie verbunden, d.h., mit beiden

Seiten leben wir in der materiellen Welt. Durch den Kreis des Bewusstseins, der unter dieser Figur steht, erhalten wir die Möglichkeit, diese Seiten und ihre Verflechtung mit der stofflichen Realität zu erkennen und ein neues Bewusstsein darüber zu erlangen.

Uranus ist der Planet des Ungewöhnlichen, Exzentrischen, dessen, was vom bisher Gewohnten und Erwarteten abweicht. Seine Entdeckung war von entsprechenden Umständen begleitet. Der französische Astronom Pierre Lemonet sah Uranus zwölf Mal am Himmel und konnte doch nicht glauben, dass dies ein Planet sei. Zu dieser Zeit bestand das Sonnensystem noch aus sieben Planeten, man hielt diese Zahl für endgültig, und auch die Astrologie hatte dem Wassermann als Herrscher den Saturn zugeordnet.

Uranus aber sprengt bestehende Systeme. 1781 sichtete Friedrich Wilhelm Herschel durch sein Teleskop ein grünliches Objekt, das er zuerst für einen Kometen hielt. Weitere Beobachtungen ergaben, dass es sich um einen Planeten handelte. Das ursprüngliche Bild unseres Sonnensystems war mit einemmal ungültig, und darüber hinaus sprengte die Entdeckung des Uranus auch die Vorstellungen über die Größenverhältnisse, denn er verdoppelte plötzlich die bekannte Größe unseres Sonnensystems: Uranus ist doppelt so weit von der Sonne entfernt wie Saturn. Seine Entdeckung erklärte auch zum ersten Mal bestimmte Eigenarten in den Umlaufbahnen der anderen Planeten. Somit hatte der Planet die bisherigen Vorstellungen durchbrochen und gleichzeitig neue Erkenntnisse und einen Bewusstseinsschub erzeugt.

Eine weitere Besonderheit im Zusammenhang mit seiner Entdeckung war, dass Herschel, nach dem der Planet zuerst benannt wurde, kein Astronom war. Er war Professor der Musik, der die Astronomie zu seinem Hobby gemacht hatte. Später wurde der Planet Herschel in Uranus umbenannt, da man die Tradition einhalten wollte, die Planeten nach Göttern der Mythologie zu benennen. Uranos ist im griechischen Mythos der Gott des Himmels.

Mit der Entdeckung des Uranus fielen zeitlich drei große Revolutionen zusammen: die Französische Revolution und der amerikanische Unabhängigkeitskrieg sowie die industrielle Revolution mit ihren drastischen wissenschaftlichen und technologischen Veränderungen.

Man sagt im Allgemeinen von Uranus, er sei der Revolutionär, der Rebell, der Aufrührer und der Feind alles Konservativen. Doch das Grundprinzip des Uranus besteht nicht in der Rebellion und im Futuristischen an sich, obwohl es oft so scheint, sondern darin, eine Gegenbewegung zu dem einzuleiten, was gerade besteht und als allgemeine Norm angesehen wird. Uranus möchte den Status quo durchbrechen und eine Veränderung, Verbesserung und Erneuerung einleiten – in diesem Sinn ist er der Planet der Zukunftsvisionen. Wenn aber das Unkonventionelle, die Rebellion gegen die Tradition, die Norm geworden ist, dann können Uranus und der Wassermann ihre konservative, saturnische Seite hervorholen. Was immer gerade Zeitströmung ist, was immer gerade in unserem Leben als normal und üblich angesehen wird, das will Uranus verändern und ihm eine neue Richtung verleihen. Sein Thema ist also, das *Bestehende* zu revolutionieren.

Uranus sagt im Horoskop etwas darüber aus,

1. wo wir uns nach einer eigenen, von außen nicht nachvollziehbaren Logik verhalten oder fühlen,
2. wo wir widersprüchlich sind und mit Widersprüchen konfrontiert werden,
3. in welchen Lebensbereichen wir zu ungewöhnlichen,

unerwarteten Handlungsweisen neigen, die dem zuwiderlaufen, was gerade logisch und folgerichtig wäre,

4. wo wir uns entziehen, ausweichen oder rebellieren,
5. wo und wodurch wir immer wieder zwischen die Fronten geraten können,
6. wo wir die Gabe der Vermittlung besitzen,
7. auf welchen Lebensgebieten wir dazu neigen, mit dem Status quo unzufrieden zu sein, oder wir plötzliche Einsichten, neue, originelle Ideen und einen starken Drang nach Veränderung erleben können,
8. wo es uns schwer fällt, eine Entscheidung zu treffen und zu ihr zu stehen,
9. in welchen Lebensbereichen wir eine Vorreiterposition einnehmen können, d.h., wo wir ungewöhnliche, experimentelle Lösungen für Probleme und Themenkreise finden können.

ZUR MYTHOLOGIE DES WASSERMANNS

Der Wassermann wird von *Uranus* und *Saturn* regiert, und im Schöpfungsmythos der Griechen sind beide Gegenspieler.

Am Anfang herrschte Chaos. Aus diesem Chaos wird Gaia geboren, die Mutter Erde. Gaia bringt Uranos hervor, den Himmel, und vermählt sich mit ihm. Uranus bzw. Uranos ist so zugleich ihr Sohn und ihr Gemahl. Sein Name bedeutet »Himmel«, er ist der Himmelsgott, er regiert über die Weite des Himmels und über die Sterne, die verheißungsvoll am Himmel glitzern.

Jede Nacht legt sich der Himmel auf die Erde und zeugt mit ihr viele Kinder. Gaia bringt die Titanen zur Welt (unsterbliche Riesen), die Zyklopen (einäugige Monster) und noch eine Anzahl anderer Ungeheuer mit hundert Armen und Augen.

Uranos findet seine Kinder hässlich und abstoßend. Sie sind in keiner Weise das, was er sich vorstellte. Deshalb schiebt Uranos seine Kinder immer wieder zurück in den Leib von Gaia, worüber diese sehr erzürnt ist. Eines Tages beschließt sie, sich an ihm zu rächen, und sie gibt einem ihrer Kinder, dem Saturn, eine Sichel, mit der er den Vater kastrieren soll. Als sich Uranos eines Nachts wieder auf Gaia legt, kommt Saturn hervor und kastriert den Uranos. Einige Blutstropfen aus dem abgeschnittenen Phallus fallen auf die Erde, und daraus entstehen die Furien. Den abgeschnittenen Phallus wirft Saturn ins Meer, und aus dem Schaum, der hochsteigt, wird Aphrodite/Venus, die Göttin der Schönheit und Liebe, geboren. Saturn bemächtigt sich daraufhin der Weltherrschaft.

In diesem Mythos sind mehrere Themen enthalten, die in der menschlichen Psyche wirken: die Unzufriedenheit mit dem Geschaffenen, das immer zumindest etwas weniger ideal sein wird als die ursprünglich konzipierte Idee; der Kampf zwischen dem Alten und dem Neuen, zwischen Beharren und Veränderung; und der Kampf zwischen der Konvention und der Individualität des Menschen.

Uranos ist der Gott des Himmels sowie der Erde, der Luft und des Geistes. Seine Domäne ist *nicht* die Erde und damit nicht die irdische Realität. Gleichermaßen leben Wassermann- bzw. uranusbetonte Menschen weniger in ihrem Körper oder in ihren Gefühlen als in ihrem Geist. Sie brauchen viel Platz (die Weite des Himmels), und da der Wassermann fixe Luft ist, sind auch ihre Ideen und Ideale sehr fest gefügt.

Uranos hat eine ideale Vorstellung von den Kindern, die er wollte. Tatsächlich ist im Geist, in unserer Vorstellung, alles möglich: die ideale Beziehung, der ideale Beruf, das ideale politische System. In dem Augenblick aber, in dem die Idee konkretisiert wird, d. h. in der materiellen Welt Gestalt gewinnt, stößt sie an die Grenzen und Einschränkungen. Im Mythos des Himmelsgottes Uranos findet sich der wassermännische Drang nach Vollkommenheit und Reinheit, der bei allem, was er realisiert, mit der Unvollkommenheit der materiellen Welt und dessen, was in ihr möglich ist, konfrontiert wird. Die praktische Realität kann seiner Vision nicht gerecht werden.

Prometheus, der den Menschen das Feuer bringt und der dafür selbst leiden muss, ist ein anderer Aspekt des Wassermanns. Seine Geschichte schildert ein tief im Menschen verankertes Dilemma: die Angst vor einer nicht näher definierten Strafe, die erfolgt, wenn wir uns mehr nehmen, sozusagen gegen den Willen der Götter, als diese uns freiwillig an Bewusstsein, Entwicklung und Freiheit zubilligen. Prometheus stiehlt das Feuer und bringt es den Menschen, denen Zeus es verweigern wollte. Feuer ist das Symbol für Licht, Erkenntnis, Bewusstheit. Durch das Feuer hat die Menschheit symbolisch teil am Göttlichen. Durch das Feuer wird erst Entwicklung möglich. Prometheus ereilt jedoch die unbarmherzige Strafe des Zeus: An einen Felsen geschmiedet, muss er unendliche Qualen erdulden. Ein Adler frisst Tag für Tag seine Leber, die jede Nacht wieder nachwächst. Astrologisch ist die Leber dem Jupiter zugeordnet, dem Planeten der Einsicht, des höheren Wissens und Verstehens.

Auch die christliche Mythologie kennt die Strafe für Erkenntnis: Adam und Eva werden aus dem Paradies vertrieben, weil sie einen Apfel vom Baum der Erkenntnis gegessen haben. Damit verlieren sie die paradiesische Unschuld und das Leben in einer völligen Einheit und Geborgenheit, und ihr Entwicklungsweg beginnt.

EIN WASSERMANN-MÄRCHEN:

Rapunzel

Es waren einmal ein Mann und eine Frau, die wünschten sich schon lange vergeblich ein Kind, endlich machte sich die Frau Hoffnung, der liebe Gott werde ihren Wunsch erfüllen. Aus einem Fenster von der Rückseite ihres Hauses konnten die beiden auf einen prächtigen Garten schauen, in dem allerlei Frisches, Grünes wuchs. Niemand wagte, diesen Garten zu betreten, da er einer gefürchteten Zauberin gehörte. Eines Tages entdeckte die Frau dort ein Beet mit Rapunzeln, die so schön und appetitlich aussahen, dass sie vor lauter Verzweiflung darüber, dass sie keine von ihnen bekommen konnte, immer blasser und elender wurde. Ihr Mann erschrak sehr, als er hörte, welches Verlangen ihr so viel Kummer bereitete, aber da seine Frau versicherte, sie werde sterben, wenn sie keine Rapunzeln bekäme, stieg er in der Abenddämmerung über die Mauer und stach in aller Eile eine Hand voll Rapunzeln heraus.

Als seine Frau die Rapunzeln gegessen hatte, war es ihr nicht genug, und der Mann musste nochmals am Abend über die Mauer steigen. Wie gewaltig erschrak er aber, als er die Zauberin mit zornigem Gesicht vor sich stehen sah! Sie drohte ihm an, ihn schlimm zu bestrafen, und der Mann bat flehentlich um Gnade, indem er ihr die Geschichte von seiner Frau vortrug.

Die Zauberin ließ sich erweichen und erlaubte ihm, so viel Rapunzeln mitzunehmen, wie er wollte, stellte jedoch die Bedingung, dass das Kind, das seine Frau gebären würde, ihr gehören solle. Der Mann sagte in seiner Angst alles zu. Als seine Frau ihr Kind gebar, kam sogleich die Zauberin, nannte das Kind Rapunzel und nahm es mit sich fort.

Rapunzel wurde das schönste Kind unter der Sonne. Als sie zwölf Jahre alt war, schloss die Zauberin sie in einem Turm ein, der im Wald lag und weder Treppe noch Türen hatte. Wenn die Zauberin hineinwollte, stellte sie sich unten ans Fenster und rief: »Rapunzel, Rapunzel, lass mir dein Haar herunter.« Rapunzel hatte wunderschöne goldene Haare, die sie um den Fensterhaken wickelte und sie dann bis zur Erde fallen ließ. Daran zog sie die Zauberin zu sich herauf. Nach ein paar Jahren ritt der Königssohn vorbei und hörte einen so lieblichen Gesang, dass er die Sängerin unbedingt finden wollte. Er sah den Turm, konnte jedoch keinen Eingang entdecken. Jeden Tag ging er nun hinaus in den Wald, um die wunderschöne Stimme zu hören, die sein Herz so gerührt hatte. Eines Tages, während er hinter einem Baum stand, beobachtete er die Zauberin und hörte ihren Spruch.

Als die wieder gegangen war, rief er die gleichen Worte zu Rapunzel hinauf, und sie zog ihn zu sich herauf.

Zuerst war Rapunzel sehr darüber erschrocken, einen fremden Mann vor sich stehen zu sehen. Er berichtete ihr aber, wie ihr Gesang ihn so sehr bewegt hatte, dass er keine Ruhe mehr fand, und fragte sie, ob sie ihn zum Mann nehmen wolle. Da verlor Rapunzel ihre Angst und dachte bei sich, der wird mich lieber haben als die alte Frau Gothel, und willigte ein. Da sie aber selbst nicht vom Turm herunterkommen konnte, sollte der Königssohn sie eine Weile jeden Abend besuchen und immer einen Strang Seide mitbringen, damit sie sich eine Leiter flechten und an ihr schließlich heruntersteigen konnte.

Die Zauberin merkte von alldem nichts, bis eines Tages Rapunzel zu ihr sagte: »Sage mir doch, Frau Gothel, wie kommt es nur, sie ist viel schwerer heraufzuziehen als der junge Königssohn, der ist in einem Augenblick bei mir.« »Ach, du gottloses Kind«, rief die Zauberin, »was muss ich von dir hören, ich dachte, ich hätte dich von aller Welt geschieden, und du hast mich doch betrogen!« Und sie griff nach einer Schere und schnitt Rapunzels lange goldene Zöpfe ab. Dann brachte sie sie in eine Wüstenei, wo sie in großem Jammer und Elend leben musste.

Abends, als der Königssohn kam, machte die Zauberin die abgeschnittenen Zöpfe am Fensterhaken fest und zog ihn herauf. Böse sah sie ihn an: »Du willst die Frau Liebste holen, aber der schöne Vogel sitzt nicht mehr im Nest und singt nicht mehr, die Katze hat ihn geholt und wird dir auch noch die Augen auskratzen. Für dich ist Rapunzel verloren, du wirst sie nie mehr erblicken.«

Der Königssohn war außer sich vor Kummer und sprang den Turm hinab. Er kam mit dem Leben davon, aber er stach sich die Augen an den Dornen aus, in die er gefallen war. Da irrte er blind im Wald umher, aß nur Beeren und Wurzeln und tat nichts anderes, als den Verlust seiner geliebten Frau zu beklagen.

Nachdem er einige Jahre so umhergewandert war, kam er in die Wüstenei, wo Rapunzel mit den Zwillingen, die sie inzwischen geboren hatte, kümmerlich lebte. Er vernahm ihre Stimme, die ihm so bekannt erschien, und ging auf sie zu. Rapunzel erkannte ihn sogleich, fiel ihm um den Hals, und zwei ihrer Tränen benetzten seine Augen, da ward er wieder sehend. Er führte sie in sein Reich, wo er mit großer Freude begrüßt wurde, und sie lebten noch lange glücklich und vergnügt.*

Das Märchen von Rapunzel beginnt mit dem Wunsch nach einem Kind. Das Kind ist das Symbol für das Leben an sich, das neu geboren wird und sich entfaltet. Auch der üppig blühende Garten und die saftigen Rapunzeln sind ein Bild für das Leben mit seiner fruchtbaren Vegetation. Das Paar im Märchen hat keinerlei »Leben« im Haus. Es fühlt sich davon abgeschnitten, und nur ein Blick über eine verbotene Mauer ist möglich. Schließlich wird das Bedürfnis der Frau danach, »am Leben teilzuhaben«, so mächtig, dass sie meint, sterben zu müssen, wenn sie nicht die Rapunzeln aus dem Garten bekommt.

Es ist nicht eindeutig geklärt, was hier mit Rapunzeln ge-

---

* Nach *Kinder- und Hausmärchen gesammelt durch die Brüder Grimm*, Insel Verlag, 1974.

meint ist, aber ein Kommentar zum Märchen spricht von einer wild wachsenden Pflanze mit dicken weißen Wurzeln. Im Thema der Wurzeln ist ein wesentliches Problem des Wassermanns enthalten: Da er so abgehoben über dem Ganzen steht und sich dem Getriebe des materiellen Lebens entziehen möchte, fehlt es ihm an Verwurzelung, an Standfestigkeit und Erdgebundenheit, aber auch an der Nähe zu all jenen Gefühlen, die das Leben warm und lebendig machen. Auf dem Tierkreis stehen Stier und Wassermann in einem Quadrat, also in Unvereinbarkeit, zueinander. Gegensätze ziehen sich jedoch an, und die Frau möchte nun unbedingt Wurzeln essen und ein Kind – Leben – gebären.

Rapunzel im Turm, von dem aus sie herabblickt, der aber weder Tür noch Treppe hat, die eine direkte Verbindung zum Leben ermöglichen würden – diese Situation schildert die problematischere Seite des Wassermanns. Die Zauberin symbolisiert jene Kraft im Menschen, die darüber wacht, wie weit er sich auf das Leben mit all seinen Freuden und Leiden, seinen Unzulänglichkeiten und seinem körperlich-materiellen Anteil einlassen will (sie gewährt Leben [Rapunzeln] nur unter der Bedingung, dass das Leben [Kind] dann ihr gehöre). Ein Teil des Wassermanns, derjenige, der ihn befähigt, sich kraft seines Intellekts von den Dingen zu distanzieren und eine übergeordnete Sichtweise einzunehmen, sitzt in mancher Hinsicht auch eingeschlossen im Elfenbeinturm seines Gedankengebäudes. Wie Rapunzel bleibt er dadurch – zumindest für eine bestimmte Zeit seines Lebens – unberührt von den Leidenschaften und Gefühlsverwicklungen, die andere oft schon früh bis zur Neige auskosten. Irgendwann dringen jedoch auch diese Aspekte in sein Leben ein, so wie der Königssohn auch Einlass zu Rapunzel findet und sie dadurch mit Liebe, Leid und Glück direkt konfrontiert wird. Durch dieses Erleben, das aus dem Mädchen im Turm eine lebendige, fühlende Frau macht, wird Rapunzel selbst Mutter: Sie bringt Zwillinge zur Welt, und somit schließt sich der Kreis des Lebens.

Im Märchen von Rapunzel sind noch einige weitere wesentliche Aspekte enthalten, die vor allem der negativen Kraft des Mütterlichen zuzuschreiben sind: In der Zauberin kristallisiert sich die Mutterfigur, die ihrem Kind nicht gestattet, eigene Erfahrungen zu machen und mit dem Leben vertraut zu werden (vgl. das Kapitel »Ein Krebs-Märchen: Der süße Brei« [S. 159]).

ANALOGIEKETTEN

Entsprechungen des Prinzips »Wassermann« auf den verschiedenen Ebenen

Farben:
Pink, irisierende oder metallische Farben, neongrün.
Geruch:
Flüchtig, anregend, exotisch und zwiespältig, »unisex«; künstlich, synthetisch.
Geschmack:
Süß-sauer, scharf-süß und ähnliche widersprüchliche Kombinationen. Ungewöhnlich, eigenartig, exotisch; künstlich (die »Plastiksoße«).
Signatur (Form und Gestalt):
Exzentrisch, futuristisch, ungewöhnlich, surreal, abstrakt; ohne Zentrum, ohne Mitte, zentrifugal; Zickzack- oder Wellenlinien, die Unwucht.
Pflanzen allgemein:
Bizarre Pflanzen (Strelitzie); Pflanzen, die extrem in die

Höhe wachsen, vom Boden wegstreben oder die Luftwurzeln bilden.

Bäume, Sträucher:
Hochwachsende, schlanke Formen; Lärche, Kiefer; Bambus, Mammutbaum, Bayanbaum.

Gemüse, Obst:
Chicorée, Brotfrucht, Kiwi.

Blumen:
Strelitzie, Mistel.

Gewürze:
Kapern, Bittermandel, Ingwer, Stinkasant.

Heilpflanzen:
Hopfen, Johanniskraut, Engelwurz, Steinklee, Storchenschnabel.

Tiere:
Vögel oder generell Tiere der Luft, skurrile Tiere; Giraffe, Känguru, Zebra; Afghane, Windhund, Pekinese, Rehpinscher; Schmetterling, Libelle; Eisvogel, Storch, Fasan, Bachstelze, Papagei, Kolibri; Truthahn, Flamingo, Elefantenmaus, Eintagsfliege, Kuckuck.

Materialien:
Synthetische Materialien; Plastik, Asbest, Aluminium.

Mineralien, Metalle:
Aquamarin, Uraninit, Bauxit, Rhodonit; Türkis; Aluminium.

Landschaften:
Hochebenen; bizarre, eher gebirgige Landschaften, Geysire, schwarze Raucher (unterirdische Vulkane mit bizarren Bedingungen).

Berufe:
Alle Berufe, die die Möglichkeit bieten, eine Sonderstellung einzunehmen, und die Raum für Individualismus bieten; Berufe, die sich mit unkonventionellen, ungewöhnlichen

oder zukunftsorientierten Themen befassen; Berufe, die die Fähigkeit verlangen, Zukunftstendenzen zu erspüren, die Originalität, Organisationstalent und den Einsatz des Intellekts verlangen; Berufe, die Teamarbeit erfordern, die aber ein gewisses Maß an Freiheit und Unabhängigkeit garantieren; Berufe mit idealistischer Zielsetzung (der Beitrag zur Verbesserung der Welt); technische Berufe. Ingenieur, Computerfachmann, Techniker, Radio- oder Elektronik- bzw. Elektrofachmann; Informatiker; Flugzeugtechniker, Erfinder; Pilot, Stewardess, Astronaut; Funker; Konstrukteur; Karikaturist, Varietékünstler, Theaterregisseur; Astrologe; Neurologe, Psychiater; Sozialarbeiter; Städteplaner.

Hobbys, Sportarten:
Fallschirmspringen, Skiweitsprung, Bungeejumping, Computerspiele, elektronische Spiele, Fliegen, Modellflugzeuge, Drachenfliegen, Zirkus, avantgardistische Kunst, Sciencefiction, absurdes Theater, Astrologie, Elektronikbasteln.

Verkehrsmittel:
Flugzeug, Rakete, Hubschrauber.

Wohnstil:
Originelle bis skurrile Dekoration, moderne oder futuristische Gegenstände; hohe Decken, viel Licht, Luft und Raum.

Wochentag:
Samstag (engl. *saturday*, Tag des Saturn).

Gesellschaftsform:
Der Sozialstaat; Epochen mit Tendenz zu Sozialisierung und Gleichheit der Rechte; die technokratische Gesellschaft, der Sozialismus.

Entsprechungen auf der Ebene des menschlichen Körpers:
Zentralnervensystem, Neurotransmitter; Unterschenkel, Waden, Knöchel, Sprunggelenke; Rückenmark, Nervenverbindungen, bzw. -verknüpfungen; Gleichgewichtssinn.

Krankheiten allgemein:
Nervenleiden, Krämpfe, Spasmen, Rückenmarksleiden; Knochenbrüche, Unfälle; Koliken (Wehen); allgemein jede Unterbrechung der Kontinuität im Ablauf der Körperfunktionen, Epilepsie.

WIE WIRKEN DER WASSERMANN UND URANUS IN MEINEM HOROSKOP, WAS SAGEN SIE AUS?

1. In welchem Lebensbereich habe ich das stärkste Bedürfnis nach Individualität, nach dem Besonderen, Unüblichen, aus der Rolle Fallenden? Wo mag ich mich am wenigsten anpassen oder einordnen, sondern mich eher distanzieren oder einen Sonderstatus einnehmen?
2. Wo bin ich unkonventionell, originell, extravagant, vielleicht skurril und einfallsreich? Wo neige ich dazu, unübliche Wege zu gehen und Lösungen zu suchen?
3. Wo erlebte ich schon in der Kindheit plötzliche Veränderungen und paradoxe Wahrnehmungen? Wo fanden unvorhergesehene Ereignisse statt?
4. In welchen Lebensbereichen meines Lebens wurden Kontinuität und Stabilität immer wieder durchbrochen?
5. Wo habe ich den stärksten Drang, mich über subjektive Betrachtungsweisen hinauszuentwickeln und eine höhere, objektivere Sicht einzunehmen?
6. Wo möchte ich neue, fortschrittlichere oder sogar visionäre Gedanken einbringen? Bei welchen Themen empfinde ich die Freiheit und Unantastbarkeit des Menschen am stärksten?
7. Welcher Lebensbereich fordert mich immer wieder dazu auf, zu experimentieren, mich Neuem zu öffnen, Veränderungen und Verbesserungen vorzunehmen?

8. Bei welchen Themen neige ich zu einer immer wieder-
kehrenden Unzufriedenheit mit dem Status quo? Wo reagiere ich leicht unruhig oder nervös?

ZITATE ZUM WASSERMANN-PRINZIP

Wenn dies Kaffee ist, möchte ich Tee; aber wenn dies Tee
ist, dann möchte ich Kaffee. *Punch*

Das Leben eines Entwurzelten schien ihm viel weniger ver-
ächtlich als das Leben eines Menschen, der sich mit der Ty-
rannei des Durchschnitts abfindet, weil das Aus-der-Reihe-
Tanzen angeblich zu teuer zu stehen kommt.

James Joyce

Das Gleiche lässt uns in Ruhe, aber der Widerspruch ist es,
der uns produktiv macht.

Johann Wolfgang von Goethe

Wieder und wieder befiehlt uns eine Stimme, den alten
Trott zu durchbrechen, Sack und Pack zurückzulassen, die
Autos zu wechseln und die Richtung zu ändern.

Henry Miller

Ich wollte frei sein, frei, das zu tun und zu geben, wonach
mir der Sinn stand. In dem Augenblick, in dem etwas von
mir erwartet oder gefordert wurde, wich ich aus. Das war ...
meine Unabhängigkeit. *Henry Miller*

Der Widerspruch belebt die Unterhaltung. Das ist's, weshalb die Höfe so langweilig sind. *Carmen Sylva*

Man verdirbt einen Jüngling am sichersten, wenn man ihn verleitet, den Gleichdenkenden höher zu achten als den Andersdenkenden.

Friedrich Nietzsche

Tausend und abertausend Ströme fließen in das Meer, aber das Meer ist nie voll – und könnte der Mensch Stein zu Gold verwandeln, sein Herz ist nie zufrieden.

Chinesisches Sprichwort

Wer wirklich Neues erdenken will, kann gar nicht ›verrückt‹ genug sein.

Niels Bohr

Auf seine Freiheit verzichten heißt, auf seine Menschenwürde, Menschenrechte, selbst auf seine Pflichten zu verzichten.

Jean-Jacques Rousseau

Ich sah es als meine Aufgabe, überall Schwierigkeiten zu schaffen.

Søren Kierkegaard

Jedenfalls ist es besser, ein eckiges Etwas zu sein als ein rundes Nichts.

Christian Friedrich Hebbel

Originelle Formulierungen sind noch nicht originelle Einsichten.

Ludwig Marcuse

Wo du sicher bist, setz' Fragezeichen.

Wieslaw Brudzinksi

Gewöhne dich an nichts und alles wird ungewöhnlich bleiben.

Karl Heinrich Waggerl

Wenn du etwas so machst, wie du es seit zehn Jahren gemacht hast, dann sind die Chancen groß, dass du es falsch machst.

Charles Franklin Kettering

Die menschliche Gabe der Wahl ist das stärkste Wachstumsprinzip.

George Eliot

FISCHE
Zwölftes Zeichen des Tierkreises, 330°–360°

Symbol:
Zwei Halbkreise, die durch einen Strich verbunden sind, symbolisieren zwei Fische; der eine schwimmt zu einer Rückverbindung mit dem Kosmos, mit der ursprünglichen All-Einheit, aus der alles entstanden ist und in der sich die Einzelpersönlichkeit auflöst, um wieder Teil eines größeren Ganzen zu werden (12. Haus). Der andere schwimmt in Richtung einer Neugeburt des individuellen Menschen, der sich als einzelne, »getrennte« Einheit aus dem Ganzen herauslöst, um seine Eigenständigkeit zu erleben (1. Haus) und seinen Lebensweg zu gehen (Häuser 1–12).
Jahreszeit:
Ende des Winters (19. Februar bis 20. März).
Qualität:
Weiblich-rezeptiv. Element: Wasser. Bewegliches, veränderliches, angleichendes Zeichen.
Herrscher:
♆ Neptun. Nebenherrscher: Jupiter.
Häuserzuordnung:
12. Haus (Bewegliches/bewegliches Haus).
AUF DEM TIERKREIS GEGENÜBERLIEGENDES ZEICHEN:
Jungfrau.

Botschaft/Schlüsselsatz:
Ich glaube.
Schlüsselworte:
Erlösung, All-Einheit, umfassende Liebe.
Charakteristika:
Fantasievoll, fließend, beweglich, veränderlich, vielseitig; künstlerisch, musisch; romantisch, stimmungsabhängig, schwelgend in Gefühlen und Träumereien; einfühlsam, mitfühlend, mitleidig, opferbereit, feinfühlig, sensibel, verletzlich, weich, nachgiebig; beeinflussbar, wehrlos; voller Ahnungen und Gefühle, »die innere Stimme«, intuitiv; gefügig, passiv, lässt geschehen; demütig, gläubig, vertrauensvoll, naiv, unbekümmert. »Das Leben wird es schon richten.« Soziales Empfinden, Liebe zu Mensch und Tier; Gerechtigkeitsempfinden im Sinne von Menschlichkeit; Interesse an Randgruppen. – Sehnsucht nach Erlösung und nach der alles vereinigenden letzten Wahrheit; Mangel an Abgrenzung und Ichbewusstsein, konturlos, fließende Grenzen, lässt sich treiben. »Alles stimmt, und nichts ist absolut«; »Die Wahrheit hat viele Gesichter«; Flucht aus der Welt der Begrenzungen und der klaren Ordnung und Struktur. Will die engen Schranken des irdischen Daseins überwinden, sich verlieren im Kosmos; Traum und Wirklichkeit: »das Leben als Traum« und »der Traum ein Leben«; die/der »Unverstandene«, das »Leiden an der Welt«; das »Helfersyndrom«, das »Rettersyndrom«, Fähigkeit zum Tun ohne Eigeninteresse. Lässt das Leben verstreichen. Schwierigkeiten in der Bewältigung des Alltags und des praktischen Lebens. Weicht Hindernissen aus, ist flüchtig und ungreifbar, schätzt die Anonymität, tarnt sich, ist unauffällig. – Haltlos, chaotisch, strukturlos, schlaff; ängstlich, neurotisch; kann sich nicht gegen Übergriffe wehren; kraftlos, schwächlich; Mangel an Vitalität und Spannkraft

(z. B. schwaches Bindegewebe); schwacher Muskeltonus; Auflösung der Persönlichkeit; seelische Betäubung; wenig Zugang zu persönlichen Bedürfnissen und Antrieben; tatenlos, unschlüssig, schlampig, unorganisiert; unehrlich, amoralisch, korrupt; suchtabhängig; Täuschung und Tarnung. Macht sich oder anderen Illusionen. Willensschwach, leicht verführbar, haltlos, rückgratlos, durchsetzungsschwach; kritiklos; Mangel an Eigenidentität, Auflösung des »Ich« bzw. Weigerung, eine individuelle Persönlichkeit zu entwickeln, der »Spiegel der Umgebung«.

Thema

DIE AUFLÖSUNG DES VORDERGRÜNDIGEN – ENTDECKUNG DER ZUSAMMENHÄNGE, DIE HINTER DEN DINGEN STEHEN – INFRAGESTELLEN DES OFFENSICHTLICHEN – DER GEMEINSAME URSPRUNG – ALLUMFASSENDE LIEBE

Nach der Vereinheitlichung im Zeichen Steinbock, dem es darum geht, Regeln aufzustellen, die allgemeine Gültigkeit haben, ist sich der Mensch im Wassermann noch einmal seiner Individualität bewusst. Er empfindet sich als eigenständiges und autonomes Wesen (Löwe), das einen individuellen Beitrag leisten will, durch den er sich hervorhebt. Im zwölften Abschnitt des Tierkreises, den Fischen, erfährt dieses Gefühl, eine abgegrenzte, besondere Persönlichkeit innerhalb eines größeren Ganzen zu sein, eine Umwandlung. Die Fische sind das Zeichen der Auflösung aller bisher für verbindlich gehaltenen Strukturen, jeglicher fest gefügter Sicherheit und materiellen Identifikation. Alle Wertmaßstäbe verschieben sich, und die eindeutige Zuverlässigkeit und Sicherheit, die der »Boden« unter den Füßen des Menschen hatte und die bereits im Wassermann zu schwinden begann, muss nun endgültig aufgegeben werden. Nichts ist mehr eindeutig, verlässlich, klar, außer ein vages Gefühl dafür, dass der Mensch Teil eines winzigen Planeten ist, der sich mit rasender Geschwindigkeit durch die Unendlichkeit des Weltalls bewegt – klein, verloren, von einer höheren Macht bestimmt, die sein begrenzter Verstand nur andeutungsweise begreifen kann.

In den Fischen und in dem ihnen zugeordneten 12. Haus haben wir die Möglichkeit, alles zu sein und alles zu tun, denn die Maßstäbe, nach denen wir etwas messen, kommen nicht aus weltlichen Ordnungshierarchien oder Moralvorstellungen, sondern aus dem tiefen Empfinden der Verbundenheit allen Seins. Hier existiert wahre Freiheit, die mit der Freiheit von Bindungen und beschränkenden Überzeugungen und Gefühlsmustern beginnt. Die Fische bieten den größtmöglichen Freiraum, die größtmögliche Unabhängigkeit von äußeren Begrenzungen, Regeln und Hierarchien, welche im Gegenzeichen Jungfrau klar erkannt und akzeptiert worden waren und zu einem angemessenen Einfügen geführt hatten. Der Mensch in seiner Einzelexistenz wird reduziert auf ein winziges Teilchen im großen Spiel; seine Wünsche, Hoffnungen, Bestrebungen schrumpfen zur Bedeutungslosigkeit zusammen angesichts der Größe und Unendlichkeit des Universums. Diese Erfahrung führt zu der Erkenntnis, dass alles, worauf wir unser Ichgefühl gegründet haben, alles, worauf wir stolz sind, aber auch alle Vorschriften, Ziele und Vorstellungen, die unsere Zeit, unsere Kultur und unsere Familie uns vermittelt haben, nur Ordnungsprinzipien und Ideale sind, die einen kleinen, zeitlich begrenzten Ausschnitt der Wirklichkeit organisieren.

Das Fische-Prinzip vermittelt das Wissen, dass alles, was ist, aus einem gemeinsamen Ursprung stammt; und dass alles in allem enthalten ist, gemäss dem Zen-Spruch: »Alles ist in allem, und alles ist in mir.« Hier begreift der Mensch, dass er zugleich irdischen wie göttlichen Ursprungs ist, dass göttliche Weisheit in ihm wohnt, eine innere Stimme, zu der er Zugang finden kann und die ihn lenkt und leitet.

Die Illusion, Sicherheit und einen Lebensinhalt in der Einhaltung gesellschaftlicher Regeln, im Materiellen oder in sozialen Bindungen finden zu können, muss hier zu Gunsten der Erkenntnis aufgegeben werden, dass der Mensch letztlich allein ist und dass er, solange er an seine körperliche Existenz und deren Wahrnehmungen gebunden ist, immer nur in seiner eigenen, persönlichen Wirklichkeit lebt, die in genau der gleichen Form kein anderer Mensch teilt. Die Isoliertheit, die wir auf Grund der Tatsache empfinden, dass wir ein Körper sind, der eine äußere Grenze besitzt, kann nur bedingt durch die Einbettung in die Gesellschaft und in einen Kreis von Menschen, die uns nahe stehen, überwunden werden (Jungfrau). Gleichzeitig haben die Fische jedoch ein Erahnen oder ein Wissen darum, dass es eine alles verbindende Wahrheit und Wirklichkeit gibt, die größer als der menschliche Verstand mit seiner rationalen Logik ist. Dies ist die Wirklichkeit hinter den sichtbaren Dingen, hinter dem, was so offensichtlich scheint. »Religion« kommt von dem lateinischen Wort *religio* und bedeutet ursprünglich »Rückverbindung«. Religion ist der Versuch einer Rückverbindung dessen, was wir als Wirklichkeit erleben, zu dem, was wirklich ist. Religion versucht in allegorischer und symbolhafter Weise dem Menschen nahe zu bringen, was wirklich ist. Der Planet Jupiter, dem die Religion zugeordnet ist, gilt gleichermaßen als Herrscher über den Schützen wie über die Fische.

Die letztendliche Wirklichkeit des Fische-Zeichens ist dem

normalen, analytischen und rationalen Verstand nicht zugänglich. Die höchste Stufe dieses Zeichens, die Erkenntnis der Einheit all dessen, was existiert, finden wir in den Erfahrungen der großen Mystiker und Meister beschrieben.

In der christlichen Mystik schreiben Meister Eckhart und Angelus Silesius über den Zustand der *participation mystique*, dem mystischen Gefühl der Teilhaftigkeit am gesamten Universum und an allem, was je war und sein wird. Die japanischen Zen-Meister nennen diese Erfahrung *satori*, »Erleuchtung«, und beschreiben, so gut es unsere begrenzte Sprache vermag, ein Sprengen der Grenzen des Bewusstseins und eine allumfassende, völlig offene Wahrnehmung der Wirklichkeit.

Laotse, ein älterer Zeitgenosse des Konfuzius, begründete im 6. Jahrhundert vor Christus den Taoismus, der in noch heute gültiger Form die Erfahrung einer spirituellen Ebene des Seins zu vermitteln versucht, während Konfuzius sich mehr mit den Verhaltensregeln des täglichen Lebens und der Organisation von Staat und Gesellschaft befasste. Das Werk des Laotse, das *Tao te king**, lehrt im ersten Vers (*tao* ist das chinesische Wort für »Einheit«, aber auch für »Weg«; in der Übersetzung von Richard Wilhelm »der SINN«):

Der SINN, der sich aussprechen lässt,
ist nicht der ewige SINN.
Der Name, der sich nennen lässt,
ist nicht der ewige Name.
»Nichtsein« nenne ich den Anfang von Himmel und Erde.
»Sein« nenne ich die Mutter der Einzelwesen.
Darum führt die Richtung auf das Nichtsein
zum Schauen des wunderbaren Wesens,

---

* Laotse: *Tao te king*, Diederichs Verlag, 1989.

die Richtung auf das Sein
zum Schauen der räumlichen Begrenztheiten.
Beides ist eins dem Ursprung nach
und nur verschieden durch den Namen.
In seiner Einheit heißt es das Geheimnis.
Des Geheimnisses noch tieferes Geheimnis
ist das Tor, durch das alle Wunder hervortreten.

Hier ist beschrieben, dass unsere Wünsche und Antriebe, unsere Bindungen und Ängste uns an die Welt der »Einzelwesen« (in einer anderen Übersetzung auch die Welt der »zehntausend Dinge« genannt) binden, d. h. an die Welt der Materie und, im hinduistischen und buddhistischen Sinne, an das Rad der Wiedergeburten. Solange wir von ihnen bestimmt sind, erkennen wir nur die äußere, scheinbare Wirklichkeit, wir sehen nur die »räumlichen Begrenztheiten«, die Erscheinungsformen. Je freier wir werden, je mehr wir hinter die Dinge sehen und lernen, sie als zeitlich begrenzte Erscheinungsformen zu betrachten, desto mehr tut sich die Unendlichkeit vor uns auf, und wir erahnen das Tao, die Kraft, die hinter allen Dingen wirkt. Das Tor, das zu dieser Erfahrung führt, ist Liebe in ihrer reinen Form.

Motivation

LIEBE ALS LEBENSPRINZIP – AUFLÖSUNG VON GRENZEN – VERSCHMELZUNG – SEHNSUCHT NACH ERLÖSUNG UND BEFREIUNG VON DEN LEIDEN DER WELT – SUCHE NACH DER WAHRHEIT

Im fischebetonten Menschen existiert ein tief innerliches Bewusstsein von der Einheit allen Seins und davon, dass wir schließlich unser begrenztes Ich aufgeben müssen, das uns an eine bestimmte Zeit, an bestimmte Menschen, Ziele und Bestrebungen persönlicher Art bindet. Dieses Wissen mag auf einer sehr unbewussten, tiefen Ebene liegen und in dem Betreffenden große Ängste auslösen, weshalb viele Fische-Menschen sich an das Leben, an die Beruhigungen des Materiellen und an die Sicherheit sozialer Strukturen klammern. Das innerste Ziel jedoch, das sie antreibt, ist, eine Wahrheit zu leben, die tief in ihnen existiert und die gefunden und gelebt werden möchte. Diese Wahrheit hat meist wenig mit den normalen, alltäglichen Zielen des Betreffenden zu tun und verlangt oft, wenn sie gelebt werden soll, eine hohe Opferbereitschaft. Persönliche Wünsche und Vorstellungen treten zurück hinter dem Gefühl, einen Auftrag, eine Mission zu haben oder ganz einfach unverbrüchlich zu dem zu stehen, was den eigenen Lebensweg ausmacht und was die innere Stimme bejaht.

Auf einer weiteren Ebene sind die Fische die Suche nach Erlösung, die in den Lebenswegen der großen Religionsstifter ihren Ausdruck gefunden hat. Das Leiden an der Welt und die Befreiung davon hat Buddha geschildert, und der am Kreuz hängende Christus nimmt stellvertretend das Leid der Welt auf sich. Wer vom Zeichen der Fische geprägt ist, hat ein tiefes Mitgefühl mit der leidenden Kreatur. Die Offenheit für das Leiden und die Identifikation damit kann – neben anderen Möglichkeiten – dazu führen, dass der Mensch entweder die Position des Helfers oder die des Opfers einnimmt.

Die Fische symbolisieren das Prinzip der reinen Liebe, die keine Grenzen kennt und die alles umfasst. Sie lehren, dass die tiefste Ebene des Seins Liebe ist und dass alle Dinge, die wir um uns herum sehen, entweder aus der Liebe und ihren Spielarten oder der Angst entspringen, aus der Hass und Gewalt hervorgehen. Mahatma Gandhi wählte den Begriff »Satyagraha«, die Kraft, die aus der Wahrheit, der

Liebe und der Gewaltlosigkeit erwächst, als Leitbegriff für seinen gewaltlosen Kampf gegen die englische Besatzung Indiens. Er zeigte, dass diese Form des Kämpfens lange dauern kann, aber schließlich zum Ziel führt. Was zählte, war die feste Entschlossenheit, die Befreiung Indiens zu erreichen, gepaart mit der ebenso festen Absicht, dies nicht dadurch zu erreichen, dass Gewalt mit Gegengewalt beantwortet wurde.

Psychologie

Fischebetonte Menschen sind ausgesprochen empfindsam, verletzlich und neigen zur Melancholie. Ihre Offenheit und Beeindruckbarkeit, durch die sie seismographisch alle Strömungen, Einflüsse und Veränderungen der Umgebung registrieren, ziehen eine mangelnde Abgrenzungsfähigkeit nach sich, die dazu führt, dass schnell ein Gefühl der Überforderung durch die Vielzahl der anstürmenden Eindrücke entsteht. Die Willenskraft und Durchsetzung ist schwach, sie nehmen die Dinge eher passiv hin als aktiv auf Entwicklungen einzuwirken. Das Leben wird als etwas empfunden, das man »erleidet«. Wenn sie sich durchsetzen, dann tun sie das indirekt. Ist Gefahr im Verzug, nebeln sie sich ein wie der Tintenfisch mit seiner Tinte. Der grundlegende Hang zur Passivität, zum Sichtreibenlassen und Mit-dem-Fluss-der-Dinge-Gehen, der allen Wasserzeichen in unterschiedlicher Intensität eigen ist, führt in den Fischen entweder zu dem Gefühl des Ausgeliefertseins an eine größere, mächtigere Kraft, als der rationale Verstand zu begreifen vermag, oder dazu, dass der Mensch sich aufgehoben und geborgen fühlt, ohne dieses Empfinden begründen zu können.
Caspar David Friedrich hat in seinem Bild »Mönch am Meer« dieses Grundgefühl dargestellt: Ein winzig kleiner Mensch

steht am Strand und blickt auf ein weites Meer hinaus. Der wolkenverhangene, geheimnisvoll wirkende Himmel über ihm nimmt fast die ganze Fläche des Bildes ein. Die Romantik und Gefühlsbetontheit, aber vor allem die Größenverhältnisse zwischen Mensch und Natur beschreiben den tiefsten Inhalt dieser Lebenseinstellung. Besonders intensiv ausgeprägt ist dieses Gefühl, wenn sich Mond oder *Imum Coeli* (die Spitze des 4. Hauses) in den Fischen befinden oder auch die Sonne im 12. Haus. Die häufig zarte Körperkonstitution, die »Dünnhäutigkeit« gegenüber der Umwelt und die Schwierigkeit, ein klares Ichgefühl zu entwickeln – im Sinne der Einstellung »Das bin ich« und »Das bin ich nicht, das sind die anderen« –, werden durch ein ständiges Sichverändern und -wandeln ausgeglichen. Dort, wo die natürlichen Abgrenzungsmechanismen versagen, werden Sicherheit und Selbstschutz durch einen ständigen, chamäleonhaften Standortwechsel erreicht.

Fische-Menschen sind auf merkwürdige Weise nicht greifbar. Da, wo sie eben noch waren und wo man sie festhalten zu können glaubt, sind sie einen Augenblick später schon nicht mehr. Physische Präsenz sagt nichts aus über ihre tatsächliche seelische Anwesenheit – im Innersten mögen sie irgendwo sein, ohne dass dieses »Irgendwo« näher definierbar wäre.

Begrenzungen – gleich welcher Art – bereiten ihnen Schwierigkeiten. Oft tief verborgene, hohe Ideale und die Sehnsucht nach einer heilen Welt öffnen eine Kluft zwischen Ersehntem und der irdischen Realität, in der zwangsläufig alles immer etwas weniger vollkommen ist als in der Phantasie. Nicht selten erleiden sie deshalb einen »reality crash«, den Einbruch der nüchternen Wirklichkeit in ihre Traumwelt. Für den Fische-Menschen gibt es mehrere Antworten auf diese Tatsache: Ein Weg ist die Märtyrer- oder

Opferrolle, die des passiven Erleidens, sei es in Beziehungen, im Beruf oder wo auch immer. Je nach Bewusstseinsebene entsteht aus diesen Erkenntnissen auch die Fähigkeit zu echtem Engagement für eine Sache, doch die Kraft, aktiv zu wirken, ist abhängig davon, ob es um etwas Größeres als nur die eigene kleine, beschränkte Existenz geht.

In Beziehungen tritt die grundlegende Sehnsucht nach Aufhebung trennender Grenzen am stärksten zu Tage. Der Wunsch nach Verschmelzung, danach, im anderen aufzugehen, kann bis zu einer Identifikation mit dem Partner gehen. Der Verlust der Eigenidentität entspricht dem tiefsten Antrieb dieses Zeichens: Dem der Selbstaufgabe, die es ermöglicht, der Notwendigkeit, eine Eigenpersönlichkeit zu entwickeln, aus dem Weg zu gehen. Auf diese Weise können Entscheidungen und Verantwortung, vor allem für das eigene Leben, an den Partner abgegeben werden, und man verharrt im Stadium der »kindlichen Unschuld«. Die andere Seite der Fische-Beziehungen liegt in der Fähigkeit zu einer allumfassenden, oft bedingungslosen Liebe, die den Alltag erhöht.

Lernaufgabe

DIE SCHÖPFERISCHE KRAFT DES UNGEPRÄGTEN – EIN ABGEGRENZTES, INDIVIDUELLES ICH AUFBAUEN – ZU EINER PERSÖNLICHEN IDENTITÄT FINDEN – DEN UNTERSCHIED ZWISCHEN FORM UND INHALT VERSTEHEN

Die Fische und Neptun sind Symbole für das Ungeprägte, für das, was keine klare Form besitzt. In diesem offenen Feld ist alles möglich. Die moderne Physik hat gezeigt, dass im so genannten leeren Raum des Universums die größte schöpferische Kraft verborgen ist. Ebenso haben wir dort, wo die Fische und Neptun stehen die größten Wahlmöglichkeiten, die größten Chancen, uns nach unseren Wünschen zu formen. Es gibt keinen vorgegebenen Rahmen, was allerdings auch bedeutet, dass wir keine »Bedienungsanleitung« zur Verfügung haben. Die Freiheit, die uns hier geschenkt wird, verlangt ein hohes Maß an Selbstverantwortung und Entscheidungsfähigkeit.

Diese Form von Freiheit stellt für uns, die wir gewohnt sind, in Kategorien und Bewertungen zu denken und uns nach außen zu orientieren, eine unbekannte Größe dar. Deshalb besteht ein häufiges Missverständnis vor allem im Westen darin, zu glauben, man müsse sich von der irdischen Welt und ihren Befriedigungen völlig abwenden, um Seligkeit zu erlangen. Die Vorstellung, »ichlos« zu sein und damit schon halb auf dem Weg zur Erleuchtung, öffnet der Haltlosigkeit und Orientierungslosigkeit Tür und Tor. Man glaubt, man brauche sich nur nie etwas zu wünschen (von der Erleuchtung abgesehen), sich immer selbst zu verleugnen oder diffus im Leben dahinzuschwimmen, dann wäre man schon »auf dem Weg«. Die Verteufelung des materiellen Lebens und unserer körperlichen Bedürfnisse führt jedoch nur zu einer umso größeren Anbindung an sie. Alles, was existiert, was wir jedoch nicht wahrhaben wollen, wird uns früher oder später einholen. Der Weg zur Erlösung, so lehren auch die Religionen, führt durch das Tor der Bewältigung unserer Alltagsrealität und deren Aufgaben. Dieses Tor wird astrologisch von Saturn dargestellt, der auch im übertragenen Sinn (also nicht nur als letzter äußerer Planet des alten Weltbildes) als der »Hüter der Schwelle« bezeichnet wird. Die alten Astrologen wussten: »Nur wer Saturn eingelöst hat, erhält die Gnade des Jupiter.«

Auch der Weg durch den Tierkreis zeigt, dass unsere irdische, physische Existenz uns die Aufgabe stellt, erst eine persönliche Identität aufzubauen (Widder bis Jungfrau), die sich dann zum Mitmenschen hin orientiert (Waage bis Schütze), um schließlich ihr Einbezogensein in eine Gesellschaft, eine Epoche und ein kollektives Schicksal zu erkennen und zu akzeptieren (Steinbock bis Fische, wobei im Abschnitt Fische in seiner reifsten Form dieses Ich wieder aufgegeben wird).

Wir können nicht aufgeben, was wir nicht besitzen. Wenn wir kein »Ich«, kein Ego, besitzen, von dem wir einigermaßen genau wissen, was es ist, was es will und wünscht und woraus es besteht, so können wir es auch nicht aufgeben. Der Weg zur Aufgabe des Ego führt immer über den Weg der Individuation, der vorher beschritten werden muss.

Fische-Menschen leiden oft an Konturlosigkeit. Die Erinnerung an einen Zustand der »Ununterschiedenheit« und All-Einheit, die in ihnen lebt und die auch im Mutterleib erfahren wird, der Wunsch danach, sich nicht als Wesen zu verstehen, das getrennt vom Rest der Schöpfung ist, das allein und selbstverantwortlich seinen Weg durch das Leben antreten muss, veranlasst sie häufig, in einer Art seelischem Embryonalzustand zu verharren. Sie weigern sich, klare Ich-Grenzen zu ziehen und feste Meinungen und Ziele zu entwickeln, die sie von anderen unterscheiden und die zu einem Konflikt mit der Umwelt führen können. Innerhalb unserer körperlichen Existenz gibt es jedoch eindeutige Begrenzungen, die von uns verlangen, Position zu beziehen. Die Einheit kann nur auf einer geistig-seelischen Ebene gelebt werden. Die Fische glauben jedoch häufig, sie bräuchten diesen Weg der Individuation gar nicht erst anzutreten. Die Folge ist Ziellosigkeit, man interessiert sich für alles oder nichts, hat keine echten Anliegen und lässt das Leben ungenutzt verstreichen, man fließt mit dem Strom. So können die Fische in der Weigerung, erwachsen zu werden, gelebt werden, oder auch darin, dass wir das Gefühl entwickeln, dass wir der Menschheit etwas mitzuteilen haben, eine Art höheres Anliegen, das über die eigene Person hinausgeht, welcher Art und auf welcher Ebene dies auch immer sei.

Da die Wirklichkeit, so wie sie in den Fischen erfahren werden kann oder wie sie zumindest erahnt wird, so viel größer und umfassender ist als alles, was unser normales menschliches Bewusstsein aufzunehmen vermag, zieht eine Betonung in diesem Zeichen häufig eine Tendenz zur Neurose nach sich. Unverarbeitetes staut sich auf, die Wahrnehmungen des Fische-Menschen scheinen merkwürdig doppelbödig zu sein; es findet eine Verschiebung statt zwischen dem, was allgemein als existent und richtig betrachtet wird, und dem, was er dahinter herausspürt.

Einerseits gelten die Maßstäbe, Ziele und allgemeinen Überzeugungen seines sozialen Umfelds, da er doch in diesem Umfeld lebt; andererseits gelten sie auch wieder nicht, da er dahinter Zusammenhänge erahnt, die er kaum in Worte fassen kann. Er spürt aber, dass das menschliche Zusammenleben durch stillschweigende Vereinbarungen darüber organisiert ist, was »die Wirklichkeit« und »das Leben« sind, und dass dies eben nur Vereinbarungen sind, die es dem Menschen ermöglichen, innerhalb des Rahmens seines Normalbewusstseins und dessen enger Grenzen zu verbleiben. Dies gibt ihm Sicherheit und bewahrt ihn davor, sich um eine selbstverantwortliche Lebensgestaltung zu bemühen.

Deshalb sind Menschen mit starker Fische-Betonung oder einem voll besetzten 12. Haus oft unverstanden. Ihr Zugang zum Sein kann von der Mehrheit der Menschen nicht nachvollzogen werden, und oft verstehen sie selbst nicht, was in ihnen vorgeht. Sie leben zurückgezogen, schließen sich Randgruppen an, können und wollen sich nicht in den Gesellschaftsmechanismus einfügen. Anders als beim Wassermann geht es ihnen dabei nicht darum, ihre Andersartigkeit zu zeigen. Sie leiden an den Schranken ohne das wassermännische Bedürfnis nach Rebellion und ziehen es vor, dem, was ihnen fremd und zu eng erscheint, aus dem Weg zu gehen. Sie sind außergewöhnlich sensible, musische und künstlerische Naturen mit hohem psychologischem Einfühlungsvermögen, die oft nicht recht greifbar sind. Ebenso gehören diejenigen dazu, die das Gefühl, nichts und niemandem auf dieser Welt verpflichtet und verbunden zu sein, in krimineller Weise ausleben oder die ihr Leiden an der Welt durch Alkohol, Drogen und andere Suchterscheinungen betäuben.

Um die Ebenen, die das letzte Zeichen des Tierkreises zum Inhalt hat, auch nur teilweise zu integrieren, ist intensive Arbeit an sich selbst nötig, ein Eintauchen in die Welt des Unbewussten, Mut und Opferbereitschaft.

Gleichzeitig sind die Fische der Urgrund, das Urmeer, aus dem der neue Lebenszyklus entsteht. Sie umfassen das, was C. G. Jung das »kollektive Unbewusste« nannte. Mit ihnen beginnt der neue Kreislauf der Selbstwerdung mit der Möglichkeit, auf der Stufenleiter zur Vollständigkeit eine Stufe weiterzukommen.

Howard Sasportas* schreibt über das 12. Haus, das den Fischen entspricht: »In einer tieferen Schicht ahnt jeder, dass sein innerstes Wesen unbegrenzt, unendlich, ewig ist. Die Wiederentdeckung dieser Ganzheit ist unser stärkstes Anliegen. Von einer reduktionistischen Perspektive aus kann man das als eine Regression in den vorgeburtlichen Zu-

---

* Howard Sasportas: *Astrologische Häuser und Aszendenten*, Knaur Verlag, 1987.

stand verstehen, aus einer spirituellen Sicht jedoch ist es eine mystische Sehnsucht nach der Vereinigung mit unserer Quelle und eine unmittelbare Erfahrung des Teilhabens an etwas Großem. Es ist eine Art Heimweh nach dem Göttlichen.«

Weiter führt er aus, dass unser Ich jedoch Angst vor dieser Selbstaufgabe hat und sich weigert, in diesen Zustand einzugehen. Wie die Fische auf der Darstellung im Tierkreis in verschiedene Richtungen schwimmen, so sind auch wir Menschen einem grundlegenden Dilemma ausgesetzt: Einerseits möchten wir diese Vereinigung herbeiführen und unsere Isolation überwinden, und andererseits haben wir Angst vor dem Verlust unseres Ichs.

Lebensziel

WAHRHEIT, FREIHEIT UND DIE EINHEIT ALLEN SEINS – DIE AUFGABE VON ILLUSIONEN – VERTRAUEN IN DIE SINNHAFTIGKEIT DES SEINS.

Das Ziel dieser letzten Stufe des Tierkreises, die zugleich der Übergang zu einem neuen Zyklus ist, der mit dem Widder und dem 1. Haus erneut beginnt, ist die Loslösung von überholten Bindungen und falschen Sicherheiten, das Hinterfragen dessen, was geschieht und was allgemein für recht befunden wird, aber auch das Hinterfragen eigener oder vermeintlich eigener Lebensziele und -motivationen. Im Allgemeinen sind wir uns so sicher, dass unsere Wahrnehmung der Wirklichkeit in einem objektiven Sinne richtig ist, dass wir wissen, was wir wollen oder was erstrebenswert ist. Alle diese Überzeugungen und Illusionen werden in den Fischen erschüttert, wenn der Mensch es zulässt, dass er durchlässig für eine umfassendere Wahrheit wird.

Es geht also um die Erkenntnis, dass unsere übliche Form von Sicherheit und unsere allgemeinen Überzeugungen über das Leben eine Illusion sind, die dazu dient, uns von der Größe und der Unendlichkeit des Seins, die wir mit unserem Normalbewusstsein nicht verkraften können, abzuschirmen und uns Sicherheit auf dem Stand zu geben, auf dem sich unsere Bewusstseinskapazität befindet. Wer könnte z. B. in dem ständigen Bewusstsein der Sterblichkeit des Menschen leben oder der Tatsache, wie unfassbar groß die Dimensionen des uns bekannten Universums sind und wie gewaltig die dort ablaufenden Vorgänge?

Die Karte XII des Tarot, »Der Gehängte«, beschreibt diese Situation der Umkehr aller Werte. Der Gehängte steht auf dem Kopf und ist gezwungen, alles einmal aus einer anderen Perspektive zu sehen.

Rachel Pollack* schreibt dazu: »Bei der Divination bringt uns der Gehängte die Botschaft der Unabhängigkeit. Wie der Narr (Karte 0), der bedeutet, das zu tun, was man für richtig hält, auch wenn andere Menschen dies für närrisch halten, bedeutet der Gehängte, der zu sein, der man ist, auch wenn andere einen für völlig zurückgeblieben halten. Er symbolisiert das Gefühl einer tiefen Verbindung mit

---

* Rachel Pollack: *Tarot – 78 Stufen der Weisheit*, Knaur Verlag, 1985.

dem Leben und das Gefühl des Friedens, das sich nach einer schweren Prüfung einstellt.«

Das Thema des Leidens und der Wunsch nach Erlösung haben in der einen oder anderen Form im Leben eines jeden fischebetonten Menschen Bedeutung. Nur wer selbst Leid erfahren hat, ist motiviert, etwas für das Leid anderer zu tun.

Eine weitere Karte des Tarot entspricht dem Thema und den Zielsetzungen der Fische: die Karte IX »Der Eremit«. Dazu schreibt Rachel Pollack im selben Buch: »Die divinatorischen Bedeutungen des Eremiten leiten sich von seinen zwei Aspekten her. Auf der einen Seite symbolisiert er einen Rückzug von äußeren Beschäftigungen. Man kann sich körperlich zurückziehen, aber das ist nicht unbedingt nötig. Worauf es wirklich ankommt, ist die innere Umschaltung unserer Aufmerksamkeit vom ›Haben-Wollen und Ausgeben‹, wie Wordsworth unsere weltlichen Aktivitäten genannt hat, zu den inneren Bedürfnissen des Menschen. Es erfordert daher einen emotionalen Rückzug von anderen Menschen und von Aktivitäten, die vorher für das Allerwichtigste gehalten wurden. Die Karte beinhaltet eine sehr bewusste Zielsetzung und einen Sinn für die Notwendigkeit, sich zurückzuziehen, um an der eigenen Entwicklung zu arbeiten. Im Zusammenhang mit dieser Zielbewusstheit

und mit dem Bild des alten Mannes symbolisiert die Karte Reife und das Wissen darum, worauf es wirklich ankommt im Leben eines Menschen.«

Der ewige Kreislauf des Tierkreises, in dem die Kreisläufe des Lebens abgebildet sind, könnte als Bild in der Geschichte des Wassertropfens zusammengefasst werden, der im Urmeer allen Seins ununterschieden existiert (Fische). Durch die Anziehung der Sonne wird er als Regentropfen geboren und nimmt damit den Weg in eine eigenständige Existenz (Widder). Mit dem Regen und der Rückkehr zur Erde macht er sich auf den Weg durch den Tierkreis, um schließlich wieder im Schoß des Meeres zu versinken (Fische).

DAS FISCHE-SYMBOL

♓ Die Fische werden dargestellt durch zwei Halbkreise, die durch einen Strich miteinander verbunden sind. Die zwei Halbkreise, die symbolisch der Seele entsprechen, können als eine gefühlsmäßige Hinwendung zu zwei unterschiedlichen Polen gedeutet werden: die Hinwendung zur irdischen Welt mit ihren Freuden, Leiden und Wünschen, die mit Beginn des Aszendenten (Widder, 1. Haus) erfahren werden soll, und die Hinwendung und Rückverbindung (*religio*) zum Göttlichen, zur Quelle, aus der alles Sein entspringt und die nicht in menschlicher Sprache beschrieben werden kann.

Der Fisch ist ein Symbol der Fruchtbarkeit und der Zeugung. Im Koran steht: »Alles Leben kommt aus dem Wasser.« Und das Wasser und der in ihm lebende Fisch sind Zeichen für den Ursprung und den Fortbestand allen Lebens. Ohne Wasser kann nichts überleben, kann kein Leben existieren. Das Wasser hat Bezug zu den Mutter- und Mondgöttinnen, die wiederum Fruchtbarkeit symbolisieren. Fischopfer wurden den Göttinnen der Liebe und der Fruchtbarkeit dargebracht.

In der Tiefenpsychologie symbolisiert das Wasser das Unbewusste, und die Fische umfassen Inhalte aus diesen tiefen Schichten der Persönlichkeit, die nur in Träumen, in der Meditation oder in Augenblicken zugänglich sind, in denen der »Schleier« der normalen Wahrnehmung zerreißt. Doch der Fisch ist gleichzeitig auch ein Kaltblüter, und somit wird er, nach altem Glauben, nicht von hitzigen und verzehrenden Leidenschaften beherrscht. Im Christentum ist er ein Symbol für die heilige Taufe, für Auferstehung und Unsterblichkeit des Menschen. Zur Zeit der Christenverfolgungen war er ein geheimes Erkennungszeichen. Aus den Anfangsbuchstaben der griechischen Bezeichnungen für Jesus Christus, Gottes Sohn, Erlöser, wurde das Wort *ichthýs* (»Fisch«) gebildet, das im frühen Christentum als Symbol für Christus selbst galt. Allgemein galt der Fisch als ein Glückssymbol, das unbegrenzte Möglichkeiten in sich trägt.

Zweiseitig und ambivalent wie das Symbol der Fische ist auch ihr mythologischer Hintergrund: Zum einen sind sie Symbol religiöser Verehrung und der Erlösung, zum anderen haben sie Bezug zur fruchtbaren Natur und zur Zeugung und wurden in bestimmten Zusammenhängen auch als unrein und sündig betrachtet. Hier ergibt sich eine weitere Verbindung zu den beiden Hälften des Fische-Symbols: die eine Hälfte, die in irdisches Glück und in die Freuden des Körpers einzutauchen wünscht; und die andere Hälfte, die sich nach Erlösung, nach Befreiung vom irdischen Dasein und seinen Begrenzungen und Leiden sehnt.

DAS NEPTUN-SYMBOL

Das Schriftsymbol des Neptun enthält zwei Halbkreise, die durch ein verlängertes Kreuz in der Mitte verbunden sind. Das Bild entspricht dem doppelten Jupiter-Symbol und kann auch als der Dreizack des Meeresgottes Neptun interpretiert werden. Häufig finden sich auf ausführlicheren Darstellungen dieses Symbols noch Pfeile an den Enden der Linien, sodass das Bild einer Harpune noch stärker ins Auge fällt.

Neptun wurde am 23. September 1846 von dem deutschen Astronomen Johann Gottfried Galle entdeckt. Zuvor hatten jedoch bereits der Franzose Urbain Jean Joseph Leverrier und der Engländer John Couch Adams die Existenz eines weiteren Planeten jenseits vom Uranus berechnet, da dessen Bahn bestimmte Unregelmäßigkeiten aufwies.

Neptun hat eine blaugrünliche Farbe und eine eher verschwommene oder konturlose Oberfläche. Nur mit Hilfe der stärksten Teleskope können einige Einzelheiten festgestellt werden.

Zeitlich gesehen fiel die Entdeckung des Neptun mit Neuerungen zusammen, die seinem Themenkreis entsprechen: Die Dampfkraft wurde erstmals eingesetzt, um Maschinen, Schiffe und Züge anzutreiben. Man verwendete Gaslampen, und zur Schmerzlinderung wurden Betäubungsmittel gegeben. Außerdem kam großes Interesse am Okkulten auf; es wurde Mode, sich mit Fragen des Lebens nach dem Tod, mit Spiritualismus, Hellsichtigkeit und Hypnose zu befassen. Man hielt Séancen ab und hatte ein Ouija-Brett. Das religiöse Leben erhielt neuen Aufschwung durch die Gründung von Vereinigungen wie die der »Theosophischen Gesellschaft«, aus der später die Anthroposophen hervorgingen, und der »Christlichen Wissenschaft« (*Christian*

Science). Im sozialen Leben nahm die Hilfsbereitschaft für Arme, Kranke und Bedürftige zu, für die Hospitäler und Heime gebaut wurden.

Neptun erhielt seinen Namen vom römischen Gott des Meeres. Wie das Meer selbst, das einem ständigen Wandel unterliegt und das keinerlei feste Form oder Kontur kennt, so hat auch Neptun mit alldem zu tun, was unergründlich, unfassbar und schemenhaft ist. Neptuns Aufgabe liegt darin, Grenzen aufzulösen, sie durchlässig zu machen und uns mit einer Welt in Verbindung zu bringen, die hinter dem Offensichtlichen, dem Greifbaren und Materiellen liegt. Neptun hat zu tun mit »dem Stoff, aus dem die Träume sind«, und deshalb hat er ebenso Bezug zu unseren Idealen, unseren Träumen und Visionen wie zu unseren Illusionen und der Selbsttäuschung oder der Täuschung anderer.

Neptun steht dort, wo wir dazu neigen, uns unseren Phantasien hinzugeben, wo wir vor der Realität flüchten oder wo wir Teile in uns betäuben und mit undurchdringlichem Nebel umgeben. Neptun sucht das Absolute, die höchste Realität, die völlige Erfüllung, die nicht von dieser Welt ist. Hat er in unserem Horoskop Bezug zum Thema unserer Beziehungen, so neigen wir dazu, dort Menschen zu idealisieren, anstatt sie (oder auch uns selbst) klar zu sehen. Wo Neptun steht, fliehen wir vor dem grauen Alltag, wir suchen unsere »Fee« oder den »Erlöser« aus all unseren Problemen und Komplexen.

Andererseits verleiht Neptun eine höhere Wahrnehmungsfähigkeit und das Erfassen von Zusammenhängen, die Menschen, die diese Energie nicht leben wollen, verborgen bleibt. Wo Neptun steht, können wir voller Ideale, voll Mitgefühl, Einfühlungsvermögen und Selbstlosigkeit sein. An dieser Stelle besitzen wir künstlerische Fähigkeiten oder heilende Kräfte oder auch die Gabe, eine andere Wahrheit durchscheinen zu lassen als die allgemein für verbindlich gehaltene. Neptun und die Fische lehren, die Wirklichkeit so zu akzeptieren, wie sie wirklich ist, und nicht so, wie wir sie uns kraft unseres Intellekts vorstellen, der nur das annehmen kann, was entweder fassbar oder logisch ableitbar ist (Jungfrau). Die Gegenpole Fische–Neptun und Jungfrau–Merkur lehren ein Gleichgewicht zwischen der analytisch-rationalen Welt, die Sicherheit im Greifbaren sucht, und der Fähigkeit, sich dem Strom des Lebens anzuvertrauen und Sicherheit auch im Chaos, im Nichteindeutigen, Nichtfestgelegten und damit im Bereich des Glaubens und Erfühlens zu finden.

Neptun lehrt uns, eine Verantwortung anzunehmen, die daraus entspringt, dass jeder für alles, was geschieht, verantwortlich ist, und die auf dem Glauben basiert, dass sich zwangsläufig das größere Ganze verändern muss, wenn sich ein Teilchen des Ganzen verändert: In einem geschlossenen System zieht jede Veränderung der Einzelbausteine eine Veränderung des gesamten Systems nach sich, im Guten wie im Schlechten.

Neptun sagt im Horoskop etwas darüber aus,

1. wo wir die höchste Wahrnehmungsfähigkeit besitzen und die stärkste Durchlässigkeit und Beeindruckbarkeit sowie die Fähigkeit zu einer allumfassenden Liebe und Hingabe,
2. wo wir dazu neigen, Bedürfnisse, Wünsche, Antriebe zu betäuben und vor uns selbst und anderen zu verbergen,
3. in welchen Lebensbereichen wir mit Unsicherheiten, Unklarheiten, Enttäuschungen und der Notwendigkeit, Opfer zu bringen, zu kämpfen haben, auf welchen Ge-

bieten wir die Tendenz zur Flucht oder zum Ausweichen haben, welche Bereiche unserer Persönlichkeit wir mit einem dichten Schleier und mit Vergessen umgeben,

4. inwieweit wir in der Lage sind, eine eindeutige, klar umrissene Meinung und Einstellung einzunehmen, und wo wir eher konturlos, undifferenziert sind,

5. wo ein Hang zu Illusionen, zu Täuschung, Schwindel, Luftschlössern, zu Romantik und Idealisierung besteht,

6. wo wir die Fähigkeit echter Verschmelzung, Selbstaufgabe und Aufgabe der Kontrolle, zu wirklichem Vertrauen und zur Hingabe besitzen (Neptun steht dort, wo wir einen tiefen Wunsch nach Loslösung, nach Vergessen, Entgrenzung und der Überwindung unserer Einsamkeit und Isoliertheit haben),

7. auf welchen Lebensgebieten wir für bisherige Formen Alternativen finden müssen, wo Bewusstseinserweiterung vonnöten ist, wo wir Hintergründe aufdecken sollen und Schleier zerreißen.

ZUR MYTHOLOGIE DER FISCHE

Unter den zahlreichen Mythen, die den Fischen zugeordnet werden können, schildern wohl diejenigen des Meeres am anschaulichsten ihr Wesen.

Die Meeresgötter der griechischen Sagenwelt besitzen die Gabe der Prophetie und der Verwandlungsfähigkeit. Unter den frühen männlichen Gottheiten gab es drei, *Phorkys, Proteus* und *Nereus*, wobei es nicht eindeutig ist, ob diese drei unterschiedliche Erscheinungsformen ein und desselben Gottes darstellen oder ob sie wirklich drei Götter waren. Homer gab ihnen die Bezeichnung *halios gérōn*, »der Alte des Meeres«. Vielfältige Sagen ranken sich um sie, sodass in den Erzählungen häufig auch von »den Alten des Meeres« die Rede ist.

Homer erzählt in der *Odyssee* die Geschichte des *Proteus*, der am eindeutigsten mit der Bezeichnung *halios gérõn* verbunden ist: Proteus hütete die Robben und Meeresgeschöpfe Poseidons. Auch er besaß die Gabe der Weissagung, war aber abgeneigt, sein Wissen preiszugeben, und versuchte den Fragern zu entkommen, indem er zahlreiche Gestalten annahm. Er hatte eine Tochter mit Namen Eidothea. Sie verriet ihn an Menelaos, den König von Sparta, den es, nachdem er Troja besiegt hatte und nach Hause zurückkehren wollte, in viele Länder und zuletzt nach Ägypten verschlagen hatte. Er begegnete Eidothea, und diese sprach zu ihm:* »Es geht hier ein Meergreis um, der die Wahrheit sagt, der Meergreis von Ägypten, der unsterbliche Proteus. Er kennt die Meerestiefen gründlich und ist nun dem Poseidon unterworfen. Wenn du ihm hier auflauern wolltest und ihn gefangen nehmen könntest, so würde er dir den Weg sagen und die Zahl der Tagesreisen bis zu deiner Heimkehr, damit du das fischreiche Meer glücklich durchquerest. Wenn du willst, wird er dir auch sagen, was alles – Böses oder Gutes – in deinem Hause geschah, während du fern warst auf der langen mühsamen Reise.«

Menelaos, der vergebens lange Zeit den Heimweg gesucht hat, erkundigt sich, wie er dem Alten auflauern soll, ohne dass dieser ihm durch sein Vorauswissen entkommt. Eidothea schildert genau, wie Proteus täglich mit der Herde der Robben verfährt, für die er verantwortlich ist: Erst zählt er sie, dann legt er sich in ihrer Mitte schlafen. Jetzt sei der Augenblick gekommen, um ihn zu überwältigen, sagt sie, doch Menelaos müsse ihn festhalten, sosehr er

---

* Zitiert nach Karl Kerényi: *Die Mythologie der Griechen*, dtv, 1966.

auch zu entwischen trachte und welche Gestalt er auch immer annehme: »Erst wenn er euch zu bitten beginnt, in derselben Gestalt, in der er vor eueren Augen einschlief, erst dann höret auf, Gewalt zu üben, löset den Alten, und befraget ihn ...« Menelaos befolgt den Rat der Eidothea, und als er versucht, den Alten des Meeres festzuhalten, nimmt Proteus die Gestalt eines Löwen, einer Schlange, eines Panthers, eines Ebers, eines Baumes, eines Leoparden, eines Schweins und schließlich auch die des Wassers an, doch Menelaos hält ihn noch immer fest, durch all diese Verwandlungen hindurch, und schließlich sagt Proteus die Wahrheit über alles aus, wonach er gefragt wird.

Eine ähnliche Geschichte wird von *Nereus*, dem Vater der fünfzig Nereiden, der Meeresnymphen, erzählt: Herakles hatte die vom Orakel von Delphi zur Sühne seiner Taten verhängten zehn Arbeiten vollbracht (vgl. das Kapitel »Zur Mythologie des Löwen«, S. 183). Doch dem Eurystheus genügten zwei dieser Arbeiten nicht, und er gab Herakles zwei weitere auf. Eine davon war, die goldenen Äpfel aus dem Garten der Hesperiden zu holen. Herakles irrt umher und fragt schließlich Nereus um Rat. Auch Nereus sucht sich durch vielerlei Verwandlungen zu entziehen, doch schließlich gelingt es Herakles, ihn festzubinden und ihn so zu zwingen, ihm Rede und Antwort zu stehen.

So wie das Meer ständig seine Gestalt verändert, wie es ständig fließt und letztlich formlos ist, da eine Form sofort in die nächste übergeht, so verändern auch die Gottheiten des Meeres leicht und mühelos und unentwegt ihre Gestalt. Sie bleiben dadurch ungreifbar, ungebunden und frei. Man kann sie nicht ohne weiteres zwingen zu sagen, was sie wissen. Man kann sie nicht festlegen. Sie entziehen sich durch ihre Verwandlungskünste, sodass man sich schließlich fragen muss, wer sie eigentlich sind ... Oft scheint es, dass sie selbst es nicht wissen, da sie keiner Gestalt wirklich den Vorzug geben. Fische-Menschen besitzen häufig die Gabe des Schauspielens, weil in ihrem Bewusstsein alle Rollen theoretisch möglich, alle Existenzformen denkbar sind. »Legt mich nicht fest, begrenzt mich nicht, zwingt mich nicht, Kontur anzunehmen und mich dem Leben und euren Fragen zu stellen!«, scheinen sie zu sagen. Wie Proteus und Nereus fließen sie zwischen möglichen Existenzen und Positionen hin und her, und weder sie selbst noch ein anderer ist in der Lage, ihre endgültige Gestalt zu bestimmen. Nur wer lange genug festhält, wer alle Verwandlungen mit durchläuft und sie übersteht, hat eine Chance, schließlich etwas in der Hand zu halten, was Substanz und Bestand hat. »Alles ist wahr, und nichts ist wahr« scheint die Botschaft der Meeresgötter zu sein, und nur wer hartnäckig genug »am Ball bleibt«, hat Aussicht darauf, einer Fische-Wahrheit näher zu kommen. Die Neigung, die Wahrheit zumindest über einen Zeitraum zu verschleiern, erklärt auch, warum Täuschung, Betrug und Lügen in den Bereich der Fische und des Neptuns fallen.

Die Meeresgötter sind keiner Form ausschließlich verpflichtet. Durch ihre Verwandlungen können sie die ganze Vielfalt der Erscheinungsformen abdecken. Im Fische-Menschen lebt das Wissen um die Begrenztheit einer Form, die immer nur einen Ausschnitt des Ganzen darstellen kann. Materialisieren, d. h. eine greifbare Gestalt annehmen, bedeutet, eine Form statt einer anderen zu wählen. Damit ist für die Dauer der Existenz dieser Form – zumindest innerhalb unseres Normalbewusstseins – festgelegt, dass eine andere Form nicht mehr möglich ist. Werden wir als Weiße in Europa geboren, so ist damit die Form eines Schwarzafrikaners für diese Existenz ausgeschlossen. Im letzten

Abschnitt des Tierkreises liegt jedoch das Wissen, dass die Form nicht dem gesamten Inhalt entspricht und dass hinter den »zehntausend Dingen«, wie der Buddhismus die Welt nennt, eine letzte Einheit besteht, die über das Materielle hinausgeht.

Festlegung, Spezialisierung, Eindeutigkeit sind dem Fische-Temperament fremd. Tief im Inneren leben die Sehnsucht nach einer vollkommeneren, idealeren Welt und eine Art Rückerinnerung an ein verlorenes Paradies. Daraus ergibt sich eine mehr oder weniger bewusste Ablehnung dagegen, überhaupt geboren zu werden. Diese Geburt wird, wenn sie schon physisch nicht zu umgehen ist, zumindest psychisch so lange wie möglich hinausgeschoben, wodurch der Zustand der »kindlichen Unschuld«, solange es geht, erhalten wird, jedoch oft auf Kosten der nötigen Individuation. Proteus und Nereus spiegeln diese Weigerung wider, indem sie sich entziehen, wenn es um Aussagen und damit um Klarheit und Festlegung geht. Die medialen Fähigkeiten, die beide besitzen, sind dem Zugriff des Menschen, soweit es geht, entzogen. Und, zum Vergleich, selbst die Aussagen des Orakels von Delphi waren unklar und dunkel und konnten unterschiedlich interpretiert werden.

EIN FISCHE-MÄRCHEN:

Die kleine Seejungfrau

Weit draußen im Meer, an der tiefsten Stelle, liegt das Schloss des Meerkönigs. Er hatte sechs schöne Töchter, doch die jüngste war die schönste von allen. Während ihre Schwestern sich mit allerlei Dingen vergnügten, war sie still und nachdenklich, und ihre Gedanken schweiften immer wieder zu der Welt da droben, wo die Sonne schien und Menschen lebten.

Jede der Schwestern erhielt an ihrem fünfzehnten Geburtstag die Erlaubnis, aus dem Meer emporzutauchen und im Mondschein die Menschenwelt zu erleben. Jahr um Jahr durfte eine andere Tochter hinauf, da eine immer ein Jahr jünger war als die vorhergehende. Die jüngste hatte jedoch die größte Sehnsucht und musste doch am längsten warten. Die Schwestern berichteten hunderterlei wundersame Dinge, sie waren aber auch froh, wieder in ihre Unterwasserwelt hinabtauchen zu können.

So manche Nacht verbrachte die kleine Seejungfrau träumend am Fenster des Schlosses und sah dem Spiel der Fische zu, bis sie selbst an die Reihe kam.

Die Sonne war gerade untergegangen, als sie aus dem Wasser auftauchte; und das Erste, was sie erblickte, war ein großes prächtiges Schiff, durch dessen Fenster sie viele festlich gekleidete Menschen sah. Der schönste aber war ein junger Prinz, von dem sie nicht die Augen wenden konnte. Während sie so die Gesellschaft beobachtete, kam ein Sturm auf, das Wasser erhob sich wie große schwarze Berge, und das Schiff begann zu sinken. Erst freute sie sich, da sie dachte, der Prinz käme nun zu ihr hinunter, plötzlich jedoch fiel ihr ein, dass Menschen unter Wasser nicht leben können. Hastig schwamm sie zu dem Prinzen, ohne daran zu denken, dass die zerborstenen Teile des Schiffes sie hätten zerquetschen können. Sie hielt seinen Kopf über Wasser und ließ sich mit ihm von den Wellen an Land treiben. Am nächsten Morgen kam ein junges Mädchen an den Platz, wo der Prinz lag, und es holte Hilfe. Der Prinz erwachte, lächelte alle an und besonders das schöne Mädchen. Zu ihr aber, der kleinen Seejungfrau, lächelte er nicht herüber, er wusste ja gar nicht, dass sie ihn gerettet hatte.

Sie tauchte wieder hinunter zum Schloss ihres Vaters, aber von nun an war sie noch stiller, und sie erzählte nichts von ihren Erlebnissen.

Ihre Sehnsucht wurde immer stärker, immer mehr begann sie die Menschen zu lieben. So vieles wollte sie über diese Welt wissen, und da die Schwestern keine Antwort wussten, fragte sie die Großmutter, die die Menschenwelt gut kannte. Von ihr erfuhr sie, dass die Meereswesen dreihundert Jahre alt werden, dann aber zu Schaum auf dem Meer vergehen, da sie keine unsterbliche Seele besitzen. Die Menschen dagegen besitzen eine Seele, die ewig lebt, auch dann noch, wenn der Körper zu Erde geworden ist.

Von da an war die kleine Seejungfrau von einer brennenden Sehnsucht danach erfüllt, wie ein menschliches Wesen zu sein. Von ihrer Großmutter hatte sie erfahren, dass sie eine unsterbliche Seele nur erlangen könne, wenn ein Mensch sie mehr lieben würde als seine Mutter und seinen Vater und wenn er sie zur Frau nähme. Dies könne jedoch nie geschehen, da sie nun einmal einen Fischschwanz statt zwei Beinen habe. Sie überwand ihre Angst

und machte sich auf den Weg zu der gefürchteten Meerhexe, von der sie sich Hilfe erhoffte. Unterwegs musste sie durch allerlei Gefahren, doch schließlich kam sie am Haus der Hexe an, das mitten in einem warmen, brodelnden Schlamm lag.

Die Hexe begrüßte sie spöttisch: Sie wisse schon, was die kleine Seejungfrau wolle, und sie könne ihr auch diesen Wunsch erfüllen. Sie werde sich aber selbst damit ins Unglück stürzen – und um zwei Beine zu bekommen, würde sie große Schmerzen erdulden müssen, die auch dann noch anhielten, wenn sie die Beine habe. Die kleine Seejungfrau willigte in alles ein, sie nahm selbst die Gefahr auf sich, dass sie, sollte sie der Prinz nicht zur Frau nehmen, am Morgen seiner Hochzeit mit einer anderen zu Schaum auf dem Meer werden würde.

Die Hexe verlangte als Gegenleistung für diesen Dienst ihre wunderschöne Stimme und schnitt ihr kurzerhand die Zunge ab. Nun war die kleine Seejungfrau stumm. Sie tauchte auf zum Schloss des Prinzen, trank den Zaubertrank, und es war ihr, als schnitten Schwerter durch sie hindurch. Wie tot lag sie da, und als sie am nächsten Morgen erwachte, stand der Prinz vor ihr. Er fragte sie, wer sie sei und woher sie gekommen war, doch sie sah ihn nur traurig an, denn sprechen konnte sie ja nicht. Er nahm sie mit ins Schloss, und sie bekam herrliche Kleider und durfte den Prinzen überallhin begleiten. Alle waren von ihrem Liebreiz bezaubert, und sie tanzte für den Prinzen, sooft er es wollte, obwohl ihre Füße bei jedem Schritt schmerzten, als ob sie auf scharfe Messer träte. Tag für Tag gewann sie der Prinz lieber, doch er liebte sie, wie man ein gutes, liebes Kind liebt, und er nannte sie sein Findelkind.

Es kam die Zeit, zu der sich der Prinz verheiraten sollte, und es war auch schon eine Braut für ihn bestimmt. Da sagte er zu der kleinen Seejungfrau, dass er dieses Mädchen niemals heiraten werde, denn er liebe eine andere, nämlich die, die er gesehen habe, als ihn die Wellen an Land spülten, nachdem sein Schiff gestrandet war. Tiefe Trauer erfüllte die kleine Seejungfrau, sie konnte dem Prinzen aber nicht sagen, dass sie ihn doch gerettet habe, dass sie ihn lieben, pflegen, ihm ihr Leben opfern wolle.

Schließlich brach der Prinz doch auf, um seine Braut zu sehen, und die kleine Seejungfrau begleitete ihn. Als sie landeten und die Prinzessin erschien, war selbst die kleine Seejungfrau von ihrer wunderschönen Erscheinung berührt. Der Prinz aber sagte: »Du bist die, die mich gerettet hat, als ich wie ein Toter an der Küste lag.« Voll Glück wurde die Hochzeit vorbereitet, und zu Ehren des Festes lachte und tanzte die kleine Seejungfrau, obwohl ihre Füße schmerzten und sie wusste, dass sie am nächsten Morgen zu Schaum auf dem Meer vergehen würde.

Als die Sonne aufging, stürzte sie sich vom Schiff herunter und fühlte, wie ihr Körper sich in Schaum auflöste. Sie merkte aber nichts vom Tod; sie sah die helle Sonne, und über ihr schwebten Hunderte von durchsichtigen, herrlichen Wesen, die ihr sagten, dass sie nun bei den Töchtern der Luft sei, die zwar auch keine unsterbliche Seele besäßen, sie sich aber durch gute Taten verschaffen könnten. Dann würde sie nach dreihundert Jahren in das Reich Gottes eingehen.*

In der Geschichte der kleinen Seejungfrau finden sich viele Motive des Fische-Themas: ihre tiefe Sehnsucht nach einer

---

* Nach *Andersen-Märchen*, Insel Verlag, 1975.

anderen, fernen, jenseitigen Welt, die die reale, in der sie lebt, schal erscheinen lässt; die Faszination, die das Schöne, Ferne, Nichtgreifbare auf sie ausübt; die Hoffnung auf Vollkommenheit in einer anderen Welt und die Hingabe und Opfer- und Leidensbereitschaft, mit der sie versucht, Liebe, Erlösung und Transzendenz in Form einer unsterblichen Seele zu erlangen.

Das Erlösungsmotiv ist untrennbar mit den Fischen verbunden, da hier geboren werden immer auch in einem gewissen Umfang eine Form von Leiden bedeutet. Ebenso gehört das Rettermotiv zu Neptun und den Fischen: Rettung, Erlösung von anderen bis hin zu einem messianischen Anspruch oder auch einfach bis hin zur Selbstaufgabe. Oder gerettet und erlöst werden, die Eigenverantwortung abgeben, dem Lebenskampf entrinnen.

Letztlich wirkt in diesem Zeichen und damit in jedem von ihm geprägten Menschen die Sehnsucht danach, zu verlöschen und den Begrenzungen des irdischen Daseins zu entkommen, auch wenn dies im täglichen Leben eines Menschen meist nicht so sichtbar wird oder in ihm selbst unbewusst ruht. Fische wollen mehr als »nur« menschliche Wesen sein: Auf der letzten Stufe des Tierkreises geht es um die Transzendierung der menschlichen Existenz, um die Erfahrung mit der All-Einheit. Dies ist im realen Leben oft verbunden mit der Hoffnung auf einen idealen Zustand, sei es in einer Beziehung, in einem Staat oder wo auch immer, der zwangsläufig an Idealem verlieren muss, wenn er in die Welt des Konkreten eintritt.

ANALOGIEKETTEN

Entsprechungen des Prinzips »Fische« auf den verschiedenen Ebenen

Farben:
Meergrün, Blaugrün, Pastelltöne, Aquarellfarben; Batik.
Geruch:
Subtil, aber wirksam; Räucherstäbchenduft, Weihrauch; Salzwassergeruch.
Geschmack:
Vermischt, Curry, undefinierbar, wässrig, chemisch, ungewürzt; tranig; den Eigengeschmack überdeckende Würze.
Signatur (Form und Gestalt):
Fließend, konturlos, weich, schemenhaft, durchscheinend, formlos, verwaschen, verschleiert.
Pflanzen allgemein:
Wasserpflanzen, Algenarten; Mohn, Hanf; zarte, wenig widerstandskräftige Pflanzen.
Bäume, Sträucher:
Weide; Jasmin.
Gemüse, Obst:
Reis, Algen, Sojabohne; Wassermelone, Papaya; Kürbis.
Blumen:
Wasserrose, Mimose, Lilie.
Gewürze:
Curry, künstliche Aromen, Glutamat.
Heilpflanzen:
Blasentang, Herbstzeitlose, Kakaostrauch, Colabaum, Irisch Moos, Passionsblume.
Tiere:
Fischarten, Mischformen zwischen Pflanze und Tier (Seeanemonen, Geißeltierchen), Korallen, Silberfischchen; zart-

gliedrige Tiere; Einzeller; Plankton, Qualle, Seepferdchen, Muschel; Austern, Silberreiher; Zierfische; Scholle, Flunder, Paradiesfisch; Wasservögel (Möwen).

Materialien:

Chemikalien und Farben.

Mineralien, Metalle:

Wismut, Chrysopras, Neptunium, instabile, künstliche Schwermetalle.

Landschaften:

Unterwasserlandschaften (»Atlantis«), unbesiedelte, einsame Gebiete (Fjorde).

Berufe:

Alle Berufe, die Einfühlungsvermögen, Intuition und Hilfsbereitschaft erfordern; Berufe, die Kontakt zu Menschen ermöglichen und die vielseitig sind und Abwechslung bieten; Berufe, bei denen eher das Kreativ-Künstlerische als das Ökonomische und Rationale betont ist; musische Berufe; Berufe im Bereich der Pharmazeutik und der Chemie; Berufe, die eine flexible, veränderliche Lebensweise fördern; Tätigkeiten in Hilfs- und Fürsorgeorganisationen: Rettungsstationen, Asyle, Taubstummen- und Blindenheime, Anstalten, Trinkerheime; Ärzte, Krankenschwestern, Krankenpfleger; Heilpraktiker; Psychiater; Therapeut; Psychologe; Parapsychologe; Spiritist, Mystiker, Diakon; Mönch/Nonne; Geistlicher; Missionar; Künstler: Musiker, Maler; Literat (besonders Dichtung); Philosoph; Apotheker; Drogist; Wein- und Spirituosenhändler; Seefahrer; Fischer; Werftarbeiter; Meeresforscher; Gastwirt; Glücksspieler; Schauspieler; Beschäftigter im Zirkus- und Schaubudenbetrieb.

Hobbys, Sportarten:

Meditation, Glücksspiele, Film und Fernsehen; Schwimmen, Wasserball, Wassergymnastik, Rafting, Rudern, Kanufahren, Segeln.

Verkehrsmittel:
Schiff, Floss, Surfen, Luftmatratze.

Wohnstil:
Konturlos, ineinander übergehende Formen, Wohnlandschaft, Aquarium. Hausboot.

Wochentag:
Donnerstag (Tag des Donar, des nordischen Donnergottes; frz. *jeudi*, it. *giovedi* [Tag des Zeus/Jupiter]).

Gesellschaftsform:
Außenseiter- und Randgruppen; Alternative; chaotische, anarchische Formen; Zigeuner; religiöse Gemeinschaften.

Entsprechungen auf der Ebene des menschlichen Körpers:
Zirbeldrüse (Epiphyse), Hormonsystem; Aura; Fontanellen, Füße; sämtliche osmotische und diffundierende Prozesse im Körper (Durchlässigkeit der Haut), Gefäßpermeabilität.

Krankheiten allgemein:
Infektionen, Seuchen, Vergiftungen, Lähmungen, reduzierte Körperabwehr (Immunschwäche), Hormonstörungen, Drogenkonsum, Fettsucht, Enzymstörungen; Neurosen.

WIE WIRKEN DIE FISCHE UND NEPTUN IN MEINEM HOROSKOP, WAS SAGEN SIE AUS?

1. Welches Thema entzieht sich am meisten meinem Zugriff und meinem bewussten Verständnis? Welcher Lebensbereich oder welche Lebensphase erscheint mir am verschwommensten und unklarsten (z. B. die Kindheit, meine Liebesbeziehungen, meine Wertmaßstäbe)? Und wo kann ich mich deshalb am stärksten selbst definieren?

2. Wo habe ich das meiste Bedürfnis danach, etwas mehr in der Phantasie und in meinen Träumen zu erleben,

als es zu einer konkreten Wirklichkeit werden zu lassen mit allen praktischen Konsequenzen?

3. In welchem Lebensbereich bin ich besonders empfindsam, beeindruckbar, empfänglich, offen? Wo kann ich mich am wenigsten abgrenzen und schützen? Wo machen sich Einflüsse von außen direkt bemerkbar (z. B. im Körperlichen in Form von Infektionen bzw. Immunschwäche)? Wo fühle ich mich schwach, hilflos oder sogar an jemanden oder etwas ausgeliefert?

4. Bei welchen Themen bin ich unklar? Wo zeige ich am wenigsten Kontur und Profil? Wann neige ich dazu, mich Situationen, Menschen oder Verpflichtungen zu entziehen, und warum? Wo wird es mir schnell zu dicht, zu eng, zu profan?

5. Auf welchen Gebieten neige ich zu falschen Hoffnungen und Illusionen? Welche Themen oder Menschen beschönige ich, umgebe sie mit einem Glorienschein, idealisiere sie?

6. Was bedeutet »Romantik« für mich oder auch »romantische Liebe«? Welche Gefühle lösen die Worte »die Sehnsucht nach dem siebten Himmel« in mir aus?

7. In welchen Bereichen habe ich die meisten Schwierigkeiten mit der nüchternen Alltagsrealität?

8. Wo und wann täusche und belüge ich andere? Neige ich zu undurchsichtigen, verschleiernden Handlungsweisen? Wo verheimliche ich lieber etwas, als es auszusprechen?

9. Wo habe ich am meisten Mitgefühl, Einfühlungsvermögen, Hingabe, Opferbereitschaft? Neige ich irgendwo zu einer Märtyrerrolle? Fühle ich mich in der Position des Helfers und Heilers wohl?

10. Habe ich irgendwelche Suchttendenzen, z. B. Alkohol, Drogen, Tabletten, Spiel?

11. Wo fühle ich mich einsam und unverstanden?
12. Bei welchem Thema spüre ich am stärksten den Wunsch, meine Ich-Grenzen aufzugeben und in etwas größerem Ganzen aufzugehen? Wo leide ich unter Ich-Verlust bzw. einem Mangel an Ichstärke und Selbstdurchsetzung?

ZITATE ZUM FISCHE-PRINZIP

Im Meer des Lebens, Meer des Sterbens, in beiden müde geworden, sucht meine Seele den Berg, an dem alle Flut verebbt.
Japanisches Sprichwort

Sei nicht unter jenen, die zum Ziel ihrer Taten den Lohn haben.
Bhagawadgita

Der Menschheit ganzer Jammer fasst mich an.
(Faust) Johann Wolfgang von Goethe

Wenn die Fenster der Wahrnehmung rein wären, erschiene dem Menschen alles, wie es ist: unendlich.
William Blake

Ich komme nicht dahinter, wo ich aufhöre und die anderen beginnen.
George McCabee

Ich sehe mich selbst wie ein Sieb. Jedermanns Gefühle fließen durch mich hindurch.
Liv Ullmann

Es ist besser, hoffnungsvoll zu reisen, als anzukommen.
Aus Japan

Man sieht nur mit dem Herzen gut; das Wesentliche ist für das Auge unsichtbar.

Antoine de Saint-Exupéry

Sie lässt sich treiben. Alles, was sie mit ihrem Leben tun will, ist, es irgendwo verlieren.

Dorothy Baker

Ich bin eine Feder für jeden Wind, der weht.

William Shakespeare

Arbeite, als wenn du das Geld nicht brauchst. Liebe, als wurdest du niemals verletzt. Tanze, als würde niemand zusehen.

Volker Banken

Lieber bin ich ein Träumer unter den Niedrigsten, mit Visionen, die zu verwirklichen sind, als Herr zwischen jenen, die ohne Träume und Verlangen sind.

Khalil Gibran

Glaube nicht, dass in der Abgeschlossenheit des Klosters der Weg zur Vollkommenheit liegt. Wenn du vor der Welt fliehst, stürzt du vielleicht vom Himmel auf die Erde nieder, wogegen es mir, indem ich zwischen weltlichen Dingen bleibe, möglich sein wird, mein Herz sicher zum Himmel zu erheben.

Coluccio Salutati

Dort, wo du nicht bist, dort ist das Glück.

Franz Schubert

Das Tor der Barmherzigkeit ist schwer zu öffnen und schwer zu schließen.

Chinesisches Sprichwort

Ich schließe meine Augen, um zu sehen.

Paul Gauguin

Das eine selbst ist alle Dinge, und alle Dinge sind eins.
Zen-Meister Sosan

Wenn ihr die Eins verstehen wollt, ist dies nur in der Nicht-Zwei möglich. *Zen-Meister Sosan*

Am Ende all unseres Suchens werden wir zu unserem Ausgangspunkt zurückkehren, und wir werden den Ort zum ersten Mal sehen. *T. S. Eliot*

Das Schönste, was wir erleben können, ist das Geheimnisvolle. *Albert Einstein*

Die Berechnung des Aszendenten*

Mit den folgenden Tabellen können Sie Ihren Aszendenten leicht herausfinden, vorausgesetzt, Sie kennen Ihre genaue Geburtszeit. Diese lässt sich beim Standesamt des Geburtsortes erfragen, da dort der betreffende Zeitpunkt relativ exakt festgehalten wird. In der Regel genügt eine schriftliche Nachfrage mit frankiertem Rückumschlag.

Da die vorliegenden Tabellen auf mitteleuropäische Zeit (MEZ) bezogen sind, muss bei einigen Jahrgängen die Sommerzeit berücksichtigt werden. Genaueres entnehmen Sie bitte Tabelle C.

Nehmen Sie nun die Tabelle A, und suchen Sie Ihren Geburtstag. Neben der Datumsspalte finden Sie eine weitere, mit »Zeit« überschriebene Rubrik. Die dort aufgefundene Angabe übertragen Sie (am besten auf einen Zettel) und addieren sie zu Ihrer Geburtszeit. Zum Resultat addieren bzw. subtrahieren Sie die in Tabelle B angegebene Zeit für Ihre Geburtsstadt oder, falls diese nicht aufgeführt sein sollte, die Zeit der nächstgelegenen größeren Stadt. Schließlich ziehen Sie von diesem Ergebnis 24 Stunden ab, wenn Ihre Gesamtsumme größer als 24 sein sollte.

Gehen Sie mit diesem Ergebnis in die Zeitspalte der Tabelle A, und lesen Sie den Aszendenten in der Spalte des Breitengrades Ihrer Geburtsstadt ab.

Der Anschaulichkeit halber sei hier ein Beispiel vorgeführt:

---

* Das folgende Kapitel sowie die Tabellen A, B und C sind dem Buch *Aszendent und Persönlichkeit* von Walther Howe entnommen (Knaur Verlag, 1990).

Angenommene Geburt:

3. 5. 1970 um 13 Uhr 20 Minuten in Mannheim

Sternzeit 3. 5. laut Tabelle A:	14 h	44 m
plus Geburtszeit:	+ 13 h	20 m
	= 28 h	04 m
Zeitangabe für Mannheim laut Tabelle B (– 26 m):	–	26 m
	= 27 h	38 m
– 24 h, da größer als 24	– 24 h	
Endergebnis:	= 03 h	38 m

Den errechneten Wert suchen Sie nun wieder in der Tabelle A unter der Rubrik Sternzeit auf. Gehen Sie in dieser Spalte weiter nach rechts, so finden Sie, aufgeschlüsselt nach geografischer Breite, die Angabe Ihres Aszendenten. (Die Breite Ihres Geburtsortes können Sie in jedem Schulatlas nachschlagen.) Im Falle Mannheims ist der 50. Breitengrad der nächstliegende. Der gesuchte Aszendent liegt auf dem 4. Grad Jungfrau.

Tabelle A
Berechnung des Aszendenten*

JANUAR
Aszendent

Tag	Zeit	46°	48°	50°	52°
1	6.40	7 Ω	7 Ω	7 Ω	7 Ω
2	6.44	8	8	7	7
3	6.48	9	8	8	8
4	6.52	9	9	9	9
5	6.56	10	10	10	9
6	7.00	11	11	10	10
7	7.04	12	11	11	11
8	7.08	12	12	12	11
9	7.12	13	13	12	12
10	7.16	14	13	13	13
11	7.20	15	14	14	14
12	7.24	15	15	15	14
13	7.28	16	16	15	15
14	7.32	17	16	16	16
15	7.36	18	17	17	16
16	7.40	18	18	17	17
17	7.44	19	19	18	18
18	7.48	20	19	19	18
19	7.52	21	20	20	19
20	7.56	21	21	20	20
21	8.00	22	22	21	20
22	8.04	23	22	22	21
23	8.08	24	23	22	22
24	8.12	24	24	23	23
25	8.16	25	24	24	23
26	8.20	26	25	25	24
27	8.24	26	26	25	25
28	8.28	27	27	26	25
29	8.32	28	27	27	26
30	8.36	29	28	27	27
31	8.40	29	29	28	27

FEBRUAR
Aszendent

Tag	Zeit	46°	48°	50°	52°
1	8.43	0 ♏	0 ♏	29 Ω	28 Ω
2	8.47	1	0	0 ♏	29
3	8.51	2	1	0	0 ♏
4	8.55	2	2	1	0
5	8.59	3	2	2	1
6	9.03	4	3	2	2
7	9.07	5	4	3	2
8	9.11	5	5	4	3
9	9.15	6	5	5	4
10	9.19	7	6	5	4
11	9.23	8	7	6	5
12	9.27	8	8	7	6
13	9.31	9	8	7	7
14	9.35	10	9	8	7
15	9.39	11	10	9	8
16	9.43	11	10	10	9
17	9.47	12	11	10	9
18	9.51	13	12	11	10
19	9.55	14	12	12	11
20	9.59	14	13	12	11
21	10.03	15	14	13	12
22	10.07	16	15	14	13
23	10.11	17	16	15	13
24	10.15	17	16	15	14
25	10.19	18	17	16	15
26	10.23	19	18	17	16
27	10.27	20	19	17	16
28	10.31	20	19	18	17

---

* Tabelle A ist in überarbeiteter Form dem Buch *Aszendent – das aufsteigende Zeichen* von Herbert Schmatzberger entnommen (Rowohlt 1983).

März

Aszendent

Tag	Zeit	46°	48°	50°	52°
1	10.34	21 ♏	20 ♏	19 ♏	17 ♏
2	10.38	22	20	19	18
3	10.42	22	21	20	19
4	10.46	23	22	21	19
5	10.50	24	23	21	20
6	10.54	25	23	22	21
7	10.58	25	24	23	22
8	11.02	26	25	24	22
9	11.06	27	26	24	23
10	11.10	28	26	25	24
11	11.14	28	27	26	24
12	11.18	29	28	27	25
13	11.22	0 ✗	29	27	26
14	11.26	1	29	28	27
15	11.30	1	0 ✗	29	27
16	11.34	2	1	29	28
17	11.38	3	2	0 ✗	29
18	11.42	4	2	1	29
19	11.46	4	3	2	0 ♉
20	11.50	5	4	2	1
21	11.54	6	5	3	2
22	11.58	7	5	4	2
23	12.02	8	6	5	3
24	12.06	8	7	5	4
25	12.10	9	8	6	4
26	12.14	10	8	7	5
27	12.18	11	9	8	6
28	12.22	12	10	8	7
29	12.26	12	11	9	7
30	12.30	13	12	10	8
31	12.34	14	12	11	9

April

Aszendent

Tag	Zeit	46°	48°	50°	52°
1	12.37	15 ✗	13 ✗	11 ✗	9 ✗
2	12.41	15	14	12	10
3	12.45	16	15	13	11
4	12.49	17	15	14	12
5	12.53	18	16	14	12
6	12.57	19	17	15	13
7	13.01	20	18	16	14
8	13.05	20	19	17	15
9	13.09	21	19	18	16
10	13.13	22	20	18	16
11	13.17	23	21	19	17
12	13.21	24	22	20	18
13	13.25	25	23	21	19
14	13.29	26	24	22	20
15	13.33	26	25	23	20
16	13.37	27	25	23	21
17	13.41	28	26	24	22
18	13.45	29	27	25	23
19	13.49	0 ♉	28	26	24
20	13.53	1	29	27	25
21	13.57	2	0 ♉	28	26
22	14.01	3	1	29	26
23	14.05	4	2	0 ♉	27
24	14.09	5	3	1	28
25	14.13	6	4	1	29
26	14.17	7	5	2	0 ♉
27	14.21	8	6	3	1
28	14.25	9	7	4	2
29	14.29	10	8	5	3
30	14.33	11	9	6	4

MAI

Aszendent

Tag	Zeit	46°	48°	50°	52°
1	14.36	12 ♉	9 ♉	7 ♉	5 ♉
2	14.40	13	10	8	6
3	14.44	14	11	9	7
4	14.48	15	13	10	8
5	14.52	16	14	11	9
6	14.56	17	15	12	10
7	15.00	18	16	13	11
8	15.04	19	17	14	12
9	15.08	20	18	16	13
10	15.12	21	19	17	14
11	15.16	23	20	18	15
12	15.20	24	22	19	16
13	15.24	25	23	20	17
14	15.28	26	24	22	19
15	15.32	28	25	23	20
16	15.36	29	27	24	21
17	15.40	0 ♒	28	25	22
18	15.44	1	29	27	24
19	15.48	3	1 ♒	28	25
20	15.52	4	2	29	26
21	15.56	6	3	1 ♒	28
22	16.00	7	5	2	29
23	16.04	8	6	4	1 ♒
24	16.08	10	8	6	2
25	16.12	11	9	7	4
26	16.16	13	11	8	5
27	16.20	14	12	10	7
28	16.24	16	14	11	8
29	16.28	17	13	13	10
30	16.32	19	17	15	12
31	16.36	21	19	17	14

JUNI

Aszendent

Tag	Zeit	46°	48°	50°	52°
1	16.38	21 ♒	19 ♒	17 ♒	14 ♒
2	16.42	23	21	19	16
3	16.46	24	23	20	18
4	16.50	26	24	22	20
5	16.54	28	26	24	22
6	16.58	0 ♓	28	26	24
7	17.02	1	0 ♓	28	26
8	17.06	3	2	0 ♓	28
9	17.10	5	4	2	0 ♓
10	17.14	7	5	4	2
11	17.18	9	7	6	4
12	17.22	11	9	8	6
13	17.26	12	11	10	8
14	17.30	14	13	12	11
15	17.34	16	15	14	13
16	17.38	18	17	17	15
17	17.42	20	20	19	18
18	17.46	22	22	21	20
19	17.50	24	24	23	23
20	17.54	26	26	25	25
21	17.58	28	28	28	28
22	18.00	0 ♈	0 ♈	0 ♈	0 ♈
23	18.04	2	2	2	2
24	18.08	4	4	5	5
25	18.12	6	6	7	7
26	18.16	8	8	9	9
27	18.20	10	10	11	12
28	18.24	12	13	13	15
29	18.28	14	15	15	17
30	18.32	16	17	18	19

Juli
Aszendent

Tag	Zeit	46°	48°	50°	52°
1	18.36	17 ♈	18 ♈	19 ♈	21 ♈
2	18.40	19	20	22	23
3	18.44	21	22	24	25
4	18.48	23	24	26	28
5	18.52	25	26	28	0 ♉
6	18.56	26	28	0 ♉	2
7	19.00	28	0 ♉	2	4
8	19.04	0 ♉	2	4	6
9	19.08	2	3	5	8
10	19.12	3	5	7	10
11	19.16	5	7	9	12
12	19.20	7	9	11	14
13	19.24	8	10	13	15
14	19.28	10	12	14	17
15	19.32	12	14	16	19
16	19.36	13	15	18	21
17	19.40	15	17	19	22
18	19.44	16	18	21	24
19	19.48	18	20	22	25
20	19.52	19	21	24	27
21	19.56	21	23	25	28
22	20.00	22	24	27	0 ♊
23	20.04	23	26	28	1
24	20.08	25	27	0 ♊	3
25	20.12	26	28	1	4
26	20.16	28	0 ♊	2	5
27	20.20	29	1	4	7
28	20.24	0 ♊	2	5	8
29	20.28	1	4	6	9
30	20.32	3	5	7	10
31	20.36	4	6	9	12

August
Aszendent

Tag	Zeit	46°	48°	50°	52°
1	20.38	4 ♊	7 ♊	9 ♊	12 ♊
2	20.42	6	8	10	13
3	20.46	7	9	12	14
4	20.50	8	10	13	16
5	20.54	9	11	14	17
6	20.58	10	13	15	18
7	21.02	11	14	16	19
8	21.06	13	15	17	20
9	21.10	14	16	18	21
10	21.14	15	17	19	22
11	21.18	16	18	20	23
12	21.22	17	19	21	24
13	21.26	18	20	22	25
14	21.30	19	21	23	26
15	21.34	20	22	24	27
16	21.38	21	23	25	28
17	21.42	22	24	26	29
18	21.46	23	25	27	0 ♋
19	21.50	24	26	28	1
20	21.54	25	27	29	2
21	21.58	26	28	0 ♋	2
22	22.02	27	29	1	3
23	22.06	28	0 ♋	2	4
24	22.10	29	1	3	5
25	22.14	0 ♋	2	4	6
26	22.18	1	3	5	7
27	22.22	2	3	5	8
28	22.26	2	4	6	8
29	22.30	3	5	7	9
30	22.34	4	6	8	10
31	22.38	5	7	9	11

| | SEPTEMBER | | | | | OKTOBER | | | |
| | Aszendent | | | | | Aszendent | | | |
Tag	Zeit	46°	48°	50°	52°	Tag	Zeit	46°	48°	50°	52°
1	22.40	5 ♋	7 ♋	9 ♋	11 ♋	1	0.38	29 ♋	1 ♌	2 ♌	3 ♌
2	22.44	6	8	10	12	2	0.42	0 ♌	1	3	4
3	22.48	7	9	11	13	3	0.46	1	2	3	5
4	22.52	8	10	12	14	4	0.50	2	3	4	6
5	22.56	9	11	12	14	5	0.54	2	4	5	6
6	23.00	10	11	13	15	6	0.58	3	4	6	7
7	23.04	11	12	14	16	7	1.02	4	5	6	8
8	23.08	11	13	15	17	8	1.06	5	6	7	8
9	23.12	12	14	16	18	9	1.10	5	7	8	9
10	23.16	13	15	16	18	10	1.14	6	7	9	10
11	23.20	14	16	17	19	11	1.18	7	8	9	11
12	23.24	15	16	18	20	12	1.22	8	9	10	11
13	23.28	16	17	19	21	13	1.26	8	10	11	12
14	23.32	16	18	20	21	14	1.30	9	10	11	13
15	23.36	17	19	20	22	15	1.34	10	11	12	13
16	23.40	18	19	21	23	16	1.38	11	12	13	14
17	23.44	19	20	22	24	17	1.42	11	12	14	15
18	23.48	20	21	23	24	18	1.46	12	13	14	15
19	23.52	20	22	23	25	19	1.50	13	14	15	16
20	23.56	21	23	24	26	20	1.54	14	15	16	17
21	24.00	22	23	25	26	21	1.58	14	15	16	17
22	0.04	23	24	26	27	22	2.02	15	16	17	18
23	0.08	23	25	26	28	23	2.06	16	17	18	19
24	0.12	24	26	27	29	24	2.10	17	18	19	20
25	0.16	25	26	28	29	25	2.14	17	18	19	20
26	0.20	26	27	29	0 ♌	26	2.18	18	19	20	21
27	0.24	27	28	29	1	27	2.22	19	20	21	22
28	0.28	27	29	0 ♌	2	28	2.26	20	20	21	22
29	0.32	28	29	1	2	29	2.30	20	21	22	23
30	0.36	29	0 ♌	2	3	30	2.34	21	22	23	24
						31	2.38	22	23	24	24

NOVEMBER

Aszendent

Tag	Zeit	46°	48°	50°	52°
1	2.40	22 ♌	23 ♌	24 ♌	25 ♌
2	2.44	23	24	24	25
3	2.48	24	24	25	26
4	2.52	24	25	26	27
5	2.56	25	26	27	27
6	3.00	26	27	27	28
7	3.04	27	27	28	29
8	3.08	27	28	29	29
9	3.12	28	29	29	0 ♍
10	3.16	29	29	0 ♍	1
11	3.20	0 ♍	0 ♍	1	2
12	3.24	0	1	2	2
13	3.28	1	2	2	3
14	3.32	2	2	3	4
15	3.36	3	3	4	4
16	3.40	3	4	4	5
17	3.44	4	5	5	6
18	3.48	5	5	6	6
19	3.52	5	6	7	7
20	3.56	6	7	7	8
21	4.00	7	7	8	9
22	4.04	8	8	9	9
23	4.08	8	9	9	10
24	4.12	9	10	10	11
25	4.16	10	10	11	11
26	4.20	11	11	12	12
27	4.24	11	12	12	13
28	4.28	12	13	13	13
29	4.32	13	13	14	14
30	4.36	14	14	14	15

DEZEMBER

Aszendent

Tag	Zeit	46°	48°	50°	52°
1	4.38	14 ♍	15 ♍	15 ♍	15 ♍
2	4.42	15	15	16	16
3	4.46	16	16	16	17
4	4.50	16	17	17	17
5	4.54	17	18	18	18
6	4.58	18	18	19	19
7	5.02	19	19	19	19
8	5.06	19	20	20	20
9	5.10	20	20	21	21
10	5.14	21	21	21	22
11	5.18	22	22	22	22
12	5.22	22	23	23	23
13	5.26	23	23	24	24
14	5.30	24	24	24	24
15	5.34	25	25	25	25
16	5.38	25	26	26	26
17	5.42	26	26	26	26
18	5.46	27	27	27	27
19	5.50	28	28	28	28
20	5.54	28	29	29	29
21	5.58	29	29	29	29
22	6.02	1 ♎	1 ♎	1 ♎	1 ♎
23	6.06	1	1	1	1
24	6.10	2	1	1	1
25	6.14	2	2	2	2
26	6.18	3	3	3	3
27	6.22	4	4	4	4
28	6.26	5	4	4	4
29	6.30	5	5	5	5
30	6.34	6	6	6	6
31	6.38	7	7	6	6

Tabelle B
Korrektur für Städte*

Aachen	– 00 h 36 m	Berchtesgaden	– 00 h 08 m
Aalen	– 00 h 20 m	Bergheim/Erft	– 00 h 33 m
Achern	– 00 h 28 m	Bergisch-Gladbach	– 00 h 31 m
Alicante	– 01 h 02 m	Berlin (Reichstag)	– 00 h 06 m
Alsfeld	– 00 h 23 m	Bern	– 00 h 30 m
Altenkirchen	– 00 h 30 m	Bernkastel	– 00 h 32 m
Altötting	– 00 h 09 m	Besançon	– 00 h 36 m
Alzey	– 00 h 28 m	Biberach	– 00 h 21 m
Amberg	– 00 h 13 m	Bielefeld	– 00 h 26 m
Amiens	– 00 h 51 m	Bingen	– 00 h 28 m
Amöneburg	– 00 h 24 m	Bitburg	– 00 h 34 m
Amorbach	– 00 h 23 m	Bochum	– 00 h 31 m
Amsterdam	– 00 h 40 m	Bolzano	– 00 h 14 m
Andermatt	– 00 h 26 m	Bonn	– 00 h 32 m
Andernach	– 00 h 30 m	Bordeaux	– 01 h 02 m
Andorra	– 00 h 54 m	Borkum	– 00 h 33 m
Ansbach	– 00 h 18 m	Bottrop	– 00 h 35 m
Antwerpen	– 00 h 42 m	Brandenburg	– 00 h 10 m
Arneburg	– 00 h 12 m	Bratislava	+ 00 h 08 m
Aschaffenburg	– 00 h 23 m	Braunau	– 00 h 08 m
Aschendorf	– 00 h 31 m	Braunschweig	– 00 h 18 m
Augsburg	– 00 h 16 m	Bregenz	– 00 h 21 m
Aurich	– 00 h 30 m	Bremen	– 00 h 25 m
Avignon	– 00 h 41 m	Breslau	+ 00 h 08 m
		Brüssel	– 00 h 43 m
Baden-Baden	– 00 h 27 m	Budapest	+ 00 h 16 m
Bamberg	– 00 h 16 m	Bukarest	+ 00 h 44 m
Barcelona	– 00 h 51 m	Buxtehude	– 00 h 21 m
Basel	– 00 h 30 m		
Bautzen	– 00 h 02 m	Calw	– 00 h 25 m
Bayreuth	– 00 h 14 m	Castrop	– 00 h 31 m
Bebra	– 00 h 21 m	Celle	– 00 h 20 m
Bedburg	– 00 h 34 m	Chemnitz	– 00 h 08 m
Belgrad	+ 00 h 22 m	Chur	– 00 h 22 m
Bensheim	– 00 h 26 m	Clausthal	– 00 h 19 m

---

* Grimm/Hoffmann/Ebertin: *Die geographischen Positionen Europas*, Verlag Hermann Bauer, [10]1989.

Cleve	– 00 h 35 m	Garmisch-Parten-	– 00 h 16 m
Coburg	– 00 h 16 m	kirchen	
Crailsheim	– 00 h 20 m	Gelsenkirchen	– 00 h 32 m
Cottbus	– 00 h 02 m	Genf	– 00 h 35 m
Cuxhaven	– 00 h 25 m	Gent	– 00 h 45 m
		Gera	– 00 h 12 m
Dachau	– 00 h 14 m	Gießen	– 00 h 25 m
Danzig	+ 00 h 15 m	Gifhorn	– 00 h 18 m
Darmstadt	– 00 h 25 m	Glasgow	– 01 h 17 m
Deggendorf	– 00 h 08 m	Glogau	+ 00 h 04 m
Detmold	– 00 h 24 m	Godesberg	– 00 h 31 m
Dillingen/Saar	– 00 h 33 m	Göppingen	– 00 h 21 m
Dinslaken	– 00 h 33 m	Görlitz	– 00 h 00 m
Donauwörth	– 00 h 17 m	Goslar	– 00 h 18 m
Dortmund	– 00 h 30 m	Gotha	– 00 h 17 m
Dresden	– 00 h 05 m	Göttingen	– 00 h 20 m
Dublin	– 01 h 25 m	Graz	+ 00 h 02 m
Duisburg	– 00 h 33 m	Grenoble	– 00 h 37 m
Düsseldorf	– 00 h 33 m	Grevenbroich	– 00 h 34 m
		Gronau/Westf.	– 00 h 32 m
Eckernförde	– 00 h 21 m	Gummersbach	– 00 h 30 m
Edinburgh	– 01 h 13 m	Günzburg	– 00 h 19 m
Eisenach	– 00 h 19 m	Güstrow	– 00 h 11 m
Emmendingen	– 00 h 29 m	Gütersloh	– 00 h 26 m
Erfurt	– 00 h 16 m		
Erlangen	– 00 h 16 m		
Essen	– 00 h 32 m	Hagen	– 00 h 30 m
Esslingen	– 00 h 23 m	Halberstadt	– 00 h 16 m
Ettlingen	– 00 h 26 m	Halle/Saale	– 00 h 12 m
Euskirchen	– 00 h 33 m	Hamburg	– 00 h 20 m
		Hameln	– 00 h 23 m
Fellbach	– 00 h 23 m	Hamm/Westf.	– 00 h 29 m
Feuchtwangen	– 00 h 19 m	Hannover	– 00 h 21 m
Flensburg	– 00 h 22 m	Harzburg	– 00 h 18 m
Frankfurt/M.	– 00 h 25 m	Heidelberg	– 00 h 25 m
Frankfurt/O.	– 00 h 02 m	Heilbronn	– 00 h 23 m
Freiburg/Br.	– 00 h 29 m	Helmstedt	– 00 h 16 m
Freising	– 00 h 13 m	Helsinki	+ 00 h 40 m
Freudenstadt	– 00 h 26 m	Heppenheim	– 00 h 25 m
Friedberg	– 00 h 25 m	Herborn	– 00 h 27 m
Friedrichshafen	– 00 h 22 m	Herford	– 00 h 25 m
Fulda	– 00 h 21 m	Herne	– 00 h 31 m
Fürth	– 00 h 16 m	Hersfeld, Bad	– 00 h 21 m

Herten/Westf.	– 00 h 31 m	Kopenhagen	– 00 h 10 m
Herzogenrath	– 00 h 36 m	Krakau	+ 00 h 20 m
Hildesheim	– 00 h 20 m	Krefeld	– 00 h 34 m
Hof/Saale	– 00 h 12 m	Kreuznach, Bad	– 00 h 29 m
Homburg, Bad	– 00 h 26 m	Kufstein	– 00 h 11 m
Homburg/Saar	– 00 h 31 m		
Honnef	– 00 h 31 m	Lahr	– 00 h 28 m
Höxter	– 00 h 22 m	Landau	– 00 h 28 m
Hoyerswerda	– 00 h 03 m	Landshut/Bayern	– 00 h 11 m
Husum	– 00 h 24 m	Langenfeld/Rhld.	– 00 h 32 m
		Lausanne	– 00 h 33 m
Ibbenbüren	– 00 h 29 m	Leer	– 00 h 30 m
Idar-Oberstein	– 00 h 31 m	Leipzig	– 00 h 10 m
Ingolstadt	– 00 h 14 m	Leverkusen	– 00 h 32 m
Innsbruck	– 00 h 14 m	Liechtenstein	– 00 h 10 m
Interlaken	– 00 h 29 m	Limburg/Lahn	– 00 h 28 m
Iserlohn	– 00 h 29 m	Lindau/Bodensee	– 00 h 21 m
Istanbul	+ 00 h 56 m	Linz/Österreich	– 00 h 03 m
Itzehoe	– 00 h 22 m	Lippstadt	– 00 h 27 m
		Liverpool	– 01 h 12 m
Jena	– 00 h 14 m	London	– 00 h 00 m
Jever	– 00 h 28 m	Lörrach	– 00 h 29 m
Juist	– 00 h 32 m	Lübeck	– 00 h 17 m
Jülich	– 00 h 35 m	Ludwigsburg	– 00 h 23 m
		Ludwigshafen/Rh.	– 00 h 26 m
Kaarst	– 00 h 33 m	Lüneburg	– 00 h 18 m
Kaiserslautern	– 00 h 29 m	Lünen	– 00 h 30 m
Kamen	– 00 h 29 m	Luxemburg	– 00 h 35 m
Karlsruhe	– 00 h 26 m	Luzern	– 00 h 27 m
Kassel	– 00 h 22 m	Lyon	– 00 h 41 m
Kattowitz	+ 00 h 16 m		
Kaufbeuren	– 00 h 18 m	Magdeburg	– 00 h 13 m
Kehl	– 00 h 29 m	Mailand	– 00 h 23 m
Kempten	– 00 h 19 m	Mainz	– 00 h 27 m
Kerpen/Rhld.	– 00 h 33 m	Mannheim	– 00 h 26 m
Kiel	– 00 h 19 m	Marburg/Lahn	– 00 h 25 m
Klagenfurt	– 00 h 03 m	Marseille	– 00 h 38 m
Kleve	– 00 h 35 m	Merseburg	– 00 h 12 m
Koblenz	– 00 h 30 m	Minden	– 00 h 24 m
Köln	– 00 h 32 m	Monaco	– 00 h 30 m
Königsberg/Pr.	+ 00 h 22 m	Mönchengladbach	– 00 h 34 m
Konstanz	– 00 h 23 m	Monheim/Rhld.	– 00 h 32 m

Montabaur-Noers	– 00 h 29 m	Pforzheim	– 00 h 25 m
Moers	– 00 h 33 m	Pilsen	– 00 h 06 m
Mosbach/Baden	– 00 h 23 m	Pinneberg	– 00 h 21 m
Mülheim/Ruhr	– 00 h 32 m	Pirmasens	– 00 h 29 m
München	– 00 h 14 m	Pirna	– 00 h 04 m
Münster/Westf.	– 00 h 30 m	Plauen	– 00 h 11 m
		Posen	+ 00 h 08 m
Naumburg/Saale	– 00 h 13 m	Potsdam	– 00 h 08 m
Neapel	– 00 h 03 m	Prag	– 00 h 02 m
Neu-Brandenburg	– 00 h 07 m	Pulheim	– 00 h 33 m
Neumünster	– 00 h 20 m	Pyrmont	– 00 h 23 m
Neunkirchen/Saar	– 00 h 31 m		
Neuss	– 00 h 33 m	Radebeul	– 00 h 05 m
Neustadt/Weinstr.	– 00 h 27 m	Rastatt	– 00 h 27 m
Neuwied	– 00 h 30 m	Ratingen	– 00 h 33 m
Nienburg/Weser	– 00 h 23 m	Ratzeburg	– 00 h 17 m
Nizza	– 00 h 31 m	Ravensburg	– 00 h 22 m
Norden	– 00 h 31 m	Recklinghausen	– 00 h 31 m
Nordhausen	– 00 h 17 m	Regensburg	– 00 h 12 m
Nordhorn	– 00 h 32 m	Remscheid	– 00 h 31 m
Northeim	– 00 h 20 m	Rendsburg	– 00 h 21 m
Nürnberg	– 00 h 16 m	Reutlingen	– 00 h 23 m
Nürtingen	– 00 h 23 m	Reval	+ 00 h 39 m
		Rheine	– 00 h 30 m
Oberammergau	– 00 h 16 m	Riesa	– 00 h 07 m
Oberhausen	– 00 h 33 m	Rinteln	– 00 h 24 m
Oeynhausen	– 00 h 25 m	Rom	– 00 h 10 m
Offenbach	– 00 h 25 m	Rorschach	– 00 h 22 m
Offenburg	– 00 h 28 m	Rosenheim	– 00 h 11 m
Oldenburg/Old.	– 00 h 27 m	Rostock	– 00 h 11 m
Oldesloe	– 00 h 18 m	Rothenburg o. d. T.	– 00 h 19 m
Olpe	– 00 h 28 m	Rotterdam	– 00 h 42 m
Orléans	– 00 h 52 m	Rottweil	– 00 h 25 m
Oslo	– 00 h 17 m	Rüsselsheim	– 00 h 26 m
Osnabrück	– 00 h 28 m		
Ostende	– 00 h 48 m	Saarbrücken	– 00 h 32 m
Osterode/Harz	– 00 h 19 m	Saarlouis	– 00 h 33 m
		Salzburg	– 00 h 08 m
Paderborn	– 00 h 25 m	Salzgitter	– 00 h 18 m
Paris	– 00 h 51 m	Salzuflen, Bad	– 00 h 25 m
Passau	– 00 h 06 m	Schleswig	– 00 h 22 m
Peine	– 00 h 19 m	Schönebeck	– 00 h 13 m

Schwabach	– 00 h 16 m	Utrecht	– 00 h 39 m
Schwäbisch Gmünd	– 00 h 21 m	Vaihingen	– 00 h 24 m
Schwäbisch Hall	– 00 h 21 m	Vechta	– 00 h 27 m
Schwedt/Oder	– 00 h 03 m	Venlo	– 00 h 35 m
Schweinfurt	– 00 h 19 m	Viersen	– 00 h 34 m
Schwerin/Meckl.	– 00 h 14 m	Villingen	– 00 h 26 m
Schwerte	– 00 h 30 m		
Siegburg	– 00 h 31 m	Waiblingen	– 00 h 23 m
Siegen	– 00 h 28 m	Warendorf	– 00 h 28 m
Sindelfingen	– 00 h 24 m	Warschau	+ 00 h 24 m
Singen/Hohentwiel	– 00 h 25 m	Weiden/Oberpfalz	– 00 h 11 m
Soest	– 00 h 28 m	Weinheim	– 00 h 25 m
Sofia	+ 00 h 33 m	Wesel	– 00 h 34 m
Solingen	– 00 h 31 m	Wetzlar	– 00 h 26 m
Solothurn	– 00 h 30 m	Wien	+ 00 h 06 m
Speyer	– 00 h 26 m	Wiener Neustadt	+ 00 h 05 m
Stade	– 00 h 22 m	Wiesbaden	– 00 h 27 m
St. Ingbert	– 00 h 31 m	Wilhelmshaven	– 00 h 28 m
St. Wendel	– 00 h 31 m	Willich	– 00 h 34 m
Stendal	– 00 h 13 m	Winterthur	– 00 h 25 m
Stettin	– 00 h 02 m	Wismar	– 00 h 14 m
Stockholm	+ 00 h 12 m	Witten	– 00 h 31 m
Stralsund	– 00 h 08 m	Wittenberg	– 00 h 09 m
Straßburg	– 00 h 29 m	Wolfenbüttel	– 00 h 18 m
Straubing	– 00 h 10 m	Wolfsburg	– 00 h 17 m
Stuttgart	– 00 h 23 m	Wolgast	– 00 h 05 m
Suhl	– 00 h 17 m	Worms	– 00 h 27 m
		Würzburg	– 00 h 20 m
Tauberbischofsheim	– 00 h 21 m	Wunstorf	– 00 h 22 m
Tilsit	+ 00 h 28 m	Wuppertal	– 00 h 31 m
Traunstein	– 00 h 17 m		
Trier	– 00 h 33 m	Xanten	– 00 h 34 m
Troisdorf	– 00 h 31 m		
Tübingen	– 00 h 24 m	Zagreb	+ 00 h 25 m
Tuttlingen	– 00 h 25 m	Zeitz	– 00 h 11 m
		Zittau	– 00 h 01 m
Uerdingen	– 00 h 33 m	Zürich	– 00 h 26 m
Ulm	– 00 h 20 m	Zweibrücken	– 00 h 31 m
Unna	– 00 h 29 m	Zwickau	– 00 h 10 m

Tabelle C
Liste der Sommerzeiten

in Deutschland, Österreich und der Schweiz seit 1900*

DEUTSCHLAND

Vom	30.04.1916	23^h	bis zum	01.10.1916	1^h MES
Vom	16.04.1917	2^h	bis zum	17.09.1917	3^h MES
Vom	15.04.1918	2^h	bis zum	16.09.1918	3^h MES
Vom	01.04.1940	2^h	bis zum	02.11.1942	3^h MES
Vom	29.03.1943	2^h	bis zum	04.10.1943	3^h MES
Vom	03.04.1944	2^h	bis zum	02.10.1944	3^h MES
Vom	02.04.1945	2^h	bis zum	16.09.1945	2^h MES

Berlin und sowjetisch besetzte Zone

Vom	24.05.1945	2^h	bis zum	24.09.1945	3^h MES

(Vorsicht: doppelte Sommerzeit während dieses Zeitraums. Es sind 2 Stunden abzuziehen.)

Vom	24.09.1945	3^h	bis zum	18.11.1945	2^h MES
Vom	14.04.1945	2^h	bis zum	07.10.1946	3^h MES
Vom	06.04.1947	3^h	bis zum	11.05.1947	3^h MES
Vom	11.05.1947	3^h	bis zum	29.06.1947	3^h MES

(Vorsicht: doppelte Sommerzeit während dieses Zeitraums. Es sind 2 Stunden abzuziehen.)

Vom	29.06.1947	3^h	bis zum	05.10.1947	3^h MES
Vom	18.05.1948	2^{h**}	bis zum	03.10.1948	3^h MES
Vom	10.04.1949	2^{h**}	bis zum	02.10.1949	3^h MES

---

* Sollten Sie in einem der folgenden Jahre während der aufgeführten Zeiträume geboren sein, so müssen Sie von Ihrer Geburtszeit eine Stunde in Abzug bringen, um den richtigen Aszendenten berechnen zu können. Diese Stunde stellt den Zeitunterschied zwischen MEZ (mitteleuropäische Zeit) und MES (mitteleuropäische Sommerzeit) dar. Die Angaben bis 1980 sind den *Globalen Häusertabellen*, O.W. Barth Verlag 1986, entnommen. Für die Jahre 1980 bis 1990 entstammen die Angaben dem »Astrolab«-Programm von B. Röttger.
** Sowjetisch besetzte Zone 3 h.

Bundesrepublik und DDR seit 1980

Vom	06.04.1980	2 ^{h}	bis zum	28.09.1980	3^{h}MES
Vom	29.03.1981	2 ^{h}	bis zum	27.09.1981	3^{h}MES
Vom	28.03.1982	2 ^{h}	bis zum	26.09.1982	3^{h}MES
Vom	27.03.1983	2 ^{h}	bis zum	25.09.1983	3^{h}MES
Vom	25.03.1984	2 ^{h}	bis zum	30.09.1984	3^{h}MES
Vom	31.03.1985	2 ^{h}	bis zum	29.09.1985	3^{h}MES
Vom	31.03.1986	2 ^{h}	bis zum	28.09.1986	3^{h}MES
Vom	29.03.1987	2 ^{h}	bis zum	27.09.1987	3^{h}MES
Vom	27.03.1988	2 ^{h}	bis zum	25.09.1988	3^{h}MES
Vom	26.03.1989	2 ^{h}	bis zum	24.09.1989	3^{h}MES
Vom	25.03.1990	2 ^{h}	bis zum	30.09.1990	3^{h}MES

Sommerzeiten BRD
Von 1950 bis 1980 gab es in Deutschland keine Sommerzeit
Sommerzeit ab 1991

Vom	31.03.1991	2 ^{h}	bis zum	29.09.1991	2^{h}MES
Vom	28.03.1992	2 ^{h}	bis zum	27.09.1992	2^{h}MES
Vom	27.03.1993	2 ^{h}	bis zum	26.09.1993	2^{h}MES
Vom	27.03.1994	2 ^{h}	bis zum	25.09.1994	2^{h}MES
Vom	26.03.1995	2 ^{h}	bis zum	01.10.1995	2^{h}MES
Vom	31.03.1996	2 ^{h}	bis zum	29.09.1996	2^{h}MES
Vom	30.03.1997	2 ^{h}	bis zum	28.09.1997	2^{h}MES
Vom	29.03.1998	2 ^{h}	bis zum	25.10.1999	2^{h}MES
Vom	28.03.1999	2 ^{h}	bis zum	31.10.1999	2^{h}MES
Vom	26.03.2000	2 ^{h}	bis zum	29.10.2000	2^{h}MES
Vom	25.03.2001	2 ^{h}	bis zum	28.10.2001	2^{h}MES
Vom	31.03.2002	2 ^{h}	bis zum	27.10.2002	2^{h}MES
Vom	30.03.2003	2 ^{h}	bis zum	26.10.2003	2^{h}MES
Vom	28.03.2004	2 ^{h}	bis zum	31.10.2004	2^{h}MES
Vom	27.03.2005	2 ^{h}	bis zum	30.10.2005	2^{h}MES
Vom	26.03.2006	2 ^{h}	bis zum	29.10.2006	2^{h}MES
Vom	25.03.2007	2 ^{h}	bis zum	28.10.2007	2^{h}MES

ÖSTERREICH

Vom	30.04.1916	23 ^{h}	bis zum	01.10.1916	1^{h}MES
Vom	16.04.1917	2 ^{h}	bis zum	17.09.1917	3^{h}MES
Vom	15.04.1918	2 ^{h}	bis zum	16.09.1918	3^{h}MES
Vom	28.04.1919	2 ^{h}	bis zum	29.09.1919	3^{h}MES

Vom	05.04.1920	2^h	bis zum	13.09.1920	3^h MES
Vom	01.04.1940	2^h	bis zum	02.11.1942	3^h MES
Vom	01.04.1943	2^h	bis zum	04.10.1943	3^h MES
Vom	01.04.1944	2^h	bis zum	02.10.1944	3^h MES
Vom	02.04.1945	2^h	bis zum	12.04.1945	$?^h$ MES (Wien)
Vom	02.04.1945	2^h	bis zum	23.04.1945	$?^h$ MES (übriges Österreich)
Vom	14.04.1946	2^h	bis zum	07.10.1946	3^h MES
Vom	06.04.1947	2^h	bis zum	05.10.1947	3^h MES
Vom	18.04.1948	2^h	bis zum	03.10.1948	3^h MES
Vom	06.04.1980	0^h	bis zum	27.09.1980	4^h MES
Vom	29.03.1981	2^h	bis zum	27.09.1981	3^h MES
Vom	28.03.1982	2^h	bis zum	26.09.1982	3^h MES
Vom	27.03.1983	2^h	bis zum	25.09.1983	3^h MES
Vom	25.03.1984	2^h	bis zum	30.09.1984	3^h MES
Vom	31.03.1985	2^h	bis zum	29.09.1985	3^h MES
Vom	30.03.1986	2^h	bis zum	28.09.1986	3^h MES
Vom	29.03.1987	2^h	bis zum	27.09.1987	3^h MES
Vom	27.03.1988	2^h	bis zum	25.09.1988	3^h MES
Vom	26.03.1989	2^h	bis zum	24.09.1989	3^h MES
Vom	25.03.1990	2^h	bis zum	30.09.1990	3^h MES

Sommerzeiten Österreich ab 1991

Vom	31.03.1991	2^h	bis zum	29.09.1991	2^h MES
Vom	28.03.1992	2^h	bis zum	27.09.1992	2^h MES
Vom	27.03.1993	2^h	bis zum	26.09.1993	2^h MES
Vom	27.03.1994	2^h	bis zum	25.09.1994	2^h MES
Vom	26.03.1995	2^h	bis zum	01.10.1995	2^h MES
Vom	31.03.1996	2^h	bis zum	29.09.1996	2^h MES
Vom	30.03.1997	2^h	bis zum	28.09.1997	2^h MES
Vom	29.03.1998	2^h	bis zum	25.10.1999	2^h MES
Vom	28.03.1999	2^h	bis zum	31.10.1999	2^h MES
Vom	26.03.2000	2^h	bis zum	29.10.2000	2^h MES
Vom	25.03.2001	2^h	bis zum	28.10.2001	2^h MES
Vom	31.03.2002	2^h	bis zum	27.10.2002	2^h MES
Vom	30.03.2003	2^h	bis zum	26.10.2003	2^h MES
Vom	28.03.2004	2^h	bis zum	31.10.2004	2^h MES
Vom	27.03.2005	2^h	bis zum	30.10.2005	2^h MES
Vom	26.03.2006	2^h	bis zum	29.10.2006	2^h MES
Vom	25.03.2007	2^h	bis zum	28.10.2007	2^h MES

SCHWEIZ

Vom	03.06.1916	2^h	bis zum	30.09.1916	0^h MES
Vom	05.05.1941	2^h	bis zum	06.10.1941	0^h MES
Vom	04.05.1942	2^h	bis zum	05.10.1942	0^h MES
Vom	06.04.1980	2^h	bis zum	28.09.1980	3^h MES
Vom	29.03.1981	2^h	bis zum	27.09.1981	3^h MES
Vom	28.03.1982	2^h	bis zum	26.09.1982	3^h MES
Vom	27.03.1983	2^h	bis zum	25.09.1983	3^h MES
Vom	25.03.1984	2^h	bis zum	30.09.1984	3^h MES
Vom	31.03.1985	2^h	bis zum	29.09.1985	3^h MES
Vom	31.03.1986	2^h	bis zum	28.09.1986	3^h MES
Vom	29.03.1987	2^h	bis zum	27.09.1987	3^h MES
Vom	27.03.1988	2^h	bis zum	25.09.1988	3^h MES
Vom	26.03.1989	2^h	bis zum	24.09.1989	3^h MES
Vom	25.03.1990	2^h	bis zum	30.09.1990	3^h MES

Sommerzeiten Schweiz ab 1991

Vom	31.03.1991	2^h	bis zum	29.09.1991	2^h MES
Vom	28.03.1992	2^h	bis zum	27.09.1992	2^h MES
Vom	27.03.1993	2^h	bis zum	26.09.1993	2^h MES
Vom	27.03.1994	2^h	bis zum	25.09.1993	2^h MES
Vom	26.03.1995	2^h	bis zum	01.10.1995	2^h MES
Vom	31.03.1996	2^h	bis zum	27.10.1996	2^h MES
Vom	30.03.1997	2^h	bis zum	26.10.1997	2^h MES
Vom	29.03.1998	2^h	bis zum	25.10.1998	2^h MES
Vom	28.03.1999	2^h	bis zum	31.10.1999	2^h MES
Vom	26.03.2000	2^h	bis zum	29.10.2000	2^h MES
Vom	25.03.2001	2^h	bis zum	28.10.2001	2^h MES
Vom	31.03.2002	2^h	bis zum	27.10.2002	2^h MES
Vom	30.03.2003	2^h	bis zum	26.10.2003	2^h MES
Vom	28.03.2004	2^h	bis zum	31.10.2004	2^h MES
Vom	27.03.2005	2^h	bis zum	30.10.2005	2^h MES
Vom	26.03.2006	2^h	bis zum	29.10.2006	2^h MES
Vom	25.03.2007	2^h	bis zum	28.10.2007	2^h MES

Bibliografie

ASTROLOGIE UND ESOTERIK:

Dethlefsen, Thorwald: *Schicksal als Chance*, Goldmann Verlag, 2000

Greene, Liz: *Kosmos und Seele*, Fischer Verlag, 2002

Greene, Liz: *Saturn*, Hugendubel Verlag, 1981

Greene, Liz: *Schicksal und Astrologie*, Hugendubel Verlag, 1983

Greene, Liz: *Sage mir dein Sternzeichen, und ich sage dir, wie du liebst*, Knaur Verlag, 2000

Hamann, Brigitte: *Lebensmuster – Elternbilder im Horoskop*, Edition Astrodata, 1994

Hamann, Brigitte: *Ihr Lebensziel – Die IC/MC-Achse und der Lebenssinn im Horoskop*, Chiron Verlag, 2002

Howe, Walther: *Aszendent und Persönlichkeit*, Knaur Verlag 1990

Klein, Nicolaus u. Dahlke, Ruediger: *Das senkrechte Weltbild. Symbolisches Denken in astrologischen Urprinzipien*, Hugendubel Verlag, 1985

Orban, Peter: *Tanz der Schatten*, Hugendubel Verlag, 1986

Roscher, Michael: *Der Mond*, Hugendubel Verlag, 1986

Roscher, Michael: *Das Astrologiebuch*, Chiron Verlag, 2004

Roscher, Michael: *Die Widder-Persönlichkeit* bis *Die Fische-Persönlichkeit*, Serie zu Tierkreiszeichen, Goldmann Verlag, 1999. Diese Serie enthält von Brigitte Hamann ausgewählte und bearbeitete Märchen zu den Tierkreiszeichen.

Sasportas, Howard: *Astrologische Häuser und Aszendenten*, Knaur Verlag, 1987

Schult, Arthur: *Astrosophie*, Lorber Verlag & Turm Verlag, 1986

Weidner, Christopher: *Astrologie für Einsteiger*, Knaur Verlag, 2001

Weidner, Christopher: *Das Arbeitsbuch zum Horoskop*, Knaur Verlag, 2001

Weidner, Christopher: *Astrologie des Glücks*, Knaur Verlag, 2003

Weidner, Christopher: Tierkreiszeichenreihe *Astrologie für die Sinne*, Urania, 2004

MÄRCHEN:

Andersen-Märchen, Insel Verlag, 1975

Anderten, Karin: *Umgang mit Schicksalsmächten*, Walter Verlag, 1989

Betz, Otto: *Vom Schicksal, das sich wendet. Märchen von Freiheit und Glück*, Kösel Verlag, 1987

Die güldene Kette. Schönste Volksmärchen, Bertelsmann Verlag, 1957

Kast, Verena: *Mann und Frau im Märchen*, Walter Verlag, 1988
Kinder- und Hausmärchen gesammelt durch die Brüder Grimm, Insel Verlag, 1974
Wittmann, Ulla: *Ich Narr vergaß die Zauberdinge*, Ansata Verlag, 1985

MYTHOLOGIE:

Beltz, Walter: *Die Mythen der Ägypter*, Droemer Knaur Verlag, 1982
Hunger, Herbert: *Lexikon der griechischen und römischen Mythologie*, Rowohlt Verlag, 1959
Kerényi, Karl: *Die Mythologie der Griechen*, dtv, 1966
Knaurs Lexikon der Mythologie, Droemer Knaur Verlag, 1989
Ranke-Graves, Robert: *Griechische Mythologie*, Rowohlt Verlag, 1984
Rose, Herbert, J.: *Griechische Mythologie*, C. H. Beck Verlag, 1988
Seeberger, Kurt: *Tausend Götter und ein Himmel*, Südwest Verlag, 1968

TAROT UND I GING:

Banzhaf, Hajo: *Das Arbeitsbuch zum Tarot*, Hugendubel Verlag, 2003
Hager, Günter, A.: *Tarot, Wege zum Leben. Handbuch zum Arcus Arcanum Tarot*, Urania Verlag, 1988
Nichols, Sallie: *Psychologie des Tarot*, Ansata Verlag, 1983
Pollack, Rachel: *Tarot, 78 Stufen der Weisheit*, Knaur Verlag, 1985
Wilhelm, Richard: *I Ging. Das Buch der Wandlungen*, Diederichs Verlag, 1956
Wing, R. L.: *Das illustrierte I Ging*, Heyne Verlag, 1982.

SONSTIGE LITERATUR:

Castaneda, Carlos: *Die Reise nach Ixtlan*, Fischer Verlag, 1988
Fromm, Erich: *Haben oder Sein*, dtv, 1979
Laotse: *Tao te king*, Diederichs Verlag, 1989
Saint-Exupéry, Antoine de: *Der kleine Prinz*, Rauch Verlag, 1988
Sommer-Rodenburg, Angela: *Ich lieb' dich trotzdem immer*, dtv, 1985
Watts, Alan: *Weisheit des ungesicherten Lebens*, Scherz Verlag, 1981
Watzlawick, Paul: *Vom Schlechten des Guten oder Hekates Lösungen*, Piper Verlag, 1986

ZITATE:

Büchmann, Georg: *Geflügelte Worte,* Droemer Knaur Verlag, 1959
Marks, Tracy: *Astrologie der Selbstentdeckung,* Hier & Jetzt Verlag, 1985
rororo Zitatenschatz der Weltliteratur, Rowohlt Verlag, 1987
Weisheit des Ostens, Heyne Ex Libris, 1975
Zitate und Sprichwörter von A bis Z, Vehling Verlag, 1986

Die Aszendententabelle, Ortszeitkorrekturen der Städte und Sommerzeiten sind dem Buch *Aszendent und Persönlichkeit* von Walther Howe entnommen.

Bildnachweis

Andersen-Märchen, Insel Verlag, 1975
Arcus Arcanum Tarot, AGM Müller, Schweiz
Barz, Ellynor: *Götter und Planeten,* Kreuz Verlag, 1988
Betz, Otto: *Vom Schicksal, das sich wendet. Märchen von Freiheit und Glück,* Kösel Verlag, 1987
Die güldene Kette. Schönste Volksmärchen, C. Bertelsmann Verlag, 1957
Kinder- und Hausmärchen gesammelt durch die Brüder Grimm, Insel Verlag, 1974
Lexikon der Astrologie, Herder Verlag, 1981
Lexikon der Symbole, Heyne Verlag, 1987
Rider Tarot, AGM Müller, Schweiz
Strelocke, Hans: *DuMont Kunstreiseführer Ägypten,* DuMont Verlag, 1976
Tarot 1JJ, AGM Müller, Schweiz
Tarot de Marseille, Grimaud, Frankreich
Verkerke Verlag, Holland (Bilder des Malers Johfra)

Bei Interesse an der Arbeit der Autorin wenden Sie sich bitte an:

Brigitte Hamann
Entwicklungsorientierte Astrologie EOA®
Hermeskeiler Str. 7
50935 Köln
Tel.: 0221 4303508
E-Mail: info@Brigitte-Hamann.de
URL: www.Brigitte-Hamann.de

oder an:

Brigitte Hamann
Postfach 310201
90202 Nürnberg
Tel.: 0911 5047165

Ihren Aszendenten oder Ihr MC können Sie sich im Internet auf der Homepage der Autorin berechnen lassen:

www.Brigitte-Hamann.de

Christopher A. Weidner
Astrologie des Glücks

Was ist Glück? Wo können wir es finden? Und: Wie kann uns die Astrologie bei unserer Suche danach helfen? Diesen Fragen geht Christopher A. Weidner auf spannende wie anschauliche Weise nach.

Liz Greene
Sag mir dein Sternzeichen und ich sage dir, wie du liebst

Die unterhaltsamen Typologien der Astrologin Liz Greene machen deutlich, was die Sterne über unsere Partner aussagen. Entschlüsseln Sie die himmlischen Spielregeln!

Theodora Lau
Chinesische Astrologie

Die zwölf chinesischen Tierkreiszeichen leiten sich von den Mondjahren ab und wirken sich unter anderem auf unsere Partnerwahl aus. Wie, erläutert Theodora Lau in dieser gut verständlichen Einleitung, die sich auch als Nachschlagewerk hervorragend eignet.

Erich Bauer

Widder/ Stier/ Zwillinge/ Krebs/ Löwe/ Jungfrau/ Waage/ Skorpion/ Schütze/ Steinbock/ Wassermann/ Fische

Ob Widder, Waage oder Wassermann – diese 12 Bände enthüllen Interessantes und Wissenswertes zu den einzelnen Tierkreiszeichen. Wissenschaftlich fundiert und unterhaltsam geschrieben, erläutert Erich Bauer die persönlichen Stärken und Chancen und gibt wichtige Hinweise und Anregungen für Liebe, Gesundheit und Beruf.

Erich Bauer

Das astrologische Gesundheitsbuch

Unser Geburtshoroskop zeigt Stärken und Schwächen, aus denen bei falscher Lebensführung Krankheiten entstehen können. Dieses Buch zeigt, wie man sein Horoskop analysiert und sich auf dieser Basis selbst hilft.

Erich Bauer

Das Reise-Horoskop

Was macht zum Beispiel die Jungfrau zum idealen Reisebegleiter für den Wassermann? Mit diesem Reiseführer erfahren Sie alles über die speziellen Urlaubswünsche der einzelnen Tierkreiszeichen und über die astrologischen Besonderheiten der beliebtesten Urlaubsorte.

Jan Spiller
Astrologie und Seele

Die Stellung des Mondknotens zum Zeitpunkt der Geburt ist der Schlüssel zur Deutung der Persönlichkeit. Die Astrologin Jan Spiller stellt die 12 Persönlichkeitstypen dar, die sich durch die Position des Mondknotens ergeben, und gibt Anregungen für ihre Interpretation.

Joëlle de Gravelaine
Tierkreiszeichen, Aszendent und Charakter

In spielerischer Weise entwickelt die Autorin Psychogramme der 12 Tierkreiszeichen, die dem Anfänger ein erstes grundlegendes Verständnis vermitteln, aber auch dem Astrologen überraschende neue Einblicke gewähren.

Howard Sasportas
Astrologische Häuser und Aszendenten

Howard Sasportas verhilft durch die umfassende Aszendenten-Analyse all denen zu einem vertieften Verständnis, die zwar nicht ihr exaktes Horoskop, aber doch ihren Aszendenten kennen.
»Ich empfehle dieses Buch wegen seiner Klarheit und Tiefe.«
Liz Greene